Java 2 für Dummies - Schummelseite

Java-Schlüsselwörter

Schlüsselwort	Funktion
abstract	Zeigt an, dass die Details einer Klasse, einer Methode oder eines Interfaces an einer anderen Stelle des Codes beschrieben werden
boolean	Zeigt an, dass ein Wert entweder wahr oder falsch ist
break	Springt aus einer Schleife oder aus einem Switch-Befehl heraus
byte	Zeigt an, dass ein Wert eine 8-Bit-Ganzzahl ist
case	Leitet einen von mehreren möglichen Ausführungspfaden eines Switch-Befehls ein
catch	Leitet Befehle ein, die ausgeführt werden, wenn der Programmablauf in einer try-Klausel durch irgendetwas unterbrochen wird
char	Zeigt an, dass es sich bei einem Wert um ein Zeichen (einen einzelnen Buchstaben, eine Ziffer, ein Satzzeichen usw.) handelt, das einen Speicherplatz von 16 Bits belegt
class	Leitet die Definition einer Klasse, einer Vorlage für die Erstellung eines Objekts, ein
const	Sie dürfen dieses Wort nicht in einem Java-Programm verwenden. Das Wort hat keine Bedeutung. Weil es sich um ein Schlüsselwort handelt, können Sie keine const-Variable erstellen.
continue	Bricht die Ausführung einer Schleife ab und beginnt eine weitere Iteration
default	Leitet die Befehle ein, die ausgeführt werden, wenn kein case eines Switch-Befehls erfüllt ist
do	Veranlasst den Computer, eine Gruppe von Befehlen mehrfach auszuführen (beispielsweise so lange, wie der Computer keine akzeptablen Ergebnisse erhält)
double	Zeigt an, dass es sich bei einem Wert um eine 64-Bit-Zahl handelt, die eine oder mehrere Stellen nach dem Dezimalkomma hat
else	Leitet die Gruppe von Befehlen ein, die ausgeführt werden, wenn die Bedingung in einem if-Befehl nicht wahr ist
extends	Erstellt eine *Unterklasse* einer Klasse, wobei die Unterklasse die Funktionalität einer zuvor definierten Klasse wiederverwendet
final	Zeigt an, dass der Wert einer Variablen nicht geändert, die Funktionalität einer Klasse nicht erweitert oder eine Methode nicht überschrieben werden kann
finally	Leitet die letztlich auszuführenden Befehle einer try-Klausel ein
float	Zeigt an, dass es sich bei einem Wert um eine 32-Bit-Zahl handelt, die eine oder mehrere Stellen nach dem Dezimalkomma hat
for	Weist den Computer an, bestimmte Befehle mehrmals – beispielsweise eine bestimmte Anzahl von Malen – zu wiederholen
goto	Dieses Wort ist in einem Java-Programm nicht zulässig. Das Wort hat keine Bedeutung. Weil es sich um ein Schlüsselwort handelt, können Sie keine Variable namens goto definieren.
if	Prüft, ob eine Bedingung wahr ist. Falls sie wahr ist, führt der Computer bestimmte Befehle aus; andernfalls führt er andere Befehle aus.
implements	Verwendet die Funktionalität eines zuvor definierten Interfaces wieder
import	Ermöglicht es dem Programmierer, die Namen von Klassen abzukürzen, die in einem Package definiert sind

Java 2 für Dummies - Schummelseite

Java-Schlüsselwörter

Schlüsselwort	Funktion
instanceof	Prüft, ob ein bestimmtes Objekt zu einer bestimmten Klasse gehört
int	Zeigt an, dass ein Wert eine 32-Bit-Ganzzahl ist
interface	Zeigt eine Interface-Klasse an, deren Funktionalität in einer zu definierenden Klasse zur Verfügung stehen soll. (Interfaces werden anstelle der verwirrenden Mehrfachvererbung verwendet, die in C++ üblich ist.)
long	Zeigt an, dass ein Wert eine 64-Bit-Ganzzahl ist
native	Ermöglicht es dem Programmierer, Code zu verwenden, der in einer anderen Sprache geschrieben ist
new	Erstellt ein Objekt einer vorhandenen Klasse
package	Fügt den Code in ein *Paket* (engl. *Package*, eine Sammlung logisch zusammengehöriger Definitionen) ein
private	Zeigt an, dass eine Variable oder Methode nur innerhalb einer bestimmten Klasse verwendet werden kann
protected	Zeigt an, dass eine Variable oder Methode in Unterklassen eines anderen Pakets verwendet werden kann
public	Zeigt an, dass eine Variable, Klasse oder Methode von anderem Java-Code verwendet werden kann
return	Beendet die Ausführung einer Methode und gibt dabei möglicherweise einen Wert an den aufrufenden Code zurück
short	Zeigt an, dass ein Wert eine 16-Bit-Ganzzahl ist
static	Zeigt an, dass eine Variable oder Methode zu einer Klasse und nicht zu einem Objekt dieser Klasse gehört
strictfp	Begrenzt die Fähigkeit des Computers, bei Zwischenberechnungen mit float- oder double-Werten besonders große oder besonders kleine Werte zu repräsentieren
super	Referenz auf die übergeordnete Klasse des Codes, in dem das Wort *super* vorkommt
switch	Einleitung eines Befehls, der abhängig vom Wert eines Ausdrucks mehrere mögliche Ausführungspfade (einen von vielen möglichen Fällen, engl. *case*) anbietet
synchronized	Verhindert, dass sich zwei Threads gegenseitig stören
this	Eine rückbezügliche Referenz auf das Objekt, in dem das Wort *this* vorkommt
throw	Erstellt ein neues Ausnahmeobjekt; zeigt an, dass eine Ausnahmesituation (normalerweise etwas Unerwünschtes) eingetreten ist
throws	Zeigt an, dass eine Methode oder ein Konstruktor die Kontrolle weitergeben kann, wenn eine Ausnahme eintritt
transient	Zeigt an, dass der Wert einer Variablen nicht gespeichert werden muss, falls und wenn ein Objekt serialisiert wurde
try	Leitet Befehle ein, die zur Laufzeit einer Fehlerkontrolle unterliegen
void	Zeigt an, dass eine Methode keinen Wert zurückgibt
volatile	Unterwirft der Benutzung einer Variablen, die von mehr als einem Thread gleichzeitig verwendet wird, strengen Regeln
while	Wiederholt eine Gruppe von Befehlen mehrfach (solange eine Bedingung wahr ist)

Java 2 für Dummies

Barry Burd

Java 2 für Dummies

Übersetzung aus dem
Amerikanischen
von Reinhard Engel

Die Deutsche Bibliothek –
CIP-Einheitsaufnahme

Ein Titeldatensatz für diese Publikation ist
bei Der Deutschen Bibliothek erhältlich

ISBN 3-8266-2999-X
3. Auflage 2002

Alle Rechte, auch die der Übersetzung, vorbehalten. Kein Teil des Werkes darf in irgendeiner Form (Druck, Fotokopie, Mikrofilm oder einem anderen Verfahren) ohne schriftliche Genehmigung des Verlages reproduziert oder unter Verwendung elektronischer Systeme verarbeitet, vervielfältigt oder verbreitet werden. Der Verlag übernimmt keine Gewähr für die Funktion einzelner Programme oder von Teilen derselben. Insbesondere übernimmt er keinerlei Haftung für eventuelle aus dem Gebrauch resultierende Folgeschäden.

Die Wiedergabe von Gebrauchsnamen, Handelsnamen, Warenbezeichnungen usw. in diesem Werk berechtigt auch ohne besondere Kennzeichnung nicht zu der Annahme, dass solche Namen im Sinne der Warenzeichen- und Markenschutz-Gesetzgebung als frei zu betrachten wären und daher von jedermann benutzt werden dürften.

Übersetzung der amerikanischen Originalausgabe:
Barry Burd: Java 2 For Dummies

© Copyright 2002 by mitp-Verlag/ Bonn,
ein Geschäftsbereich der verlag moderne industrie Buch AG & Co.KG/ Landsberg
Original English language edition text and art copyright © 2001 by Hungry Minds, Inc.
All rights reserved including the right of reproduction in whole part or in part in any form.
This edition published by arrangement with the original publisher, Hungry Minds, Inc.,
909 Third Avenue, New York, NY 10022, USA.

Printed in Germany

Cartoons im Überblick
von Rich Tennant

Seite 23

Seite 73

Seite 229

Seite 327

Seite 337

Seite 141

Fax: 001-978-546-7747
Internet: www.the5thwave.com
E-Mail: richtennant@the5thwave.com

Inhaltsverzeichnis

Einführung 17

Wie Sie dieses Buch benutzen sollten 17
Konventionen, die in diesem Buch verwendet werden 17
Was Sie nicht lesen müssen 18
Einige einfache Annahmen 19
Wie dieses Buch aufgebaut ist 20
    Teil I: Die Grundlagen 20
    Teil II: Eigene Java-Programme schreiben 20
    Teil III: Ein Überblick über die objektorientierte Programmierung 21
    Teil IV: Fortgeschrittene Java-Techniken 21
    Teil V: Der Top-Ten-Teil 21
    Teil VI: Anhang 21
Symbole in diesem Buch 21
Wie geht es weiter? 22

Teil I
Die Grundlagen 23

Kapitel 1
Alles über Java 25

Was leistet Java? 26
Warum sollten Sie Java verwenden? 27
Java im Rahmen der historischen Entwicklung 27

Kapitel 2
Fertige Java-Programme ausführen 29

Das Java Software Development Kit (SDK) herunterladen und installieren 29
    Die benötigte Software herunterladen 30
    Die Software installieren 32
    Ihr System konfigurieren 33
    Ein kurzer Rückblick 36
Ein erstes textbasiertes Programm ausführen 36
    Die Programmdatei am richtigen Ort speichern 36
    Das MS-DOS-Fenster 37
    Ein textbasiertes Programm kompilieren und ausführen 38
Ein eigenständiges GUI ausführen 43

Ein GUI auf einer Webseite ausführen (Ihr erstes Java-Applet)	45
Ein Applet ausführen	45
Eine .html-Datei erstellen	48
Größere .html-Dateien erstellen	50
Eigenen Code eingeben	51

Kapitel 3
Ein Überblick über Java 53

Objektorientierte Sprachen	55
Objekte und ihre Klassen	55
Welche Vorteile bietet eine objektorientierte Sprache?	56
Das Verständnis von Klassen und Objekten vertiefen	58
Die Java-Sprache sprechen	59
Die Grammatik und die gebräuchlichen Namen	60
Die Wörter in einem Java-Programm	61
Fremde Java-Programme lesen	63
Ein einfaches Java-Programm verstehen	64
Die Java-Klasse	64
Die Java-Methode	65
Die main-Methode eines Programms	66
Wie dem Computer Anweisungen gegeben werden	67
Geschweifte Klammern	69

Teil II
Eigene Java-Programme schreiben 73

Kapitel 4
Variablen und ihre Werte 75

Variablen und Werte	75
Zuweisungsbefehle	76
Die Typen der Werte verstehen, die Variablen annehmen können	77
Ganzzahlen	80
Variablen deklarieren	81
Die Atome: Die primitiven Typen von Java	83
Der char-Typ	83
Der boolean-Typ	85
Die Moleküle und Verbindungen: Referenztypen	86
Mit Operatoren neue Werte erstellen	89
Die Inkrement- und Dekrement-Operatoren	92
Zuweisungsoperatoren	95
Die API-Dokumentation lesen und verstehen	97

Kapitel 5
Den Programmablauf steuern — 105

Entscheidungen fällen (if-Befehle) — 105
    Eine Zahl raten — 105
    Vordefinierte Dummies-Methoden benutzen — 106
    Der if-Befehl — 107
    Das doppelte Gleichheitszeichen — 107
    Den Code bei if-Befehlen einrücken — 108
    If-Befehle ohne else-Zweig — 108
    Mehrere Anweisungen in einem if-Befehl ausführen — 109
    Geschweifte Klammern und einzelne Befehle — 112
Bedingungen mit Vergleichs- und logischen Operatoren bilden — 113
    Vergleichsoperatoren für Zahlen und Zeichen — 113
    Objekte vergleichen — 114
    Logische Operatoren — 116
Befehle verschachteln — 118
Unter mehreren Alternativen wählen (Java-Switch-Befehle) — 121
    Der switch-Befehl — 121
    Fehlerhafte break-Befehle — 125

Kapitel 6
Den Programmablauf mit Schleifen steuern — 127

Anweisungen mehrfach wiederholen (while-Befehle in Java) — 127
Eine Anzahl von Malen wiederholen (for-Befehle in Java) — 131
    Anatomie eines for-Befehls — 132
    Die Weltpremiere von »Al's All Wet« — 133
Schleifen mit einer Endbedingung (do-Befehle in Java) — 135
Aus einer Schleife ausbrechen — 138

Teil III
Eine Einführung in die objektorientierte Programmierung — 141

Kapitel 7
Mit Klassen und Objekten arbeiten — 143

Eine Klasse definieren (Was es heißt, ein Konto zu sein) — 143
    Variablen deklarieren und Objekte erstellen — 145
    Eine Variable initialisieren — 147
    Variablen verwenden — 147
Mehr als eine Klasse kompilieren und ausführen — 147

Eine Methode in einer Klasse definieren (ein Konto anzeigen) 149
    Ein Konto, das sich selbst anzeigt 150
    Der Kopf der display-Methode 152
Argumente und Rückgabewerte (Zinsen berechnen) 152
    Einen Wert an eine Methode übergeben 155
    Der Rückgabewert der getZinsen-Methode 157
    Zahlen formatieren 157
Einzelheiten mit Zugriffsmethoden verbergen 159
    Gutes Programmieren 159
    Variablen vor externem Zugriff schützen 162
    Regeln mit Zugriffsmethoden erzwingen 163

Kapitel 8
Zeit und Geld sparen: Vorhandenen Code wiederverwenden   165

Eine Klasse definieren (ein Beispiel für eine Mitarbeiter-Klasse) 165
    Was ist ein Mitarbeiter? 166
    Mit der Mitarbeiter-Klasse arbeiten 167
    Eine Import-Deklaration 168
    Daten aus einer Datei einlesen 169
Unterklassen definieren (Vollzeit- und Teilzeit-Mitarbeiter) 171
    Eine Unterklasse erstellen 173
    Unterklassen zu bilden ist gewohnheitsbildend 176
Mit Unterklassen arbeiten 177
    Eine minimalistische Lösung 177
    Ein komplexes Programm 180
Vorhandene Methoden überschreiben(Zahlungen für einige Mitarbeiter ändern) 182

Kapitel 9
Neue Objekte konstruieren   187

Konstruktoren definieren 187
    Beispiel: Eine Temperatur-Klasse konstruieren 187
    Eine Anwendung der Temperatur-Klasse 189
    Eine Fallstudie:»new Temperatur(32.0)« aufrufen 190
Weitere Unterklassen 193
    Eine bessere Klasse zur Speicherung von Temperaturen 193
    Konstruktoren für Unterklassen 195
    Die TemperaturAusgabe-Klasse anwenden 196
    Der Standardkonstruktor 197
    Ein unsichtbarer Konstruktor-Aufruf 199
Ein Konstruktor, der mehr leistet 200

Kapitel 10
Der richtige Platz für Variablen und Methoden — 203

- Eine Klasse definieren (eine Baseball-Spieler-Klasse) — 203
  - Die Player-Klasse verwenden — 204
  - Der Player-Konstruktor — 206
  - Die GUI-Elemente — 207
- Statische Variablen (den Team-Durchschnitt bilden) — 208
  - Warum sind die static-Deklarationen erforderlich? — 210
  - Den Team-Durchschnitt anzeigen — 211
  - Statische Variablen und Methoden im Java-API — 213
  - »static« richtig einsetzen — 214
  - Statische Variablen initialisieren — 215
- Experimente mit Variablen — 216
  - Eine Variable richtig platzieren — 217
  - Wohin gehört eine Variable? — 219
- Parameter übergeben — 222
  - Übergabe als Wert — 222
  - Ein Ergebnis zurückgeben — 224
  - Übergabe per Referenz — 224
  - Ein Objekt von einer Methode zurückgeben — 226
- Epilog — 228

Teil IV
Fortgeschrittene Java-Techniken — 229

Kapitel 11
Mit Arrays mehrere Werte auf einmal verwalten — 231

- Was sind Arrays? — 231
  - Ein Array in zwei einfachen Schritten erstellen — 233
  - Werte speichern — 234
  - Suchen — 237
  - Abgekürzte Bedingungsauswertung — 239
- Arrays von Objekten — 240
- Ein String-Array — 244
- Befehlszeilenargumente — 247
- Zweidimensionale Arrays — 250
  - Ein zweidimensionales Array primitiver Werte — 250
  - Ein zweidimensionales Array von Objekten — 252

Kapitel 12
Umgang mit schwierigen Situationen — 255

- Ausnahmen bearbeiten — 255
  - Die Parameter in einer catch-Klausel — 259
  - Ausnahmetypen — 260
  - In welchem Code-Teile wird eine Ausnahme verarbeitet? — 262
  - Mögliche und unmögliche Ausnahmen — 268
  - Nützliches tun — 268
  - Ausnahmen im normalen Programmablauf — 270
- Eine Ausnahme verarbeiten oder weitergeben — 270
- Eine Ausnahmebehandlung mit einer finally-Klausel abschließen — 274

Kapitel 13
Namen zwischen Teilen eines Java-Programms austauschen — 277

- Zugriffsmodifizierer — 277
- Klassen, Zugriff und mehrteilige Programme — 277
  - Eine Zeichnung in ein Frame einfügen — 279
  - Verzeichnisstruktur — 281
  - Mit CLASSPATH arbeiten — 282
  - Ein Frame erstellen — 283
- Den ursprünglichen Code ändern — 284
  - Standardzugriff — 286
  - Ein Paket erweitern — 288
- Der Zugriffsmodifizierer »protected« — 288
  - Gleichrangige Klassen in dasselbe Paket einfügen — 290
  - Voll qualifizierte Klassennamen verwenden — 291
- Zugriffsmodifizierer für Java-Klassen — 292
  - Öffentliche (public) Klassen — 292
  - Nichtöffentliche Klassen — 293

Kapitel 14
Auf Tastenanschläge und Mausklicks reagieren — 295

- Weiter ... Klicken Sie auf diese Schaltfläche — 295
  - Java-Interfaces — 298
  - Ausführungs-Threads — 299
  - Das Schlüsselwort »this« — 300
  - Die Arbeitsweise der actionPerformed-Methode — 301
  - Der Bedingungsoperator — 301
  - Auf andere Ereignisse als Schaltflächenklicks reagieren — 302

Kapitel 15
Java-Applets schreiben — 307

- Eine Einführung in Applets — 307
  - Auf den Aufruf warten — 308
  - Noch einmal: das Java-API — 309
- Animationen programmieren — 309
  - Die Methoden in einem Applet — 311
  - Was diese Methoden machen — 312
- Auf die Ereignisse in einem Applet reagieren — 313

Kapitel 16
Mit der Java Database Connectivity arbeiten — 317

- Dem System Informationen über eine Datenbank geben — 317
- Daten erstellen — 320
  - SQL-Befehle verwenden — 322
  - Verbinden und trennen — 323
- Daten wiedergewinnen — 324

Teil V
Der Top-Ten-Teil — 327

Kapitel 17
Zehn Möglichkeiten, Fehler zu vermeiden — 329

- Ein Applet erneut laden — 329
- Die korrekte Groß- und Kleinschreibung — 330
- Aus einem switch-Befehl ausbrechen — 330
- Werte mit einem doppelten Gleichheitszeichen vergleichen — 330
- Komponenten zu einem GUI hinzufügen — 331
- Listener hinzufügen, um Ereignisse zu verarbeiten — 331
- Benötigte Konstruktoren definieren — 331
- Nichtstatische Referenzen korrigieren — 332
- Array-Grenzen beachten — 332
- Mit dem CLASSPATH arbeiten — 332

Kapitel 18
Zehn Gruppen von Webressourcen für Java — 333

- Die Quelle von Java — 333
- Nachrichten, Besprechungen und Beispiel-Code finden — 333
- Code mit Tutorials verbessern — 334

Hilfe in News-Gruppen finden	334
Die FAQs nach nützlichen Informationen durchforschen	335
Märkte und Meinungen	335
Java-Jobs suchen	335
Java-Zertifikate erwerben	335
Servlets entwickeln	336
Verwandte Sprachen und Verfahren	336

Teil VI
Anhang　　　　　　　　　　　　　　　　　　　　337

Anhang A
Die CD-ROM verwenden　　　　　　　　　　　　　　339

Systemanforderungen	339
Die CD unter Microsoft Windows verwenden	340
Die CD mit dem Mac OS verwenden	341
Den Java-Code ausführen, der sich in diesem Buch befindet	341
Freeware, Shareware und einfach nur Ware	342
Adobe Acrobat Reader (dt.)	343
JBuilder 5	343
Kawa	343
IBM WebSphere Studio Entry Edition	343
CSE HTML Validator	344
DJ Java Decompiler	344
FileQuest	344
HTMLib	345
Internet Explorer (dt.)	345
JDataConnect Standard Edition	345
PasteLister	346
MasterSplitter	346
MetaPad LE (dt. u. engl.)	346
NetCaptor	347
TextPad	347
ZipMagic	347
Und wenn Sie Probleme haben ...	348

Stichwortverzeichnis　　　　　　　　　　　　　　　349

Einführung

Java ist eine hervorragende Programmiersprache. Ich benutze sie bereits seit Jahren. Die Sprache gefällt mir, weil sie sehr ordentlich aufgebaut ist. Fast alles folgt einfachen Regeln. Falls Sie sich gelegentlich durch komplexere Regeln eingeschüchtert fühlen, finden Sie in diesem Buch die notwendige Klarheit. Deshalb sollten Sie, wenn Sie nach einer Alternative zu dem traditionellen Softcover-Fachbuch für Programmierer suchen, zu *Java 2 für Dummies* greifen.

Wie Sie dieses Buch benutzen sollten

Ich wünschte, ich könnte sagen: »Schlagen Sie eine beliebige Seite dieses Buches auf, und beginnen Sie damit, Java-Code zu schreiben. Füllen Sie einfach die leeren Felder aus, und schauen Sie nicht zurück.« In gewisser Weise stimmt dies sogar. Sie können nichts kaputt machen, indem Sie Java-Code schreiben; deshalb haben Sie immer die Freiheit zu experimentieren.

Doch ich möchte ehrlich sein: Wenn Sie den größeren Kontext nicht verstehen, ist es schwierig, ein Programm zu schreiben. Das gilt für alle Computer-Programmiersprachen, nicht nur für Java. Wenn Sie Code eingeben, ohne zu wissen, was dieser tut, und der Code nicht genau das tut, was Sie wollen, dann hängen Sie einfach fest.

Deshalb habe ich die Java-Programmmierung in diesem Buch in Bereiche zerlegt, mit denen Sie gut zurechtkommen sollten. Jeder Bereich entspricht (mehr oder weniger) einem Kapitel. Sie können mit einem beliebigen Kapitel beginnen, beispielsweise mit Kapitel 5, Kapitel 10 oder an anderer Stelle. Sie können sogar in der Mitte eines Kapitels beginnen. Ich habe versucht, die Beispiele interessant zu gestalten, ohne dass ein Kapitel von einem anderen abhängt. Wenn wichtige Voraussetzungen aus einem anderen Kapitel verwendet werden, finden Sie entsprechende Verweise.

Im Allgemeinen rate ich Ihnen, folgermaßen vorzugehen:

- ✔ Wenn Sie ein Thema bereits kennen, sollten Sie das betreffende Kapitel überspringen.
- ✔ Wenn Sie neugierig sind, können Sie gefahrlos vorblättern. Später können Sie immer noch auf frühere Kapitel zurückgreifen, falls dies notwendig sein sollte.

Konventionen, die in diesem Buch verwendet werden

Fast alle technischen Bücher enthalten am Anfang eine kurze Erklärung der verwendeten Schriftarten, und *Java 2 für Dummies* bildet keine Ausnahme. In diesem Buch haben die folgenden Schriftarten spezielle Bedeutungen.

✔ Neue Fachbegriffe werden *kursiv* dargestellt.

✔ Wenn normaler Text mit Text gemischt ist, den Sie über die Tastatur eingeben müssen, werden die **Eingaben fett** dargestellt. Ein Beispiel: Geben Sie **java** an der Eingabeaufforderung ein.

✔ Java-Code, Dateinamen, Adressen von Webseiten (URLs), Bildschirmanzeigen und ähnliche Dinge werden in `Schreibmaschinenschrift` dargestellt. Wenn eine Eingabe länger ist, wird sie in einer oder mehreren separaten Zeilen ebenfalls in dieser Schriftart dargestellt.

✔ Bildschirmobjekte, wie beispielsweise Schaltflächen oder Menüeinträge, werden in KAPITÄLCHEN dargestellt.

✔ Es gibt bestimmte Elemente, die Sie bei der Eingabe ändern müssen. Wenn ich Sie beispielsweise auffordere,

`public class eingabename`

einzugeben, sollten Sie **public class** und dann statt *eingabename* einen Namen Ihrer Wahl eintippen. Die Wörter, die Sie durch eigene Wörter ersetzen sollen, werden in *kursiver Schreibmaschinenschrift* dargestellt.

Was Sie nicht lesen müssen

Beginnen Sie mit dem ersten Kapitel oder dem ersten Abschnitt, das bzw. der Material enthält, das Sie noch nicht kennen. Wenn Sie jedoch nicht genau wissen, wie Sie vorgehen sollen, können Sie sich an die folgenden Richtlinien halten:

✔ Wenn Sie Java bereits kennen und wissen, wofür Sie es einsetzen wollen, können Sie Kapitel 1 überspringen und direkt mit Kapitel 2 beginnen. Glauben Sie mir, ich werde Ihnen das nicht übel nehmen.

✔ Wenn Sie bereits wissen, wie Java-Programme ausgeführt werden, können Sie Kapitel 2 überspringen und mit Kapitel 3 beginnen.

✔ Wenn Sie Programme schreiben, um Ihren Lebensunterhalt zu verdienen, aber eine andere Sprache als C oder C++ verwenden, sollten Sie mit Kapitel 2 oder 3 beginnen. Wenn Sie bei den Kapiteln 5 und 6 ankommen, werden Sie wahrscheinlich keine Schwierigkeiten haben, sie zu lesen. In Kapitel 7 sollten Sie anfangen, sich eingehend mit dem Stoff auseinander zu setzen.

✔ Wenn Sie C- (aber nicht C++-)Programme schreiben, um Ihren Lebensunterhalt zu verdienen, sollten Sie mit den Kapiteln 3 und 4 beginnen, die Kapitel 5 und 6 aber nur überfliegen.

✔ Wenn Sie C++-Programme schreiben, um Ihren Lebensunterhalt zu verdienen, sollten Sie einen Blick in Kapitel 3 werfen und die Kapitel 4 bis 6 überfliegen. In Kapitel 7 sollten

Sie anfangen, sich eingehend mit dem Stoff auseinander zu setzen. (Java und C++ unterscheiden sich ein wenig in der Art und Weise, wie sie Klassen und Objekte behandeln.)

✔ Wenn Sie Java-Programme schreiben, um Ihren Lebensunterhalt zu verdienen, besuchen Sie mich zu Hause und helfen Sie mir, die nächste Ausgabe von *Java 2 für Dummies* zu schreiben.

Wenn Sie die Einschübe und die Symbole mit den technischen Anmerkungen überspringen wollen, sollten Sie sich keinen Zwang antun. Wenn Sie alles lesen wollen, können Sie dies natürlich auch tun.

Einige einfache Annahmen

In diesem Buch gehe ich von einigen Annahmen über Sie, den Leser, aus. Falls eine dieser Annahmen falsch ist, ist dies wahrscheinlich in Ordnung. Wenn alle Annahmen falsch sind ... na ja, kaufen Sie dieses Buch trotzdem.

✔ **Ich gehe davon aus, dass Sie Zugang zu einem Computer haben.** Die gute Nachricht lautet: Sie können den Code in diesem Buch auf fast jedem Computer ausführen. Die einzigen Computer, auf denen Sie diesen Code nicht ausführen können, sind Rechner, die mehr als sechs (plus oder minus einige wenige Jahre) Jahre alt sind. Gelegentlich verfalle ich aus Bequemlichkeit in den Microsoft-Windows-Jargon, aber das liegt nur daran, dass so viele Menschen mit Windows arbeiten.

Java ist so vielseitig, dass es auf fast allen Maschinen läuft. (Ja, es läuft sogar auf PDAs und auf einigen Haushaltsgeräten.) In Kapitel 2 wird beschrieben, wie Sie Java auf den Computer herunterladen können.

✔ **Ich nehme an, dass Sie mithilfe der normalen Menüs und Dialogfelder Ihres Computers arbeiten können.** Sie müssen kein Windows-, Unix- oder Macintosh-Experte sein, aber Sie sollten ein Programm starten, eine Datei finden, eine Datei in einem bestimmten Verzeichnis speichern und ähnliche Aufgaben ausführen können. Den größten Teil des Codes, mit dem Sie in diesem Buch arbeiten, geben Sie über die Tastatur ein und nicht, indem Sie mit der Maus zeigen und klicken.

Bei den seltenen Gelegenheiten, in denen Sie mit Drag-and-Drop, Cut-and-Paste oder Plug-and-Play arbeiten müssen, werde ich Sie sorgfältig durch die erforderlichen Schritte leiten. Aber es gibt Millionen verschiedener Möglichkeiten, einen Computer zu konfigurieren, und möglicherweise passen meine Anweisungen nicht zu Ihrer speziellen Situation. Deshalb sollten Sie, wenn Sie auf plattformspezifische Aufgaben stoßen, versuchen, die Schritte auszuführen, die in diesem Buch angegeben sind. Wenn diese Schritte nicht zum Erfolg führen, sollten Sie ein Buch zu Rate ziehen, das auf Ihr System zugeschnitten ist.

✔ **Ich nehme an, dass Sie logisch denken können.** Mehr braucht man nicht, um in Java zu programmieren – logisch denken. Wenn Sie logisch denken können, erfüllen Sie alle Voraussetzungen. Wenn Sie nicht glauben, dass Sie logisch denken können, sollten Sie weiter lesen. Vielleicht werden Sie angenehm überrascht sein.

✔ **Ich mache sehr wenige Annahmen darüber, ob Sie Computer programmieren können oder nicht.** Mit diesem Buch habe ich versucht, das Unmögliche zu erreichen: Ich habe versucht, das Buch für erfahrene Programmierer interessant zu gestalten und es dennoch so zu schreiben, dass es auch für Benutzer mit geringen oder keinen Programmierkenntnissen zugänglich ist. Ich setze also keine speziellen Programmierkenntnisse voraus. Es spielt also keine Rolle, wenn Sie noch nie eine Schleife geschrieben oder ein Array indiziert haben.

Wenn Sie dagegen bereits derartige Aufgaben (vielleicht in Visual Basic, in COBOL oder in C++) ausgeführt haben, werden Sie in Java einige interessante Varianten entdecken. Die Entwickler von Java haben die besten Ideen der objektorientierten Programmierung aufgegriffen, überarbeitet, stromlinienförmig gestaltet und daraus ein schnittiges, leistungsstarkes Werkzeug zur Lösung von Problemen geformt. Java regt das Denken an. Wenn Sie anfangen, Probleme mit den Funktionen zu lösen, die Java anbietet, werden Ihnen viele Funktionen sehr natürlich vorkommen. Das Arbeiten mit Java wird Ihnen ein gutes Gefühl vermitteln.

Wie dieses Buch aufgebaut ist

Dieses Buch besteht aus sechs Teilen mit jeweils mehreren Kapiteln, Abschnitten und Unterabschnitten:

Teil I: Die Grundlagen

In diesem Teil erhalten Sie einen kompletten Überblick über Java. Sie erfahren, was Java ist und wie Sie es installieren und ausführen können. Schnelleinsteiger können mit Kapitel 3 beginnen. In diesem Kapitel lernen Sie die wesentlichen technischen Konzepte von Java sowie den Aufbau eines einfachen Java-Programms kennen.

Teil II: Eigene Java-Programme schreiben

In den Kapiteln 4 bis 6 werden die Grundbausteine von Java beschrieben, die Sie kennen müssen, um einen Computer mit Java zu steuern.

Wenn Sie bereits in Visual Basic, C++ oder einer anderen Sprache programmiert haben, werden Ihnen einige Themen in Teil II vertraut sein. Dann können Sie die betreffenden Abschnitte überspringen oder schnell überfliegen – aber bitte nicht zu schnell; denn in einigen Details unterscheidet sich Java von anderen Programmiersprachen, insbesondere bei den Dingen, die in Kapitel 4 beschrieben werden.

Teil III: Ein Überblick über die objektorientierte Programmierung

Teil III enthält einige meiner Lieblingskapitel. In diesem Teil wird der wichtigste Aspekt von Java behandelt: das objektorientierte Programmieren. In diesen Kapiteln erfahren Sie, wie Sie größere Probleme lösen können. (Die Beispiele in diesen Kapiteln sind zwar nicht sehr umfangreich, aber sie enthalten wichtige Konzepte.) In leicht verdaulichen Portionen lernen Sie, Klassen zu entwerfen, vorhandene Klassen wiederzuverwenden und Objekte zu konstruieren.

Haben Sie jemals eines dieser Bücher gelesen, die das objektorientierte Programmieren mit vagen, allgemeinen Begriffen beschreiben? Ich bin sehr stolz darauf, sagen zu können, dass *Java 2 für Dummies* anders ist. In diesem Buch wird jedes Konzept anhand eines einfachen, aber konkreten Programmbeispiels illustriert.

Teil IV: Fortgeschrittene Java-Techniken

Wenn Sie sich mit Java vertraut gemacht haben und tiefer in die Sprache einsteigen wollen, finden Sie in diesem Teil des Buches das Richtige. In den Kapiteln dieses Teils werden einzelne Aspekte der Sprache beschrieben, die bei einer ersten Einführung unverständlich wären. Wenn Sie die vorangegangenen Teile gelesen und einige eigene Programme geschrieben haben, können Sie Ihre Java-Kenntnisse mit den Themen vertiefen, die in Teil IV präsentiert werden. Insbesondere lernen Sie in diesem Teil auch, wie Sie Ereignisse verarbeiten, Applets erstellen und auf Datenbanken zugreifen können.

Teil V: Der Top-Ten-Teil

Der Top-Ten-Teil ist ein Sammelbehälter für Listen mit Tipps, Ressourcen und nützlichen Dingen aller Art.

Teil VI: Anhang

Der Anhang beschreibt den Inhalt der CD-ROM. Dazu zählt auch der komplette Code aller Beispiele in diesem Buch. Sie können den Code einfach auf Ihren Computer kopieren, bearbeiten und ausführen. Außerdem enthält die CD einiges an besonders nützlicher Software.

Symbole in diesem Buch

An den Seitenrändern sehen Sie immer wieder Symbole, die Sie auf besonders wichtige oder bemerkenswerte Dinge hinweisen sollen. Die Symbole haben die folgenden Bedeutungen:

 Ein Tipp enthält zusätzliche Informationen, die Ihnen das Arbeiten erleichtern sollen.

 Jeder macht Fehler. Dieses Symbol weist Sie auf besonders fehlerträchtige Situationen hin und soll Ihnen helfen, Fehler möglichst zu vermeiden.

 Dieses Symbol weist Sie auf Dinge hin, die Sie sich besonders gründlich einprägen sollten.

 Dieses Symbol zeigt Informationen an, mit denen Sie Ihr Wissen vertiefen und abrunden können. Die Informationen sollen Ihnen helfen, technischere Java-Bücher zu verstehen, sind aber für das weitere Arbeiten mit diesem Buch nicht erforderlich.

 Dieses Symbol weist Sie auf Software hin, die sich auf der beiliegenden CD befindet.

Wie geht es weiter?

Wenn Sie bis hierher gekommen sind, können Sie anfangen, Java zu lernen. Sie sollten mich (den Autor) als Führer, als Gastgeber und als persönlichen Assistenten betrachten. Ich habe alles, was in meiner Macht stand, getan, um den Stoff so interessant und verständlich wie möglich zu gestalten. Wenn Sie mir Ihre Meinung über dieses Buch mitteilen wollen, können Sie mir eine E-Mail-Nachricht senden. Die E-Mail-Adresse, die speziell für dieses Buch geschaffen wurde, lautet: Java2ForDummies@BurdBrain.com.

Teil I

Die Grundlagen

In diesem Teil ...

Machen Sie sich mit Java vertraut. Lernen Sie, was Java leisten kann und warum Sie Java verwenden sollten (oder nicht). Wenn Sie nur unklare Vorstellungen davon haben, was Java kann, können Sie sich in diesem Teil Klarheit verschaffen. Wenn Sie nicht wissen, wie Sie ein Java-Programm ausführen können, erfahren Sie in diesem Teil alles, was Sie dazu wissen müssen. Vielleicht haben Sie anderen Leuten erzählt, dass Sie ein Java-Experte sind, und suchen jetzt nach einer Möglichkeit, durch einen Bluff aus dieser selbst gestellten Falle herauszukommen. Falls dies der Fall sein sollte, finden Sie in diesem Teil des Buches einen Schnellkurs in Java (... was nicht heißen soll, dass ich Bluffen gut heiße).

Alles über Java

In diesem Kapitel

▸ Was ist Java?

▸ Wie wurde Java entwickelt?

▸ Warum ist Java so attraktiv?

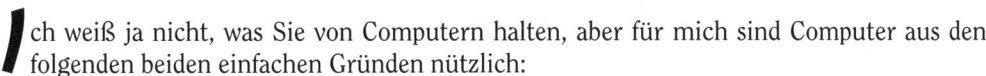

Ich weiß ja nicht, was Sie von Computern halten, aber für mich sind Computer aus den folgenden beiden einfachen Gründen nützlich:

- ✔ **Wenn Computer arbeiten, fühlen sie keinen Widerwillen, keinen Stress, keine Langeweile und keine Müdigkeit.** Computer sind unsere elektronischen Sklaven. Mein Computer ist 24/7 (A.d.Ü: Eine übliche Schreibweise, um auszudrücken, dass ein Gerät ohne Unterbrechung rund um die Uhr, also 24 Stunden am Tag, sieben Tage in der Woche arbeitet.) damit beschäftigt, Berechnungen für SETI@home, der Suche nach außerirdischer Intelligenz auszuführen. Habe ich Mitleid mit meinem Computer, weil er so hart arbeitet? Beklagt sich der Computer? Geht der Computer vor das Arbeitsgericht? Nein.

   Es ist ganz einfach: Ich gebe Befehle, und der Computer gehorcht. Habe ich dabei Schuldgefühle? Nicht die geringsten. Sollte ich welche haben? Absolut nicht.

- ✔ **Computer bewegen Daten, nicht Papier.** Vor nicht allzu langer Zeit wurden Nachrichten noch von berittenen Boten über größere Entfernungen transportiert. Die Nachrichten wurden auf Papier, Pergament, eine Tontafel oder ein anderes physisches Medium geschrieben, das zur jeweiligen Zeit gebräuchlich war.

   Heute betrachten wir diesen Prozess als eine große Verschwendung von Ressourcen, aber das liegt nur daran, dass wir am Anfang des elektronischen Zeitalters stehen. Der Schlüssel liegt darin, dass Nachrichten Daten sind, die nicht an bestimmte physische Medien wie Tinte, Papier und Pferde gebunden sind. Medien sind nur temporäre Träger dieser Daten, doch die Daten selbst sind nicht mit den Datenträgern identisch.

   Das Schöne an Computern ist, dass sie Daten effizient übertragen. Die Datenträger bestehen aus Elektronen und/oder Lichtimpulsen in Kabelnetzen sowie aus elektromagnetischen Wellen in Funknetzen, ohne dass Gegenstände (Papier, Menschen, Pferde, Briefe usw.) physisch bewegt werden müssten.

Wenn Sie den Datenfluss unter diesem Aspekt betrachten, verschwindet plötzlich der gesamte physische Ballast: Statt Bäume zu fällen, Papier zu produzieren, Gedanken mit Tinte oder Druckerschwärze auf dem Papier festzuhalten, dieses dann zu transportieren usw., werden Gedanken als Daten elektronisch erfasst, gespeichert und übertragen. Der Prozess läuft sehr viel schneller ab, und es wird möglich, viel mehr und viel komplexere Dinge zu tun, als es mit den früheren Verfahren möglich gewesen wäre.

Was leistet Java?

Es wäre schön, wenn diese ganze Komplexität kostenlos wäre; leider ist dies nicht der Fall. Zunächst muss jemand gründlich nachdenken und genau festlegen, was der Computer tun soll. Danach muss jemand die Befehle schreiben, die der Computer ausführen soll.

Beim jetzigen Stand des technischen Wissens ist es nicht möglich, einem Computer Befehle in einer natürlichen Sprache (Deutsch, Englisch usw.) zu geben. In der Science-Fiction gibt es zahlreiche Geschichten von Leuten, die Robotern einfache Befehle geben und damit unerwartete, katastrophale Folgen auslösen. Deutsch und andere natürliche Sprachen eignen sich aus mehreren Gründen nicht zur Kommunikation mit Computern:

- ✔ **Ein deutscher Satz kann mehrdeutig sein.** »Zerkaue eine Woche lang eine Tablette dreimal am Tag.«

- ✔ **Es ist schwierig, einen sehr komplizierten Befehl in Deutsch zu formulieren.** »Verbinden Sie den Flansch A mit der Ausbuchtung B. Achten Sie darauf, nur die äußere Nase von Flansch A in die größere Vertiefung der Ausbuchtung B einzupassen, während Sie die mittlere und die innere Nase in die Vertiefung C einführen.«

- ✔ **Ein deutscher Satz enthält viel Ballast.** »Ein Satz enthält überflüssige Wörter.«

- ✔ **Es ist nicht immer leicht, deutsche Sätze zu verstehen.** »Als Teil dieser Verlagsvereinbarung zwischen Hungry Minds, Inc. (»HMI«) und dem Autor (»Barry Burd«) wird HMI für die Teillieferung von *Java 2 For Dummies* (»das Werk«) die Summe von eintausendzweihundertfünfundsiebzig Dollar und dreiundsechzig Cents ($1257,63) an den Autor zahlen.«

Um einem Computer mitzuteilen, was er tun soll, müssen Sie eine spezielle Sprache verwenden und in dieser Sprache knappe, eindeutige Anweisungen schreiben. Eine solche Sprache wird als *Programmiersprache* bezeichnet. Die Anweisungen, die in einer solchen Sprache geschrieben werden, werden als *Programm* bezeichnet. Eine Gesamtheit solcher Anweisungen wird auch als *Software* oder *Code* bezeichnet. Beispielsweise könnte der Code für eine Zahlung an den Autor in Java folgendermaßen aussehen:

```
public class PayBarry
{
   public static void main(String args[])
   {
      double checkAmount = 1257.63;
      System.out.print("Zahlen Sie dem Empfänger ");
      System.out.print("Dr. Barry Burd ");
      System.out.print("$");
      System.out.println(checkAmount);
   }
}
```

Warum sollten Sie Java verwenden?

Zeit zum Feiern! Sie haben zu einem Exemplar von *Java 2 für Dummies* gegriffen und lesen gerade Kapitel 1. Wenn Sie so weitermachen, werden Sie in kürzester Zeit ein Experte in der Java-Programmmierung sein; deshalb können Sie in Erwartung Ihres künftigen Erfolgs eine große Party feiern.

Um die Party vorzubereiten, werden ich einen Kuchen backen. Da ich faul bin, werde ich eine fertige Backmischung verwenden. Mal sehen ... rühren Sie die Mischung in Wasser ein, fügen Sie Butter und Eier hinzu ... halt, einen Moment! Ich habe gerade einen Blick auf die Zutatenliste geworfen. Was ist E466? Und was soll ich mit Propylenglykol? Wird das nicht in Kühlschränken verwendet?

Ich werde den Kuchen lieber ganz selber backen. Sicher – das ist etwas schwieriger, aber dann bekomme ich genau das, was ich will.

Computerprogramme funktionieren auf dieselbe Weise. Sie können das Programm eines anderen Programmierers verwenden, oder Sie können das Programm selbst schreiben. Wenn Sie auf Programme eines anderen Programmierers zurückgreifen, können Sie nur das verwenden, was Sie bekommen. Wenn Sie ein eigenes Programm schreiben, können Sie dieses genau auf Ihre Anforderungen zuschneiden.

Das Erstellen von Software ist ein großer, weltweiter Wirtschaftszweig, in dem Firmen, Freiberufler, Hobbyisten und andere Menschen tätig sind. Ein typisches Großunternehmen verfügt über Teams, Abteilungen und Fachbereiche, die Programme für das Unternehmen schreiben. Als Einzelperson können Sie Programme für sich selbst oder für andere Personen schreiben, um Ihren Lebensunterhalt zu verdienen oder weil Sie Spaß daran haben. Fast alles, was mit einem Computer getan werden kann, können Sie – die entsprechende Zeit vorausgesetzt – selbst programmieren. (Natürlich kann die »entsprechende Zeit« sehr lang sein, aber darum geht es nicht. Viele interessante und nützliche Programme können in Stunden oder sogar Minuten geschrieben werden.)

Java im Rahmen der historischen Entwicklung

Die folgende Liste gibt einen kurzen Überblick über die Programmierung von Computern:

- ✔ **1954-1957: FORTRAN wird entwickelt.**

    FORTRAN (FORmula TRAnslator) war die erste moderne Programmiersprache. Die Sprache eignet sich speziell zum Schreiben wissenschaftlicher Programme. Jahr für Jahr zählt FORTRAN bei Computerprogrammierern auf der ganzen Welt zu den führenden Programmiersprachen. Der bekannte Computerwissenschaftler Tony Hoare sagte einmal: »Ich weiß nicht, wie die Sprache des Jahres 2000 aussehen wird, aber ich bin mir sicher, dass sie FORTRAN heißen wird.«

✔ **1959: COBOL wird entwickelt.**

COBOL (Common Business Oriented Language) wurde speziell für geschäftliche Anwendungen geschaffen. Die Hauptfunktion dieser Sprache besteht darin, grössere Mengen gleichartiger Geschäftsdaten (Datensätze, wie beispielsweise Kunden- oder Artikeldaten) effizient zu verarbeiten.

Innerhalb weniger Jahre entwickelte sich COBOL zur gebräuchlichsten Sprache für die geschäftliche Datenverarbeitung. Selbst heute arbeitet noch ein großer Teil der Softwarebranche mit COBOL.

✔ **1972: Dennis Ritchie entwickelt in den Bell-Laboratorien von AT&T die Programmiersprache C.**

Das Look-and-Feel der Beispiele in diesem Buch stammt von der Programmiersprache C. C-Code verwendet geschweifte Klammern, if-Befehle, for-Befehle usw.

Im Hinblick auf ihre Leistungsstärke ist die Programmiersprache C zum Lösen derselben Probleme geeignet wie FORTRAN, Java oder andere moderne Programmiersprachen. (Man könnte auch in COBOL ein Programm für wissenschaftliche Berechnungen schreiben, aber es wäre etwas umständlich, COBOL zu diesem Zweck zu verwenden.) Der Unterschied zwischen Programmiersprachen besteht nicht darin, wie leistungsstark sie sind, sondern darin, wie gut sie sich zur Lösung bestimmter Probleme eignen und wie leicht sie einzusetzen sind. Gerade die letzte Eigenschaft ist bei Java stark ausgeprägt.

✔ **1986: Bjarne Stroustrup entwickelt (ebenfalls in den Bell-Laboratorien von AT&T) die Programmiersprache C++.**

Im Gegensatz zu ihrer Vorgängerin C unterstützt die Sprache C++ das objektorientierte Programmieren. Dies war ein riesiger Fortschritt.

✔ **23. Mai 1995: Sun Microsystems gibt die erste offizielle Version der Programmiersprache Java frei.**

Java verbessert die Konzepte von C++. Im Gegensatz zu C++ wurde Java im Hinblick auf den Einsatz im World Wide Web optimiert. Die Java-Philosophie des »Write Once, Run Anywhere« (einmal schreiben, überall ausführen) macht die Sprache zu einem idealen Werkzeug für das Entwickeln von Code, der über das Internet verteilt werden soll.

Außerdem ist Java eine großartige Allzweck-Programmiersprache. Mit Java können Sie fensterbasierte Anwendungen schreiben, Datenbanken erstellen und nutzen, Handheld-Computer steuern und andere Aufgaben lösen. Innerhalb weniger Jahre haben sich weltweit mehrere Millionen Entwickler für Java entschieden.

✔ **November 2000: Die Vereinigung amerikanischer Colleges (das *College Board*) kündigt an, dass ab 2003 die Examina für die Vergabe von Studienplätzen für ein Informatikstudium in Java stattfinden werden.**

Was glauben Sie wohl, welche Sprache die Schüler demnächst in der Schule lernen werden? Java natürlich.

Fertige Java-Programme ausführen

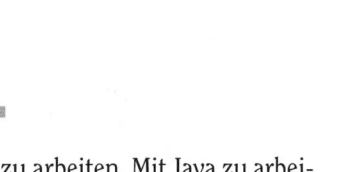

In diesem Kapitel

▶ Java auf Ihrem Computer installieren
▶ Textbasierte Programme ausführen
▶ Fensterbasierte Programme ausführen
▶ Java-Applets ausführen

Die beste Methode, Java zu erlernen, besteht darin, mit Java zu arbeiten. Mit Java zu arbeiten heißt, selbst Java-Programme zu schreiben, zu testen und auszuführen. In diesem Kapitel werden Sie auf diese Arbeit vorbereitet, indem Sie zunächst lernen, die Programme anderer Personen auszuführen.

Das Java Software Development Kit (SDK) herunterladen und installieren

Zunächst benötigen Sie Software zur Entwicklung von Java-Programmen. Es gibt mehrere Produkte für diesen Zweck. Möglicherweise ist bereits eines dieser Produkte auf Ihrem Computer installiert. Falls dies nicht der Fall ist, können Sie grundlegende Software von der Website von Sun Microsystems herunterladen. Das Produkt, das Sie herunterladen sollten, hat verschiedene Namen: *Java Development Kit* (JDK), *Java 2 Software Development Kit* (SDK) und *Java 2 Standard Edition* (J2SE).

 Auf der beiliegenden CD-ROM befinden sich Testversionen von zwei bekannten Java-Entwicklungsumgebungen: JBuilder von Borland und Kawa von Allaire.

Java-Entwicklungsumgebungen

Vielleicht kennen Sie Entwicklungsumgebungen von anderen Programmiersprachen her. Eine typische Entwicklungsumgebung verfügt über mehrere Fenster – ein Fenster für das Editieren von Code, ein Fenster, das die Ergebnisse Code-Ausführung anzeigt, ein Fenster für das Debuggen und ein Fenster, das die Teile Ihres Programms anzeigt. Einigere komplexere Entwicklungsumgebungen, wie beispielsweise die JBuilder-Entwicklungsumgebung von Borland, die hier gezeigt wird, verfügen über Drag-and-Drop-Funktionen, mit denen Sie visuell grafische Benutzerschnittstellen erstellen können.

Es gibt zahlreiche Entwicklungsumgebungen für Java. Gebräuchliche Produkte sind: Borland JBuilder, Visual Café und IBM WebSphere. Jede Umgebung bietet spezielle Funktionen und verfügt über spezifische Mängel. Um Ihnen zu helfen, echtes Java zu lernen, das nicht durch die Mängel bestimmter Entwicklungsumgebungen »belastet« ist, werden in diesem Buch keine Entwicklungsumgebungen behandelt. Der Schwerpunkt liegt auf dem Arbeiten mit grundlegenden Freeware-Werkzeugen und Werkzeugen, die sich bereits auf Ihrem Computer befinden. Mit diesen Werkzeugen können Sie Java lernen, ohne durch exzentrische Eigenschaften einer Umgebung mit einer schicken Oberfläche behindert zu werden.

Nachdem Sie sich mit der einfachen Java-Programmiersprache gründlich vertraut gemacht haben, sollten Sie, wenn Sie wollen, einige Java-Entwicklungsumgebungen ausprobieren. Dann werden Ihnen die Techniken, die Sie in diesem Buch gelernt haben, helfen, in diesen Umgebungen zu arbeiten.

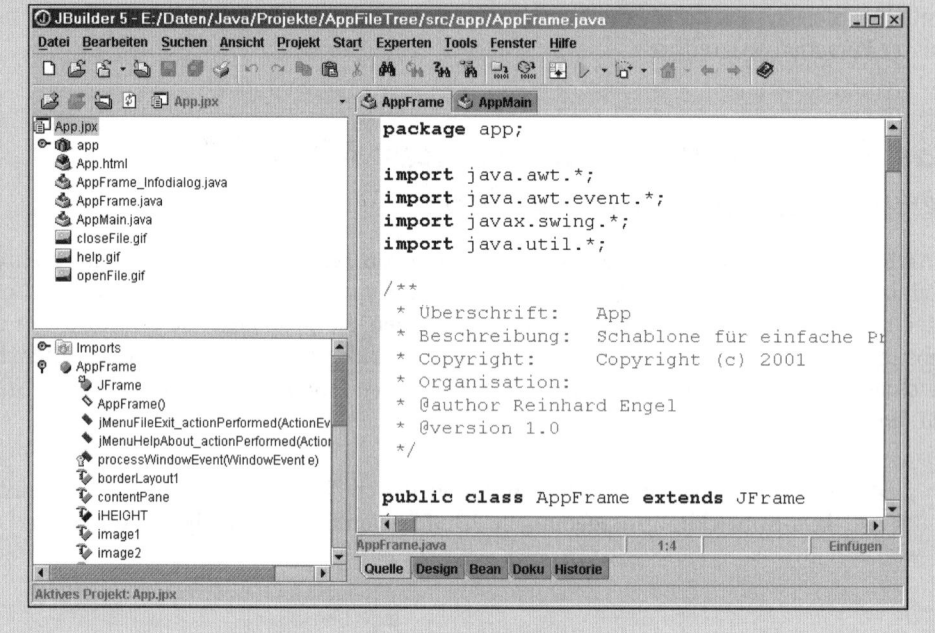

Die benötigte Software herunterladen

Mit den folgenden Schritten können Sie das Java Software Development Kit von der Website von Sun Microsystems herunterladen:

1. **Besuchen Sie** http://java.sun.com.
2. **Klicken Sie auf der linken Seite der Webseite auf den Link** Products & APIs.

3. **Suchen Sie auf der gleichnamigen Webseite nach der neuesten** Java 2 Standard Edition.

   Wahrscheinlich bietet Sun Microsystems auf der Website verschiedene Varianten der einfachen Java 2 Standard Edition an, was Sie anhand des Wortes *Platform* und der Abkürzungen *JDK*, *SDK* und *J2SE* (die alle geeignet sind) erkennen können. Möglicherweise sehen Sie auch unterschiedliche Versionsnummern (wie beispielsweise 1.3 oder 1.4). Sie sollten die jeweils höchste Versionsnummer wählen, die auf der Website angeboten wird.

   Falls es keinen speziellen Grund dafür gibt, sollten Sie die Enterprise Edition nicht herunterladen. Außerdem sollten Sie die JRE-Links vermeiden, weil diese auf Software verweisen, die benötigt wird, um vorhandene Java-Programme auszuführen, und nicht auf Software, die benötigt wird, um neue Java-Programme zu schreiben.

   Möglicherweise müssen Sie mehrere Seiten durchblättern, um den passenden Link zu finden. Wenn Sie dabei auf einen Link stoßen, der auf die *API documentation* verweist, sollten Sie sich die betreffende Seite und Position merken.

   Möglicherweise entdecken Sie mehrere Wege, um die Webseite zu erreichen, von der aus Sie die neueste Java 2 Standard Edition herunterladen können. Deshalb sollten Sie keine Hemmungen haben, die Java-Website zu erforschen. Wenn Sie beim Browsen Ihren Ausgangspunkt festhalten wollen, sollten Sie den Webbrowser *NetCaptor* auf der beiliegenden CD-ROM ausprobieren, der mit mehreren Registern arbeitet.

4. **Wählen Sie den Link, der dem Betriebssystem Ihres Computers entspricht.**

   Zur Wahl stehen Windows, Linux und Solaris.

   Falls Sie nicht unter Windows, Linux oder Solaris arbeiten, finden Sie unter java.sun.com/cgi-bin/java-ports.cgi eine Liste von Anbietern, die Java auf andere Umgebungen portiert haben.

5. **Beachten Sie die Lizenzvereinbarung.**

   Ich werde Ihnen nicht sagen, dass Sie diese Vereinbarung ignorieren können oder sollen.

6. **Klicken Sie auf den Link oder die Schaltfläche, um das Herunterladen zu starten.**

   Die Website bietet sowohl die Möglichkeit eines FTP- als auch eines HTTP-Downloads an. Der Unterschied ist nicht sehr wichtig. Wenn Ihr System FTP unterstützt, ist dieses Verfahren etwas schneller und zuverlässiger.

   Wenn Sie damit beginnen, die Software herunterzuladen, sollten Sie das Verzeichnis auf Ihrer Festplatte notieren, in dem die Software gespeichert wird.

7. **Suchen Sie einen Link zu der API-Dokumentation für die Java-Version, die Sie gerade heruntergeladen haben.**

   Java verfügt über eine eingebaute Funktion, um eine konsistente, ansprechend formatierte Dokumentation im Webseitenformat zu erzeugen. Als Java-Programmierer kommen Sie ohne die API-Dokumentation nicht weit. Zwar könnten Sie die Dokumentation auf der Java-Website mit einem Lesezeichen versehen und die Site jedes Mal besuchen, wenn Sie etwas nachschlagen müssen, aber wenn Sie Ihre eigene Kopie der API-Dokumentation auf Ihre Festplatte herunterladen, können Sie mittel- bis langfristig sehr viel Zeit sparen. In Kapitel 4 erfahren Sie mehr über das API.

8. **Laden Sie die API-Dokumentation herunter.**

   Wie viele andere Dateien wird auch die Java-API-Dokumentation in komprimierter Form heruntergeladen. Wenn Sie Windows benutzen und das ZIP-Format wählen, benötigen Sie ein Programm, um die Datei zu entkomprimieren. Das beste zip/unzip-Programm überhaupt ist *ZipMagic* von *Ontrack Software*. ZipMagic befindet sich auf der beiliegenden CD-ROM.

Die Software installieren

Nachdem Sie das Java Software Development Kit heruntergeladen haben, können Sie das Kit auf Ihrem Computer installieren. Natürlich unterscheidet sich die Installation je nach dem Betriebssystem und dem gewählten Installationsverzeichnis. Die folgenden Schritte sollen Ihnen einige Anhaltspunkte geben:

1. **Suchen Sie die Datei, die Sie heruntergeladen haben.**

   Der Name der Datei lautet j2sdk-1_3-blah-blah.exe. Der genaue Name hängt von dem Betriebssystem, der Java-Versionsnummer und den aktuellen Namenskonventionen von Sun ab.

   Auf jeden Fall ist die heruntergeladene Datei ausführbar, das heißt, es handelt sich um ein Programm, das Sie – wahrscheinlich durch Anklicken seines Symbols – ausführen können.

2. **Führen Sie die heruntergeladene Datei aus.**

   Wenn Sie unter Windows arbeiten, wählen Sie Start|Ausführen, und gehen Sie dann mit Durchsuchen zu dem Namen der Datei, die Sie heruntergeladen haben. Ob Sie unter Windows arbeiten oder nicht – auf jeden Fall können Sie die Datei ausführen, indem Sie auf ein Symbol doppelklicken, den Namen der Datei eintippen oder die spezifischen Aktionen ausführen, die Ihr Betriebssystem für diesen Zweck vorsieht.

   Wahrscheinlich können Sie das SDK in dem Standardverzeichnis oder in einem anderen Verzeichnis Ihrer Wahl installieren. Manche Leute raten, das Standardverzeichnis beizubehalten, das bei der Installation vorgeschlagen wird. Meiner Meinung nach spielt es keine Rolle, wofür Sie sich entscheiden; wichtig ist nur, dass Sie sich den Namen des Verzeichnisses merken, in dem das SDK installiert wird. Sie benötigen diese Information, wenn Sie Ihr System für Java konfigurieren (siehe den nächsten Abschnitt.) Sun schlägt für gewöhnlich einen Namen wie `\jdk1.4` für das Verzeichnis vor.

3. **Lesen Sie während der Installation der Software die Informationen auf dem Bildschirm.**

Ihr System konfigurieren

Nachdem Sie das SDK installiert haben, müssen Sie Ihr Betriebssystem so konfigurieren, dass die SDK-Software reibungslos ausgeführt wird. Insbesondere muss das Betriebssystem wissen, in welchem Verzeichnis das Java-SDK installiert ist und wo die Java-Programme gespeichert werden sollen, die Sie schreiben.

Das Installationsverzeichnis wird mit der *Pfadvariablen* `PATH` angegeben, die zu den so genannten *Umgebungsvariablen* des Betriebssystems gehört. Der Wert der `PATH`-Variablen ist systemabhängig. Die folgenden Hinweise sollen Ihnen helfen, die richtige Einstellung zu finden:

1. **Stellen Sie fest, wo die SDK-Software installiert worden ist.**

    Bei der Installation wurde ein neues Verzeichnis auf der Festplatte erstellt. Der Name dieses Verzeichnisses wird beim Installieren angezeigt (siehe Schritt 2 im vorangegangenen Abschnitt).

    Wenn das SDK beispielsweise in dem Verzeichnis `c:\jdk1.4` installiert worden ist, hat dieses Verzeichnis ein Unterverzeichnis namens `c:\jdk1.4\bin`. Dieses Verzeichnis wird, unabhängig von seinem tatsächlichen Namen, auf Ihrem Computer in diesem Buch als das *Java-bin*-Verzeichnis bezeichnet.

2. **Fügen Sie das Java-bin-Verzeichnis in die PATH-Variable Ihres Systems ein.**

    Das Java-bin-Verzeichnis enthält ausführbare Dateien, mit denen Sie häufig arbeiten werden. Wenn Sie die Ausführung dieser Dateien von Ihrer aktuellen Position in der Verzeichnishierarchie Ihres Systems unabhängig machen wollen, müssen Sie den Namen des Java-bin-Verzeichnisses in die PATH-Variable Ihres Systems einfügen.

    Unter Windows NT und Windows 2000 tun Sie Folgendes:

    a. Wählen Sie S<small>TART</small>|E<small>INSTELLUNGEN</small>|S<small>YSTEMSTEUERUNG</small>|S<small>YSTEM</small>.

    b. Wählen Sie unter Windows NT die Umgebungsregisterkarte oder unter Windows 2000 die Registerkarte für die erweiterten Einstellungen. Klicken Sie dann auf die Schaltfläche für die Umgebungsvariablen.

    c. Suchen Sie im Fenster der Systemvariablen die `PATH`-Variable (siehe Abbildung 2.1).

    d. Fügen Sie am Ende von `PATH` ein Semikolon und dann den Namen Ihres Java-bin-Verzeichnisses ein. Danach sollte `PATH` etwa folgendermaßen aussehen:

    ```
    PATH=C:\WINNT\system32;C:\WINNT;c:\jdk1.4\bin
    ```

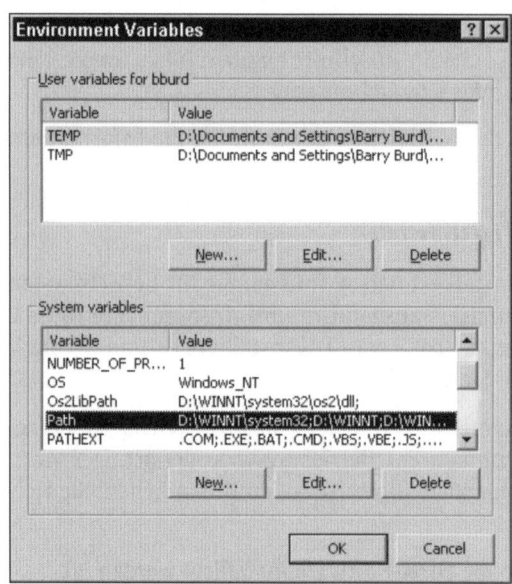

Abbildung 2.1: Das Fenster mit den Systemvariablen unter Windows 2000

e. Klicken Sie auf APPLY, SETZEN, OK oder die entsprechende Schaltfläche des Systems, mit der die neuen Einstellungen übernommen werden.

 Unter Windows NT oder 2000 gilt die Änderung nicht für bereits geöffnete MS-DOS-Fenster. Wenn Sie mit den neuen Einstellungen arbeiten wollen, müssen Sie das MS-DOS-Fenster schließen und dann ein neues MS-DOS-Fenster öffnen. (Weitere Einzelheiten über MS-DOS-Fenster finden Sie im Abschnitt *Das MS-DOS-Fenster* weiter unten in diesem Kapitel.)

Unter Windows XP tun Sie Folgendes:

a. Wählen Sie START|EINSTELLUNGEN|SYSTEMSTEUERUNG|LEISTUNG UND WARTUNG|SYSTEM.

b. Folgen Sie den obigen Anweisungen für Windows 2000 (ab Schritt b).

Unter Windows 95 oder 98 tun Sie Folgendes:

a. Wählen Sie START|AUSFÜHREN.

b. Geben Sie in das Feld ÖFFNEN **sysedit** ein.

Damit starten Sie den Windows System Configuration Editor. Der Editor sieht ähnlich wie Windows Notepad aus, öffnet aber automatisch Dateien, die bestimmte Funktionen der Systemumgebung steuern.

c. Öffnen Sie in dem System Configuration Editor das Fenster für die Datei AUTOEXEC.BAT (siehe Abbildung 2.2).

2 ➤ Fertige Java-Programme ausführen

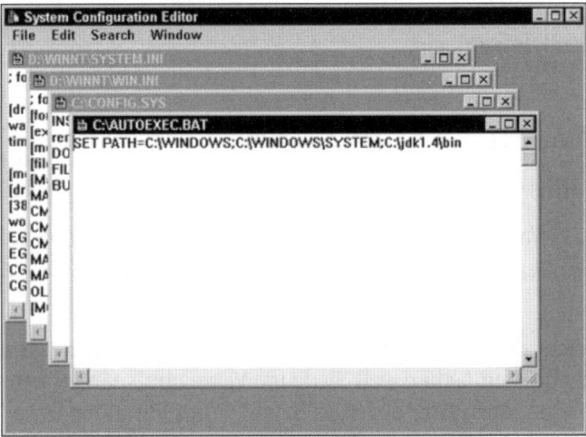

Abbildung 2.2: Öffnen Sie das AUTOEXEC.BAT-Fenster mit dem System Configuration Editor.

d. Der Text in dem AUTOEXEC.BAT-Fenster kann mehr oder weniger umfangreich sein. Suchen Sie nach einer Zeile, die mit dem Wort *PATH* oder mit den Wörtern *SET PATH* beginnt. Fügen Sie am Ende dieser Zeile ein Semikolon und dann den Namen Ihres Java-bin-Verzeichnisses ein. Danach sollte PATH etwa folgendermaßen aussehen:

PATH=C:\WINNT\system32;C:\WINNT;c:\jdk1.4\bin

 Falls das AUTOEXEC.BAT-Fenster keine Zeile enthält, die mit *PATH* oder *SET PATH* beginnt, fügen Sie einfach eine neue Zeile mit dem oben gezeigten Text in das AUTOEXEC.BAT-Fenster ein. (Ersetzen Sie c:\jdk1.4\bin durch den Namen Ihres Java-bin-Verzeichnisses; siehe Schritt 1.) Falls das Einfügen einer neuen Zeile in die AUTOEXEC.BAT-Datei später beim Arbeiten Probleme verursachen sollte, benötigen Sie möglicherweise eine individuelle Beratung. Suchen Sie einen Computerexperten in Ihrer Nachbarschaft, und schildern Sie ihm Ihr Problem.

e. Wählen Sie im Hauptmenü des System Configuration Editors den Befehl FILE|SAVE (DATEI|SPEICHERN).

f. Schließen Sie den System Configuration Editor.

g. Starten Sie den Computer neu.

Unter Windows Me tun Sie Folgendes:

a. Wählen Sie START|PROGRAMME|ZUBEHÖR|SYSTEMPROGRAMME|SYSTEMINFORMATIONEN.

Das HILFE UND SUPPORT-Fenster wird geöffnet.

b. Wählen Sie in dem HILFE UND SUPPORT-Fenster EXTRAS|SYSTEMKONFIGURATIONSPROGRAMM.

c. Wählen Sie auf der Registerkarte UMGEBUNG den Eintrag PATH, und klicken Sie dann auf die Schaltfläche BEARBEITEN.

d. Fügen Sie am Ende des aktuellen Pfads ein Semikolon und dann den Namen Ihres Java-bin-Verzeichnisses ein.

e. Klicken Sie auf OK.

f. Schließen Sie das HILFE UND SUPPORT-Fenster.

g. Starten Sie Ihren Computer neu.

Nachdem Sie die `PATH`-Variable gesetzt haben, müssen Sie dem System mitteilen, wo Sie Ihre Java-Programme speichern wollen. Zu diesem Zweck setzen Sie die so genannte `CLASSPATH`-Variable.

Die Prozedur entspricht dem Setzen der `PATH`-Variablen. Tatsächlich ist die Prozedur für die `CLASSPATH`-Variable etwas einfacher, weil Sie keine Verzeichnisnamen kennen müssen. Folgen Sie einfach den Schritten, die weiter oben das Setzen einer Variablen unter Ihrem Betriebssystem beschreiben. Wenn Sie an die Stelle kommen, an der Sie den Wert für `CLASSPATH` festlegen, geben Sie einfach einen einzelnen Punkt ein.

```
c:\jdk\classes;.
```

Ein kurzer Rückblick

In diesem Abschnitt haben Sie drei wichtige Komponenten auf Ihrem Computer installiert:

- ✔ **Das javac-Programm (den so genannten Java-Compiler).** Der Java-Compiler übersetzt Code aus der eingegebenen Textform, die für Menschen lesbar ist, in eine komprimierte, die so genannte *kompilierte* Form, die nur der Computer versteht.

- ✔ **Das java-Programm (die so genannte Java Virtual Machine).** Wenn Sie den `java`-Befehl geben, weisen Sie den Computer an, ein Java-Programm auszuführen. In diesem Buch handelt es dabei meist um Programme, die Sie selbst geschrieben haben.

- ✔ **Eine Kopie der Java-API-Dokumentation.** Sie werden sie häufig brauchen.

Ein erstes textbasiertes Programm ausführen

In diesem Abschnitt führen Sie ein Java-Programm aus, das die monatlichen Zahlungen für eine Hypothek auf ein Eigenheim berechnet. Sie können das Programm von der beiligenden CD-ROM kopieren (oder das Programm eintippen, wenn Sie wollen) und die Anweisungen befolgen, um das Programm auf Ihrem Computer auszuführen.

Die Programmdatei am richtigen Ort speichern

Um das Programm zur Hypothekenberechnung und die Java-Programme zu speichern, die Sie selbst schreiben werden, sollten Sie ein separates Verzeichnis auf Ihrer Festplatte einrichten.

Sie können das Verzeichnis nennen, wie Sie wollen, doch in diesem Buch werde ich das Verzeichnis als das `JavaPrograms`-Verzeichnis bezeichnen. Deshalb besteht der nächste Schritt darin, das Hypotheken-Programm in Ihrem `JavaPrograms`-Verzeichnis zu speichern.

Kopieren Sie das Hypotheken-Programm `MortgageText.java` aus dem Verzeichnis `Author\Chapter02` auf der beiliegenden CD-ROM in Ihr `JavaPrograms`-Verzeichnis.

Das MS-DOS-Fenster

Das Hypotheken-Programm, das Sie in diesem Abschnitt ausführen, läuft in einem Fenster ab, das wir als *Eingabeaufforderungsfenster* oder als *MS-DOS-Fenster* bezeichnen wollen. Normalerweise arbeiten nur Computerexperten mit diesem Fenster. Beispielsweise könnten Sie, statt auf das Symbol von Outlook Express zu klicken, ein MS-DOS-Fenster öffnen und die Befehle

```
cd C:\Programme\"Outlook Express"
msimn
```

eingeben, um Outlook Express in einem separaten Fenster zu öffnen.

Das Hypotheken-Programm hat kein eigenes Fenster. Während es ausgeführt wird, erscheinen sowohl Ihre Eingaben als auch die Anzeigen des Hypotheken-Programms in dem MS-DOS-Fenster (siehe Abbildung 2.3). Ein Programm, das komplett in dem MS-DOS-Fenster ausgeführt wird, wird als *textbasiertes Programm* bezeichnet.

Abbildung 2.3: Das textbasierte Hypotheken-Programm

Wenn Sie mit dem MS-DOS-Fenster nicht vertraut sind, sollten Sie es gleich ausprobieren. Tabelle 2.1 zeigt, wie Sie es öffnen können:

Betriebssystem	Aktion
Windows NT	Wählen Sie Start|Programme|Eingabeaufforderung
Windows 2000	Wählen Sie Start|Programme|Zubehör|Eingabeaufforderung
Windows 95 oder 98	Wählen Sie Start|Programme|MS-DOS
Windows Me	Wählen Sie Start|Programme|Zubehör|DOS
Windows XP	Wählen Sie Start|Alle Programme|Zubehör|Eingabeaufforderung
Linux	Klicken Sie auf das Symbol, das wie ein Computermonitor aussieht

Tabelle 2.1: Das MS-DOS-Fenster öffnen

 Wenn Sie mit einem Macintosh arbeiten, können Sie die Anweisungen zum MS-DOS-Fenster ignorieren. Stattdessen ziehen Sie diese Datei mit der .java-Erweiterung auf das javac-Symbol und legen sie dort ab. Wenn Sie mit MRJ (Macintosh Runtime for Java) von Apple arbeiten, ziehen Sie eine Datei mit einer .class-Erweiterung auf das Jbinder-Symbol.

Wenn Sie das Hypotheken-Programm ausführen, werden in dem MS-DOS-Fenster drei Dinge angezeigt:

✔ **Der Befehl, den Sie eintippen.** Mit diesem Befehl beginnt die Ausführung des Hypotheken-Programms.

✔ **Nachrichten und Ergebnisse, die das Hypotheken-Programm für Sie anzeigt.** Zu den Nachrichten zählen Welchen Betrag wollen Sie ausleihen? Zu den Ergebnissen zählt Ihre monatliche Zahlung ist 897.77 DM.

✔ **Antworten, die Sie in das Hypotheken-Programm eingeben, während es ausgeführt wird.** Wenn Sie **100000.00** als Antwort auf die Frage des Programms eingeben, wie viel Sie ausleihen wollen, wird diese Zahl auf dem Bildschirm angezeigt.

 Unter Windows 2000 und einigen anderen Betriebssystemen können Sie das MS-DOS-Fenster nicht immer dadurch schließen, dass Sie auf die normale, zu diesem Zweck bestimmte Schaltfläche in der Ecke des Fensters klicken. Wenn diese Schaltfläche nicht funktioniert, können Sie ein solches Fenster normalerweise schließen, indem Sie in dem Fenster **exit** eingeben und dann auf ⏎ drücken.

Ein textbasiertes Programm kompilieren und ausführen

Es ist einfach, ein textbasiertes Java-Programm auszuführen:

1. **Stellen Sie sicher, dass das Java-SDK installiert ist.**

   (Siehe die Anweisungen am Anfang dieses Kapitels.)

2. **Prüfen Sie, ob sich das Programm, das Sie ausführen wollen, in dem** JavaPrograms-**Verzeichnis befindet.**

   Beispielsweise können Sie MortgageText.java von der beiliegenden CD-ROM in das JavaPrograms-Verzeichnis auf Ihrer Festplatte kopieren. Einzelheiten finden Sie in dem Abschnitt *Eine Programmdatei am richtigen Ort speichern* weiter oben in diesem Kapitel.

3. **Öffnen Sie ein MS-DOS-Fenster.**

   (Siehe Tabelle 2.1.)

2 ➤ Fertige Java-Programme ausführen

4. **Gehen Sie in dem MS-DOS-Fenster zu dem** `JavaPrograms`**-Verzeichnis.**

   Wenn Sie unter Windows arbeiten und auf Ihrem `C:`-Laufwerk ein `JavaPrograms`-Verzeichnis angelegt haben, geben Sie den folgenden Befehl in das MS-DOS-Fenster ein:

   ```
   c:
   cd JavaPrograms
   ```

   Drücken Sie nach jedem eingegebenen Befehl auf die ⏎-Taste. Danach wird in dem Fenster das Verzeichnis angezeigt, das Sie erreicht haben: `C:\JavaPrograms>` (siehe Abbildung 2.4).

   Abbildung 2.4: Zu dem JavaPrograms-Verzeichnis wechseln

    Durch das Eingeben von **c:** stellen Sie sicher, dass Sie auf dem `C:`-Laufwerk arbeiten. Mit **cd JavaPrograms** wechseln Sie direkt in das `JavaPrograms`-Verzeichnis. (Die Buchstaben *cd* bedeuten hier *change directory*, dt. wechsle Verzeichnis.)

5. **Kompilieren Sie das Programm, indem Sie den Befehl** `javac` **und den Dateinamen Ihres Programms eingeben.**

   Um beispielsweise das Hypotheken-Programm zu kompilieren, geben Sie den folgenden Befehl in dem MS-DOS-Fenster ein:

   ```
   javac MortgageText.java
   ```

   Wenn alles fehlerfrei läuft, wird nach dem Kompilieren wieder der Name des `JavaPrograms`-Verzeichnisses in dem MS-DOS-Fenster angezeigt (siehe Abbildung 2.5).

   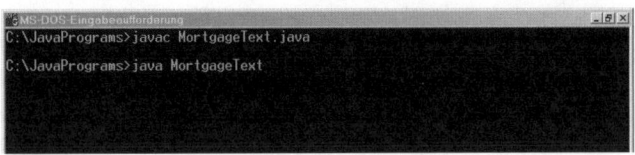

   Abbildung 2.5: Die Befehle `javac` *und* `java` *eingeben*

   Falls nicht alles einwandfrei läuft, sollten Sie nicht in Panik verfallen, sondern Tabelle 2.2 zu Rate ziehen.

Symptom	Abhilfeversuche
Ihr Computer denkt, dass der javac-Befehl nicht existiert.	Prüfen Sie, ob das Java-SDK installiert ist (siehe den ersten Abschnitt dieses Kapitels, *Das Java Software Development Kit (SDK) herunterladen und installieren*). Prüfen Sie, ob die PATH-Variable des Systems richtig gesetzt ist (siehe ebenfalls den ersten Abschnitt dieses Kapitels). Prüfen Sie die Rechtschreibung von javac.
Der Computer zeigt bei der Ausführung von javac eine Usage-Nachricht mit zahlreichen Optionen an (siehe Abbildung 2.6).	Prüfen Sie die javac-Befehlszeile. Abgesehen von der Eingabeaufforderung Ihres System sollte die Befehlszeile nur den javac-Befehl, den Dateinamen und sonst nichts enthalten (beispielsweise javac MortgageText.java; siehe Abbildung 2.5). Prüfen Sie, ob Sie den kompletten Dateinamen einschließlich der .java-Dateierweiterung (nur Kleinbuchstaben) eingegeben haben.
Ihr Computer meldet, dass die Datei, die Sie kompilieren wollen, nicht existiert. (Beispielsweise erhalten Sie die Fehlermeldung: cannot read: MortgageText.java.)	Prüfen Sie, ob Sie im JavaPrograms-Verzeichnis arbeiten. Prüfen Sie, ob sich die Datei im JavaPrograms-Verzeichnis befindet. (Wenn Sie MortgageText.java kompilieren wollen, muss sich eine gleichnamige Datei in dem JavaPrograms-Verzeichnis befinden.) Vergleichen Sie die Schreibweise des Dateinamens in dem javac-Befehl mit dem Namen der Datei in dem Verzeichnis. (Wenn Sie MortgageText.java kompilieren wollen, haben Sie den Dateinamen genau wie in dem javac-Befehl geschrieben?)
Sie sehen eines oder mehrere Caret-Symbole (^) und eine Anzahl von Fehlern (siehe Abbildung 2.7).	Prüfen Sie, ob die Groß-/Kleinschreibung des Dateinamens in Ihrem Befehl mit dem Dateinamen in Ihrem JavaPrograms-Verzeichnis übereinstimmt. (Wenn Sie mit einer Datei namens MortgageText.java arbeiten, dann sollten das M in Mortgage und das T in Text in Ihrem javac-Befehl großgeschrieben werden. Die anderen Buchstaben sollten kleingeschrieben werden.) Wenn Sie die Datei selbst eingetippt haben, anstatt sie von der CD-ROM zu kopieren, haben Sie möglicherweise einige Tippfehler gemacht. Versuchen Sie, die Datei direkt von der CD-ROM zu kopieren.

Tabelle 2.2: Probleme mit dem javac-Befehl beheben

6. **Führen Sie das Programm aus, indem Sie den java-Befehl und dann den Namen Ihres Programms (ohne Dateierweiterung) eingeben.**

   Um das Programm MortgageText.java auszuführen, geben Sie einfach den folgenden Befehl in Ihr MS-DOS-Fenster ein:

   ```
   java MortgageText
   ```

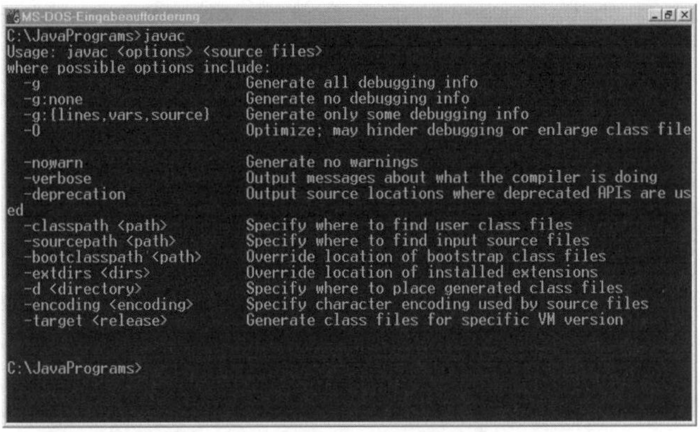

2 ► Fertige Java-Programme ausführen

Abbildung 2.6: Die javac-Usage-Nachricht

Abbildung 2.7: Wenn Sie javac ausführen, kann ein solcher Fehler auftreten.

Normalerweise startet das Programm mit der Frage Welchen Betrag wollen Sie ausleihen? Sie können als Antwort eine Zahl (wie beispielsweise **100000.00**) eingeben und dann auf ⏎ drücken. Danach stellt Ihnen das Programm eine weitere Frage (siehe Abbildung 2.3). Wenn Sie die Fragen beantwortet haben, zeigt das Programm den monatlichen Ratenbetrag an. Anmerkung: Ihre Bank wird von Ihnen wahrscheinlich einen viel höheren Betrag fordern, als mein Java-Programm berechnet.

Wenn Sie Schwierigkeiten haben, mit dem java-Befehl ein Programm auszuführen, sollten Sie prüfen, ob Tabelle 2.3 eine Lösung für Sie bereithält:

Symptom	Abhilfeversuche
Das Programm meldet einen NoClassDefFoundError.	Prüfen Sie, ob Sie in Ihrem JavaPrograms-Verzeichnis arbeiten (siehe Schritt 4 oben). Prüfen Sie, ob Ihr JavaPrograms-Verzeichnis eine .class-Datei enthält (beispielsweise MortgageText.class).
	Prüfen Sie, ob Sie die .java-Datei mit dem javac-Befehl erfolgreich kompiliert haben (siehe in diesem Abschnitt Schritt 5 der Anweisungen für das korrekte Arbeiten mit dem javac-Befehl). Sie müssen das Programm kompilieren, bevor Sie den java-Befehl benutzen können.

Symptom	Abhilfeversuche
	Prüfen Sie, ob die Schreibweise (Groß-/Kleinschreibung und Rechtschreibung) des Dateinamens in Ihrem javac-Befehl dem Dateinamen in Ihrem JavaPrograms-Verzeichnis entspricht. (Haben Sie, als Sie MortgageText.java aufgerufen haben, den Namen **MortgageText** in genau derselben Form eingegeben wie bei der Ausführung des javac-Befehls?)
	Prüfen Sie, ob Sie den Namen *ohne* Dateierweiterung eingegeben haben. (Beispielsweise müssen Sie bei dem java-Befehl **MortgageText** und nicht **MortgageText.java** oder **MortgageText.class** eingeben.)
Das Programm meldet eine NumberFormatException	Ich nehme an, dass Sie das MortgageText-Programm ausführen. Als Sie nach der Hypothekensumme, dem Zinssatz oder der Laufzeit gefragt wurden, haben Sie möglicherweise eine Zahl im falschen Format eingegeben. Prüfen Sie, ob die Zahlen nur Ziffern und Dezimalpunkte enthalten. Das Programm mag keine Kommas, Währungszeichen oder Leerzeichen. Die Anzahl der Jahre sollte sogar ohne Dezimalpunkt eingegeben werden.

Tabelle 2.3. Probleme mit dem java-Befehl beheben

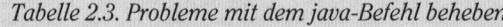

In einigen Versionen des Java SDK (insbesondere unter Linux) verfügt der java-Befehl über eine addclasspath-Option. Falls Sie Schwierigkeiten haben, Ihren Code auszuführen, sollten Sie die Dokumentation der addclasspath-Option prüfen.

Wenn Sie den java-Befehl in einem MS-DOS-Fenster eingeben, weisen Sie den Computer eigentlich an, das Programm der Java Virtual Machine auszuführen. Die Java Virtual Machine vermittelt zwischen dem überall ausführbaren Bytecode und Ihrem System. Die Java Virtual Machine auf Ihrem Computer läuft nur unter dem spezifischen Betriebssystem auf Ihrem Computer. Wenn Sie mit Windows arbeiten, ist die Software für Ihre Java Virtual Machine Windows spezifisch. Sie übernimmt den überall ausführbaren Bytecode des Programms und übersetzt diesen in Befehle, die auf Ihrem Windows-System ausführbar sind.

Ein Blick auf den Java-Compiler

Der Buchstabe *c* in dem javac-Befehl steht für *compile* (dt. *kompilieren*). Wenn Sie diesen Befehl eingeben, führen Sie den Java-Compiler aus.

Ein *Compiler* übersetzt Code aus einer Form in eine andere. Beispielsweise enthält die MortgageText.java-Datei unter anderem den folgenden Code:

```
import java.io.*;
import java.text.NumberFormat;
public class MortgageText {
   public static void main(String args[]) throws IOException
```

Obwohl dieser Code ungewohnt ist, enthält er Buchstaben und andere Zeichen, die eine Person, die Englisch beherrscht, verstehen kann. Diese Datei, MortgageText.java, ist die Form, in der das Programm vorliegt, bevor es mit javac kompiliert wird.

Das Programm javac übersetzt die Datei in so genannten *Bytecode* und speichert diesen automatisch unter dem Namen MortgageText.class in dem JavaPrograms-Verzeichnis ab. Im Gegensatz zu der ursprünglichen .java-Datei enthält die neue .class-Datei keine erkennbaren Zeichen. Sie soll nicht von Menschen gelesen werden, sondern ist so optimiert, dass der Computer die Befehle des Programms schnell und leicht ausführen kann.

Die Art und Weise, wie Java Code kompiliert, unterscheidet sich grundsätzlich von vielen anderen Programmiersprachen. Wenn Sie ein Programm in einer anderen Sprache (beispielsweise COBOL oder C++) kompilieren, kann die daraus resultierende Datei nur auf einem Betriebssystem ausgeführt werden. Wenn Sie beispielsweise ein C++-Programm auf einem Windows-Computer kompilieren und dann die übersetzte Datei auf einen Unix-Computer übertragen, ist die übersetzte Datei auf diesem Computer unbrauchbar. Der Unix-Computer kann die Anweisungen in der übersetzten Datei nicht interpretieren. Diese Situation ist aus verschiedenen Gründen nachteilig. Einer der Hauptgründe besteht darin, dass es nicht möglich ist, diesen Code über das World Wide Web zu verbreiten und zu erwarten, dass Personen mit andersartigen Computern den Code ausführen können.

Bei Java können Sie dagegen eine Bytecode-Datei, die Sie mit einem Windows-Computer erstellt haben, auf einen beliebigen anderen Computer kopieren und dann den Bytecode problemlos ausführen. Dies ist einer der Gründe dafür, dass sich Java so schnell verbreitet hat. Diese herausragende Funktion, Code auf vielen verschiedenartigen Computern ausführen zu können, wird als *Portabilität* bezeichnet.

Ein eigenständiges GUI ausführen

Im vorangegangenen Abschnitt haben Sie alle Schritte ausgeführt, die für das Kompilieren und Ausführen eines textbasierten Java-Programms erforderlich sind. Das textbasierte Programm ist in einer Datei namens MortgageText.java gespeichert. In diesem Abschnitt führen Sie die analogen Schritte für ein GUI aus. Das neue GUI-Programm ist in einer Datei namens MortgageWindow.java gespeichert. Die Bezeichnung *GUI* steht für *Graphical User Interface*. Sie wird für ein Programm verwendet, das mit Fenstern, Schaltflächen und anderen optischen Bedienelementen arbeitet. GUI-Programme wirken moderner, weil sie im Gegensatz zu textbasierten Programmen nicht so aussehen, als stammten sie aus der Steinzeit der Computertechnik.

Ein hässliches Gerücht behauptet, Java könne Schaltflächen und andere grafische Objekte nur in Verbindung mit Webseiten anzeigen. Dieses Gerücht ist vollkommen falsch. Ausgehend von Ihrem MS-DOS-Fenster können Sie Java-Programm mit Dialogfeldern, Pulldown-Menüs und anderen beeindruckenden grafischen Bedienelementen ausführen. Und so geht's:

1. **Sorgen Sie dafür, dass sich die .java-Datei, die Sie ausführen wollen, in Ihrem** `JavaPrograms`**-Verzeichnis befindet.**

   Um unser Beispiel zu benutzen, kopieren Sie `MortgageWindow.java` von der beiliegenden CD-ROM in das `JavaPrograms`-Verzeichnis auf Ihrer Festplatte. (Selbst wenn Sie bereits `MortgageText.java` kopiert haben, müssen Sie diese neue Datei, `MortgageWindow.java`, kopieren. Einzelheiten finden Sie in dem Abschnitt *Eine Programmdatei am richtigen Ort speichern*.

2. **Kompilieren Sie das Programm mit dem** `javac`**-Befehl.**

   Geben Sie für unser Beispiel in Ihrem MS-DOS-Fenster den folgenden Befehl ein:

   `javac MortgageWindow.java`

   Wenn scheinbar nichts passiert und dann eine weitere Eingabeaufforderung angezeigt wird, wurde das Programm erfolgreich kopiert. Falls nicht (das heißt, wenn Fehlermeldungen angezeigt werden), sollten Sie noch einmal den vorangegangenen Abschnitt *Ein erstes textbasiertes Programm ausführen* lesen.

    Wenn Sie den `javac`-Befehl eingeben, müssen Sie den Dateinamen nach dem Befehl inklusive der `.java`-Erweiterung eingeben.

    Bei einigen Systemen spielt die Groß-/Kleinschreibung in dem `javac`-Befehl eine Rolle. Weil die Datei, die Sie kompilieren wollen, `MortgageWindow.java` heißt, funktioniert der Befehl `javac mortgagewindow.java` (ohne Großbuchstaben) nicht.

3. **Führen Sie das Programm mit dem** `java`**-Befehl aus.**

   Geben Sie für das MortgageWindow-Beispiel den folgenden Befehl in Ihrem MS-DOS-Fenster ein:

   `java MortgageWindow`

   Mit diesem Befehl sollte die Ausführung des MortgageWindow-Programms beginnen. Das Programm zeigt ein Fenster an (siehe Abbildung 2.8). In diesem Fenster können Sie verschiedene Werte für die Hypothekensumme, den Zinssatz und die Laufzeit des Darlehens eingeben. Wenn Sie einen Wert ändern, reagiert das Programm sofort und aktualisiert das Feld für die Ratenzahlungen.

   Falls bei diesem Schritt Probleme auftreten, sollten Sie die Hinweise in Tabelle 2.3 beachten.

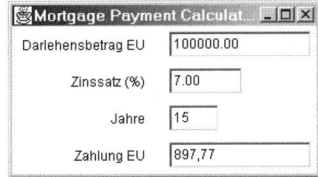

Abbildung 2.8: Ein Fenster des MortgageWindow-Programms

 Wenn Sie den `java`-Befehl eingeben, müssen Sie den Dateinamen nach dem Befehl ohne Dateierweiterung (`.java`) angeben.

Ein GUI auf einer Webseite ausführen (Ihr erstes Java-Applet)

Java betrat Mitte der 90er-Jahre mit nachhaltiger Wirkung die Weltbühne. Sun Microsystems hatte es geschafft, Java-Programme in Webseiten einzubinden, und die Ergebnisse waren überwältigend. Die Verbindung von Java mit der Web-Technologie schuf leistungsstarke, effiziente, portable und sichere Webseiten. Der Trick bestand darin, einen Teil eines Programms, ein so genanntes *Applet*, zu erstellen, und das Applet innerhalb eines Rechtecks auf einer Webseite anzuzeigen.

Ein Applet kann viele Funktionen ausführen, die auch in normalen GUI-Programmen zu finden sind. Es gibt Schaltflächen, Pulldown-Komponenten und andere grafische Steuerelemente. Ein Applet kann sogar in einem separaten schwebenden Fenster geöffnet werden (was in der Praxis jedoch selten vorkommt).

In diesem Abschnitt erfahren Sie, wie Sie ein Applet in eine Webseite einfügen können. Das Applet, das Sie in diesem Beispiel verwenden, befindet sich auf der beiliegenden CD-ROM.

Ein Applet ausführen

Die Schritte zur Ausführung eines Applets unterscheiden sich etwas von den Schritten zur Ausführung anderer Java-Programme. Gehen Sie folgendermaßen vor:

1. **Sorgen Sie dafür, dass sich das Applet-Programm, das Sie verwenden wollen, im JavaPrograms-Verzeichnis Ihrer Festplatte befindet.**

    Um unser Beispiel nachzuvollziehen, kopieren Sie `MortgageApplet.java` von der beiliegenden CD-ROM in das `JavaPrograms`-Verzeichnis Ihrer Festplatte.

    Einzelheiten finden Sie in dem Abschnitt *Eine Programmdatei am richtigen Ort speichern*.

`MortgageApplet.java` ist das dritte Java-Programm in diesem Kapitel. Das erste, `MortgageText.java`, ist ein textbasiertes Programm, das zweite, `MortgageWindow.java`, ist ein GUI. Dieses dritte Programm, `MortgageApplet.java`, ist ein Webseiten-Applet.

2. **Kompilieren Sie das Programm mit dem `javac`-Befehl.**

   Wenn Sie das MortgageApplet-Beispiel nachvollziehen wollen, geben Sie in Ihrem MS-DOS-Fenster den folgenden Befehl ein:

   `javac MortgageApplet.java`

   Falls bei diesem Schritt Probleme auftreten, sollten Sie die Hinweise in Tabelle 2.2 beachten.

    An anderer Stelle in diesem Kapitel habe ich gesagt, dass Sie nach dem `javac`-Befehl den `java`-Befehl ausführen müssen; aber diese Anweisung gilt nicht für Applets. Deshalb sollten Sie nicht den Befehl `java MortgageApplet` eingeben. Um herauszufinden, wie ein Applet ausgeführt wird, lesen Sie weiter.

3. **Sorgen Sie dafür, dass sich in dem `JavaPrograms`-Verzeichnis eine `.htm`- oder `.html`-Datei für Ihr Applet befindet.**

   Um unser Beispiel nachzuvollziehen, kopieren Sie `MortageApplet.html` von der beiliegenden CD-ROM in das `JavaPrograms`-Verzeichnis Ihrer Festplatte.

   Um ein Applet auszuführen, benötigen Sie zwei Dateien: ein kompiliertes Java-Programm und eine `.html`-Datei (eine *HyperText Markup Language*-Datei). Eine `.html`-Datei ist eine Webseite der Art, die bei normalen Besuchen von Websites angezeigt wird. Eine `.html`-Datei muss nicht kompiliert werden. Sie muss sich nur in Ihrem `JavaPrograms`-Verzeichnis befinden.

4. **Rufen Sie die `.html`-Datei mit einem Webbrowser Ihrer Wahl auf.**

   Öffnen Sie einen Webbrowser (Internet Explorer, Netscape Navigator oder eines der anderen Produkte, die nach dem Krieg der Browser in den späten 90er-Jahren auf den Markt gekommen sind). Geben Sie den Namen der `.html`-Datei, die Sie in Schritt 3 kopiert haben, in das Adressfeld des Browsers ein. Geben Sie dabei den vollen Pfad inklusive des Laufwerksbuchstabens (wenn Sie unter Windows arbeiten) und des Namens des Unterverzeichnisses ein, das die Datei enthält (siehe Abbildung 2.9).

Abbildung 2.9: Eine .html-Datei mit einem Webbrowser aufrufen

Nachdem Sie auf ⏎ gedrückt haben, sollte eine neue Webseite mit dem Hypotheken-Applet in dem Webbrowser-Fenster angezeigt werden (siehe Abbildung 2.10.) Falls dies nicht der Fall sein sollte, lesen Sie die Hinweise zur Problembehandlung in Tabelle 2.4.

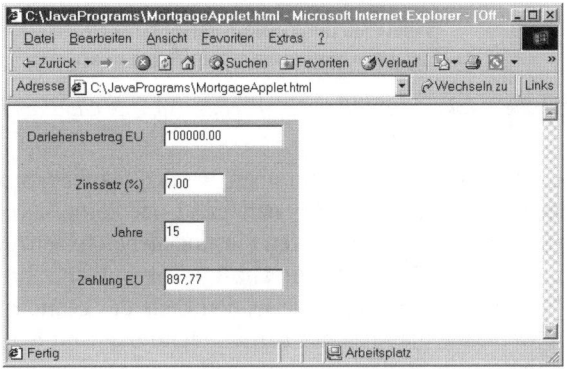

Abbildung 2.10: Das Hypotheken-Applet im Fenster des Browsers

 Sie benötigen keine Internet-Verbindung, um eine Webseite zu besuchen, die sich bereits auf Ihrer lokalen Festplatte befindet.

Das Hypotheken-Applet belegt in Ihrem Browser-Fenster ein 300x200 Pixel großes Rechteck. Der Rest des Fensters ist leer (weil ich kein anderes ablenkendes Material in die `Mortgage-Window.html`-Datei eingefügt habe).

Symptom	Abhilfversuche
Die Fehlermeldung `Web page not found` wird angezeigt.	Prüfen Sie, ob sich die `.html`-Datei (z.B. `MortgageApplet.html`) in Ihrem `JavaPrograms`-Verzeichnis befindet.
	Prüfen Sie den Dateinamen, den Sie in das Adressfeld Ihres Webbrowsers eingegeben haben. Wenn Sie glauben, dass der Dateiname korrekt ist, versuchen Sie, die `.html`-Datei auf andere Weise mit Ihrem Browser anzuzeigen. Wählen Sie beispielsweise von der Menüleiste Ihres Browsers aus DATEI|ÖFFNEN, und öffnen Sie dann die `.html`-Datei auf Ihrer Festplatte.
Ihr Browser zeigt eine leere Seite oder eine Seite mit einem leeren Rechteck an. (Der Browser konnte das kompilierte Applet nicht laden.)	Prüfen Sie, ob Ihr `JavaPrograms`-Verzeichnis die passende `.class`-Datei (z.B. `MortgageApplet.class`) enthält. Falls dies nicht der Fall ist, suchen Sie die `.class`-Datei in einem anderen Verzeichnis auf Ihrer Festplatte. Wenn Sie die benötigte `.class`-Datei nicht auf Ihrer Festplatte finden, führen Sie `javac` aus, um eine `.class`-Datei zu erstellen (siehe Schritt 2 der Anweisungen in diesem Abschnitt).

Symptom	Abhilfversuche
	Prüfen Sie, ob sich die beiden Dateien (z.B. MortgageApplet.html und MortgageApplet.class) im selben Verzeichnis auf Ihrer Festplatte befinden.
	Prüfen Sie die Einstellungen Ihres Browsers, um sicherzustellen, dass Java-Applets angezeigt werden können.

Tabelle 2.4: Problembehandlung bei der Anzeige eines Applets

Wenn Sie eigene Java-Applets schreiben, werden Sie die Schritte 2 und 4 regelmäßig wiederholen. (Den Code eintippen, den Code kompilieren und dann die Webseite aufrufen; den Code ändern, den Sie eingegeben haben, den Code wieder kompilieren und dann die Webseite neu anzeigen usw.) Wenn Sie so vorgehen, weigert sich der Webbrowser möglicherweise, den Code des geänderten Applets zu laden. Jedes Mal, wenn Sie die Ansicht über das Menü oder mit der AKTUALISIEREN-Schaltfläche aktualisieren wollen, wird einfach nur das ursprüngliche, unveränderte Java-Applet angezeigt. Dies ist kein Grund, sich zu ärgern. Die eingebauten Sicherheitsmechanismen von Java verhindern, dass Ihr Browser zuvor geladenen Applet-Code ersetzt. Um diese Sicherheitssperre zu überwinden, halten Sie die Strg -Taste gedrückt, während Sie auf die AKTUALISIEREN-Schaltfläche klicken. Wenn dies nicht funktioniert, versuchen Sie, die ⇧ -Taste niedergedrückt zu halten, während Sie auf die AKTUALISIEREN-Schaltfläche klicken. Wenn dies auch nicht hilft, schließen Sie Ihren Webbrowser, und rufen Sie dann den Browser erneut auf. Dadurch wird das Problem behoben.

Eine .html-Datei erstellen

Wenn Sie ein Java-Applet erstellen, benötigen Sie eine .html-Datei, um das Applet in einem Webbrowser zu testen. Die Datei, die Sie benötigen, muss nur eine Zeile lang sein. Beispielsweise enthält die Datei MortgageApplet.html, die Sie von der beiliegenden CD-ROM kopieren können, eine einzelne Zeile (siehe Listing 2.1).

```
<applet code="MortgageApplet" width=300 height=200></applet>
```

Listing 2.1: Die MortgageApplet.html-Datei

Um diese Datei von Grund auf zu erstellen, öffnen Sie einen Texteditor Ihrer Wahl, geben die oben gezeigte Zeile ein und speichern dann die Datei unter dem Namen MortgageApplet.html in Ihrem JavaPrograms-Verzeichnis. Im nächsten Abschnitt, *Eigenen Code eingeben*, erhalten Sie einige Hinweise zum Gebrauch von Texteditoren.

Wenn Sie die Zeile in Listing 2.1 eingeben, müssen Sie die Groß- und Kleinbuchstaben von `MortgageApplet` genau wie in dem Listing eingeben. Andere Schreibweisen führen zu Problemen. Im Allgemeinen muss Text, der in doppelte Anführungszeichen eingeschlossen ist, genau wie der Name der .class-Datei in Ihrem `JavaPrograms`-Verzeichnis geschrieben werden.

Wenn Sie ein Java-Programm schreiben, müssen mehrere Namen übereinstimmen. Der Name in Listing 2.1 muss mit dem .class-Dateinamen übereinstimmen, und dieser Name muss genau dem Namen in der `MortgageApplet.java`-Datei entsprechen, in der ganz am Anfang die Wörter `class MortgageApplet` (mit genau derselben Schreibweise und Groß-/Kleinschreibung) stehen.

Ihre .html-Datei kann einen beliebigen Namen haben, solange der Name entweder mit .html oder mit .htm endet. Dies ist von Vorteil, weil Sie auf diese Weise mit einer .html-Datei neue Applets testen können. Um beispielsweise ein Applet namens `ForeclosureApplet` zu testen, müssen Sie in der Zeile in Listing 2.1 nur `code="MortgageApplet"` durch `code="ForeclosureApplet"` ersetzen. Sie müssen die .html-Datei nicht umbenennen.

Sie können sogar zwei Applets in einer .html-Datei testen. Zu diesem Zweck fügen Sie den Code für die .html-Datei des zweiten Applets in Ihre vorhandene `MortgageApplet.html`-Datei ein (siehe Listing 2.2).

```
<applet code="MortgageApplet" width=300 height=200></applet>
<applet code="ForeclosureApplet" width=300 height=200>
</applet>
```

Listing 2.2: Eine Seite mit zwei Applets

In diesem Fall zeigt der Webbrowser zwei Rechtecke an, die jeweils eines der Applets anzeigen (siehe Abbildung 2.11).

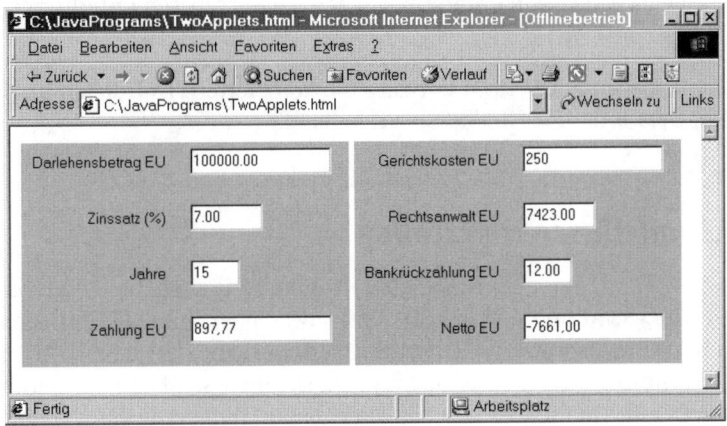

Abbildung 2.11: Zwei Applets auf einer Webseite

Wenn Sie den HTML-Code eingeben, ist es hilfreich, etwas über den Code selbst zu wissen. Die folgenden Informationen können helfen:

- **Der Text zwischen spitzen Klammern (< >) wird als HTML-Tag bezeichnet.** Die Datei `MortgageApplet.html` (Listing 2.1) enthält zwei Tags. Das erste Tag (`<applet . ..`) wird als *Start-Tag* bezeichnet, das zweite Tag (`</applet>`) heißt *End-Tag*.
- **Jedes Gleichheitszeichen innerhalb des Applet-Start-Tags gehört zu einem Feld.**
- **Das Feld `Code="MortgageApplet"` verweist auf den Java-Code, den Sie ausführen wollen.** Manchmal enthält das `Code`-Feld auch die Dateierweiterung `.class`, also beispielsweise `MortgageApplet.class`. Die `.class`-Dateierweiterung ist zulässig, aber andere Erweiterungen (beispielsweise `MortgageApplet.java`) führen zu Problemen.
- **Die Felder `width` und `height` sagen dem Webbrowser, wie groß das Applet in Pixeln sein sollte.** Sie erinnern sich, dass das Hypotheken-Applet in einem rechteckigen Bereich auf Ihrer Webseite angezeigt wird.
- **Obwohl Sie nicht immer ein End-Tag benötigen, sollten Sie dieses Tag immer eingeben.** Bei diesem Beispiel scheint das Applet-End-Tag redundant zu sein. Schließlich endet das Start-Tag mit einer schließenden spitzen Klammer (>) – wozu also brauchen Sie mehr? Der Grund, warum das End-Tag nutzlos zu sein scheint, besteht darin, dass das Hypotheken-Applet so einfach ist. Bei einem umfangreicheren Beispiel kann das End-Tag sehr nützlich sein.

Bei einem einfachen Beispiel wie dem Hypotheken-Applet lässt der Internet Explorer zu, dass das Applet-End-Tag fehlt. Aber der Netscape Navigator ist nicht so tolerant, so dass Sie sich nicht angewöhnen sollten, das End-Tag wegzulassen.

Wenn Sie die `.html`-Datei und die Java-`.class`-Datei in zwei verschiedenen Verzeichnissen speichern müssen, können Sie die beiden Dateien mit dem Applet-Tag-Feld *codebase* in unterschiedlichen Verzeichnissen unterbringen.

Die beiliegende CD-ROM enthält eine komplette HTML-Referenz namens *HTMLib*; Details darüber finden Sie im Anhang.

Größere .html-Dateien erstellen

Die Datei `MortgageApplet.html` (Listing 2.1) ist eine ganz einfache `.html`-Datei. Wenn Sie eine formale HTML-Schulung durchlaufen oder etwas über gute HTML-Codierung gelesen haben, haben Sie wahrscheinlich die Auffassung verinnerlicht, dass eine HTML-Seite alle offiziellen, standardisierten Tags enthalten muss. Tatsächlich sieht ein vollständiges, gültiges `.html`-Dokument – das auf jedem Java fähigen Browser läuft – wie das Dokument in Listing 2.3 aus.

```
<!DOCTYPE HTML PUBLIC
   "-//W3C//DTD HTML 3.2 Final//EN">
<html>
   <head>
      <title>Hypothekenraten berechnen</title>
   </head>
   <body>
      <applet code="MortgageApplet"
         width=300 height=200></applet>
   </body>
</html>
```

Listing 2.3: Ein vollständiges .html-Dokument

Letztlich hängt die Strenge, mit der Sie die »offiziellen« Vorschriften über die Art, HTML-Code zu schreiben, beachten, vom Zweck Ihrer Arbeit ab. Wenn Sie Code für eine weltweite Programmierergemeinde schreiben, sollte Ihr HTML-Code möglichst perfekt sein. Wenn Sie dagegen nur Applets testen wollen, um Java zu lernen oder Familienklatsch auf der persönlichen Website Ihrer Sippe zu veröffentlichen, reicht auch eine weniger perfekte Form wie in MortgageApplet.html (Listing 2.1).

Im World Wide Web gibt es einige nützliche Ressourcen über die korrekte (und falsche) Codierung von HTML-Dokumenten. Unter www.htmlhelp.com/tools/validator/ können Sie Ihren HTML-Code testen lassen. Unter www.awpa.asn.au/html/validate.html finden Sie eine Liste von Optionen, die beschreiben, wie Sie Ihren HTML-Code prüfen können.

Die beiliegende CD-ROM enthält eine kostenlose Kopie von *CSE HTML Validator Lite*. Sie können mit diesem Programm prüfen, ob Ihr HTML-Code korrekt ist.

Eigenen Code eingeben

Wenn Sie eigene Java-Programme schreiben, geben Sie Code in eine .java-Datei ein. Wenn Sie ein Applet erstellen wollen, besteht der Code aus zwei Dateien: einer .java-Datei und einer .html-Datei. Wenn Sie eigenen Code schreiben, sollten Sie einen Texteditor verwenden, der keine Formatierungen in den Text einfügt.

Unter Windows können Sie den *Editor* verwenden (START|PROGRAMME|ZUBEHÖR|EDITOR). Wenn Sie unter einem anderen Betriebssystem arbeiten, sollten Sie den einfachsten Editor wählen, der auf dem System zur Verfügung steht.

Wenn Sie eine Java-Programmdatei erstellen, müssen Sie die Java-Namenskonventionen beachten:

✔ Der Dateiname muss die Form *DerName*.java haben. Die Dateierweiterung .java darf nur aus Kleinbuchstaben bestehen.

✔ Wenn die Datei eine so genannte öffentliche Klasse enthält, dann muss `DerName` in `DerName.java` mit dem Namen der öffentlichen Klasse übereinstimmen. (In Kapitel 3 wird beschrieben, wie eine Klasse aufgebaut ist.) Wenn die Programmdatei beispielsweise mit den Wörtern `public class MeinErstesProgram` beginnt, muss der Dateiname `MeinErstesProgram.java` lauten. Dabei muss auch die Groß-/Kleinschreibung des Klassen- und des Dateinamens übereinstimmen.

 Das Dialogfeld DATEI SPEICHERN UNTER des Windows-Editors hat die unerfreuliche Eigenschaft, an neue Dateinamen die Dateierweiterung `.txt` anzuhängen. Dies bedeutet, dass eine Datei namens `ForeclosureApplet.java` tatsächlich unter dem Namen `ForeclosureApplet.java.txt` gespeichert wird. Bis Sie sich an diese Funktion gewöhnt haben, kann sie ziemlich nerven (und später auch noch). Wenn Sie verhindern wollen, dass das Dialogfeld die zusätzliche `.txt`-Erweiterung hinzufügt, müssen Sie den gesamten Dateinamen in doppelte Anführungszeichen einschließen (siehe Abbildung 2.12).

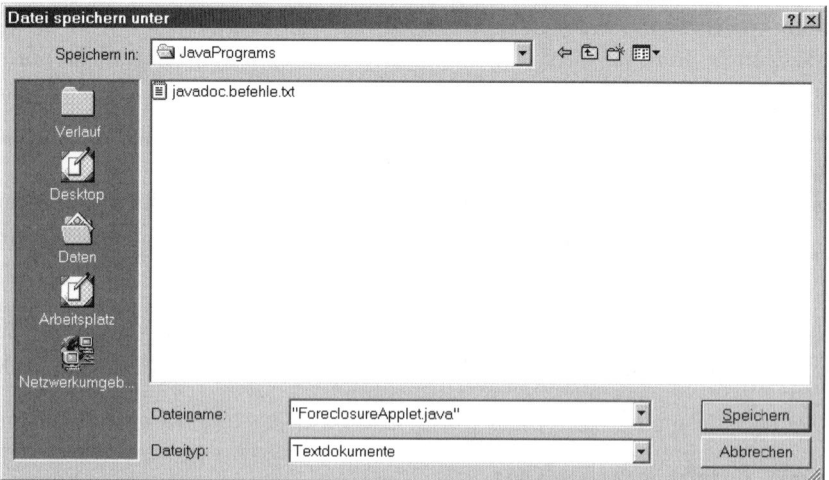

Abbildung 2.12: Verhindern, dass Windows die .txt-Erweiterung an einen Dateinamen anhängt

 Sie sollten `.java`- oder `.html`-Dateien nicht mit einem Textverarbeitungsprogramm (wie Microsoft Word) erstellen. Textverarbeitungsprogramme fügen diverse Auszeichnungen für Fettschrift, kursive Schrift und andere Formatierungen in eine Datei ein, obwohl die entsprechenden Steuerzeichen nicht in den so genannten WYSIWYG-Fenstern (What You See Is What You Get) angezeigt werden.

 Die beiliegende CD-ROM enthält eine Kopie von TextPad, eines super-duper Texteditors. Zu den herausragenden Funktionen von TextPad gehört die farbliche Hervorhebung der Befehle von Java-Programmen, eine Schaltfläche, um Ihre Arbeit in einem Webbrowser anzuzeigen, und Werkzeuge, die Ihnen helfen, Ihren Java-Code zu kompilieren und auszuführen.

Ein Überblick über Java

In diesem Kapitel

▶ Ein Überblick über die objektorientierte Programmierung

▶ Die Java-Sprache sprechen: das API und die Sprachspezifikation

▶ Die Komponenten eines einfachen Programms verstehen

▶ Herausfinden, wie diese Komponenten beim Ausführen eines Programms arbeiten

*J*ava ist objektorientiert. Was bedeutet das?

Eine *Programmiersprache* ist eine künstliche Sprache, mit der einem Computer mitgeteilt wird, welche Aufgaben er ausführen soll. Bei diesen Aufgaben werden bestimmte Dinge, die *Daten*, mit Hilfe bestimmter Aktionen (*Befehle*, *Prozeduren* und *Funktionen*) bearbeitet. *Programmieren* bedeutet, die Art der Daten sowie die Art und die Reihenfolge der Aktionen festzulegen, mit denen die Daten bearbeitet werden. Das fertige Ergebnis wird als *Programm* bezeichnet. Ein Programm beschreibt also eine Aufgabe in einer Form, die ein Computer verstehen und verarbeiten kann.

Grundsätzlich kann man sich beim Schreiben eines Programms auf zwei Aspekte konzentrieren: auf die Aktionen, die man ausführen will, oder auf die Objekte (Daten, Gegenstände), die man bearbeiten oder mit denen man arbeiten will. Die Art zu programmieren, das heißt, die Art, wie man über die Daten und die Aktionen nachdenkt und deren Anordnung festlegt, wird stark von der Programmiersprache beeinflusst, in der man die zu lösende Aufgabe beschreiben will.

Manche Programmiersprachen unterstützen das aktionszentrierte Denken; sie stellen die Aktionen oder Prozeduren in den Vordergrund und werden deshalb auch als *prozedurale Programmiersprachen* bezeichnet. Andere Programmiersprachen legen den Schwerpunkt auf die Objekte (Daten, Gegenstände), die man bearbeiten oder mit denen man arbeiten will; sie werden deshalb auch als *objektorientierte Programmiersprachen* bezeichnet.

Natürlich müssen in jedem Programm Daten *und* Aktionen bedacht werden. Die beiden Ansätze unterscheiden sich darin, wovon bei der Analyse eines Problems ausgegangen wird: Stehen die Aktionen (öffnen, einlesen, erfassen, sortieren, auswählen, berechnen, darstellen usw.) am Anfang und wird überlegt, worauf diese Aktionen anzuwenden sind, oder bilden die Objekte (Personen, Artikel, Konten, Unternehmen, Geräte usw.) den Ausgangspunkt und wird überlegt, welche Funktionen diese Objekte ausführen bzw. anbieten und wie sie zusammenarbeiten sollen?

Historisch gesehen, wurden zunächst die prozeduralen und dann die objektorientierten Programmiersprachen entwickelt. Seit den 90er-Jahren ist die objektorientierte Programmierung das moderne, herrschende »Paradigma« des Programmierens. Wenn Sie Näheres über die historische Entwicklung wissen wollen, sollten Sie den Einschub *Der verschlungene*

Weg von FORTRAN bis Java lesen. In den folgenden Abschnitten werden Sie einige Gründe dafür kennen lernen, warum diese Art zu programmieren der älteren, prozeduralen Programmierung überlegen ist.

Der verschlungene Weg von FORTRAN zu Java

In der Mitte der 50er-Jahre des 20. Jahrhunderts wurde eine Programmiersprache namens FORTRAN entwickelt. FORTRAN war die erste so genannte *Hochsprache* (im Gegensatz zu Maschinensprachen und Assemblern) für Computer. Rückblickend war FORTRAN auch die erste prozedurale Sprache. (Damals kannte man den Unterschied von *prozedural* und *objektorientiert* aber noch nicht.) Es ging hauptsächlich darum, dem Computer mitzuteilen, welche Aktionen er ausführen soll.

In den folgenden Jahren wurden viele weitere Computersprachen entwickelt, die das prozedurale Modell von FORTRAN kopierten, unter anderem auch die Programmiersprache C. Es zeigte sich jedoch, dass diese Sprachen nicht für alle Probleme gleichermaßen geeignet waren. Deshalb wurden speziell für Simulationsprobleme (Verkehrsflüsse, Produktionsabläufe usw.) Sprachen entwickelt, die anders als die prozeduralen Sprachen aufgebaut waren. Diese neuen Sprachen versuchten, die Gegenstände, die im Problembereich gegeben waren (beispielsweise Fahrzeuge, Verkehrswege, Artikel, Werkbänke usw.) direkt in einem Programm zu beschreiben, abzubilden oder zu repräsentieren und damit das Programm zu einem Modell des Problembereichs zu machen, an dem das Verhalten in der Wirklichkeit simuliert werden konnte. Die erste Sprache dieser Art hieß *SIMULA* (SIMulation LAnguage). Später erlangte *Smalltalk* einige Berühmtheit und wurde zum Vorbild neuerer objektorientierter Sprachen.

Im Jahre 1986 entwickelte Bjarne Stroustrup eine Sprache namens *C++*. Die C++-Sprache verbreitete sich rasch, weil sie eng an die alte C-Sprache angelehnt war und zusätzlich die Möglichkeit der objektorientierten Programmierung bot. Viele Unternehmen gaben die alte FORTRAN/C-Programmierung auf und machten C++ zu ihrer Standardprogrammiersprache.

Aber C++ hatte einen Mangel. In C++ ist es möglich, alle objektorientierten Funktionen zu missachten und Programme in der alten prozeduralen Weise zu schreiben. Einige Leute betrachteten dies als einen Vorteil. Nach ihrer Auffassung kombinierte C++ das Beste aus beiden Welten. Andere meinten dagegen, dass prozedurale Relikte in einer modernen Programmiersprache nichts zu suchen hätten. Die Wahlmöglichkeit würde Programmierer zu oft dazu verleiten, beim Codieren den falschen Weg zu wählen.

Deshalb schuf James Gosling von Sun Microsystems im Jahre 1995 die Sprache *Java*. Von der Syntax her lehnte er sich an das Look-and-Feel von C++ an, verzichtete aber auf die meisten alten prozeduralen Funktionen von C++. Dann fügte er Funktionen hinzu, die es leichter machten, Objekte zu entwickeln. Alles in allem schuf Gosling eine Sprache, die eine reine und klare objektorientierte Philosophie zum Ausdruck bringt. Wenn Sie in Java programmieren, müssen Sie mit Objekten arbeiten. Und so sollte es auch sein!

Objektorientierte Sprachen

Objektorientierte Sprachen eignen sich besser als prozedurale Sprachen dazu, den Problembereich abzubilden, den wir mit einem Programm bearbeiten wollen, weil sie über bestimmte Konstrukte, die so genannten *Klassen* und *Objekte*, verfügen, mit denen auf gewissermaßen natürliche Art und Weise die Gegenstände (Objekte) des Problembereichs beschrieben werden können.

Einige Leute glauben, dass objektorientierte Programmiersprachen automatisch bessere Programmierer hervorbringen. Doch auch hier gilt: Ein Werkzeug ist nur so gut, wie der Kopf, der es einsetzt. Die viel gepriesene Möglichkeit der objektorientierten Programmierung, einmal programmierte Objekte wiederverwenden zu können, hängt natürlich von der Tauglichkeit dieser Objekte ab.

Objekte und ihre Klassen

In einer objektorientierten Sprache werden Daten mithilfe von Objekten und Klassen organisiert.

Nehmen wir an, Sie wollten ein Computer-Programm entwickeln, um den Bau der Häuser in einer neuen Siedlung zu verwalten. Die Häuser der Siedlung unterscheiden sich nur geringfügig voneinander. Jedes Haus hat eine bestimmte Außenfarbe, eine Türfarbe, einen bestimmten Einrichtungsstil für die Küche usw. In Ihrem objektorientierten Computer-Programm wird jedes Haus durch ein Objekt repräsentiert.

Objekte sind jedoch nicht alles. Obwohl sich die Häuser geringfügig unterscheiden, werden alle Häuser mit denselben Eigenschaften beschrieben. Beispielsweise verfügt jedes Haus über die Eigenschaft *Außenfarbe* oder die Eigenschaft *Küchenstil*. Deshalb benötigen Sie in Ihrem objektorientierten Programm ein Konstrukt, mit dem Sie alle Eigenschaften zusammenfassen können, die ein Hausobjekt besitzen kann. Dieses Konstrukt, das diese Eigenschaften enthält, wird als *Klasse* bezeichnet.

Meiner Meinung nach ist die Bezeichnung *objektorientiertes Programmieren* unvollständig. Man sollte besser vom *Programmieren mit Klassen und Objekten* sprechen.

Beachten Sie, dass ich das Wort *Klassen* zuerst genannt habe. Warum? Betrachten wir noch einmal das Siedlungsprojekt: Irgendwo auf der Baustelle befindet sich in einem kleinen Büro die Blaupause des Architekten. Eine Blaupause entspricht einer Klasse eines objektorientierten Programms. Eine Blaupause enthält eine Liste der Eigenschaften, die jedes Haus hat. Das Verhältnis zwischen der Blaupause und einem konkreten Haus ist das zwischen einer allgemeinen Eigenschaft und einer speziellen Ausprägung dieser Eigenschaft: Die Blaupause enthält die Eigenschaft *Außenfarbe*, und das konkrete Hausobjekt hat eine graue Außenfarbe. Die Blaupause enthält die Eigenschaft *Küchenstil*, und das konkrete Hausobjekt verfügt über Louis-XIV-Küchenschränke.

Es gibt noch andere Parallelen zwischen den Blaupausen eines Architekten und den Klassen der objektorientierten Programmierung. Die Blaupause des Architekten dient als Grundlage für den Bau vieler Häuser. Die Klassen des Programmierers sind Vorlagen, die zur Konstruktion von Objekten zur Laufzeit des Programms dienen.

Klassen und Objekte stehen also in der folgenden Beziehung zueinander: Der Programmierer definiert eine Klasse, und der Computer benutzt die Klassendefinition, um einzelne Objekte (Exemplare) dieser Klasse zu erstellen.

Welche Vorteile bietet eine objektorientierte Sprache?

Wir wollen das Siedlungsbeispiel des vorangegangenen Abschnitts noch etwas ausbauen: Nehmen wir an, dass Sie bereits ein Computer-Programm geschrieben haben, um die Bauanweisungen für Häuser einer neuen Siedlung zu verwalten. Dann entscheidet der oberste Chef, dass der Bauplan geändert werden soll – die Hälfte der Häuser soll drei, die andere Hälfte vier Schlafzimmer haben.

Ein prozedurales Computer-Programm würde unter anderem die folgenden Anweisungen enthalten:

```
Hebe die Baugrube aus.
Befestige die Seitenwände der Grube mit Beton.
Ziehe die Kellerwände hoch.
...
```

Eine solche Vorgehensweise würde einem Architekten entsprechen, der eine lange Liste von Anweisungen anstelle einer Blaupause erstellt. Um einen solchen Plan zu ändern, müssten Sie die Liste durchsuchen, um die Anweisungen für den Bau der Schlafzimmer zu finden. Die Sache wird noch dadurch erschwert, dass die Anweisungen über die Seiten 234, 324, 287, 394-410, 739, 10 und 2 verstreut sein könnten. Wenn der Baustellenleiter die komplizierten Anweisungen anderer Leute entziffern müsste, wäre die Aufgabe noch schwieriger.

Wenn Sie jedoch mit einer Klasse beginnen, entspricht dies dem Arbeiten mit einer Blaupause. Wenn jemand entscheidet, sowohl Häuser mit drei als auch mit vier Schlafzimmern zu bauen, können Sie mit einer Blaupause namens *Haus-Blaupause* beginnen, die über ein Erdgeschoss und eine erste Etage verfügt, aber auf der ersten Etage keine Innenwände enthält. Dann erstellen Sie zwei weitere Blaupausen für die erste Etage – die eine für das Haus mit drei, die andere für das Haus mit vier Schlafzimmern. (Die neuen Blaupausen erhalten die Namen *Drei-Schlafzimmer-Haus-Blaupause* und *Vier-Schlafzimmer-Haus-Blaupause*.)

Ihre Kollegen aus dem Baugewerbe staunen über Ihr logisches Vorgehen, haben aber noch einige Bedenken: »Wie können Sie eine Blaupause als *Drei-Schlafzimmer-Haus-Blaupause* bezeichnen, wenn die Blaupause nur für die erste Etage und nicht für ein ganzes Haus bestimmt ist?«

Diese Frage haben Sie erwartet und antworten: »Die Blaupause für das Haus mit den drei Schlafzimmern kann einen Vermerk enthalten, der besagt, dass sich die Informationen über die anderen Geschosse in der ursprünglichen *Haus-Blaupause* befinden. Auf diese Weise kann die Blaupause für das Haus mit den drei Schlafzimmern ein ganzes Haus beschreiben. Die Blaupause für das Haus mit den vier Schlafzimmern kann den gleichen Vermerk enthalten. Auf diese Weise ist es möglich, auf die Arbeit zurückzugreifen, die bereits geleistet wurde, um die ursprüngliche Haus-Blaupause zu erstellen, und dadurch sehr viel Geld zu sparen.«

In der Sprache der objektorientierten Programmierung *erben* die Klassen für das Haus mit den drei bzw. den vier Schlafzimmern die Funktionen der ursprünglichen Haus-Klasse. Man kann auch sagen, dass die Klassen für das Haus mit den drei bzw. den vier Schlafzimmern die ursprüngliche Haus-Klasse *erweitern* (siehe Abbildung 3.1).

Die ursprüngliche Haus-Klasse wird als *übergeordnete Klasse* der Drei- und Vier-Schlafzimmer-Haus-Klassen bezeichnet. Umgekehrt gelten die Drei- und Vier-Schlafzimmer-Haus-Klassen als *Unterklassen* der ursprünglichen Haus-Klasse. Anders ausgedrückt: Die ursprüngliche Haus-Klasse ist die *Elternklasse* der Drei- und Vier-Schlafzimmer-Haus-Klassen; und umgekehrt sind die Drei- und Vier-Schlafzimmer-Haus-Klassen die *Kindklassen* der ursprünglichen Haus-Klasse (siehe Abbildung 3.1).

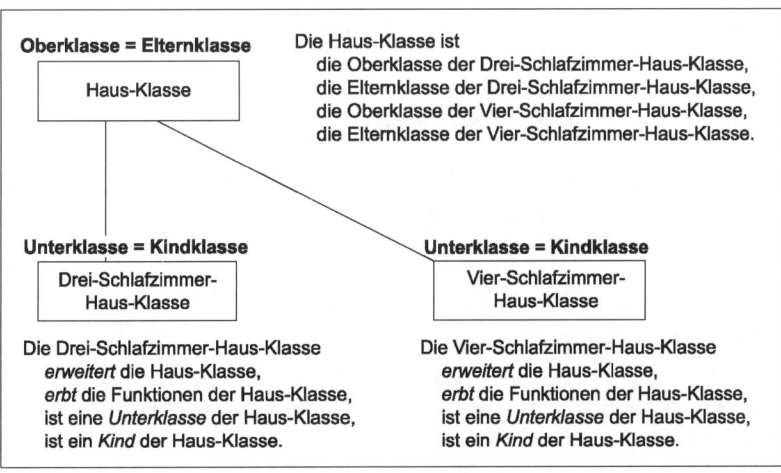

Abbildung 3.1: Terminologie beim objektorientierten Programmieren

Natürlich sind Ihre Kollegen neidisch und wollen mehr über Ihre großartigen Ideen erfahren. Da lassen Sie noch eine Bombe fallen: »Indem wir eine Klasse mit Unterklassen erstellen, können wir die Blaupause auch in Zukunft wiederverwenden. Wenn jemand ein Fünf-Schlafzimmer-Haus haben möchte, können wir unsere ursprüngliche Haus-Blaupause erweitern, indem wir zusätzlich eine Fünf-Schlafzimmer-Haus-Blaupause erstellen. Wir müssen nie wieder Geld für eine Blaupause des ursprünglichen Hauses ausgeben.«

»Aber«, sagt ein Kollege in der hinteren Reihe, »was passiert, wenn jemand im Erdgeschoss einen anderen Grundriss haben will? Werfen wir dann die ursprüngliche Haus-Blaupause weg oder fangen wir an, die ursprüngliche Blaupause zu ändern? Das wird teuer, nicht wahr?«

Selbstsicher antworten Sie: »Wir müssen die ursprüngliche Haus-Blaupause nicht ändern. Wenn jemand in seinem Wohnzimmer einen Whirlpool haben will, können wir eine neue, kleine Blaupause erstellen, die nur das neue Wohnzimmer beschreibt, und sie als *Whirlpool-im-Wohnzimmer-Haus-Blaupause* bezeichnen. Wenn es um den Rest des Hauses (der nicht zum Wohnzimmer gehört) geht, kann diese neue Blaupause auf die ursprüngliche Haus-Blaupause verweisen.« In der Sprache der objektorientierten Programmierung *erweitert* auch die Whirlpool-im-Wohnzimmer-Haus-Blaupause die ursprüngliche Haus-Blaupause. Auch die Whirlpool-Blaupause ist eine Unterklasse der ursprünglichen Haus-Blaupause. Tatsächlich sind auch die Bezeichnungen *übergeordnete Klasse*, *Elternklasse* und *Kindklasse* anwendbar. Das einzig Neue ist, dass die Whirlpool-Blaupause die Wohnzimmerfunktionen in der ursprünglichen Haus-Blaupause *überschreibt*.

Vor dem Aufkommen der objektorientierten Sprachen befand sich die Software-Entwicklung in einer Krise. Programmierer schrieben Code, entdeckten neue Anforderungen und mussten dann den Code verwerfen und von Grund auf neu anfangen. Dies passierte immer wieder, weil die Programmierer den Code, den sie bereits beschrieben hatten, nicht wiederverwenden konnten. Die objektorientierte Programmierung löste dieses Problem weitgehend.

Das Verständnis von Klassen und Objekten vertiefen

Wenn Sie in Java programmieren, arbeiten Sie permanent mit Klassen und Objekten. Diese beiden Begriffe sind wirklich wichtig. Deshalb präsentiere ich Ihnen in diesem Kapitel so viele Analogien zu Klassen und Objekten.

Schließen Sie die Augen, und stellen Sie sich für einen Moment einen Stuhl vor ...

Ein Stuhl verfügt über eine Sitzfläche, eine Lehne und Beine. Die Sitzfläche hat eine Form, eine Farbe, eine Polsterung usw. Dabei handelt es sich um Eigenschaften eines Stuhls. Was ich gerade beschrieben habe, macht das Wesen oder den Inbegriff eines Stuhls aus. Übertragen in die Terminologie der objektorientierten Programmierung bedeutet dies, dass ich die Stuhl-Klasse beschrieben habe.

Wenn Sie sich umschauen, sehen Sie möglicherweise mehrere Stühle. (Falls nicht, stellen Sie sich einfach mehrere Stühle vor.) Jeder Stuhl ist ein Objekt. Jedes dieser Objekte ist ein Exemplar des ungreifbaren Dings, das wir als *Stuhl-Klasse* bezeichnen. Philosophisch gesprochen repräsentiert die Klasse die Idee der »Stuhlheit« oder das »Wesen des Stuhls«, während jeder einzelne Stuhl ein Objekt ist.

 Eine Klasse ist keine Sammlung von Dingen, sondern gewissermaßen der Begriff eines bestimmten Gegenstands. Wenn von der Klasse der Stühle in Ihrem Zimmer die Rede ist, geht es um die Tatsache, dass jeder Stuhl über Beine, eine Sitzfläche, Farben usw. verfügt. Die Stühle mögen sich farblich unterscheiden, aber das spielt

keine Rolle. Wenn von einer Klasse von Dingen die Rede ist, geht es um die Eigenschaften, die alle Dinge dieser Klasse besitzen.

Ein Objekt kann als ein Exemplar einer Klasse betrachtet werden. In der Terminologie der objektorientierten Programmierung hat sich dafür auch die Bezeichnung *Instanz* einer Klasse eingebürgert. Wenn Sie ein Java-Programm schreiben, in dem Sie eine Stuhl-Klasse definieren, wird jeder konkrete Stuhl (der Stuhl, auf dem Sie sitzen, der leere Stuhl, der neben Ihnen steht, usw.) als eine *Instanz* der Stuhl-Klasse bezeichnet.

Das folgende Beispiel zeigt eine weitere Variante, über Klassen nachzudenken. Nehmen wir an, dass Sie über drei Bankkonten verfügen (siehe Tabelle 3.1).

Kontonummer	Typ	Saldo
16.1 3154.2 2864.7.	Girokonto	174.87
1011 1234 2122 0000	Kreditkonto	-471.03
16.1 7238.1 3344.7.	Sparkonto	247.38

Tabelle 3.1: Eine Tabelle mit Konten

Betrachten Sie die Zeile mit den Spaltenüberschriften der Tabelle als eine Klasse und jede andere Zeile der Tabelle als ein Objekt. Die Spaltenüberschriften der Tabelle beschreiben die Konto-Klasse.

Danach verfügt jedes Konto über eine Kontonummer, einen Typ und einen Saldo. Oder in der Terminologie der objektorientierten Programmierung: Jedes Objekt in der Konto-Klasse (das heißt, jede Instanz der Konto-Klasse) hat eine Kontonummer, einen Typ und einen Saldo. Beispielsweise zeigt die untere Tabellenzeile ein Objekt mit der Kontonummer *16.1 7238.1 3344.7.*, dem Typ *Sparkonto* und dem Saldo *247.38*. Wenn Sie ein neues Konto eröffnen würden, würden Sie über ein weiteres Objekt verfügen, und die Tabelle würde um eine Zeile wachsen. Das neue Objekt wäre eine Instanz derselben Konto-Klasse.

Die Java-Sprache sprechen

Im Deutschunterricht in der Schule haben Sie wahrscheinlich zwei Hauptaspekte der deutschen Sprache gelernt:

✔ Die Grammatik der Sprache

✔ Tausende von Ausdrücken, Redensarten, Redewendungen und historische Namen

Die erste Kategorie (die Grammatik) umfasst Regeln wie: »Das Prädikat stimmt mit dem Subjekt in der Person und im Numerus überein.« Die zweite Kategorie (Ausdrücke, Redensarten usw.) enthält Wissen wie beispielsweise: »Julius Caesar war ein berühmter römischer Kaiser; deshalb sollten Sie Ihren Sohn nicht Julius Caesar nennen, damit er nicht jeden Tag nach der Schule verprügelt wird.«

Die Java-Programmiersprache verfügt über alle Aspekte einer natürlichen gesprochenen Sprache wie English oder Deutsch. Java hat Wörter, eine Grammatik, häufig verwendete Namen, stilistische Formen und andere Dinge dieser Art.

Die Grammatik und die gebräuchlichen Namen

Die Entwickler von Sun Microsystems, die Java geschaffen haben, haben Java in zwei Bereiche unterteilt. So wie Englisch oder Deutsch über eine Grammatik und eine Menge gebräuchlicher Wörter verfügt, hat die Java-Programmiersprache eine Spezifikation (ihre Grammatik) und ein Application Programming Interface (API, die häufig verwendeten Namen). Wenn ich Java-Programme schreibe, liegen zwei wichtige Dokumentationen auf meinem Schreibtisch – jeweils eine für die beiden Bereiche der Sprache:

✔ **Die Java-Sprachspezifikation:** Dazu zählen Regeln wie: »Setzen Sie immer eine öffnende Klammer hinter das Wort `for`« und »Verwenden Sie ein Sternchen, um zwei Zahlen zu multiplizieren.«

✔ **Das Application Programming Interface:** Das *Application Programming Interface (API)* von Java enthält Tausende von Werkzeugen, die zu Java hinzugefügt wurden, nachdem die Grammatik der Sprache definiert worden war. Diese Werkzeuge lösen ganz gewöhnliche bis hin zu sehr exotischen Aufgaben – beispielsweise eine Routine namens `pow`, mit der man Zahlen potenzieren kann. Ein optisch auffälligeres Werkzeug (namens *Frame*) zeigt ein Fenster auf dem Bildschirm an. Andere Werkzeuge überwachen die Tastenanschläge des Benutzers, fragen Datenbanken ab und führen andere nützliche Funktionen aus.

Sie können die Sprachspezifikation, die API-Dokumente und alle anderen Java-Dokumentationen von www.javasoft.com/j2se/1.3/docs.html herunterladen (oder die Dokumente online lesen). Nebenbei bemerkt: Bei diesen Dokumenten handelt es sich um bewegliche Ziele. Wenn die Internet-Adresse nicht mehr stimmt, wenn Sie dieses Buch lesen, geben Sie bitte nicht mir die Schuld!

Der erste Teil von Java, die Sprachspezifikation, ist relativ klein. Dies bedeutet nicht, dass Sie die Anwendung der Regeln der Sprachspezifikation im Handumdrehen lernen können. Doch verfügen andere Programmiersprachen über die doppelte, die dreifache oder die zehnfache Menge von Regeln.

Der zweite Teil von Java – das API – kann wegen seines Umfangs einschüchternd wirken. Das API enthält wenigstens 4000 Werkzeuge und nimmt mit jeder neuen Java-Version weiter zu. Allerdings müssen Sie keine API-Funktion auswendig lernen. Keine einzige! Sie können das Material, das Sie benötigen, jederzeit in der Dokumentation nachschlagen und das Material übergehen, das Sie nicht verwenden. Was Sie häufiger verwenden, prägt sich von selbst ein. Was Sie selten einsetzen, vergessen Sie (wie jeder andere Programmierer).

Um Ihnen den Umgang mit dem Java-API zu erleichtern, habe ich in Kapitel 4 einige Ratschläge über das Lesen und Verstehen der API-Dokumentation eingefügt.

Niemand lernt alle Funktionen des Java-APIs. Wenn Sie als Java-Programmierer häufig Programme schreiben, die neue Fenster öffnen, lernen Sie den Umgang mit der API-Frame-Klasse. Wenn Sie selten Programme schreiben, die Fenster öffnen, dann können Sie bei den ersten Malen, bei denen Sie ein Fenster erstellen, die Frame-Klasse in der API-Dokumentation nachschlagen. Ich schätze, dass ein typischer Java-Programmmer, der keinen Zugriff auf die API-Dokumentation hat, weniger als zwei Prozent aller Werkzeuge in dem Java-API verwenden könnte.

In gewisser Weise enthält das Java-API nichts Besonderes. Selbst das kürzeste Java-Programm enthält eine Klasse, die mit den Klassen, die in dem offiziellen Java-API definiert sind, auf einer Stufe steht. Das API besteht einfach aus einer Menge von Klassen und anderen Werkzeugen, die von normalen Programmierern geschrieben wurden, die zufällig bei Sun Microsystems arbeiten. Im Gegensatz zu den Werkzeugen, die Sie selbst erstellen, werden die Werkzeuge in dem API mit jeder Version von Java ausgeliefert. (Ich nehme an, dass Sie, der Leser, kein Mitglied des Java-Teams von Sun Microsystems sind. Aber wer weiß, bei einem Buch wie *Java 2 für Dummies* kann man nie wissen …)

Die Entwickler von Sun halten die Java-Programme in dem offiziellen Java-API nicht geheim. Wenn Sie wollen, können Sie sich alle Programme anschauen. Wenn Sie Java auf Ihrem Computer installieren, wird auch eine Datei namens `src.jar` auf Ihre Festplatte kopiert. Wenn Sie die Datei in `src.zip` umbenennen, können Sie die Datei mit einem unzip- Programm Ihrer Wahl öffnen. Sie enthält den gesamten Java-API-Code.

Die Wörter in einem Java-Programm

Ein echter Java-Programmierer wird sagen, dass Java zwei Arten von Wörtern enthält: *Schlüsselwörter* und *Bezeichner*. Das stimmt zwar, aber ohne nähere Erklärung ist diese Aussage manchmal irreführend. Wir wollen deshalb die Betrachtung etwas vertiefen und drei Arten von Wörtern unterscheiden: Schlüsselwörter, Bezeichner, die ein Programmierer erstellt, und Bezeichner des APIs.

Die Unterschiede zwischen diesen drei Arten von Wörtern sind vergleichbar mit den Unterschieden zwischen den Wörtern einer natürlichen Sprache. In dem Satz »Sam ist eine Person« entspricht das Wort *Person* einem Java-Schlüsselwort. Unabhängig von der Person, die das Wort *Person* verwendet, bedeutet das Wort im Großen und Ganzen dasselbe. (Sicher können Sie sich jetzt einige bizarre Ausnahmen ausdenken, aber bitte tun Sie es nicht.)

Das Wort *Sam* entspricht einem Java-Bezeichner, weil Sam der Name einer bestimmten Person ist. Wörter wie *Sam*, *Dinswald* und *McGillimaroo* haben in natürlichen Sprachen normalerweise keine festgelegte Bedeutung. Diese Wörter bezeichnen je nach Kontext verschiedene Personen und werden zu Namen, wenn Eltern sie für ihre neugeborenen Kinder auswählen.

Betrachten Sie jetzt den Satz »Julius Caesar ist eine Person«. Wenn Sie diesen Satz äußern, meinen Sie wahrscheinlich den römischen Herrscher, der Rom bis zu den Iden des März regierte. Obwohl der Name *Julius Caesar* kein fest verdrahtetes Wort der deutschen Sprache ist, meint fast jeder mit diesem Namen dieselbe Person. Wenn Deutsch eine Programmiersprache wäre, würde der Name *Julius Caesar* ein API-Bezeichner sein.

Deshalb unterteile ich die Wörter in einem Java-Programm in folgende Kategorien:

- ✔ **Schlüsselwörter:** Ein *Schlüsselwort* ist ein Wort, das in der Programmiersprache Java eine spezielle Bedeutung hat, die sich von einem Programm zum anderen nicht ändert. Beispiele für Schlüsselwörter in Java sind *if*, *else* und *do*. Die Schummelseite dieses Buches enthält eine komplette Liste der Java-Schlüsselwörter.

  Die Entwickler von Sun Microsystems, die letztlich bestimmen, woraus ein Java-Programm besteht, haben alle Java-Schlüsselwörter festgelegt. Die Java-Schlüsselwörter sind Bestandteil der Java-Sprachspezifikation.

- ✔ **Bezeichner:** Ein *Bezeichner* ist ein Name für ein bestimmtes Ding. Die Bedeutung eines Bezeichners kann sich von einem Programm zum anderen ändern, aber die Bedeutungen mancher Bezeichner ändern sich häufiger als die anderer Bezeichner.

  - **Bezeichner normaler Programmierer:** Als Java-Programmierer erstellen Sie neue Namen für Klassen und andere Dinge, die Sie in Ihren Programmen beschreiben. Natürlich können Sie etwas als *Prime* bezeichnen, und der Programmierer, der zwei Schreibtische weiter ebenfalls Code schreibt, kann etwas anderes ebenfalls als *Prime* bezeichnen. Das ist in Ordnung, weil das Wort *Prime* in Java keine festgelegte Bedeutung hat. Sie können in Ihrem Programm mit dem Wort *Prime* eine Primzahl bezeichnen, während Ihr Kollege das Wort für den Grundton eines Akkords verwendet. Es gibt keinen Konflikt, weil sie beide an verschiedenen Java-Programmen arbeiten.

  - **Bezeichner des API:** Die Entwickler von Sun Microsystems haben für viele Dinge Namen erfunden und wenigstens 4000 dieser Namen in dem Java-API zusammengefasst. Da das API mit jeder Java-Version ausgeliefert wird, stehen diese Namen allen Programmierern zur Verfügung, die Java-Programme schreiben. Beispiele für solche Namen sind *String*, *Integer*, *Window*, *Button*, *TextField* oder *File*.

Genau genommen sind die Bedeutungen der Bezeichner in dem Java-API nicht in Stein gemeißelt. Doch obwohl Sie Wörter wie *Button* oder *Window* mit eigenen Bedeutungen versehen könnten, ist dies nicht zu empfehlen, weil Sie dadurch zahlreiche andere Programmierer verwirren würden, die sich an die Standard-API-Bedeutungen dieser gebräuchlichen Bezeichner gewöhnt haben. Doch was noch schlimmer wäre: Wenn Ihr Code einem Bezeichner wie *Button* eine neue Bedeutung zuweist, können Sie die Leistung der Funktion, die hinter diesem Bezeichner in dem API-Code verborgen ist, nicht mehr nutzen. Die Programmierer von Sun Microsystems haben bereits den ganzen Java-Code geschrieben, um mit Schaltflächen (engl. *buttons*) zu arbeiten. Wenn Sie das Wort *Button* mit einer neuen Bedeutung verbinden, verzichten Sie auf alle Vorteile, die das Arbeiten mit dem API bietet.

Fremde Java-Programme lesen

Wenn Sie sich das Java-Programm eines anderen Programmierers zum ersten Mal anschauen, fühlen Sie sich möglicherweise etwas unwohl. Wenn Sie erkennen, dass Sie etwas (oder viele Dinge) in dem Code nicht verstehen, werden Sie möglicherweise nervös. Ich habe Hunderte (vielleicht Tausende) von Java-Programmen geschrieben, aber ich fühle mich immer noch unsicher, wenn ich anfange, den Code eines anderen Programmierers zu lesen.

Tatsächlich verläuft der Prozess, sich ein fremdes Java-Programm anzueignen, graduell. Zunächst blicken Sie das Programm ehrfürchtig an. Dann führen Sie das Programm aus, um zu sehen, was es tut. Dann studieren Sie das Programm eine Zeit lang oder lesen eine Beschreibung des Programms und seiner Komponenten und führen es danach wieder aus. Indem Sie diese Schritte – anschauen und ausführen – mehrfach wiederholen, machen Sie sich mit dem Programm vertraut. (Glauben Sie nicht den angeblichen Experten, die von sich behaupten, dass sie diese Schritte nicht benötigten. Selbst erfahrene Programmierer nähern sich einem neuen Projekt langsam und vorsichtig.)

Der Java-Code in Listing 3.1 enthält einige wichtige Ideen, die im nächsten Abschnitt ausführlich beschrieben werden – unter anderem die Verwendung von Klassen, Methoden und Java-Befehlen.

```
class Displayer
{
   public static void main(String args[])
   {
      System.out.println("Sie werden Java lieben!");
   }
}
```

Listing 3.1: Das einfachste Java-Programm

Sie können den Code von Listing 3.1 von der beiliegenden CD-ROM kopieren oder, wenn Sie Abenteuerlust verspüren, den Code direkt mit einem Texteditor eintippen. (Unter Windows können Sie den Editor verwenden.) Nachdem Sie den Code in einer Datei auf Ihrer Festplatte gespeichert haben, sollten Sie das Programm ausführen. (In Kapitel 2 werden die Schritte beschrieben, um ein eigenständiges, textbasiertes Java-Programm auszuführen.) Der Bildschirm sieht wie in Abbildung 3.2 aus.

Wenn Sie das Programm in Listing 3.1 ausführen, zeigt der Computer die Wörter Sie werden Java lieben! auf dem Bildschirm an. Zugegeben – ein Java-Programm zu schreiben und auszuführen, nur um die Wörter Sie werden Java lieben! auf dem Bildschirm anzuzeigen, ist viel Arbeit, aber irgendwo müssen Sie ja anfangen.

Im nächsten Abschnitt werden Sie das Programm nicht nur ausführen und seinen Output bewundern, sondern tatsächlich verstehen lernen, wieso es funktioniert.

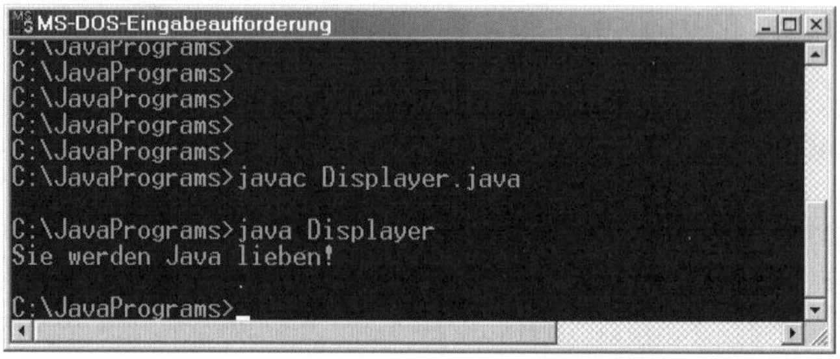

Abbildung 3.2: Die Ausführung des Programms in Listing 3.1

Ein einfaches Java-Programm verstehen

Hier wird das Java-Programm in Listing 3.1 analysiert und entzaubert.

Die Java-Klasse

Da Java objektorientiert ist, besteht Ihr Hauptziel darin, Klassen und Objekte zu beschreiben. (Falls Ihnen dies unklar ist, sollten Sie die ersten Abschnitte dieses Kapitels noch einmal lesen.)

In Java bildet das gesamte Programm eine Klasse. Insofern ist Java in höherem Maße objektorientiert als viele andere so genannte objektorientierte Sprachen. In Java können Sie nichts tun, bevor Sie nicht eine Klasse erstellt haben.

Ich habe den Namen *Displayer* (dt. *Anzeiger*) für die Klasse gewählt, weil das Programm eine Textzeile auf dem Bildschirm anzeigt. Deshalb beginnt der Code in Listing 3.1 mit `class Displayer` (siehe Abbildung 3.3).

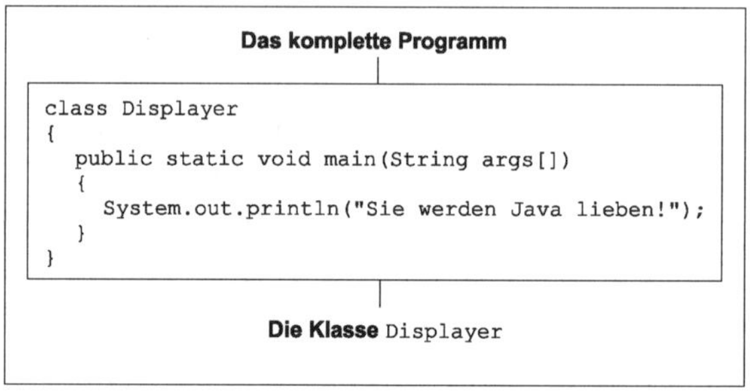

Das komplette Programm

```
class Displayer
{
   public static void main(String args[])
   {
      System.out.println("Sie werden Java lieben!");
   }
}
```

Die Klasse `Displayer`

Abbildung 3.3: Ein Java-Programm ist eine Klasse.

Das erste Wort in Listing 3.1, das Wort *class*, ist ein Java-Schlüsselwort (siehe den Abschnitt *Die Wörter in einem Java-Programm* weiter oben in diesem Kapitel). Das Wort *Klasse* wird in jedem Java-Programm auf dieselbe Weise benutzt. Dagegen ist das Wort *Displayer* ein Bezeichner, den Sie als Programmierer für eine Klasse wählen.

 Java unterscheidet Groß- und Kleinbuchstaben. Das heißt, Sie ändern die Bedeutung eines Wortes, wenn Sie einen Klein- in einen Großbuchstaben ändern. Dies kann bedeuten, dass der Computer das Programm nicht mehr versteht. Beispielsweise dürfen Sie das Wort *class* nicht durch *Class* ersetzen. Falls Sie dies tun, funktioniert das Programm nicht mehr.

Die Java-Methode

Sie arbeiten als Mechaniker in einer Autowerkstatt. Ihr Chef hat es immer eilig und hängt beim Sprechen gewohnheitsmäßig Wörter zusammen: »WechsleDenKeilriemen bei dem altenFord.« Sie stellen sich vor, welche Aufgaben Sie ausführen müssen: »Auto auf die Arbeitsbühne fahren, Motorhaube öffnen, Schraubenschlüssel holen, Keilriemen lockern usw.« Für uns sind hierbei drei Aspekte wichtig:

- ✔ **Es gibt einen Namen für das, was Sie tun sollen: WechsleDenKeilriemen**.
- ✔ **Mit dem Namen WechsleDenKeilriemen ist eine Liste von Aufgaben verbunden:** »Auto auf die Arbeitsbühne fahren, Motorhaube öffnen, Schraubenschlüssel holen, Keilriemen lockern usw.«
- ✔ **Es gibt einen Chef, der diese Arbeit anordnet:** »WechsleDenKeilriemen.« Anders ausgedrückt: Ihr Chef bringt Sie zum Arbeiten, indem er den Namen der Sache ausspricht, die Sie erledigen sollen.

In diesem Zusammenhang ist die Verwendung des Wortes *Methode* nicht zu weit hergeholt. Diese Methode tut etwas mit einem Keilriemen. Ihr Chef weist Sie an, diese Methode anzuwenden, und Sie führen die Anweisungen aus, die mit dieser Methode verbunden sind.

In Java wird eine Gruppe zusammengehöriger Anweisungen als *Methode* bezeichnet. Jede Methode hat einen Namen. Sie weisen den Computer an, die Anweisungen in der Gruppe auszuführen, indem Sie in Ihrem Programm den Namen der Methode verwenden.

Ich habe noch kein Programm geschrieben, um Keilriemen mit einem Roboter zu wechseln. Doch falls ich dies tun sollte, würde das Programm eine `WechsleDenKeilriemen`- Methode mit den folgenden Anweisungen enthalten:

```
void WechsleDenKeilriemen()
{
   FahreIn(auto, arbeitsbuehne);
   Hebe(motorhaube);
   Hole(schraubenschluessel);
   Lockere(keilriemen);
   ...
}
```

Listing 3.2: Eine Methodendeklaration

An einer anderen Stelle (außerhalb von Listing 3.2) müsste mein Java-Code eine Anweisung enthalten, um die WechsleDenKeilriemen-Methode zu aktivieren. Diese Anweisung könnte folgendermaßen aussehen:

WechsleDenKeilriemen(alterFord);

Listing 3.3: Ein Methodenaufruf

Betrachten Sie die Listings 3.2 und 3.3 nicht zu genau! Der Code in diesen Listings ist erfunden! Er sieht nur aus wie Java-Code, ist aber nicht echt. Er soll nur den Zusammenhang zwischen einer Methodendeklaration und einem Methodenaufruf verdeutlichen.

Nachdem Sie jetzt wissen, was Methoden sind und wie sie funktionieren, wollen wir uns etwas näher mit der betreffenden Terminologie befassen:

✔ Der Code in Listing 3.2 wird als *Methodendeklaration* oder kurz als *Methode* bezeichnet.

✔ Die Methodendeklaration in Listing 3.2 besteht aus zwei Teilen: Die erste Zeile (die den Namen WechsleDenKeilriemen enthält) wird als *Methodenkopf*, der Rest (der zwischen den geschweiften Klammern steht) als *Methodenkörper* bezeichnet.

✔ Der Fachbegriff *Methodendeklaration* unterscheidet die Liste der Anweisungen in Listing 3.2 von der Anweisung in Listing 3.3, die als *Methodenaufruf* bezeichnet wird.

Eine *Methodendeklaration* sagt dem Computer, was passieren soll, wenn die Methode aktiviert wird. Ein *Methodenaufruf* (ein separater Teil des Codes) weist den Computer an, die Methode tatsächlich zu aktivieren. Die Deklaration und der Aufruf einer Methode befinden sich normalerweise in verschiedenen Teilen des Java-Programms.

Die main-Methode eines Programms

Abbildung 3.4 zeigt eine Kopie von Listing 3.1. Der Hauptteil des Codes enthält die Deklaration einer Methode namens *main* (siehe den Methodenkopf). Im Moment wollen wir uns nicht um die anderen Wörter im Kopf der Methode (*public, static, void, String und args*) kümmern. Diese Wörter werden in den kommenden Kapiteln erklärt.

Wie jede andere Java-Methode enthält die main-Methode ein Folge von Anweisungen. Allerdings spielt das Wort main in Java eine spezielle Rolle. Insbesondere wird die main-Methode als einzige Methode nie ausdrücklich aufgerufen. Das Wort main ist der Name der Methode, die automatisch aufgerufen wird, wenn die Ausführung des Programms beginnt.

Zurück zu Abbildung 3.2: Um das Displayer-Programm auszuführen, geben Sie in dem MS-DOS-Fenster **java Displayer** ein. Wenn das Displayer-Programm ausgeführt wird, sucht der Computer automatisch die main-Methode des Programms und führt die Anweisungen aus, die sich im Körper dieser Methode befinden. Der Körper der main-Methode des Displayer-Programms enthält nur eine Anweisung. Diese Anweisung weist den Computer an, Sie werden Java lieben! auf dem Bildschirm anzuzeigen. Wenn Sie also **java Displayer** eintippen, antwortet der Computer sofort mit den Wörtern Sie werden Java lieben!

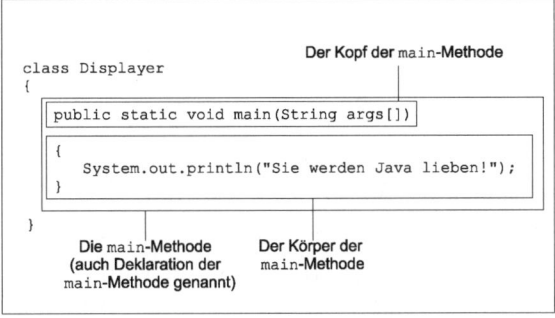

Abbildung 3.4: Die main-Methode

Die Anweisungen in einer Methode werden erst ausgeführt, wenn die Methode aufgerufen wird; nur die main-Methode wird automatisch aktiviert.

Fast jede Programmiersprache verfügt über Konstrukte, die den Methoden von Java entsprechen. In anderen Sprachen werden diese Konstruke als Unterprogramme, Prozeduren, Funktionen, Subroutinen, Unterprozeduren oder PERFORM-Befehle bezeichnet. Doch in jedem Fall handelt es sich um eine Gruppe von Anweisungen, die einen eigenen Namen hat.

Wie dem Computer Anweisungen gegeben werden

Der Körper der main-Funktion in Listing 3.1 enthält eine einzige Zeile mit einer direkten Anweisung an den Computer. Die Zeile (in Abbildung 3.5 durch einen Rahmen hervorgehoben) weist den Computer an, die Wörter Sie werden Java lieben! in dem MS-DOS-Fenster anzuzeigen (siehe oben Abbildung 3.2). Diese Zeile wird als *Befehl* bezeichnet. In Java ist ein *Befehl* eine direkte Anweisung an den Computer, eine Aktion auszuführen (zum Beispiel: zeige diesen Text an, füge 7 an dieser Speicherposition ein, öffne ein Fenster).

Natürlich verfügt Java über verschiedene Arten von Befehlen. Methodenaufrufe, die weiter oben im Abschnitt *Die Java-Methode* beschrieben wurden, sind eine Art von Java-Befehlen. Listing 3.3 zeigt, wie ein Methodenaufruf aussieht. Abbildung 3.5 enthält ebenfalls einen Methodenaufruf:

```
System.out.println("Sie werden Java lieben!");
```

Dieser Befehl ruft eine Methode namens *System.out.println* auf. (In Java können Namen Punkte enthalten; mehr darüber erfahren Sie in Kapitel 7.)

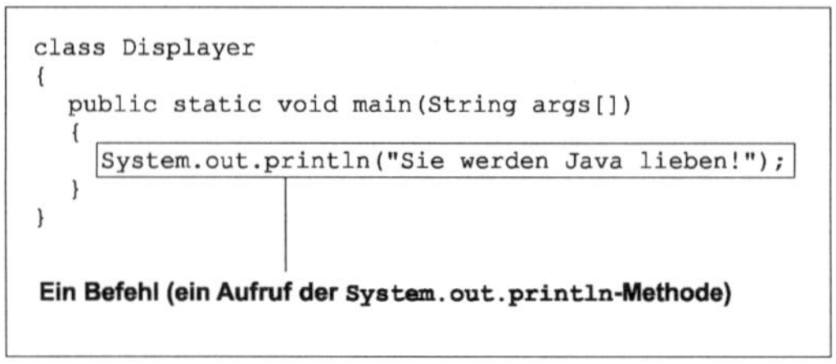

```
class Displayer
{
   public static void main(String args[])
   {
      System.out.println("Sie werden Java lieben!");
   }
}
```

Ein Befehl (ein Aufruf der System.out.println-Methode)

Abbildung 3.5: Ein Java-Befehl

Abbildung 3.6 veranschaulicht den Aufruf von System.out.println. Tatsächlich sind zwei Methoden an der Ausführung des Displayer-Programms beteiligt:

✔ **Die Deklaration der main-Methode.** Diese Methode wird von dem Programmierer geschrieben und automatisch aufgerufen, wenn das Displayer-Programm ausgeführt wird.

✔ **Der Aufruf der System.out.println-Methode.** Dieser Aufruf ist der einzige Befehl im Körper der main-Methode. Anders gesagt: Die System.out.println-Methode ist der einzige Eintrag in der Aufgabenliste der main-Methode.

Die Deklaration der System.out.println-Methode ist Bestandteil des offiziellen Java-APIs. (Siehe die Abschnitte *Die Grammatik und die gebräuchlichen Namen* und *Die Wörter in einem Java-Programm* weiter oben in diesem Kapitel.)

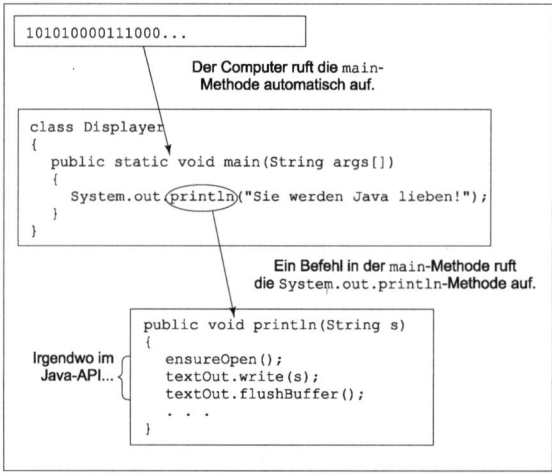

Abbildung 3.6: Der Aufruf der System.out.println-Methode

Der Code, der sich im Java-API befindet, unterscheidet sich nicht grundsätzlich von dem Code, den Sie selbst erstellen, wenn Sie eine Methode deklarieren. Es handelt sich einfach um Java-Anweisungen, die dem Computer sagen, was er tun soll.

In Java wird jeder Befehl (wie die hervorgehobene Zeile in Abbildung 3.5) mit einem Semikolon abgeschlossen. Die anderen Zeilen in Abbildung 3.5 werden nicht mit einem Semikolon beendet, weil es sich nicht um Befehle handelt. Beispielsweise gibt der Methodenkopf (die Zeile, die das Wort *main* enthält) dem Computer keine Anweisung, sondern zeigt den Beginn der Anweisungen der main-Methode an.

 Jeder komplette Java-Befehl endet mit einem Semikolon.

Geschweifte Klammern

Wenn Sie in der Schule einen Aufsatz schreiben mussten, hat Ihr Lehrer wahrscheinlich versucht, Sie von der Nützlichkeit einer Gliederung zu überzeugen, um Ihre Gedanken und Ideen zu ordnen. Java-Programme können ebenfalls wie eine Gliederung gelesen werden. Das Programm in Listing 3.1 beginnt mit einer großen Überschrift, die den Beginn der Klasse *Displayer* anzeigt. Danach leitet eine untergeordnete Überschrift die main-Methode ein.

Bei normalen Gliederungen werden Überschriften und Unterschriften durch römische Ziffern, Buchstaben und Ähnliches gekennzeichnet. In einem Java-Programm wird diese Funktion durch die folgenden beiden Hilfsmittel übernommen:

- ✔ Geschweifte Klammern schließen in sich abgeschlossene Code-Einheiten ein.
- ✔ Der Programmierer kann (und sollte) Zeilen so einrücken, dass die (Gliederungs-)Struktur des Codes auf den ersten Blick erkennbar ist.

Bei einer Gliederung ist alles dem Eintrag mit der römischen Ziffer I untergeordnet. In einem Java-Programm übernimmt die oberste Zeile, die das Wort class enthält, diese Funktion. Um anzuzeigen, dass der Rest des Codes dieser class-Zeile untergeordnet ist, wird er von den geschweiften Klammern eingeschlossen (siehe Listing 3.4).

```
class Displayer
{
    public static void main(String args[])
    {
        System.out.println("Sie werden Java lieben!");
    }
}
```

Listing 3.4: Geschweifte Klammern einer Java-Klasse

Bei einer Gliederung sind manche Einträge dem Buchstaben *A* untergeordnet (also: *I A*). In einem Java-Programm sind einige Zeilen dem Methodenkopf untergeordnet. Diese Unterordnung wird ebenfalls durch geschweifte Klammern angezeigt (siehe Listing 3.5).

```
class Displayer
{
    public static void main(String args[])
    {                                              //Öffnen!
       System.out.println("Sie werden Java lieben!");
    }                                              //Schließen!
}
```

Listing 3.5: Geschweifte Klammern einer Java-Methode

Einige Einträge einer Gliederung haben keine Untereinträge. Bei der Displayer-Klasse ist dies die Zeile, die mit System.out.println beginnt. Diese Zeile wird von allen geschweiften Klammern eingeschlossen und ist tiefer als alle anderen Zeilen eingerückt.

 Sie sollten nie vergessen, dass ein Java-Programm hauptsächlich eine Gliederungsstruktur hat.

Wenn Sie geschweifte Klammern an der falschen Stelle verwenden oder sie an Stellen auslassen, an denen sie stehen müssten, funktioniert das Programm wahrscheinlich nicht. Falls es funktioniert, arbeitet es wahrscheinlich nicht korrekt.

Wenn Sie die Codezeilen nicht einrücken, um die Struktur zu verdeutlichen, funktioniert das Programm nach wie vor korrekt, aber weder Sie noch andere Programmierer können auf einen Blick erkennen, wie das Programm funktioniert.

Wenn Sie bildhaft denken, können Sie sich die Struktur eines Java-Programms visuell vorstellen und dann direkt in ein Java-Programm übersetzen (siehe Abbildung 3.7). Andere Personen verwenden etwas bizarrere Bilder (siehe Abbildung 3.8).

```
I. Die Displayer-Klasse
   A. Die main-Methode
      1. "Sie werden Java lieben!" anzeigen
```

```
I. class Displayer
   A. public static void main(String args[])
      1. System.out.println("Sie werden Java lieben!")
```

```
class Displayer
{
    public static void main(String args[])
    {
       System.out.println("Sie werden Java lieben!");
    }
}
```

Abbildung 3.7: Eine Gliederung wird zu einem Java-Programm.

 Wenn Sie zwei Schrägstriche (//) in eine Java-Zeile einfügen, wird alles, was in dieser Zeile nach den Schrägstrichen steht, als Kommentar behandelt. Ein Kommentar ist ein informativer Text, der den Code erläutern soll. Deshalb ignoriert der Computer in Listing 3.5 die Texte Öffnen! und Schließen! Mit den Zeichenfolgen /* (Anfang) und */ (Ende) können Sie einen Kommentar erstellen, der mehrere Code-Zeilen umfasst.

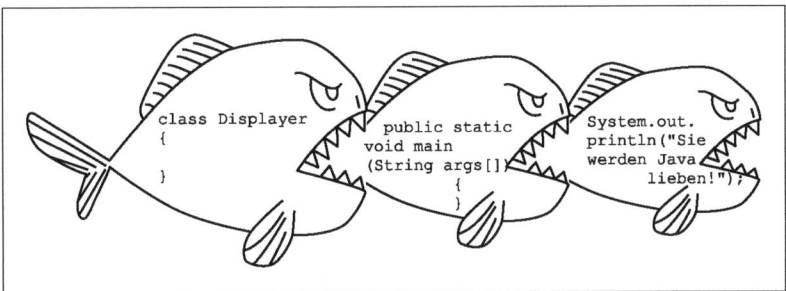

Abbildung 3.8: Ein Klasse ist größer als eine Methode; eine Methode ist größer als ein Befehl.

Teil II

Eigene Java-Programme schreiben

»Ich komme gleich, ich muss nur ein paar Befehle exekutieren.«

In diesem Teil ...

In diesem Teil sammeln Sie Ihre ersten praktischen Erfahrungen, indem Sie einige Programme schreiben und herausfinden, wie es sich mit Java arbeitet. Einige Themen in diesem Teil sind Java spezifisch, aber die meisten gehören zum allgemeinen Wissen über das Programmieren. In diesem Teil konzentrieren wir uns auf Einzelheiten über Daten, über die Logik und über den Programmablauf. Wenn Sie diesen Teil gelesen und einige der Verfahren ausprobiert haben, können Sie verschiedene interessante Java-Programme schreiben.

Variablen und ihre Werte

In diesem Kapitel

▶ Werte in Variablen speichern
▶ Bestimmte Typen von Werten in Variablen speichern
▶ Mit Operatoren neue Werte erzeugen
▶ Die umfangreiche Java-Dokumentation verwenden

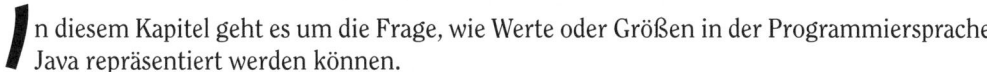

*I*n diesem Kapitel geht es um die Frage, wie Werte oder Größen in der Programmiersprache Java repräsentiert werden können.

Variablen und Werte

Variablen sind Programmelemente, mit denen Sie Werte – beispielsweise Ihr Vermögen – speichern und im Zeitablauf verfolgen können. Der Code in Listing 4.1 zeigt ein Beispiel:

```
saldo = 50.22;
saldo = saldo + 1000000.00;
```

Listing 4.1: Eine Variable verwenden

Der Code in Listing 4.1 verwendet eine Variable namens saldo. Eine Variable ist ein Platzhalter. Beispielsweise können Sie eine Zahl wie 50.22 (Java mag keine Dezimalkommata) in einer Variablen speichern. Wenn Sie später Ihre Meinung ändern, können Sie der Variablen eine andere Zahl zuweisen. (Es ist der Wert einer Variablen, der variiert, das heißt, sich ändert.) Wenn Sie eine andere Zahl in einer Variablen speichern, ist der alte Wert verschwunden. Wenn Sie den alten Wert nicht an anderer Stelle gespeichert haben, ist die alte Zahl verloren.

Abbildung 4.1 zeigt den Zustand der Variablen vor und nach der Ausführung des Codes in Listing 4.1. Nachdem der erste Befehl ausgeführt worden ist, enthält die Variable saldo die Zahl 50.22. Nach dem zweiten Befehl enthält die Variable jedoch den Wert 1000050.22. Stellen Sie sich vor, dass eine Variable ein Speicherplatz im Computer ist, in dem 50.22, 1000050.22 oder andere Werte festgehalten werden. Stellen Sie sich weiter vor, dass der Kasten auf der linken Seite von Abbildung 4.1, der die Zahl 50.22 enthält, von Millionen gleichartiger Kästen umgeben ist.

Nun zu einigen Fachbegriffen: Das, was in einer Variablen gespeichert wird, wird als *Wert* bezeichnet. Der Wert einer Variablen kann sich während der Ausführung eines Programms ändern. Der Wert, der in einer Variablen gespeichert wird, muss nicht unbedingt eine Zahl sein. Sie können auch Variablen erstellen, die beispielsweise nur Buchstaben speichern. Die

Art des Wertes, der in einer Variablen gespeichert wird, ist der *Typ* oder *Datentyp* der Variablen. (Im folgenden Abschnitt erfahren Sie mehr über Datentypen.)

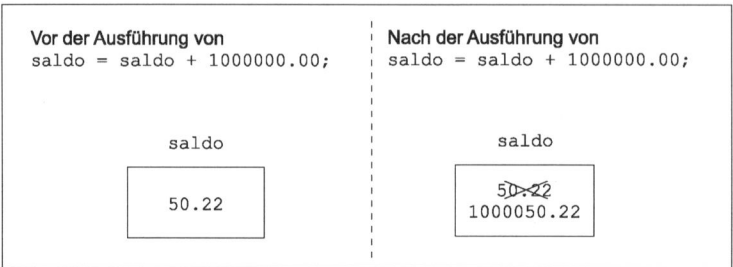

Abbildung 4.1: Eine Variable (vorher und nacher)

Zwischen einer Variablen und einem *Variablennamen* gibt es einen feinen, fast unmerklichen Unterschied. Selbst wenn ich formell schreibe, verwende ich häufig das Wort *Variable*, wenn ich *Variablenname* meine. Genau genommen ist `saldo` ein Variablenname, und der Speicher, der mit `saldo` (einschließlich des Typs und des aktuellen Wertes von `saldo`) verbunden ist, ist die Variable selbst. Wenn dieser Unterschied zwischen *Variable* und *Variablenname* für Ihren Geschmack zu subtil ist, willkommen im Club.

Jeder Variablenname ist ein Bezeichner – ein Name, den Sie in Ihrem Code (fast) frei wählen können (siehe Kapitel 3). Für Listing 4.1 habe ich den Namen `saldo` gewählt.

Bevor wir Listing 4.1 verlassen, sollten Sie einen weiteren Aspekt des Listings beachten. Das Listing enthält `50.22` und `1000000.00`. Jeder normale Mensch würde diese Dinge als »Zahlen« bezeichnen, aber in einem Java-Programm wollen wir sie als *Literale* bezeichnen.

Literale werden wörtlich oder buchstäblich interpretiert. Sie ändern sich nicht, sondern stehen immer für den Wert, den sie zum Ausdruck bringen. Dagegen ist der Wert einer Variablen veränderlich: Er hängt von dem Zeitpunkt ab, an dem man die Variable betrachtet. So enthält die Variable `saldo` in Listing 4.1 zunächst den Wert 50.22 und später den Wert 1000050.22. Andererseits ist `50.22` konstant und steht buchstäblich für den Wert 50 22/100.

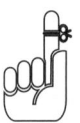

Der Wert einer Variablen kann sich ändern; der Wert eines Literals bleibt konstant.

Zuweisungsbefehle

Die Befehle in Listing 4.1 werden als *Zuweisungsbefehle* bezeichnet. Zuweisungsbefehle weisen einer Variablen einen Wert zu.

4 ➤ Variablen und ihre Werte

Sie sollten sich angewöhnen, Zuweisungsbefehle von rechts nach links zu lesen. Beispielsweise sollte die erste Zeile in Listing 4.1 folgendermaßen gelesen werden:

```
                "Weise den Wert 50.22
saldo   =   50.22;
   der Variablen
saldo zu."
```

Die zweite Zeile in Listing 4.1 ist nur ein bisschen komplizierter. Wenn Sie die zweite Zeile von rechts nach links lesen, erhalten Sie:

```
                "Addiere 1000000.00 zu dem Wert,
                der sich bereits in der Variablen
                saldo befindet . . .
saldo   =   saldo + 1000000.00;
. . . und weise die Summe
(1000050.22) der Variablen
saldo zu."
```

 Bei einem Zuweisungsbefehl befindet sich die Variable, der ein Wert zugewiesen werden soll, immer auf der linken Seite des Gleichheitszeichens.

Die Typen der Werte verstehen, die Variablen annehmen können

Inzwischen ist es zu einem Allgemeinplatz geworden, dass Computer nur Nullen und Einsen verwenden, um Daten und Programme zu speichern. Beispielsweise wird der Buchstabe *J* im Computer in der Form *01001010* gespeichert. Im Computer existieren nur Folgen von Nullen und Einsen. Jeder Computerspezi weiß, dass eine Null oder eine Eins als *Bit* bezeichnet wird.

Nun kann die Folge *01001010* nicht nur für den Buchstaben *J*, sondern auch für die Zahl 74 stehen. Dieselbe Folge kann auch für $1.0369608636003646 * 10^{43}$ stehen; und wenn die Bits als Bildschirmpixel interpretiert werden, kann dieselbe Folge auch die Punkte in Abbildung 4.2 repräsentieren. Die Bedeutung von *01001010* hängt davon ab, wie die Software diese Folge von Nullen und Einsen interpretiert.

Wie teilen Sie dem Computer mit, wofür *01001010* steht? Die Antwort liefert der so genannte *Typ*. Der Typ einer Variablen gibt den Bereich der Werte an, die die Variable speichern kann.

Das Programm in Listing 4.2 erweitert die Zeilen in Listing 4.1 zu einem vollständigen Java-Programm. Abbildung 4.3 zeigt den Output dieses Programms.

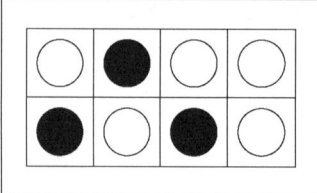

Abbildung 4.2: Eine extreme Nahaufnahme von acht schwarzen und weißen Bildschirmpixeln

```
public class Millionaire
{
   public static void main(String args[])
   {
      double saldo;

      saldo = 50.22;
      saldo = saldo + 1000000.00;

      System.out.print("Sie haben ");
      System.out.print(saldo);
      System.out.println(" EU auf dem Konto.");
   }
}
```

Listing 4.2: Ein Programm mit der Variablen saldo

```
C:\JavaPrograms>java Millionaire
Sie haben 1000050.22 EU auf dem Konto.

C:\JavaPrograms>
```

Abbildung 4.3: Die Ausführung des Programms in Listing 4.2

In Listing 4.2 lautet die erste Zeile im Körper der main-Methode:

double saldo;

Diese Zeile wird als *Variablendeklaration* bezeichnet. Wenn Sie diese Zeile in Ihr Programm einführen, deklarieren Sie Ihre Absicht, in Ihrem Programm eine Variable namens saldo zu verwenden.

Das Wort double in dieser Variablendeklaration ist ein Java-Schlüsselwort. Es teilt dem Computer mit, welche Arten von Werten Sie in saldo speichern wollen. Insbesondere steht das Wort double für Zahlen zwischen $1.8 * 10^{-308}$ und $1.8 * 10^{308}$.

Wichtiger als dieser riesige Wertebereich ist die Tatsache, dass double-Zahlen auch Nachkommastellen haben können. Da Sie deklarieren, dass saldo vom Typ double sein soll, können Sie beispielsweise die Zahlen 50.22, 0.02398479 oder -3.0 in dieser Variablen speichern.

Wenn `saldo` nicht vom Typ `double`, sondern eine Ganzzahl wäre, könnten Sie nicht den Wert 50.22, sondern nur den Wert 50 in dieser Variablen speichern. In diesem Fall würden die Nachkommastellen verloren gehen.

Nachkommastellen

Java hat zwei verschiedene Typen, die Nachkommastellen speichern können: `double` und `float`. Variablen vom Typ `double` belegen im Speicher 64 Bits, während Variablen vom Typ `float` nur 32 Bits belegen.

In Listing 4.2 belegt die Zahl 50.22 64 Bits des kostbaren RAM-Speichers. Ist dies nicht eine große Verschwendung? Nun ja, Sie könnten `saldo` auch als vom Typ `float` deklarieren.

```
float saldo;
```

Sicher, 32 Bits reichen aus, um eine kleine Zahl wie 50.22 zu speichern. Wirklich? Es würden sogar nur sechs Bits ausreichen, um 50.00 zu speichern. Die Größe der Zahl spielt keine Rolle, sondern die Genauigkeit ist wichtig. Bei einer 64-Bit-`double`-Variablen wird der größte Teil der Bits für die Nachkommastellen benötigt. Um den .22-Teil von 50.22 zu speichern, werden mehr als die mageren 32 Bits benötigt, die der Typ `float` bietet.

Um Sie davon zu überzeugen, dass dies wirklich stimmt, habe ich `saldo` in Listing 4.2 als Typ `float` deklariert und dann den folgenden Output erhalten:

```
Sie haben 1000050.25 EU auf dem Konto.
```

Vergleichen Sie diesen Output mit Abbildung 4.3. Durch die Änderung des Typs von `double` in `float` haben Sie plötzlich drei Cents mehr auf dem Konto. Durch die Wahl des 32-Bit-`float`-Typs hat die Genauigkeit der Variablen `saldo` an der zweiten Nachkommastelle gelitten. Das ist nicht wünschenswert.

Eine weitere Schwierigkeit mit `float`-Werten ist rein kosmetisch. Betrachten Sie noch einmal die Literale 50.22 und 1000000.00 in Listing 4.2. In Java werden derartige Literale in jeweils 64 Bits gespeichert. Dies führt zu Schwierigkeiten, wenn Sie `saldo` als Typ `float` deklarieren. Das Problem besteht darin, diese 64-Bit-Literale in der kleineren 32-Bit-Variablen `saldo` zu speichern. Um dieses Problem zu vermeiden, können Sie anstelle von `double`-Literalen `float`-Literale verwenden, indem Sie hinter jedes `double`-Literal ein F setzen, aber eine Zahl mit einem F am Ende sieht seltsam aus.

```
float saldo;
   saldo = 50.22F;
   saldo = saldo + 1000000.00F;
```

Unter `babbage.cs.qc.edu/courses/cs341/IEEE-754.html` können Sie eine Website besuchen, auf der Sie mit Zahlenformaten experimentieren können. Sie können Zahlen eingeben und sich ansehen, wie diese mit 32 Bits und 64 Bits repräsentiert werden.

Bei einem anderen Typ – dem Typ float – können Sie ebenfalls Nachkommastellen verwenden, aber dieser Typ ist nicht so genau (siehe den Einschub *Nachkommastellen*). Sie sollten nicht zu lange über die Wahl zwischen float und double nachdenken, sondern in den meisten Programmen einfach double verwenden.

Die letzten drei Befehle in Listing 4.2 arbeiten mit einem hübschen Formatierungstrick. Sie wollen mehrere Elemente in einer einzelnen Zeile auf dem Bildschirm ausgeben und verwenden dafür separate Befehle. Alle Ausgaben mit Ausnahme der letzten erfolgen mit System.out.print. Der letzte Befehl ruft System.out.println auf. Nach dem Befehl System.out.print bleibt der Zeiger am Ende der Ausgabezeile stehen, sodass der nächste System.out.whatever die Ausgabe in derselben Zeile fortsetzt. Erst das letzte Element einer Zeile wird mit println ausgegeben, sodass die Ausgabezeile abgeschlossen wird und ein Zeilenvorschub erfolgt (siehe Abbildung 4.3).

Bei System.out.print bleibt der Zeiger nach der Ausgabe am Ende der Ausgabezeile stehen, während er bei System.out.println nach der Ausgabe in eine neue Zeile springt.

Ganzzahlen

»1995 hatte die Durchschnittsfamilie 2.3 Kinder.«

An dieser Stelle gibt es immer einen Schlaumeier, der sagt, dass keine wirkliche Familie genau 2.3 Kinder hat. Manche Dinge werden am besten mit Ganzzahlen beschrieben. Deshalb können in Java ganzzahlige Variablen deklariert werden. Listing 4.3 zeigt ein Programm, das mit ganzzahligen Variablen arbeitet.

```
public class ElevatorFitter
{
    public static void main(String args[])
    {
        int weightOfAPerson;
        int elevatorWeightLimit;
        int numberOfPeople;

        weightOfAPerson = 150;
        elevatorWeightLimit = 1400;
        numberOfPeople =
            elevatorWeightLimit/weightOfAPerson;

        System.out.print("Es passen ");
        System.out.print(numberOfPeople);
        System.out.println(" Personen in den Aufzug.");
    }
}
```

Listing 4.3: Das Arbeiten mit dem int-Typ

Dieses Programm berechnet die maximale Anzahl von Personen, die in einen Aufzug passen, wenn die Belastungsobergrenze (1400 Pfund) und das Durchschnittsgewicht einer Person (150 Pfund) bekannt ist. Mit den gegebenen Werten erzeugt das Programm den folgenden Output:

```
C:\JavaPrograms>java ElevatorFitter
Es passen 9 Personen in den Aufzug.

C:\JavaPrograms>
```

Abbildung 4.4: Berechnung der maximalen Personenzahl

Das Programm arbeitet mit Ganzzahlen, also Zahlen ohne Dezimalstellen. Die Division von 1400 durch 150 ergibt 9 1/3, aber das 1/3 kann hier gefahrlos ignoriert werden, weil das Ergebnis auf 9 abgeschnitten (nicht abgerundet!) wird, sodass das zulässige Gesamtgewicht keinesfalls überschritten wird. In Listing 4.3 haben alle drei Variablen (`weightOfAPerson`, `elevatorWeightLimit` und `numberOfPeople`) den Typ `int`. Ein `int`-Wert ist eine Ganzzahl. Wenn Sie einen `int`-Wert durch einen anderen `int`-Wert teilen (beispielsweise `elevatorWeightLimit/weightOfAPerson`), erhalten Sie einen weiteren `int`-Wert. Wenn Sie 1400 durch 150 teilen, erhalten Sie 9, nicht 9 1/3 (siehe Abbildung 4.4). Die folgenden Befehle zeigen zusammen die Zahl 9 auf dem Bildschirm an:

```
numberOfPeople =
    elevatorWeightLimit/weightOfAPerson;

System.out.print(numberOfPeople);
```

Vier Verfahren, um Ganzzahlen zu speichern

Java verfügt über vier Typen von Ganzzahlen: *byte, short, int* und *long*. Der Unterschied besteht in der Anzahl von Bits, mit denen ein Wert gespeichert wird: Eine `byte`-Variable benötigt 8, eine `short`-Variable 16, eine `int`-Variable 32 und eine `long`-Variable 64 Bits.

Im Gegensatz zu den `float`- und `double`-Typen spielt die Genauigkeit hier keine Rolle, sondern es geht bei den Ganzzahlen nur um die maximale Größe der Zahlen. Wenn Ihre Zahlen größer als 127 sind, dürfen Sie keine `byte`-Variablen benutzen.

Meistens werden Sie `int` verwenden. Erst wenn Sie Zahlen größer als 2.147.483.647 speichern wollen, müssen Sie `long` verwenden. (Die Obergrenze dieses Typs liegt bei 9.223.372.036.854.775.807; siehe Tabelle 4.1.)

Variablen deklarieren

Listing 4.3 enthält drei separate Deklarationen für die drei `int`-Variablen des Programms. Man kann diese Deklarationen auch in einer Deklaration zusammenfassen:

```
int weightOfAPerson, elevatorWeightLimit, numberOfPeople;
```

Unabhängig vom Typ können Sie Deklarationen immer auf diese Weise zusammenfassen. Welche Form Sie wählen, ist eine Frage des persönlichen Stils.

 Wenn zwei Variablen verschiedene Typen haben, dürfen Sie sie nicht zusammen deklarieren. Beispielsweise benötigen Sie für eine `int`-Variable namens *gewichtVonFred* und eine `double`-Variable namens *kontostandVonFred* zwei separate Variablendeklarationen.

Sie können Variablen in einer Deklaration einen Ausgangswert zuweisen. Beispielsweise kann in Listing 4.3 eine Deklaration mehrere Zeilen in der `main`-Methode ersetzen (die dann nur noch die Ausgabebefehle `print` und `println` enthält):

```
int weightOfAPerson=150, elevatorWeightLimit=1400,
   numberOfPeople=elevatorWeightLimit/weightOfAPerson;
```

In diesem Fall spricht man nicht davon, dass den Variablen mit Gleichheitszeichen Werte *zugewiesen* werden, sondern man sagt, dass die Variablen *initialisiert* werden. Dieser Unterschied kann nützlich sein. Beispielsweise können Sie Variablen außerhalb einer Methode deklarieren und initialisieren. Ein Beispiel:

```
public class ElevatorFitterNew
{
   static int weightOfAPerson=150, elevatorWeightLimit=1400;
   static int numberOfPeople=
              elevatorWeightLimit/weightOfAPerson;
   public static void main(String args[])
   {
      System.out.print("Es passen ");
      System.out.print(numberOfPeople);
      System.out.println(" Personen in den Aufzug.");
   }
}
```

Mit Zuweisungsbefehlen ist dies nicht möglich. Tatsächlich müssen alle Befehle innerhalb einer Methode stehen. (Auch wenn eine Variablendeklaration mit einem Semikolon beendet wird, gilt sie nicht als Befehl!)

Der Vorteil, Variablen außerhalb einer Methode zu deklarieren, wird in Kapitel 10 erklärt. Während Sie ungeduldig darauf warten, dieses Kapitel zu erreichen, sollten Sie beachten, dass die Deklarationen außerhalb der `main`-Methode das Wort *static* enthalten. Der Grund dafür ist, dass der Kopf der `main`-Methode ebenfalls das Wort `static` enthält. Nicht alle Methoden sind statisch. Tatsächlich sind die meisten Methoden nicht statisch. Aber wenn Sie eine Deklaration aus einer `static`-Methode herausziehen, müssen Sie das Wort `static` an den Anfang der Deklaration setzen. Mehr über `static` erfahren Sie in Kapitel 10.

Die Atome: Die primitiven Typen von Java

Die Wörter *int* und *double*, die in den vorangegangenen Abschnitten beschrieben wurden, sind Beispiele der so genannten *primitiven* (oder *einfachen*) *Typen* in Java. Java verfügt über genau acht primitive Typen. Als Java-Neuling haben Sie es hauptsächlich mit vier dieser Typen zu tun. (In dieser Hinsicht ist Java als Programmiersprache einfach und kompakt.) Tabelle 4.1 gibt einen Überblick über die primitiven Typen.

Typname	Speicher	Beispiel für ein Literal	Wertebereich
Ganzzahlige Typen			
byte	8 Bits	(byte)42	-128 bis 127
short	16 Bits	(short)42	-32768 bis 32767
int	32 Bits	42	-2.147.483.648 bis 2.147.483.647
long	64 Bits	42L	-9.223.372.036.854.775.808 bis 9.223.372.036.854.775.807
Dezimaltypen			
float	32 Bits	42.0F	$-3.4 * 10^{38}$ bis $3.4 * 10^{38}$
double	64 Bits	42.0	$-1.8 * 10^{308}$ bis $1.8 * 10^{308}$
Zeichentyp			
char	16 Bits	'A'	Tausende von Zeichen, Glyphen und Symbolen
Logischer Typ			
boolean		true	true, false

Tabelle 4.1: Die primitiven Typen von Java

Die Typen, mit denen Sie als Neuling hauptsächlich zu tun haben, sind: int, double, char und boolean. Weiter oben haben Sie bereits die Typen int und double kennen gelernt. In diesem Abschnitt werden die Typen char und boolean behandelt.

Der char-Typ

Früher hat man gedacht, Computer würden nur Berechnungen durchführen. Seit Textverarbeitungsprogramme zum Allgemeingut geworden sind, weiß jeder, dass Computer auch Buchstaben, Satzzeichen und andere Zeichen speichern können.

Der Java-Typ, mit dem Zeichen gespeichert werden, wird als char bezeichnet. Listing 4.4 zeigt ein einfaches Programm, das mit diesem Typ arbeitet. Abbildung 4.5 zeigt seinen Output.

```
public class CharDemo
{
    public static void main(String args[])
    {
```

```
        char myLittleChar, myBigChar;
        myLittleChar = 'b';
        myBigChar = Character.toUpperCase(myLittleChar);
        System.out.println(myBigChar);
    }
}
```

Listing 4.4: Mit dem char*-Typ arbeiten*

Abbildung 4.5: Ausführung und Output von Programm 4.4

Der erste Zuweisungsbefehl von Listing 4.4 speichert den Buchstaben *b* in der Variablen myLittleChar. Beachten Sie, dass das *b* durch einfache Anführungszeichen eingeschlossen ist. In Java beginnen und enden char-Literale mit einem einfachen Anführungszeichen.

In Java schließen einfache Anführungszeichen die Buchstaben in einem char-Literal ein.

Der zweite Zuweisungsbefehl ruft eine API-Methode namens Character.toUpperCase auf. (Das Java-API wird in Kapitel 3 vorgestellt.) Die Character.toUpperCase-Methode wandelt ihr Argument (hier 'b') in einen Großbuchstaben um. Dieser Großbuchstabe (hier 'B') wird der Variablen myBigChar zugewiesen und auf dem Bildschirm ausgegeben.

Eine char-Variable darf immer nur einen Buchstaben gleichzeitig enthalten; deshalb führen die folgenden Befehle zu einem Fehler:

```
char myLittleChars;
myLittleChars = 'barry';    //Dies ist falsch!
```

Ein Paar einzelner Anführungszeichen darf also nur ein Zeichen einschließen. Wenn Sie Wörter oder Sätze (also nicht nur einzelne Buchstaben speichern wollen), müssen Sie einen so genannten String verwenden. Der String-Typ von Java wird weiter unten in diesem Kapitel im Abschnitt *Die Moleküle und Verbindungen: Referenztypen* beschrieben.

Wenn Sie in anderen Sprachen programmiert haben, kennen Sie vielleicht die so genannte ASCII-Zeichencodierung. Die meisten Sprachen verwenden ASCII; Java verwendet Unicode. Bei der alten ASCII-Repräsentation verwendet jedes Zeichen nur acht 8 Bits, aber in Unicode belegt jedes Zeichen 16 Bits. Während ASCII nur die Buchstaben des vertrauten lateinischen (englischen) Alphabets speichert, hat Unicode Platz für die Zeichen aller Sprachen dieser Welt. Das einzige Problem besteht darin, dass einige API-Methoden speziell für 16-Bit-Code geschaffen wurden. Dies führt gelegentlich zu Fehlern. Wenn Sie mit einer Methode Hello auf den Bildschirm schreiben wollen und stattdessen H e l l o angezeigt wird, sollten Sie prüfen, was die Dokumentation der Methode über Unicode-Zeichen zu sagen hat.

Sie sollten beachten, dass die Methoden Character.toUpperCase und System.out.println in Listing 4.4 ganz unterschiedlich verwendet werden. Die Methode Character.toUpperCase wird in einem Zuweisungsbefehl benutzt, während die Methode System.out.println allein steht. Mehr darüber erfahren Sie in Kapitel 7.

Der boolean-Typ

Eine Variable vom Typ boolean speichert einen der beiden Werte true oder false. Listing 4.5 zeigt das Arbeiten mit einer boolean-Variablen. Abbildung 4.6 zeigt den Output.

```java
public class ElevatorFitter2
{
   public static void main(String args[])
   {
      int weightOfAPerson;
      int elevatorWeightLimit;
      int numberOfPeople;
      boolean allTenOkay;

      System.out.println("True oder False?");
      System.out.println("Es passen zehn Personen ");
      System.out.println("in den Aufzug:");
      System.out.println();

      weightOfAPerson = 150;
      elevatorWeightLimit = 1400;
      numberOfPeople =
         elevatorWeightLimit/weightOfAPerson;
      allTenOkay = numberOfPeople>=10;
      System.out.println(allTenOkay);
   }
}
```

Listing 4.5: Mit dem boolean-Typ arbeiten

```
C:\JavaPrograms>java ElevatorFitter2
True oder False?
Es passen zehn Personen
in den Aufzug:

false

C:\JavaPrograms>
```

Abbildung 4.6: Ausführung und Output von Programm 4.5

In Listing 4.5 hat die `allTenOkay`-Variable den Typ `boolean`. Um den Wert dieser Variablen zu ermitteln, prüft das Programm, ob `numberOfPeople` größer oder gleich zehn ist. (Das Symbol >= steht für *größer als oder gleich*).

An dieser Stelle zahlt es sich aus, es mit der Terminologie genau zu nehmen. Jede Komponente eines Java-Programms, die einen Wert hat, wird als *Ausdruck* bezeichnet. Wenn Sie

`weightOfAPerson = 150;`

schreiben, ist `150` ein Ausdruck, der den Wert 150 hat. Wenn Sie

`numberOfeggs = 2 + 2;`

schreiben, ist `2 + 2` ein Ausdruck, weil `2 + 2` den Wert 4 ergibt. Wenn Sie

```
numberOfPeople =
       elevatorWeightLimit/weightOfAPerson;
```

schreiben, ist `elevatorWeightLimit/weightOfAPerson` ein Ausdruck, dessen Wert davon abhängt, welche Werte die Variablen `elevatorWeightLimit` und `weightOfAPerson` haben, wenn der Befehl ausgeführt wird, der den Ausdruck enthält.

Jede Komponente eines Java-Programms, die einen Wert hat, wird als *Ausdruck* bezeichnet.

In Listing 4.5 ist der Code `numberOfPeople>=10` ein Ausdruck. Der Wert des Ausdrucks hängt von dem Wert ab, der in der Variablen `numberOfPeople` gespeichert ist. Die Berechnung ergibt jedoch, dass der Wert von `numberOfPeople` nicht größer oder gleich zehn ist. Deswegen hat der Ausdruck `numberOfPeople>=10` den Wert `false`, und deswegen wird der Variablen `allTenOkay` der Wert `false` zugewiesen.

Die Moleküle und Verbindungen: Referenztypen

Wenn man einfache Dinge kombiniert, erhält man kompliziertere Dinge. In Java wird eine Kombination aus einfachen Typen als *Referenztyp* bezeichnet.

Das Programm in Listing 4.6 verwendet Referenztypen. Abbildung 4.7 zeigt seinen Output.

```
import java.awt.*;
public class ShowAFrame
{
    public static void main(String args[])
    {
        String myTitle;
        Frame f;
        myTitle = "Leeres Frame";
        f = new Frame();
```

```
        f.setTitle(myTitle);
        f.setSize(200,200);
        f.show();
    }
}
```

Listing 4.6: Mit Referenztypen arbeiten

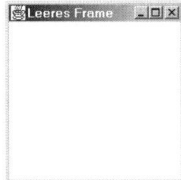

Abbildung 4.7: Ein leeres Frame

 Das Programm in Listing 4.6 zeigt ein Fenster (ein Java-Frame) auf Ihrem Bildschirm an. Um das Listing 4.6 so einfach wie möglich zu halten, enthält das Programm keinen Code, um das Fenster zu schließen. Deshalb wird, wenn Sie das Programm ausführen und dann auf die SCHLIESSEN-Schaltfläche (unter Windows: das X in der oberen rechten Ecke) des Fensters klicken, nichts passieren. Das Fenster wird nicht geschlossen. Der zusätzliche Code, der benötigt würde, um die SCHLIESSEN-Schaltfläche zu aktivieren, wäre nicht sehr umfangreich; aber an dieser Stelle würde der zusätzliche Code nur Verwirrung stiften. Deshalb müssen Sie hier, wenn Sie das Fenster schließen wollen, das Betriebssystem zu Hilfe nehmen. (Unter Windows können Sie auf Strg+Alt+Entf drücken, um die Anwendung zu schließen.)

Das Programm in Listing 4.6 verwendet zwei Referenztypen. Beide Typen sind in dem Java-API definiert. Einer der Typen, den Sie immer wieder benutzen werden, heißt *String*. Der andere Typ, mit dem Sie arbeiten werden, wenn Sie GUIs erstellen, heißt *Frame*.

Ein *String* besteht aus einer Folge von Zeichen. Die String-Klasse wird in dem Java-API deklariert. In Listing 4.6 wird deklariert, dass die Variable myTitle vom Typ String sein soll; dann wird ihr der Wert "Leeres Frame" zugewiesen.

 In Java schließen doppelte Anführungszeichen die Zeichen eines String-Literals ein.

Ein Java-Frame ist ein Fenster, das (in Java) eben als *Frame* bezeichnet wird. Um Listing 4.6 zu vereinfachen, enthält das Frame keine weiteren Elemente (Schaltflächen, Felder usw.).

Doch selbst dieses einfache Beispiel enthält Befehle, die erst später erklärt werden. Versuchen Sie deshalb nicht, jedes Wort in Listing 4.6 zu deuten. Hier kommt es darauf an zu verstehen, dass das Programm zwei Variablendeklarationen enthält, und zwar Deklarationen der Variablen `myTitle` vom Typ `String` und der Variablen `f` vom Typ `Frame`.

Im vorangegangenen Abschnitt dieses Kapitels habe ich Hinweise darauf gegeben, wie Sie die API-Dokumentation von Java lesen sollten. Sie können `String` und `Frame` in der Dokumentation nachschlagen. Aber vorher möchte ich Ihnen sagen, was Sie finden werden: `String` und `Frame` sind Namen von Java-Klassen. (In Kapitel 3 wird erklärt, was Java-Klassen sind.) Das Besondere ist, dass jede Klasse der Name eines Referenztyps ist. So wie Sie die Variable `saldo` für `double`-Werte verwenden können, indem Sie

`double saldo;`

schreiben, können Sie die Variable `f` für einen `Frame`-Wert verwenden:

`Frame f;`

Jede Java-Klasse ist ein Referenztyp. Wenn Sie eine Variable deklarieren, die keinen primitiven Typ hat, dann ist der Variablentyp (meistens) der Name einer Java-Klasse.

Wenn Sie eine Variable vom Typ `int` deklarieren, können Sie sich ziemlich leicht vorstellen, was diese Deklaration bedeutet, nämlich dass im Speicher des Computer ein Speicherplatz für den Wert dieser Variablen reserviert wird. Diese Speicherstelle enthält eine Folge von Bits, deren Anordnung eine bestimmte Ganzzahl repräsentiert.

Diese Erklärung mag für primitive Typen wie `int` oder `double` ausreichen, aber was bedeutet es, wenn eine Variable mit einem Referenztyp, z. B. `f` vom Typ `Frame`, deklariert wird?

Nun ja, was bedeutet es zu sagen, dass *Der Schimmelreiter* eine Novelle von Storm ist? Was würde es bedeuten, die folgende Deklaration zu schreiben?

`StormNovelle DerSchimmelreiter;`

Es bedeutet, dass eine Klasse von Dingen als `StormNovelle` bezeichnet wird und dass *DerSchimmelreiter* eine Instanz dieser Klasse ist. Anders ausgedrückt: *DerSchimmelreiter* ist ein Objekt, das zu der Klasse `StormNovelle` gehört.

Weil `Frame` eine Klasse ist, können Sie Objekte dieser Klasse erstellen (siehe Kapitel 3). Jedes Objekt (jede Instanz der `Frame`-Klasse) ist ein tatsächliches `Frame` – ein Fenster, das auf dem Bildschirm angezeigt wird, wenn Sie den Code in Listing 4.6 ausführen. Indem Sie deklarieren, dass die Variable `f` den Typ `Frame` hat, sagen Sie dem Computer, dass sich `f` auf ein tatsächliches Objekt vom Typ `Frame` bezieht. Anders ausgedrückt: `f` ist der Name für ein Fenster, das auf dem Bildschirm angezeigt wird. Abbildung 4.8 verdeutlicht diese Situation.

Wenn Sie *ClassName variableName* deklarieren, sagen Sie, dass sich die Variable auf eine Instanz der Klasse bezieht.

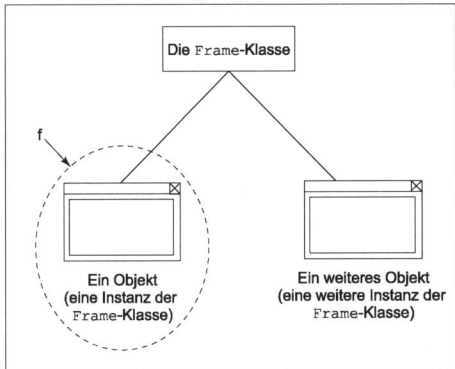

Abbildung 4.8: Die Variable f bezieht sich auf eine Instanz der Frame-Klasse.

Primitive Typen in Referenztypen

Was ist eigentlich ein Frame? Ein Frame ist ein Fenster mit einer bestimmten Höhe, Breite und Position auf dem Bildschirm. Deshalb befinden sich innerhalb der Deklaration der Frame-Klasse Variablendeklarationen, die etwa folgendermaßen aussehen:

```
int width;
int height;
int x;
int y;
```

Ein weiteres Beispiel ist Time. Eine Instanz der Time-Klasse kann eine Stunde (eine Zahl zwischen 1 und 12), eine Anzahl von Minuten (von 0 bis 59) und einen Buchstaben (*a* für *a.m.*; *p* für *p.m.*) enthalten.

```
int hour;
int minutes;
char amOrPm;
```

Eine Java-API-Klasse ist also nichts Besonderes, sondern einfach nur eine Sammlung von Deklarationen. Einige dieser Deklarationen sind Deklarationen von Variablen, die teils primitive Typen, teils Referenztypen verwenden. Diese Referenztypen stammen jedoch aus anderen Klassen, und die Deklarationen dieser Klassen haben Variablen. Die Kette geht immer weiter. Doch letztlich geht alles auf die eine oder andere Weise auf primitive Typen zurück.

Mit Operatoren neue Werte erstellen

Java verfügt über mehrere so genannte *Operatoren*, mit denen Sie Ausdrücke verknüpfen oder sonstwie manipulieren können. Einer der einfachsten Operatoren ist das Pluszeichen (+):

```
int apples, oranges, fruit;
apples = 5;
oranges = 16;
fruit = apples + oranges;
```

Mit dem Pluszeichen können Sie auch String-Werte verknüpfen:

```
String startOfChapter =
  "Im Bewußtsein seiner Verantwortung vor Gott und "+
  "den Menschen, von dem Willen beseelt,...";
System.out.println(startOfChapter);
```

Diese Funktion kann nützlich sein, weil es in Java nicht erlaubt ist, einen String zu definieren, der mehrere Zeilen überspannt. Anders ausgedrückt: Der folgenden Code würde nicht funktionieren:

```
String thisIsBadCode =
  "Im Bewußtsein seiner Verantwortung vor Gott und
    den Menschen, von dem Willen beseelt,...";
System.out.println(thisIsBadCode);
```

 Die Verknüpfung von String-Werten wird auch als *Konkatenation* (Verkettung) bezeichnet.

Mit dem Pluszeichen können Sie auch String-Werte mit Zahlen verknüpfen:

```
int apples, oranges, fruit;
apples = 5;
oranges = 16;
fruit = apples + oranges;
System.out.println("Sie haben " + fruit + " Früchte.");
```

Natürlich gibt es auch das Minuszeichen (-), aber nicht für String-Werte:

```
apples = fruit - oranges;
```

Die Multiplikation erfolgt mit einem Sternchen (*), die Division mit einem Schrägstrich (/):

```
double rate, pay;
int hours;

rate = 6.25;
hours = 35;
pay = rate*hours;
System.out.println(pay);
```

(Ein Beispiel für eine Division finden Sie in Listing 4.3).

4 ➤ Variablen und ihre Werte

 Wenn ein int-Wert durch einen anderen int-Wert dividiert wird, erhalten Sie einen nicht gerundeten int-Wert. Ein möglicher Rest wird abgeschnitten. Wenn Sie den Befehl System.out.println(11/4) verwenden, gibt der Computer 2, nicht 2.75 aus. Wenn Sie den rechnerisch korrekten Wert anzeigen wollen, müssen Sie eine (oder beide) Zahlen zu einem double-Typ machen. Wenn Sie den Befehl System.out.println(11.0/4) schreiben, gibt das Programm 2.75 aus.

Der *Rest*-Operator (Symbol: %) ist ein weiterer nützlicher arithmetischer Operator. Wenn Sie den Ausdruck System.out.println(11%4) verwenden, gibt das Programm 3 aus, weil 11 dividiert durch 4 den Wert 2 Rest 3 ergibt. Dass der Rest-Operator ziemlich nützlich sein kann, zeigt Listing 4.7:

```java
public class MakeChange
{
   public static void main(String args[])
   {
      int quarters, dimes, nickels, cents;
      int whatsLeft, total;

      total = 248;
      quarters = total/25;
      whatsLeft = total%25;

      dimes = whatsLeft/10;
      whatsLeft = total%10;

      nickels = whatsLeft/5;
      whatsLeft = total%5;

      cents = whatsLeft;

      System.out.println(total + " Cents ergeben");
      System.out.println(quarters + " Quarters");
      System.out.println(dimes + " Dimes");
      System.out.println(nickels + " Nickels");
      System.out.println(cents + " Cents");
   }
}
```

Listing 4.7: Kleingeld herausgeben

Abbildung 4.9 zeigt eine Ausführung dieses Programms. Sie beginnen mit insgesamt 248 Cents. Der Befehl

```java
quarters = total/25;
```

teilt 248 durch 25, was 9 ergibt. Das bedeutet, dass Sie für 248 Cents 9 Quarters (25-Cent-Stücke) erhalten. Der nächste Befehl

```java
whatsLeft = total%25;
```

teilt 248 noch einmal durch 25 und weist `whatsLeft` den Rest 23 zu. Jetzt können Sie im nächsten Schritt fragen, wie viele Dimes (Zehn-Cent-Stücke) man für 23 Cents bekommt, usw.

```
C:\JavaPrograms>java MakeChange
248 Cents ergeben
9 Quarters
2 Dimes
1 Nickels
3 Cents

C:\JavaPrograms>
```

Abbildung 4.9: Wechselgeld für 2.48 US-$

Die Inkrement- und Dekrement-Operatoren

Java verfügt über einige nette kleine Operatoren, die das Programmieren erleichtern. Insgesamt gibt es vier solcher Operatoren – zwei Inkrement-Operatoren und zwei Dekrement-Operatoren. Die Inkrement-Operatoren addieren 1, und die Dekrement-Operatoren subtrahieren 1. Die Inkrement-Operatoren verwenden doppelte Pluszeichen (++), und die Dekrement-Operatoren verwenden doppelte Minuszeichen (--). Wir wollen ihre Arbeitsweise anhand einiger Beispiele illustrieren. Das erste Beispiel steht in Abbildung 4.10.

```java
public class PreIncrementDemo
{
    public static void main(String args[])
    {
        int numberOfBunnies;
        numberOfBunnies=27;
        ++numberOfBunnies;                      // numberOfBunnies wird 28
        System.out.println(numberOfBunnies);    // 28 wird angezeigt
        System.out.println(++numberOfBunnies);  // numberOfBunnies wird 29, und 29 wird angezeigt
        System.out.println(numberOfBunnies);    // 29 wird erneut angezeigt
    }
}
```

Abbildung 4.10: Der Präinkrement-Operator

Abbildung 4.11 zeigt den Output des Programms in Abbildung 4.10. Der Output zeigt die Anzahl der Bunnies dreimal an.

```
C:\JavaPrograms>java PreIncrementDemo
28
29
29

C:\JavaPrograms>
```

Abbildung 4.11: Der Output des Präinkrement-Operator-Programms in Abbildung 4.10

Das doppelte Pluszeichen wird je nach Position unterschiedlich bezeichnet. Wenn ++ vor einer Variablen steht, wird es als *Präinkrement-Operator* bezeichnet (*prä* bedeutet *vor*).

✔ Sie setzen ++ vor die Variable.

✔ Der Computer erhöht den Wert der Variablen um 1, bevor die Variable in anderen Teilen des Befehls verwendet wird.

Die fett dargestellte Zeile in Abbildung 4.10 soll dies verdeutlichen: Der Computer erhöht `numberOfBunnies` um 1, sodass `numberOfBunnies` den Wert 29 hat, und gibt dann 29 auf dem Bildschirm aus.

Mit `System.out.println(++numberOfBunnies)` erhöht der Computer den Wert der Variablen `numberOfBunnies` um 1, bevor deren neuer Wert ausgegeben wird.

Das Gegenstück zu dem Präinkrement-Operator ist der *Postinkrement-Operator* (*post* bedeutet *nach*). Er funktioniert folgendermaßen:

✔ Sie fügen ++ an das Ende des Variablennamens an.

✔ Der Computer erhöht den Wert der Variablen um 1, nachdem diese in anderen Teilen des Befehls verwendet worden ist.

Die fett dargestellte Zeile in Abbildung 4.12 soll dies verdeutlichen: Der Computer gibt den alten Wert von `numberOfBunnies` (28) aus und erhöht dann den Wert der Variablen um 1, sodass `numberOfBunnies` den Wert 29 hat.

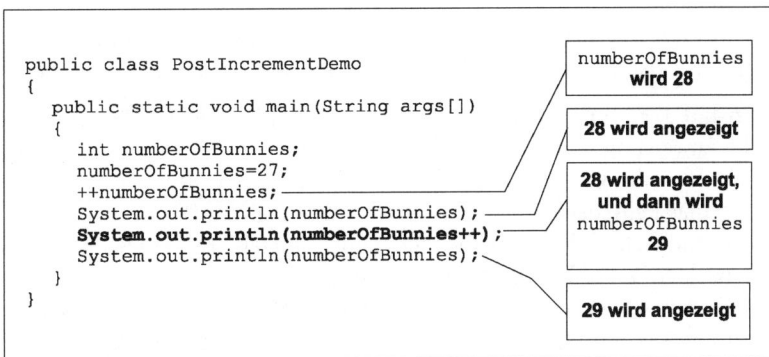

Abbildung 4.12: Der Postinkrement-Operator

Mit `System.out.println(numberOfBunnies++)` erhöht der Computer den Wert der Variablen `numberOfBunnies` um 1, nachdem deren alter Wert ausgegeben wurde.

Abbildung 4.13 zeigt den Output des Programms in Abbildung 4.12. Vergleichen Sie Abbildung 4.13 mit dem Output in Abbildung 4.11:

✔ Bei dem Präinkrement-Operator in Abbildung 4.11 lautet die zweite Zahl 29.

✔ Bei dem Postinkrement-Operator in Abbildung 4.13 lautet die zweite Zahl 28.

In Abbildung 4.13 wird die Zahl 29 erst am Ende angezeigt, wenn der Computer den Befehl System.out.println(numberOfBunnies) letztmalig ausführt.

Abbildung 4.13: Der Output des Postinkrement-Operator-Programms in Abbildung 4.12

Wann sollten Sie ein Präinkrement und wann ein Postinkrement verwenden? Die meisten Programmierer verwenden das Postinkrement. In einem typischen Java-Programm wird häufig das Konstrukt numberOfBunnies++ und selten ++numberOfBunnies verwendet.

Neben dem Präinkrement und dem Postinkrement verfügt Java über zwei Operatoren, die die entgegengesetzte Operation (--) ausführen: *Prädekrement* und *Postdekrement*.

✔ Bei dem Prädekrement (--numberOfBunnies) verringert der Computer den Wert der Variablen um 1, bevor die Variable im Rest des Befehls verwendet wird.

✔ Bei dem Postdekrement (numberOfBunnies--) verringert der Computer den Wert der Variablen um 1, nachdem die Variable im Rest des Befehls verwendet worden ist.

Anstatt ++numberOfBunnies zu schreiben, könnten Sie denselben Effekt durch die Anweisung numberOfBunnies = numberOfBunnies + 1 erzielen. Daraus schließen einige Leute, dass die Java-Operatoren ++ und -- dazu dienen, Tastenanschläge einzusparen. Dies ist vollkommen falsch. Der beste Grund dafür, ++ zu verwenden, besteht darin, die ineffiziente und fehleranfällige Praxis zu vermeiden, denselben Variablennamen, beispielsweise numberOfBunnies, in einem Befehl mehrfach zu schreiben. Wenn Sie numberOfBunnies nur einmal schreiben (was bei der Anwendung von ++ oder -- der Fall ist), muss der Computer nur einmal feststellen, was numberOfBunnies bedeutet. Außerdem besteht dann die Gefahr, einen Tippfehler zu machen, nur einmal. Bei einfachen Ausdrücken wie numberOfBunnies++ ist dieser Vorteil gering, aber bei komplizierten Ausdrücken wie inventoryItems[(quantityReceived--*itemsPerBox+17)]++ bedeutet das Arbeiten mit ++ und -- einen erheblichen Gewinn an Effizienz und Genauigkeit.

Befehle und Ausdrücke

Man kann die Prä- und Postinkrement- bzw. -dekrement-Operatoren auf zwei Arten beschreiben: auf eine Weise, die jeder versteht, und auf die richtige Weise. Die Weise, die ich in diesem Abschnitt hauptsächlich verwendet habe (und die den Zeitbegriff *vor* und *nach* benutzt), ist allgemein verständlich. Leider ist sie nicht ganz korrekt. Wenn Sie ++ oder -- sehen, können Sie an einen Zeitablauf denken. Aber gelegentlich verwenden einige Programmierer ++ oder -- in einer verdrehten Art und Weise, bei der die Zeitbegriffe *vor* und *nach* nicht anwendbar sind. Falls Sie jemals Probleme mit diesen Operatoren haben, sollten Sie deshalb diese Operatoren unter dem Aspekt von Befehlen und Ausdrücken betrachten.

Zunächst sollten Sie sich vergegenwärtigen, dass ein Befehl den Computer anweist, etwas zu tun, und dass ein Ausdruck einen Wert hat. (Befehle werden in Kapitel 3 und Ausdrücke weiter oben in diesem Kapitel beschrieben.) In welche Kategorie gehört `numberOfBunnies++`?

Die überraschende Antwort lautet: in beide. Der Java-Code `numberOfBunnies++` ist sowohl ein Befehl als auch ein Ausdruck.

Nehmen wir an, dass `numberOfBunnies` den Wert 28 hat, bevor der Computer den Befehl `System.out.println(numberOfBunnies++)` ausführt.

✔ Als Befehl weist `numberOfBunnies++` den Computer an, die Variable `numberOfBunnies` um 1 zu erhöhen.

✔ Als Ausdruck hat `numberOfBunnies++` den Wert 28, nicht 29.

Obwohl der Computer den Wert von `numberOfBunnies` um 1 erhöht, bedeutet der Code `System.out.println(numberOfBunnies++)` tatsächlich `System.out.println(28)`.

Nun gilt alles, was gerade über `numberOfBunnies++` gesagt wurde, auch für `++numberOfBunnies`. Der einzige Unterschied besteht darin, dass sich `++numberOfBunnies` als Ausdruck intuitiver verhält.

✔ Als Befehl weist `++numberOfBunnies` den Computer an, die Variable `numberOfBunnies` um 1 zu erhöhen.

✔ Als Ausdruck hat `++numberOfBunnies` den Wert 29.

Bei dem Befehl `System.out.println(++numberOfBunnies)` erhöht also der Computer die Variable `numberOfBunnies` um den Wert 1, und der Code `System.out.println(++numberOfBunnies)` bedeutet tatsächlich `System.out.println(29)`.

Zuweisungsoperatoren

Als Sie den vorangegangenen Abschnitt gelesen haben, der Operatoren beschreibt, die 1 addieren, haben Sie sich vielleicht gefragt, ob Sie diese Operatoren so manipulieren können, dass man damit 2, 5 oder 1000000 addieren kann. Kann man als Java-Programmierer beispielsweise `numberOfBunnies++++` schreiben? Nein. Falls Sie es versuchen, gibt der Compiler eine Fehlermeldung aus.

Was also können Sie tun? Glücklicherweise verfügt Java über zahlreiche Zuweisungsoperatoren. Mit einem *Zuweisungsoperator* können Sie alles, was Sie wollen, addieren, subtrahieren, multiplizieren oder dividieren bzw. einige andere Operationen ausführen. In Listing 4.8 wird eine Auswahl der Zuweisungsoperatoren (der Dinge mit Gleichheitszeichen) demonstriert. Abbildung 4.14 zeigt den Output dieses Programms.

```java
public class UseAssignmentOperators
{
    public static void main(String args[])
    {
        int numberOfBunnies;
        int numberExtra;
        numberOfBunnies=27;
        numberExtra=53;

        numberOfBunnies += 1;
        System.out.println(numberOfBunnies);

        numberOfBunnies += 5;
        System.out.println(numberOfBunnies);

        numberOfBunnies += numberExtra;
        System.out.println(numberOfBunnies);

        numberOfBunnies *= 2;
        System.out.println(numberOfBunnies);

        System.out.println(numberOfBunnies -= 7);

        System.out.println(numberOfBunnies = 100);
    }
}
```

Listing 4.8: Zuweisungsoperatoren

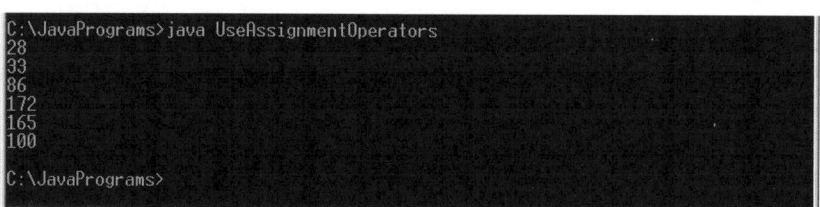

Abbildung 4.14: Ausführung und Output des Programms 4.8

Listing 4.8 zeigt, wie vielseitig die Zuweisungsoperatoren von Java sind. Mit diesen Zuweisungsoperatoren können Sie Ausdrücke zu Variablen addieren, von ihnen subtrahieren, mit ihnen multiplizieren oder sie durch die Ausdrücke dividieren. Beachten Sie, wie += 5 den Wert 5 zu numberOfBunnies addiert und wie *= 2 die Variable numberOfBunnies mit 2 multipliziert. Der rechts neben dem Zuweisungsoperator stehende Wert muss keine Zahl sein, sondern es kann sich dabei auch um den Wert eines anderen Ausdrucks handeln (beispielsweise numberExtra in Listing 4.8).

Die letzten zwei Zeilen in Listing 4.8 zeigen eine spezielle Funktion der Java-Zuweisungsoperatoren. Sie können einen Zuweisungsoperator als Teil eines größeren Java-Befehls verwenden. In der vorletzten Zeile von Listing 4.8 subtrahiert der Operator von numberOfBunnies den Wert 7 und verringert damit den Wert von numberOfBunnies von 119 auf 112. Die Zuweisungen selbst befinden sich in einem Aufruf von System.out.println, sodass die Zahl 112 auf dem Bildschirm angezeigt wird.

Die letzte Zeile von Listing 4.8 zeigt, wie Sie auch das einfache Gleichheitszeichen auf diese Weise verwenden können. Der Zuweisungsbefehl, den ich am Anfang dieses Kapitels beschrieben habe, gehört zu den Zuweisungsoperatoren, die Thema dieses Abschnitts sind. Das heißt: Immer wenn Sie einer Variablen einen Wert zuweisen, können Sie diese Zuweisung in einen größeren Befehl einbetten.

Jeder Zuweisungsoperator ist sowohl ein Befehl als auch ein Ausdruck. In allen Fällen entspricht der Wert des Ausdrucks dem Wert, den Sie zuweisen. Beispielsweise hat die Variable numberOfBunnies vor der Ausführung des Befehls System.out.println(numberOfBunnies-=7) den Wert 119. Als Befehl weist numberOfBunnies-=7 den Computer an, den Wert 7 von numberOfBunnies zu subtrahieren (sodass der Wert von numberOfBunnies von 119 auf 112 sinkt). Als Ausdruck hat numberOfBunnies-=7 den Wert 112, sodass der Code System.out.println(numberOfBunnies-=7) tatsächlich System.out.println(112) bedeutet. Die Zahl 112 wird auf dem Bildschirm angezeigt. (Eine ausführlichere Erklärung dieses Themas finden Sie in dem Einschub *Befehle und Ausdrücke* in diesem Kapitel.)

Die API-Dokumentation lesen und verstehen

Kaum kein Tag vergeht, an dem ich nicht auf der Straße angesprochen und gefragt werde: »Wie kommen Sie mit der API-Dokumentation von Java zurecht?« Die Dokumentation zu lesen ist eine Kunst, keine Wissenschaft. Die Tipps in diesem Abschnitt sollen Ihnen dabei helfen.

Sie können die Themen in dem API auf verschiedene Weisen finden. (Jede Methode ist je nach Situation mehr oder weniger gut geeignet.) In mehreren Listings dieses Kapitels wird die System.out.println-Methode aufgerufen. Um zu zeigen, wie das Nachschlagen funktioniert, werde ich erklären, wie Sie println in der Java-API-Dokumentation finden können (die Schritte erklären zwei Methoden, um Themen nachzuschlagen).

Gehen Sie folgendermaßen vor, um ein Thema mit Hilfe des Index zu finden:

1. **Laden Sie die Java-API-Dokumentation von Sun herunter.**

   Näheres über das Herunterladen der Dokumentation finden Sie im ersten Abschnitt von Kapitel 2.

2. **Öffnen Sie die erste Seite der Dokumentation.**

   Wenn Sie die Dokumentation herunterladen, werden mehrere Verzeichnisse angelegt. Im obersten Verzeichnis befindet sich eine Datei namens `index.html`. Öffnen Sie diese Datei in Ihrem Webbrowser.

3. **Klicken Sie auf den Link API & Language, der sich am oberen Rand der ersten Seite befindet (siehe Abbildung 4.15).**

   Damit springen Sie zu einem Abschnitt weiter unten auf derselben Webseite.

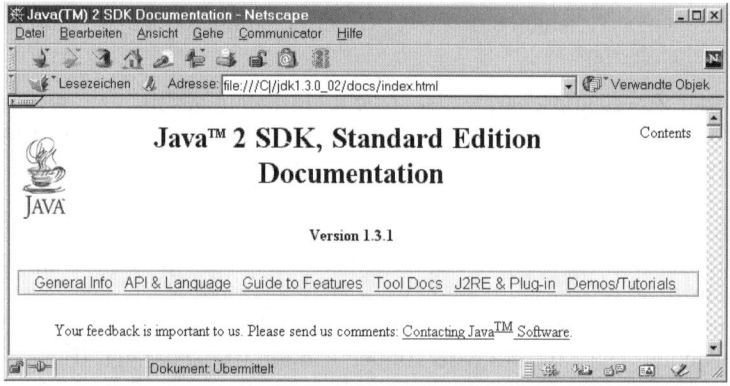

(Wiedergabe mit Erlaubnis von Sun Microsystems. Copyright 2001 Sun Microsystems, Inc. Alle Rechte vorbehalten.)

Abbildung 4.15: Die erste Seite der Dokumentation von Sun

4. **Klicken Sie auf den Link Java 2 Platform API Specification (siehe Abbildung 4.16).**

   Der Browser bringt Sie zur Startseite der API-Seiten (siehe Abbildung 4.17).

(Wiedergabe mit Erlaubnis von Sun Microsystems. Copyright 2001 Sun Microsystems, Inc. Alle Rechte vorbehalten.)

Abbildung 4.16: Ein Link zu der API-Spezifikation

4 ➤ *Variablen und ihre Werte*

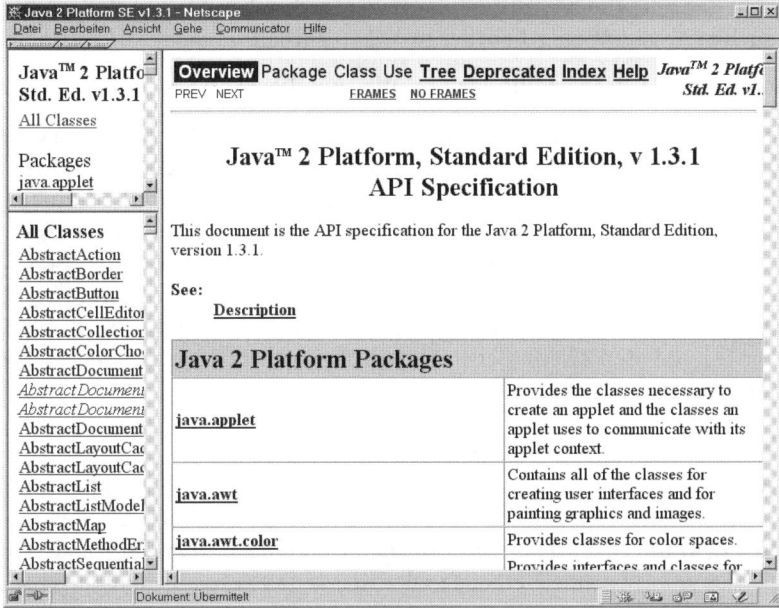

(Wiedergabe mit Erlaubnis von Sun Microsystems. Copyright 2001 Sun Microsystems, Inc. Alle Rechte vorbehalten.)

Abbildung 4.17: Der Start der API-Seiten der Dokumentation

5. **Klicken Sie auf den Link Index am oberen Rand der Seite, um den Index zu öffnen (siehe Abbildung 4.18).**

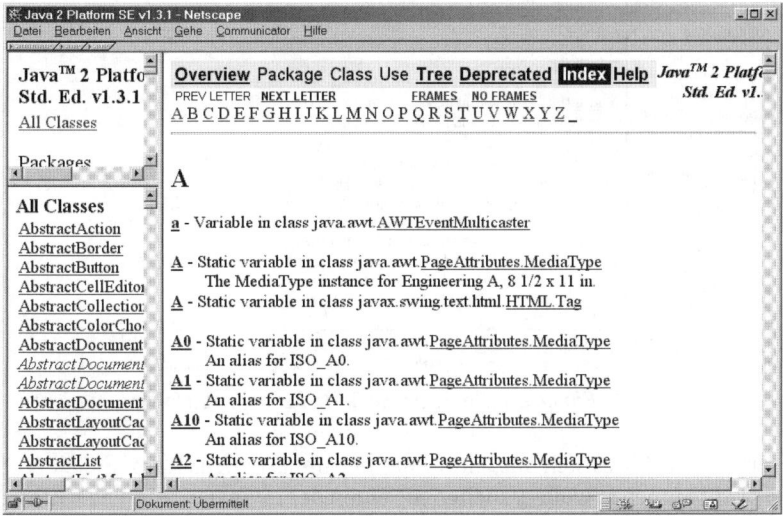

(Wiedergabe mit Erlaubnis von Sun Microsystems. Copyright 2001 Sun Microsystems, Inc. Alle Rechte vorbehalten.)

Abbildung 4.18: Der Index der API-Dokumentation

Am oberen Rand des Index wird eine Reihe von Buchstaben angezeigt. Klicken Sie auf das P, um zu dem Abschnitt zu gehen, der `println` enthält.

6. **Suchen Sie in dem P-Abschnitt nach println, um die println-Einträge zu finden.**

   Bei den meisten Webbrowsern können Sie mit einer Suchfunktion Begriffe wie *println* im Text einer Seite suchen. Zunächst müssen Sie sicherstellen, dass der Browser weiß, dass Sie den großen Fensterausschnitt durchsuchen wollen, der den größten Teil der Seite einnimmt (und nicht die kleineren Fensterausschnitte auf der linken Seite des Bildschirms). Zu diesem Zweck müssen Sie auf eine beliebige Stelle des großen Fensterausschnitts klicken. (Klicken Sie nicht auf einen Link, sondern auf eine leere Stelle.) Danach öffnen Sie das SUCHEN-Dialogfeld des Browsers. Bei den meisten Browsern erfüllen die Tasten [Strg]+[F] diesen Zweck. Geben Sie **println** in das Textfeld ein, und klicken Sie dann auf die WEITERSUCHEN-Taste des Dialogfelds.

7. **Wählen Sie einen der println-Einträge aus.**

   Der P-Abschnitt enthält zahlreiche `println`-Einträge (siehe Abbildung 4.19). Die Einträge unterscheiden sich auf zwei Weisen voneinander. Zunächst lautet jeder Eintrag *println(int)*, *println(String)* oder *println(someOtherTypeName)*. Zum anderen sagt jeder Eintrag, dass `println` eine Methode in der Klasse `java.io.blah-blah-blah` ist.

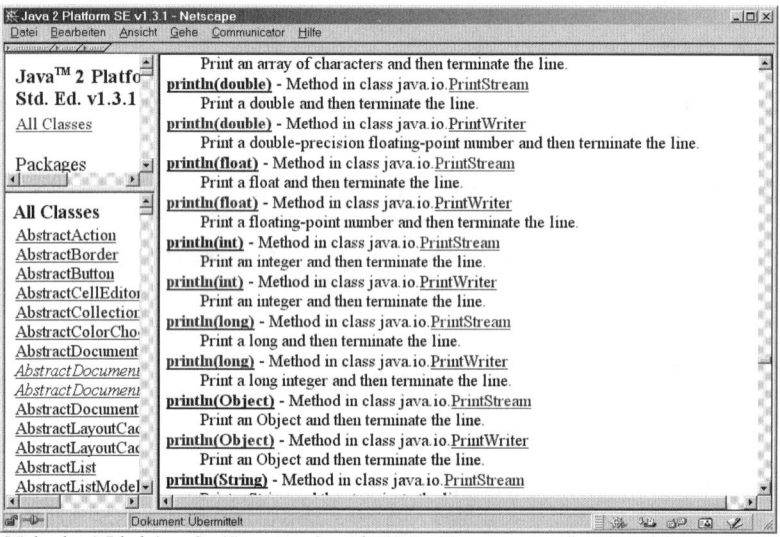

Abbildung 4.19: Einige println-Einträge im Index der API-Dokumentation

An dieser Stelle zahlt es sich aus, ein wenig herumzusuchen. Wenn Sie einen String wie *"Hello world!"* ausgeben wollen, suchen Sie einen der `println(String)`-Einträge. Wenn Sie dagegen den Wert von `saldo` ausgeben wollen, sollten Sie wahrscheinlich einen `println(double)`-Eintrag wählen.

Nehmen wir an, dass Sie `println(String)` ausgewählt haben. Es stehen drei `println` (`String`)-Einträge zur Wahl. Einer sagt, dass es sich um eine Methode in der Klasse `java.io.PrintStream` handelt, der nächste sagt, dass sich die Methode in der Klasse `java.io.PrintWriter` befindet, und der dritte sagt, dass es eine Methode in der Klasse `java.sql.DriverManager` ist. Welchen dieser drei Einträge sollten Sie wählen? Nun, tatsächlich versuchen Sie, eine Funktion wie `System.out.println` aufzurufen. Wenn Sie denselben Suchprozess für `System.out` durchführen, werden Sie feststellen, dass `System.out` den Typ `PrintStream` hat (siehe Abbildung 4.20). Deshalb entscheiden Sie sich für den Eintrag *println(String) - Method in class java.io.PrintStream*.

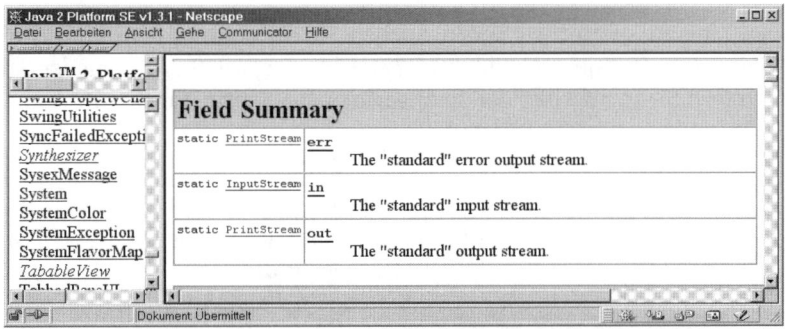

(Wiedergabe mit Erlaubnis von Sun Microsystems. Copyright 2001 Sun Microsystems, Inc. Alle Rechte vorbehalten.)

Abbildung 4.20: Die out-Variable hat den Typ PrintStream

8. **Klicken Sie auf den Link für den Eintrag, den Sie ausgewählt haben.**

   Wenn Sie auf den Link `println(String)` klicken, bringt Sie der Browser zu einer Seite, die eine `println`-Methode erkärt (siehe Abbildung 4.21). Die Seite erklärt, was `println` tut (»Print a String and then. . . .«) und verweist auf andere nützliche Seiten, wie beispielsweise die Seite mit der Dokumentation für `String`.

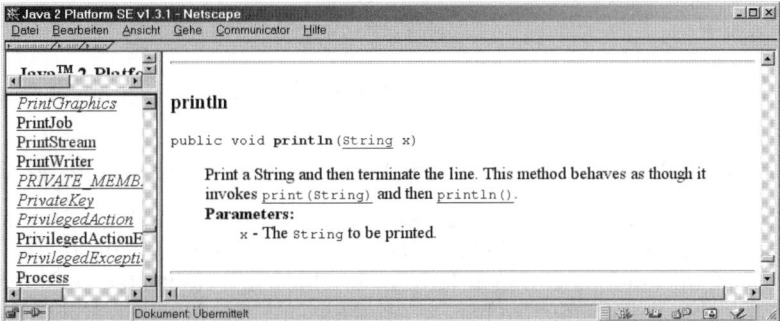

(Wiedergabe mit Erlaubnis von Sun Microsystems. Copyright 2001 Sun Microsystems, Inc. Alle Rechte vorbehalten.)

Abbildung 4.21: Eine Beschreibung der println-Methode

Gehen Sie folgendermaßen vor, um einen Eintrag in dem API zu finden, indem Sie von der Liste der Klassen ausgehen:

1. **Gehen Sie zum Start der API-Seiten der Dokumentation.**

   Führen Sie zu diesem Zweck die ersten drei Schritte aus, die oben beschrieben wurden.

2. **Suchen Sie die Seite, die die System-Klasse dokumentiert.**

   Sie suchen nach der Dokumentation, die `System.out.println` erklärt. Sie beginnen mit der Suche nach `System`, gehen weiter zu `out` und suchen von dort weiter nach `println`.

   Um einen Link zu `System` zu finden, suchen Sie im unteren Fensterabschnitt auf der linken Seite der Seite (siehe Abbildung 4.22). Hinweise, wie Sie Text auf der Seite suchen können, finden Sie in Schritt 6 der vorangegangenen Schritt-für-Schritt-Anweisung.

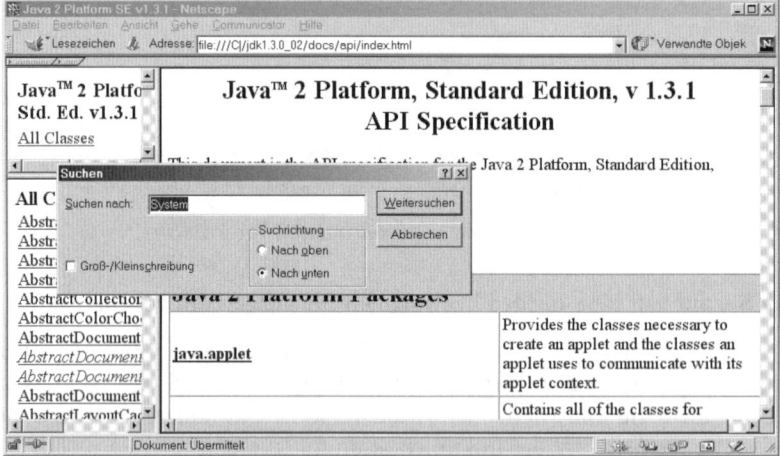

(Wiedergabe mit Erlaubnis von Sun Microsystems. Copyright 2001 Sun Microsystems, Inc. Alle Rechte vorbehalten.)

Abbildung 4.22: Einen Link zur System-Klasse suchen

Wenn Sie auf den `System`-Link klicken, zeigt Ihr Browser die Dokumentationsseite für die `System`-Klasse an (siehe Abbildung 4.23).

3. **Suchen Sie auf der Dokumentationsseite für die System-Klasse die out-Variable.**

   Wenn Sie das SUCHEN-Dialogfeld Ihres Webbrowsers verwenden, müssen Sie mehrfach auf die WEITERSUCHEN-Schaltfläche klicken. (Das Wort *out* ist so gebräuchlich, dass es auf der `System`-Dokumentationsseite mehrfach in verschiedenen Kontexten vorkommt.) Wenn Sie die gesuchte Stelle gefunden haben, sehen Sie eine Tabelle wie in Abbildung 4.20.

4 ▶ Variablen und ihre Werte

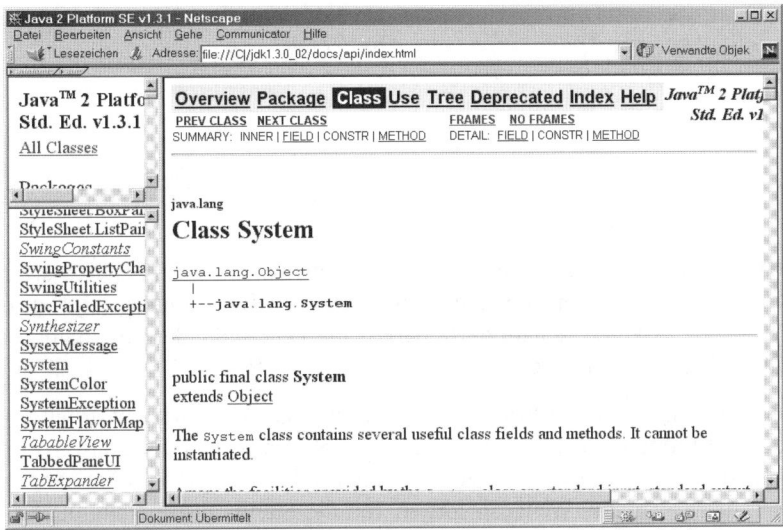

(Wiedergabe mit Erlaubnis von Sun Microsystems. Copyright 2001 Sun Microsystems, Inc. Alle Rechte vorbehalten.)

Abbildung 4.23: Die Dokumentation der System-Klasse

4. **Klicken Sie in der out-Zeile der Tabelle auf den PrintStream-Link.**

   Laut Dokumentation bezieht sich die `out`-Variable auf ein Objekt vom Typ `PrintStream`. Das bedeutet, dass `println` zu der `PrintStream`-Klasse gehört. Deshalb klicken Sie auf den `PrintStream`-Link.

5. **Suchen Sie auf der `PrintStream`-Dokumentationsseite nach `println(String)`.**

   Sie sehen eine Erklärung wie die in Abbildung 4.21.

Nachdem Sie die Schritte in diesem Abschnitt nachvollzogen haben, sind Sie vielleicht versucht zu sagen: »Na und, ich kann `println` in der API-Dokumentation finden, aber wahrscheinlich finde ich sonst nichts; und wenn jemand eine Dokumentation für seine eigenen Programme erstellt, stehe ich im Regen.« Darauf würde ich antworten: »Unsinn!« Die meisten Tricks, die Sie kennen müssen, um Themen in der Java-Dokumentation zu finden, werden in den Schritt-für-Schritt-Anweisungen in diesem Abschnitt erklärt. (Wenn Sie mehr über Java und die Beziehungen zwischen Klassen, Methoden und Variablen lernen, werden Ihnen diese Anweisungen viel natürlicher vorkommen.)

Was das Lesen der Dokumentationen anderer Programmierer angeht, können Sie dieses Problem direkt von Ihrer Liste streichen. Die offiziellen Einträge der API-Dokumentation wurden nicht manuell eingegeben, sondern automatisch aus dem tatsächlichen Java-Programm-Code generiert. Der Code für `PrintStream.java` enthält einige zusätzliche Zeilen, die etwa folgendermaßen aussehen:

```
/**
 * Print a String and then terminate the line.
 * This method behaves as though it invokes
 * <code>{@link #print(String)}</code>
 * and then <code>{@link #println()}</code>.
 *
 * @param x  The <code>String</code> to be printed.
 */
```

Um die API-Dokumentation zu erstellen, haben die Entwickler von Sun Microsystems ein Programm namens *javadoc* verwendet. Dieses Programm entnahm Zeilen wie diese direkt aus der `PrintStream.java`-Datei und generierte daraus die Zeilen, die die Dokumentation bilden, die Sie in Ihrem Webbrowser sehen.

Andere Java-Programmierer - Entwickler, die nicht für Sun Microsystems arbeiten – tun dasselbe. Tatsächlich benutzt jeder, der Java-Code schreibt, das *javadoc*-Programm, um seine Dokumentation zu generieren. Deshalb sieht eine Java-Dokumentation – unabhängig von ihrer Herkunft – immer gleich aus. Wenn Sie lernen, mit der Standard-API-Dokumentation umzugehen, können Sie auch die Java-Dokumentation beliebiger anderer Java-Programme lesen.

Natürlich können Sie das *javadoc*-Programm auch auf Ihre eigenen Programme anwenden. Wenn Sie das Java SDK herunterladen (die Erläuterungen dazu finden Sie in Kapitel 2), erhalten Sie auch *javadoc*. Obwohl dieses Buch nicht beschreibt, wie `javadoc` angewendet wird, können Sie experimentieren und eine eigene, professionell aussehende Dokumentation erstellen.

Den Programmablauf steuern

In diesem Kapitel

▶ Befehle schreiben, die zwischen Alternativen unterscheiden
▶ Befehle ineinander verschachteln
▶ Zwischen vielen Alternativen unterscheiden

*W*enn Sie Computer-Programme schreiben, stoßen Sie beim Programmablauf immer wieder auf Stellen, an denen die Verarbeitung – abhängig von gewissen Bedingungen – auf zwei oder mehr verschiedenen Wegen fortgesetzt werden kann. Hat der Benutzer sein Passwort korrekt eingegeben? Falls ja, lassen Sie ihn arbeiten; falls nein, geben Sie ihm Bescheid.

Entscheidungen fällen (if-Befehle)

Mit dem if-Befehl von Java können Sie den Programmablauf in eine von zwei Richtungen verzweigen.

Eine Zahl raten

Listing 5.1 zeigt den if-Befehl in Aktion. Abbildung 5.1 zeigt den Output an, der bei einer zweimaligen Ausführung des Programms erzeugt wurde.

```
public class GuessingGame
{
   public static void main(String args[])
   {
      int inputNumber;
      System.out.print("Geben Sie eine ganze Zahl ");
      System.out.print("zwischen 1 und 10 ein: ");
      inputNumber=DummiesIO.getInt();

      int randomNumber=DummiesRandom.getInt();

      if(inputNumber==randomNumber)
         System.out.println("Sie gewinnen.");
      else
         System.out.println("Sie verlieren.");

      System.out.print("Die Zufallszahl lautete ");
```

```
        System.out.println(randomNumber + ".");
    }
}
```

Listing 5.1: Ein Ratespiel

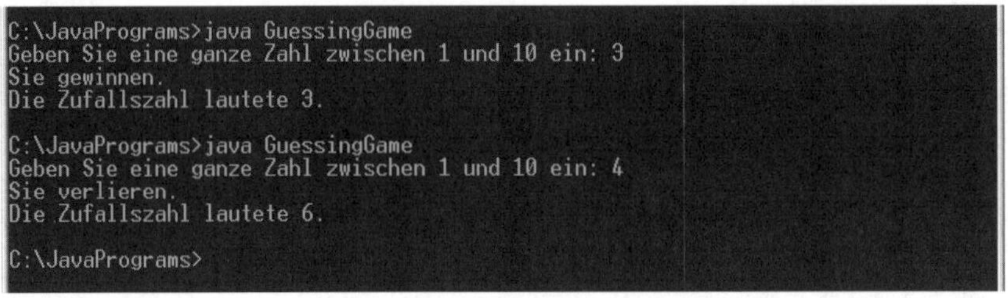

Abbildung 5.1: Zwei Ausführungen des Ratespiels

Das Programm in Listing 5.1 spielt mit dem Benutzer ein Ratespiel. Es fordert den Benutzer auf, eine Zahl einzugeben (zu raten) und erzeugt dann eine Zufallszahl zwischen 1 und 10. Wenn die Zahl, die der Benutzer eingegeben hat, mit der Zufallszahl übereinstimmt, gewinnt der Benutzer; andernfalls verliert er. In beiden Fällen teilt das Programm dem Benutzer die Zufallszahl mit.

Vordefinierte Dummies-Methoden benutzen

Die beiden Methoden, `DummiesIO.getInt` und `DummiesRandom.getInt` in Listing 5.1 gehören nicht zum Standard-Java-API, sondern wurden speziell für dieses Buch geschrieben. `DummiesIO.getInt` fordert den Benutzer auf, eine Zahl über die Tastatur einzugeben. `DummiesRandom.getInt` generiert eine Zufallszahl zwischen 1 und 10 (inklusive). Wir werden uns hier nicht mit den Details dieser Methoden befassen. Wenn Sie wollen, können Sie sich diese Details natürlich anschauen. Die Dateien `DummiesIO.java` und `DummiesRandom.java` befinden sich auf der beiliegenden CD-ROM. (Ich empfehle Ihnen jedoch, damit zu warten, bis Sie die Kapitel 7 und 10 gelesen haben.)

Bevor Sie versuchen, die Programme in diesem Kapitel auszuführen, müssen Sie `DummiesIO.java` und `DummiesRandom.java` von der beiliegenden CD-ROM in das `JavaPrograms`-Verzeichnis Ihres Computers kopieren.

Gute Programmierer verwenden vorgefertigte Klassen und Methoden, ohne sich den Java-Programm-Code anzuschauen. Sie tun dies nicht, weil sie faul sind, sondern weil die Details innerhalb des vorgefertigten Codes vor allen Nutzern dieses Codes verborgen bleiben sollten. Vorgefertigter Code sollte wie eine Blackbox behandelt werden.

Der if-Befehl

Der if-Befehl ist der zentrale Befehl von Listing 5.1. Er ermöglicht eine Verzweigung des Programmablaufs (siehe Abbildung 5.2). Die beiden Zweige führen zu den Anzeigen von Sie gewinnen bzw. Sie verlieren. Welcher Zweig gewählt wird, hängt davon ab, ob eine *Bedingung* wahr oder falsch ist. In Listing 5.1 ist dies die Bedingung:

inputNumber==randomNumber

Entspricht der Wert der eingegebenen Zahl inputNumber dem Wert der Zufallszahl randomNumber? Falls diese Bedingung wahr ist, werden die Anweisungen zwischen der Bedingung und dem Wort else, andernfalls die Anweisungen nach dem Wort else ausgeführt. Danach werden in jedem Fall die beiden letzten Anzeigebefehle ausgeführt.

Die Bedingung in einem if-Befehl muss in Klammern eingeschlossen werden. Eine Zeile wie if(inputNumber==randomNumber) ist jedoch kein kompletter Befehl, sodass die Zeile nicht mit einem Semikolon beendet werden darf.

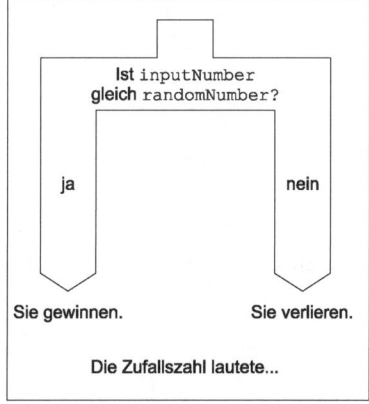

Abbildung 5.2: Ein if-Befehl verzweigt den Programmablauf.

Manchmal spricht man nicht von der *Bedingung*, sondern von dem *Ausdruck* des if-Befehls. (Sie erinnern sich: Ein *Ausdruck* ist etwas, das einen Wert hat.) Dies ist kein Fehler, da jede Bedingung ein Ausdruck ist. Eine Bedingung hat entweder den Wert true oder false. (Näheres über Ausdrücke und Werte wie true und false finden Sie in Kapitel 4.)

Das doppelte Gleichheitszeichen

Die Bedingung des if-Befehls in Listing 5.1 enthält ein doppeltes Gleichheitszeichen (==). Zwei Werte zu vergleichen ist nicht dasselbe wie eine Wertzuweisung. Deshalb wird für den Test auf Gleichheit ein anderes Symbol verwendet als für den Zuweisungsbefehl. Sie dürfen das doppelte Gleichheitszeichen in der Bedingung eines if-Befehls nicht durch ein einzelnes Gleichheitszeichen ersetzen. Wenn Sie dies tun, wird Ihr Programm nicht funktionieren. (Sie erhalten fast immer eine Fehlermeldung, wenn Sie den Code kompilieren wollen.)

Der Fehler, in einer Bedingung ein doppeltes Gleichheitszeichen mit einem einfachen zu verwechseln, wird sehr häufig gemacht. Sie sollten deshalb die Bedingungen Ihrer if-Befehle sorgfältig prüfen.

Den Code bei if-Befehlen einrücken

In Listing 5.1 sind die println-Aufrufe innerhalb des if-Befehls eingerückt. (Dies schließt die beiden Anzeigebefehle Sie gewinnen und Sie verlieren ein. Der Anzeigebefehl Sie verlieren, der nach dem Schlüsselwort else steht, ist noch Bestandteil des if-Befehls.) Genau genommen müssen Sie die Anweisungen innerhalb eines if-Befehls nicht einrücken. Für den Compiler spielt das physische Layout der Befehle keine Rolle. Doch wenn Sie Ihre Befehle nicht nach logischen Gesichtspunkten einrücken, ist es sehr schwer zu erkennen, welche Funktionen der Code ausführt. Deshalb helfen Ihnen die Einrückungen in Listing 5.1, schnell zu erkennen, dass die Ausgabebefehle Sie gewinnen und Sie verlieren dem if/else-Ablauf untergeordnet sind.

Schon bei kleineren Programmen ist ein nicht oder schlecht eingerückter Code schwer zu ertragen; aber ein kompliziertes Programm, dessen Code nicht nach einem klaren, logischen Muster eingerückt ist, ist ein Albtraum.

Rücken Sie immer Ihren Code ein, um den Ablauf des Programms zu verdeutlichen.

If-Befehle ohne else-Zweig

Ein if-Befehl muss nicht unbedingt einen else-Zweig enthalten. Vielleicht wollen Sie in unserem Beispiel dem Benutzer nicht so deutlich sagen, dass er verloren hat. Listing 5.2 zeigt eine entsprechende Variante des Ratespiels (und Abbildung 5.3 zeigt das Ergebnis).

```
public class DontTellThemTheyLost
{
    public static void main(String args[])
    {
        int inputNumber;
        System.out.print("Geben Sie eine ganze Zahl ");
        System.out.print("zwischen 1 und 10 ein: ");
        inputNumber=DummiesIO.getInt();
```

```
        int randomNumber=DummiesRandom.getInt();

        if(inputNumber==randomNumber)
           System.out.println("Sie gewinnen.");

        System.out.println("Das war ein sehr guter Versuch :-)");
        System.out.print("Die Zufallszahl lautete ");
        System.out.println(randomNumber + ".");
   }
}
```

Listing 5.2: Ein höflicheres Ratespiel

```
C:\JavaPrograms>java DontTellThemTheyLost
Geben Sie eine ganze Zahl zwischen 1 und 10 ein: 3
Sie gewinnen.
Das war ein sehr guter Versuch :-)
Die Zufallszahl lautete 3.

C:\JavaPrograms>java DontTellThemTheyLost
Geben Sie eine ganze Zahl zwischen 1 und 10 ein: 4
Das war ein sehr guter Versuch :-)
Die Zufallszahl lautete 3.

C:\JavaPrograms>
```

Abbildung 5.3: Zwei Ausführungen des Ratespiels aus Listing 5.2

Der if-Befehl in Listing 5.2 hat keinen else-Zweig. Wenn inputNumber mit randomNumber übereinstimmt, wird Sie gewinnen ausgegeben. Wenn inputNumber von randomNumber verschieden ist, wird nicht Sie verlieren ausgegeben.

Mehrere Anweisungen in einem if-Befehl ausführen

Das Programm in Abbildung 5.1 zeigt die Zufallszahl unabhängig vom Ergebnis an. Bei der zweiten Ausführung zeigt das Programm an, dass die Zufallszahl 6, nicht 4 lautet. Dies beweist, dass der Benutzer falsch geraten hat. Aber beim ersten Lauf ist ein solcher Beweis nicht erforderlich. Ein Benutzer, der bereits gewonnen hat, muss nicht extra überzeugt werden. Wenn er gewinnt, weiß er, dass die Zufallszahl mit seiner Eingabe übereinstimmt.

Die Zufallszahl sollte nur angezeigt werden, wenn der Benutzer eine falsche Zahl eingegeben hat. Listing 5.3 zeigt ein entsprechend geändertes Programm, Abbildung 5.4 seinen Output.

```
public class BetterGuessingGame
{
   public static void main(String args[])
   {
      int inputNumber;
      System.out.print("Geben Sie eine ganze Zahl ");
      System.out.print("zwischen 1 und 10 ein: ");
```

```
        inputNumber=DummiesIO.getInt();

        int randomNumber=DummiesRandom.getInt();

        if(inputNumber==randomNumber)
           System.out.println("Sie gewinnen.");
        else
        {
           System.out.println("Sie verlieren.");
           System.out.print("Die Zufallszahl lautete ");
           System.out.println(randomNumber + ".");
        }
    }
}
```

Listing 5.3: Ein verbessertes Ratespiel

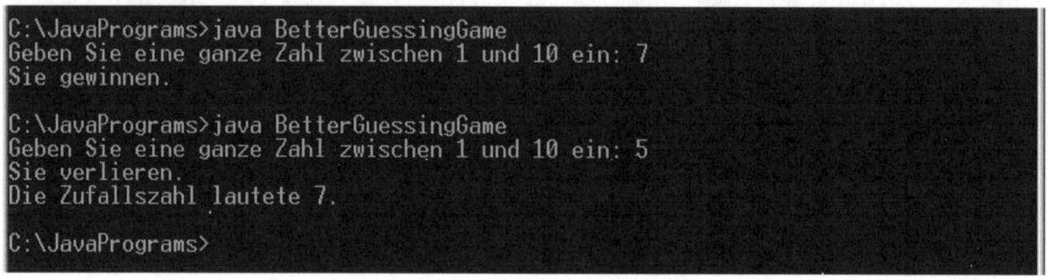

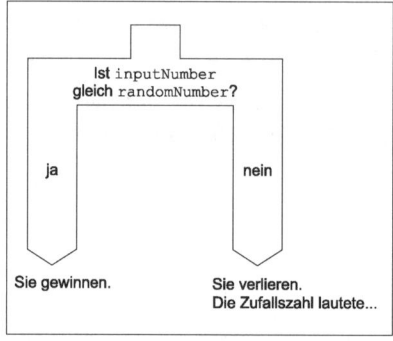

Abbildung 5.4: Zwei Ausführungen des verbesserten Ratespiels

Der Code in Listing 5.3 hat eine ähnliche Struktur wie der Code in Listing 5.1. Der Unterschied besteht in dem else-Zweig des if-Befehls. In Listing 5.3 enthält der else-Zweig mehrere Anweisungen, die durch ein Paar geschweifte Klammern eingeschlossen sind. Abbildung 5.5 zeigt, dass die drei Aufrufe von print und println aufgrund der geschweiften Klammern jetzt zu dem else-Zweig des if-Befehls gehören, das heißt, dass die Wörter Die Zufalls-zahl lautete. . . nur angezeigt werden, wenn der Benutzer falsch geraten hat.

Abbildung 5.5: Der else-Zweig des if-Befehls enthält mehrere Anweisungen.

Generell kann jeder Zweig eines if-Befehls mehrere Anweisungen enthalten. Diese Anweisungen müssen jeweils mit geschweiften Klammern eingeschlossen werden. Listing 5.4 zeigt ein Beispiel.

In Listing 5.4 werden drei println-Aufrufe ausgeführt, wenn inputNumber und randomNumber gleich sind. Um auszudrücken, dass die drei Anweisungen zusammengehören, sind sie in geschweifte Klammern eingeschlossen. Abbildung 5.6 zeigt den Output von zwei Ausführungen des Programms.

```
public class FancyGuessingGame
{
   public static void main(String args[])
   {
      int inputNumber;
      System.out.print("Geben Sie eine ganze Zahl ");
      System.out.print("zwischen 1 und 10 ein: ");
      inputNumber=DummiesIO.getInt();

      int randomNumber=DummiesRandom.getInt();

      if(inputNumber==randomNumber)
      {
         System.out.println("***************");
         System.out.println("*Sie gewinnen.*");
         System.out.println("***************");
      }
      else
      {
         System.out.println("Sie verlieren.");
         System.out.print("Die Zufallszahl lautete ");
         System.out.println(randomNumber + ".");
      }
   }
}
```

Listing 5.4: Noch ein weiteres Ratespiel

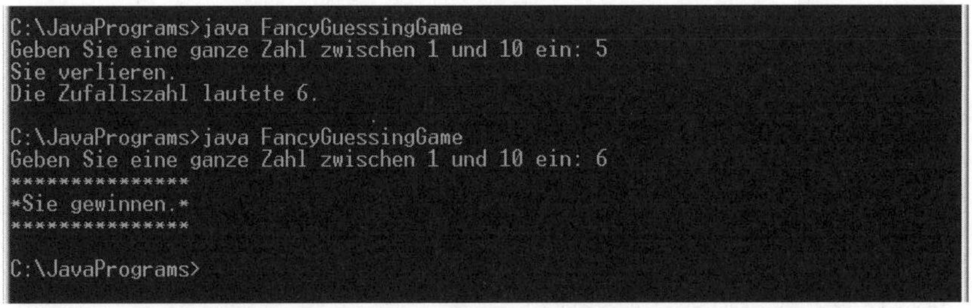

```
C:\JavaPrograms>java FancyGuessingGame
Geben Sie eine ganze Zahl zwischen 1 und 10 ein: 5
Sie verlieren.
Die Zufallszahl lautete 6.

C:\JavaPrograms>java FancyGuessingGame
Geben Sie eine ganze Zahl zwischen 1 und 10 ein: 6
***************
*Sie gewinnen.*
***************

C:\JavaPrograms>
```

Abbildung 5.6: Zwei Ausführungen des Programms 5.4

Befehle und Blöcke

Grundsätzlich darf jede Verzweigung eines if-Befehls nur eine Anweisung enthalten:

```
if (bedingung)
   anweisung;
else
   anweisung;
```

Dies steht scheinbar im Widerspruch zu der Tatsache, dass die Verzweigungen des `if`-Befehls in Listing 5.4 jeweils drei Befehle enthalten. Richtig?

Dieser Widerspruch wird dadurch aufgelöst, dass die drei Befehle jeweils durch ein Paar geschweifter Klammern eingeschlossen werden. Befehle, die auf diese Weise eingeschlossen werden, bilden einen so genannten *Block*. Ein Block wird von einem Programm wie ein einzelner Befehl behandelt. Tatsächlich zählt die offizielle Java-Dokumentation Blöcke zu den vielen Arten von Befehlen. Deshalb ist in Listing 5.4 der Block

```
{
   System.out.println("Sie verlieren.");
   System.out.print("Die Zufallszahl lautete ");
   System.out.println(randomNumber + ".");
}
```

ein einzelner Befehl, der aus drei kleineren Anweisungen besteht. In diesem Sinne ist dieser große Block der einzelne Befehl, der innerhalb des `else`-Zweigs des `if`-Befehls steht.

Wenn Sie in einem Programm an einer Stelle, an der nur ein Befehl stehen darf, mehrere Anweisungen ausführen wollen, fassen Sie diese Anweisungen mit geschweiften Klammern zu einem Block, das heißt zu einem einzigen Befehl, zusammen.

Geschweifte Klammern und einzelne Befehle

Gibt es Situationen, in denen geschweifte Klammern in einem `if`-Befehl verboten sind? Nein – man kann die Klammern auch verwenden, wenn nur ein Befehl ausgeführt werden soll. Listing 5.5 zeigt ein Beispiel.

```
public class SimpleGuessingGame
{
   public static void main(String args[])
   {
      int inputNumber;
      System.out.print("Geben Sie eine ganze Zahl ");
      System.out.print("zwischen 1 und 10 ein: ");
      inputNumber=DummiesIO.getInt();

      int randomNumber=DummiesRandom.getInt();
```

```
        if(inputNumber==randomNumber)
        {
            System.out.println("Sie gewinnen.");
        }
        else
        {
            System.out.println("Sie verlieren.");
        }
    }
}
```

Listing 5.5: Ich bin das Ratespiel leid.

Der if-Befehl in Listing 5.5 funktioniert mit oder ohne geschweifte Klammern. Wenn der Platz knapp ist, sollten Sie die Klammern weglassen. Andererseits ist an der weniger knappen Schreibweise nichts auszusetzen. Der zusätzliche Leerraum macht den Code lesbarer. Außerdem ist es mit Klammern leichter, später weitere Anweisungen zu dem if-Befehl hinzuzufügen.

Bei if-Befehlen gerät man leicht in Versuchung, alle Regeln über geschweifte Klammern zu vernachlässigen und sich nur auf die Einrückung zu verlassen. Leider funktioniert das höchst selten. Wenn Sie nach dem Wort else fünf Befehle einrücken, aber vergessen, sie in geschweifte Klammern einzuschließen, enthält der else-Zweig für den Computer nur den ersten der fünf Befehle. Schlimmer noch: Die Einrückung verleitet Sie zu glauben, dass der else-Zweig alle fünf Befehle enthält. Dadurch wird es schwieriger festzustellen, warum sich der Code nicht wie gewünscht verhält. Achten Sie deshalb auf die Klammern!

Bedingungen mit Vergleichs- und logischen Operatoren bilden

Java verfügt über Operatoren, mit denen Sie komplexere Bedingungen formulieren können.

Vergleichsoperatoren für Zahlen und Zeichen

Tabelle 5.1 gibt Ihnen einen Überblick über die so genannten *Vergleichsoperatoren*:

Operatorsymbol	Bedeutung	Beispiel
==	ist gleich	numberOfCows == 5
!=	ist ungleich	buttonClicked != panicButton
<	ist kleiner als	numberOfCows < 5
>	ist größer als	myInitial > 'B'

Operatorsymbol	Bedeutung	Beispiel
<=	ist kleiner oder gleich	`numberOfCows <= 5`
>=	ist größer oder gleich	`myInitial >= 'B'`

Tabelle 5.1: Vergleichsoperatoren

Mit den Vergleichsoperatoren von Java können Sie Zahlen und Zeichen vergleichen. Der Vergleich von Zahlen entspricht den Vergleichen, die Sie aus der Mathematik kennen. Doch beim Vergleichen von Zeichen gelten eigene Regeln. Wenn Sie nur Großbuchstaben oder nur Kleinbuchstaben vergleichen, gibt es keine Probleme. Weil der Buchstabe *B* im Alphabet vor *H* steht, sind die Bedingungen 'B' < 'H' bzw. 'b' < 'h' wahr. Die Probleme treten auf, wenn Großbuchstaben mit Kleinbuchstaben verglichen werden: die Großbuchstaben sind immer kleiner als die Kleinbuchstaben. Deshalb ist zwar 'Z' < 'A' falsch, aber 'Z' < 'a' wahr.

Die Buchstaben *A* bis *Z* werden numerisch durch die Werte 65 bis 90 repräsentiert, die Buchstaben *a* bis *z* dagegen durch die Werte 97 bis 122. Deshalb sind Großbuchstaben »kleiner als« alle Kleinbuchstaben.

Wenn Sie zwei Zahlen auf Gleichheit (mit ==) oder Ungleichheit (mit !=) testen, müssen Sie Vorsicht walten lassen. Wenn Sie einige Berechnungen durchgeführt und zwei `double`- oder `float`-Werte erhalten haben, sind die Werte selten absolut gleich. (Das Problem rührt von den lästigen Nachkommastellen her.) Beispielsweise entsprechen 21 Grad Celsius 69.8 Grad Fahrenheit, und wenn man 9.0/5*21+32 manuell berechnet, erhält man 69.8. Aber die Bedingung 9.0/5*21+32 == 69.8 hat den Wert `false`, weil der Computer bei der Berechnung von 9.0/5*21+32 den Wert 69.80000000000001, nicht 69.8 ermittelt.

Objekte vergleichen

Wenn Sie anfangen, mit Objekten zu arbeiten, können Sie mit == und != auch Objekte vergleichen. Beispielsweise ist eine Schaltfläche, die Sie auf dem Bildschirm sehen, ein Objekt. In Kapitel 14 müssen Sie beispielsweise prüfen, ob das Objekt, das auf dem Bildschirm mit der Maus angeklickt wurde, eine Schaltfläche ist. Zu diesem Zweck verwenden Sie den Gleichheitsoperator von Java:

```
if (e.getSource() == bCopy) {
   clipboard.setText(which.getText());
}
```

Wenn Sie mit diesen Vergleichsoperatoren Strings vergleichen wollen, ist Vorsicht geboten. (Nähere Informationen über Strings finden Sie im Abschnitt über Referenztypen in Kapitel 4.) Wenn Sie zwei Strings vergleichen, sollten Sie nicht das doppelte Gleichheitszeichen verwenden. Mit den doppelten Gleichheitszeichen fragen Sie: »Befindet sich der String genau an der-

5 ➤ Den Programmablauf steuern

selben Stelle des Speichers wie der andere String?« Normalerweise wollen Sie dies gar nicht wissen, sondern Sie fragen, ob der eine String dieselben Zeichen wie der andere enthält. Um diese Frage zu beantworten, verfügt der String-Typ von Java über eine Methode namens `equals` (die im Java-API definiert ist). Die `equals`-Methode vergleicht zwei Strings, um festzustellen, ob sie dieselben Zeichen enthalten. Listing 5.6 zeigt ein Beispiel für die `equals`-Methode von Java. (Der Output dieses Programms wird in Abbildung 5.7 gezeigt.)

```java
public class CheckPassword
{
  public static void main(String args[])
  {

    System.out.print("Wie lautet das Passwort? ");
    String password=DummiesIO.getString();
    System.out.print("Sie haben >>");
    System.out.println(password + "<< eingegeben.");
    System.out.println();

    if (password=="swordfish")
    {
      System.out.println("Das eingegebene Wort ist an ");
      System.out.println("derselben Stelle gespeichert ");
      System.out.println("wie das echte Passwort.");
      System.out.println("Sie sind wohl ein Hacker.");
    }
    else
    {
      System.out.println("Das eingegebene Wort ist nicht an ");
      System.out.println("derselben Stelle gespeichert ");
      System.out.println("wie das echte Passwort.");
      System.out.println("Das macht aber nichts.");
    }
    System.out.println();

    if (password.equals("swordfish"))
    {
      System.out.println("Das eingegebene Wort hat ");
      System.out.println("dieselben Zeichen wie das echte ");
      System.out.println("Passwort. Sie erhalten Zugang ");
      System.out.println("zu dem System.");
    }
    else
    {
      System.out.println("Das eingegebene Wort hat nicht ");
      System.out.println("dieselben Zeichen wie das echte ");
      System.out.println("Passwort. Sie erhalten keinen ");
      System.out.println("Zugang zu dem System.");
```

```
        }
    }
}
```

Listing 5.6: Ein Passwort prüfen

```
C:\JavaPrograms>java CheckPassword
Wie lautet das Passwort? swordfish
Sie haben >>swordfish<< eingegeben.

Das eingegebene Wort ist nicht an
derselben Stelle gespeichert
wie das echte Passwort.
Das macht aber nichts.

Das eingegebene Wort hat
dieselben Zeichen wie das echte
Passwort. Sie erhalten Zugang
zu dem System.

C:\JavaPrograms>
```

Abbildung 5.7: Vergleich von == und der equals-Methode

Die `equals`-Methode hat eine etwas ungewöhnliche Syntax: Wenn Sie die Methode aufrufen, müssen Sie hinter den Namen der Variablen, die den einen String enthält, einen Punkt setzen und den anderen String in Klammern setzen. Dabei spielt es keine Rolle, welcher String mit dem Punkt angegeben wird und welcher in die Klammer gesetzt wird. Beispielsweise könnten Sie in Listing 5.6 auch

```
if ("swordfish".equals(password))
```

schreiben. Diese Methode würde genauso gut funktionieren.

Ein Aufruf der `equals`-Methode sieht unsymmetrisch aus, ist es aber nicht. Der Grund für die scheinbare Asymmetrie liegt in dem Punkt und den Klammern. Grundsätzlich gehen Sie von zwei Objekten aus: dem `passwort`-Objekt und dem `"swordfish"`-Objekt. Beide Objekte sind vom Typ `String`. (Allerdings ist `password` eine `String`-Variable, während `"swordfish"` ein `String`-Literal ist.) Wenn Sie `password.equals("swordfish")` schreiben, rufen Sie eine `equals`-Methode auf, die zu dem `password`-Objekt gehört, und übergeben ihr `"swordfish"` als Parameter. Näheres darüber erfahren Sie in Kapitel 7.

Strings sollten mit der `equals`-Methode, nicht mit dem doppelten Gleichheitszeichen verglichen werden.

Logische Operatoren

Mr. Spock wäre zufrieden. Java verfügt über alle Operatoren, die für komplexe logische Tests benötigt werden. Tabelle 5.2 gibt einen Überblick über diese Operatoren:

Operatorsymbol	Bedeutung	Beispiel
&&	und	5 < x && x < 10
||	oder	x < 5 || 10 < x
!	not	!password.equals("swordfish")

Tabelle 5.2. Logische Operatoren

Mit diesen Operatoren können Sie umfangreiche Bedingungen formulieren. Listing 5.7 zeigt ein Beispiel.

```
public class Authenticator
{
   public static void main(String args[])
   {
      System.out.print("Benutzername: ");
      String username=DummiesIO.getString();
      System.out.print("Passwort: ");
      String password=DummiesIO.getString();

      if (
          (username.equals("bburd") &&
           password.equals("swordfish")) ||
          (username.equals("hritter") &&
           password.equals("preakston"))
         )
         System.out.println("Sie erhalten Zugang.");
      else
         System.out.println("Sie sind verdaechtig.");
   }
}
```

Listing 5.7: Den Benutzernamen und das Passwort prüfen

Abbildung 5.8 zeigt einige Ausführungen des Programms. Wenn der Benutzername *bburd* und das Passwort *swordfish* lautet oder wenn der Benutzername *hritter* ist und das Passwort *preakston* lautet, wird der Benutzer zugelassen; andernfalls wird er abgewiesen.

Achten Sie auf die Klammern! Wenn Sie Vergleiche mit logischen Operatoren verknüpfen, sollten Sie lieber zu viele Klammern verwenden, als durch zu wenige Klammern ein falsches Ergebnis zu erhalten. Betrachten Sie beispielsweise den folgenden Ausdruck:

2<5 || 100<6 && 27<1

Wenn Sie diesen Ausdruck falsch interpretieren, kommen Sie möglicherweise zu dem Schluss, dass der Ausdruck falsch ist. Das heißt, Sie könnten den Ausdruck fälschlicherweise wie folgt lesen: (*irgendetwas*) && 27<1. Weil 27<1 falsch ist, würden Sie schließen, dass der gesamte Ausdruck falsch ist. Tatsache ist, dass alle &&-Operatoren in Java vor ||-Operatoren ausgewertet werden. Deshalb bedeutet der Ausdruck in Wirklichkeit: 2<5 || (irgendetwas). Weil 2<5 wahr ist, ist der gesamte Ausdruck wahr.

Abbildung 5.8: Logische Operatoren verwenden

Um den Wert des Ausdrucks von wahr in falsch zu ändern, können Sie die beiden ersten Vergleiche des Ausdrucks in Klammern setzen:

(2<5 || 100<6) && 27<1

Der ||-Operator ist *inklusiv*. Das bedeutet, dass ein Ausdruck a || b wahr ist, wenn mindestens einer der beiden Operanden wahr ist. Beispielsweise ist der Ausdruck 2<10 || 20<30 wahr.

In Java ist es möglich, Vergleiche wie in der Umgangssprache zu kombinieren. Umgangssprachlich können Sie sagen: »Wir werden zwischen drei und zehn Personen zum Abendessen bewirten.« Doch wenn Sie in Java 3 <= personen <= 10 schreiben, erhalten Sie eine Fehlermeldung. Stattdessen müssen Sie diesen Vergleich in Java folgendermaßen formulieren: 3<=personen && personen<=10.

Befehle verschachteln

Listing 5.8 zeigt, dass man if-Befehle in Java verschachteln kann.

```
public class Authenticator2
{
    public static void main(String args[])
    {
```

```
       System.out.print("Benutzername: ");
       String username=DummiesIO.getString();

       if (username.equals("bburd"))
       {
          System.out.print("Passwort: ");
          String password=DummiesIO.getString();
          if (password.equals("swordfish"))
             System.out.println("Sie erhalten Zugang.");
          else
             System.out.println("Falsches Passwort");
       }
       else
          System.out.println("Unbekannter Benutzer");
   }
}
```

Listing 5.8: Verschachtelte if-Befehle

Abbildung 5.9 zeigt mehrere Ausführungen des Programms 5.8. Die Zugangsberechtigung wird hier mit zwei Tests geprüft, das heißt, es müssen zwei Bedingungen wahr sein. Die erste Bedingung prüft, ob der Benutzername gültig ist; die zweite Bedingung prüft, ob das Passwort korrekt ist. Wenn der erste Test (der Test des Benutzernamens) bestanden wird, wird mitt einem weiteren if-Befehl der zweite Test (der Passwort-Test) ausgeführt. Wenn der erste Test scheitert, kommen Sie gar nicht zu dem zweiten Test. Abbildung 5.10 zeigt einen Überblick über den Ablauf.

Abbildung 5.9: Einen Benutzer authentifizieren

Der Code in Listing 5.8 soll Ihnen nur zeigen, wie verschachtelte if-Befehle funktionieren; er soll Ihnen *nicht* zeigen, wie in der Praxis ein Benutzer authentifiziert werden sollte. Zunächst sollten Sie ein Passwort niemals im Klartext, sondern nur durch Sternchen maskiert anzeigen. Zweitens sollten Sie Passwörter generell verschlüsseln. Drittens sollten Sie einem böswilligen Benutzer niemals mitteilen, welches der beiden Wörter (der Benutzername oder das Passwort) falsch eingegeben wurde. Viertens... usw. usw. Der Code in Listing 5.8 soll nicht zeigen, wie man am besten mit Benutzernamen und Passwörtern arbeitet.

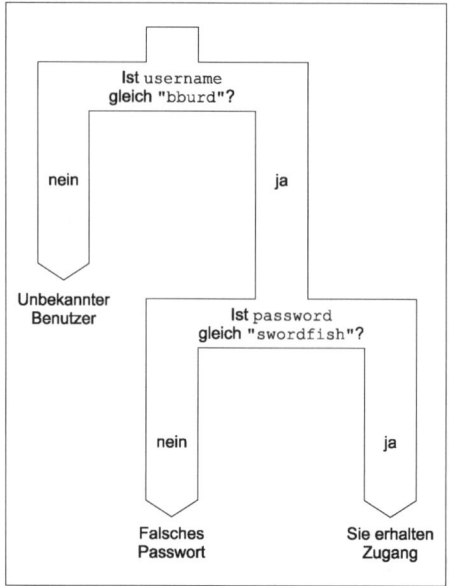

Abbildung 5.10: Die Strukur der Entscheidungsfindung

Entschuldigung, aber Ihr else hängt

Verschachtelte if-Befehle haben ihre eigenen Tücken. Wenn Sie beispielsweise einen if-Befehl ohne else-Zweig in einem verschachtelten if-Befehl verwenden, können Sie den folgenden (sehr schlechten) Code erhalten:

```
public class ADangleForReflection
{
   public static void main(String args[])
   {
      System.out.print("Benutzername: ");
      String username=DummiesIO.getString();
      System.out.print("Password: ");
      String password=DummiesIO.getString();

      if (username.equals("bburd"))
         if (password.equals("swordfish"))
            System.out.println("Sie dürfen rein.");
      else
         System.out.println("Versuchen Sie es noch einmal.");
   }
}
```

Die Fangfragen lauten: »Was passiert, wenn der Benutzer **jschmoe** statt **bburd** eintippt, und was geschieht, wenn er **bburd** und das Passwort **catfish** eingibt? Wenn Sie auf meine kleine Falle hereinfallen, werden Sie die Fragen falsch beantworten (beispielsweise: »**jschmoe** ergibt `Versuchen Sie es noch einmal`, und **bburd** mit **catfish** ergibt keine Antwort.«)

Ein `else`-Zweig ist immer mit dem nächststehenden `if`-Befehl verbunden, der keinen `else`-Zweig hat. In dem obigen Code ist der `else`-Zweig also mit dem `if`-Befehl verbunden, der prüft, ob das Passwort `"swordfish"` lautet. Die Einrückung des Codes ist irreführend (was für den Computer keine Rolle spielt). Die korrekte Einrückung sieht folgendermaßen aus:

```
if (username.equals("bburd"))
   if (password.equals("swordfish"))
      System.out.println("Sie dürfen rein.");
   else
      System.out.println("Versuchen Sie es noch einmal.");
```

Jetzt ist der Code klarer. Alles hängt davon ab, dass der Benutzername `"bburd"` ist. Wenn ein Benutzer **jschmoe** statt **bburd** eintippt, erhält er keine Antwort. Aber wenn ein Benutzer **bburd** eingibt, erhält er auf jeden Fall eine Antwort. Wenn der Benutzer **bburd** als Benutzernamen und **catfish** als Passwort eingibt, wird die Meldung `Versuchen Sie es noch einmal` angezeigt.

Die Situation, in der ein `else`-Zweig einem verfügbaren `if`-Befehl zugeordnet werden muss, wird als *Dangling-else-Problem* (*Hängendes-else-Problem*) bezeichnet.

Unter mehreren Alternativen wählen (Java-Switch-Befehle)

Ein `if`-Befehl ist ohne Verschachtelung auf zwei Alternativen beschränkt. Manchmal reicht dies nicht aus. Java verfügt auch über Befehle, um den Programmablauf in Abhängigkeit von einer Bedingung in mehr als zwei Richtungen zu lenken.

Der switch-Befehl

In diesem Abschnitt wollen wir Entscheidungen mit mehr als zwei Alternativen untersuchen. Betrachten wir beispielsweise den beliebten Lagerfeuer-Song »Al's All Wet«, dessen kompletten Text Sie in dem Einschub lesen können. Sie wollen Code schreiben, der den Text dieses Songs ausgibt. Glücklicherweise müssen Sie nicht alle Wörter immer wieder eingeben, sondern können die Wiederholungen des Textes zu Ihrem Vorteil nutzen.

»Al's All Wet«

Gesungen zur Melodie von »Gentille Alouette«:

Al's all wet. Oh, why is Al all wet? Oh,
Al's all wet 'cause he's standing in the rain.
Why is Al out in the rain?
That's because he has no brain.
Has no brain, has no brain,
In the rain, in the rain.
Ohhhhhhhh. . . .

Al's all wet. Oh, why is Al all wet? Oh,
Al's all wet 'cause he's standing in the rain.
Why is Al out in the rain?
That's because he is a pain.
He's a pain, he's a pain,
Has no brain, has no brain,
In the rain, in the rain.
Ohhhhhhhh. . . .

Al's all wet. Oh, why is Al all wet? Oh,
Al's all wet 'cause he's standing in the rain.
Why is Al out in the rain?
'Cause this is the last refrain.
Last refrain, last refrain,
He's a pain, he's a pain,
Has no brain, has no brain,
In the rain, in the rain.
Ohhhhhhhh. . . .

Al's all wet. Oh, why is Al all wet? Oh,
Al's all wet 'cause he's standing in the rain.

– Harriet Ritter und Barry Burd

Ein komplettes Programm, um den gesamten Text von »Al's All Wet« anzuzeigen, wird erst in Kapitel 6 vorgestellt. Inzwischen wollen wir annehmen, dass Sie eine Variable namens verse definiert haben. Ihr Wert beträgt 1, 2, 3 oder 4, je nachdem, welchen Vers von »Al's All Wet« Sie ausgeben wollen. Sie könnten umständlichen Code schreiben, der mehrere if-Befehle enthält, die die möglichen Versnummern prüfen:

```
if (verse==1)
   System.out.println("That's because he has no brain.");
if (verse==2)
```

```
   System.out.println("That's because he is a pain.");
if (verse==3)
   System.out.println("'Cause this is the last refrain.");
```

Aber dieser Ansatz wirkt verschwenderisch. Warum kann man nicht einen Befehl erstellen, der den Wert von `verse` nur einmal prüft und dann abhängig von dem Wert die passende Aktion ausführt? Glücklicherweise gibt es einen solchen Befehl, den so genannten `switch`-Befehl. Listing 5.9 zeigt ein Beispiel für einen `switch`-Befehl.

```
public class JustSwitchIt
{
   public static void main(String args[])
   {
      System.out.print("Welcher Vers? ");
      int verse = DummiesIO.getInt();

      switch (verse)
      {
         case 1:   System.out.println
                      ("That's because he has no brain.");
                   break;
         case 2:   System.out.println
                      ("That's because he is a pain.");
                   break;
         case 3:   System.out.println
                      ("'Cause this is the last refrain.");
                   break;
         default:  System.out.println("Nichts zu drucken ");
                   break;
      }

      System.out.println("Dieses Programm ist beendet.");
   }
}
```

Listing 5.9: Ein Switch-Befehl

Abbildung 5.11 zeigt zwei Ausführungen des Programms 5.9. Die Struktur des `switch`-Befehls in diesem Programm wird in Abbildung 5.12 gezeigt. Zunächst gibt der Benutzer eine Zahl, beispielsweise 2, ein. Dann erreicht die Ausführung des Programms den Anfang des `switch`-Befehls. Der Computer prüft den Wert der `verse`-Variablen. Wenn der Computer feststellt, das `verse` den Wert 2 hat, prüft er jeden `case` des `switch`-Befehls. Der Wert 2 entspricht dem `case 1` nicht, sodass der Computer zum mittleren der drei Fälle, `case 2`, weitergeht. Der Wert für `case 2` entspricht dem Wert der `verse`-Variablen. Deshalb führt der Computer die Befehle aus, die unmittelbar hinter `case 2` stehen. Diese beiden Befehle sind:

```
System.out.println("That's because he is a pain.");
break;
```

```
C:\JavaPrograms>java JustSwitchIt
Welcher Vers? 2
That's because he is a pain.
Dieses Programm ist beendet.

C:\JavaPrograms>java JustSwitchIt
Welcher Vers? 6
Nichts zu drucken
Dieses Programm ist beendet.

C:\JavaPrograms>
```

Abbildung 5.11: Ausführung und Output von Programm 5.9

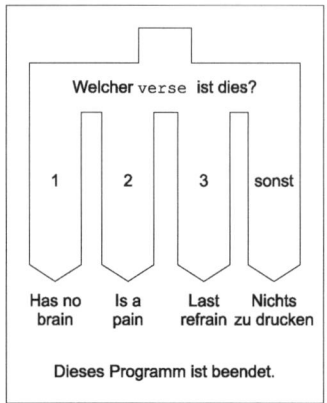

Abbildung 5.12: Die Struktur des switch-Befehls von Programm 5.9

Der erste dieser beiden Befehle zeigt die Zeile That's because he is a pain auf dem Bildschirm an. Der zweite Befehl ist ein break-Befehl. Ein break-Befehl veranlasst den Computer, aus dem aktuellen switch-Befehl herauszuspringen. Deshalb überspringt der Programmablauf in Listing 5.9 den Fall, der 'Cause this is the last refrain angezeigt hätte. Tatsächlich springt der Programmablauf ganz aus dem switch-Befehl heraus und fährt sofort mit dem Befehl unmittelbar nach dem Ende des switch-Befehls fort, der die Meldung Dieses Programm ist beendet anzeigt.

Wenn ein lästiger Benutzer nach Vers 6 fragt, überspringt das Programm case 1, case 2 und case 3 und führt stattdessen default aus. Dort zeigt das Programm Nichts zu drucken an und springt dann aus dem switch-Befehl heraus. Danach zeigt es die Meldung Dieses Programm ist beendet an.

 Eigentlich ist der letzte break-Befehl am Ende eines switch-Befehls überflüssig. In Listing 5.9 wird der letzte break-Befehl (in dem default-Zweig) nur der Vollständigkeit halber verwendet.

Fehlerhafte break-Befehle

Jeder Java-Programmierer vergisst ab und zu einen break-Befehl. Zunächst sieht der Output verwirrend aus, aber dann erinnert sich der Programmierer an das *Durchfallen*. Dieser Begriff beschreibt, was passiert, wenn ein case nicht mit einem break-Befehl beendet wird. Das Programm fällt gewissermaßen zum nächsten case durch. Es fällt immer weiter durch, bis es auf einen break-Befehl oder das Ende des switch-Befehls stößt.

Normalerweise ist es nicht wünschenswert, dass das Programm bei einem switch-Befehl durch die case-Zweige fällt. Deshalb werden an den entsprechenden Stellen break-Befehle eingefügt. Aber gelegentlich ist das Durchfallen genau das Richtige. Nehmen wir beispielsweise den Song »Al's All Wet«. Jeder Vers von »Al's All Wet« fügt eine weitere Zeile zu den Zeilen der vorangegangenen Verse hinzu. Diese Situation (die Zeilen von einem Vers zum nächsten zu akkumulieren) schreit nach einem switch-Befehl, der das Durchfallen nutzt. Listing 5.10 realisiert diese Idee.

```java
public class FallingForYou
{
   public static void main(String args[])
   {
      System.out.print("Welcher Vers? ");
      int verse = DummiesIO.getInt();

      switch (verse)
      {
         case 3: System.out.print   ("Last refrain, ");
                 System.out.println("last refrain,");
         case 2: System.out.print   ("He's a pain, ");
                 System.out.println("he's a pain,");
         case 1: System.out.print   ("Has no brain, ");
                 System.out.println("has no brain,");
      }

      System.out.println("In the rain, in the rain.");
      System.out.println("Ohhhhhhhh...");
      System.out.println();
   }
}
```

Listing 5.10: Ein switch-Befehl mit Durchfallen

Abbildung 5.13 zeigt mehrere Ausführungen des Programms 5.10. Da der switch-Befehl keine break-Befehle enthält, fällt das Programm überall durch. Wenn der Benutzer beispielsweise den Vers 2 auswählt, führt das Programm die beiden Befehle in case 2 aus:

```
System.out.print   ("He's a pain, ");
System.out.println("he's a pain,");
```

Dann führt das Programm die beiden Befehle in `case 1` aus:

```
System.out.print   ("Has no brain, ");
System.out.println("has no brain,");
```

Das ist gut, weil der zweite Vers des Songs diese Zeilen enthält.

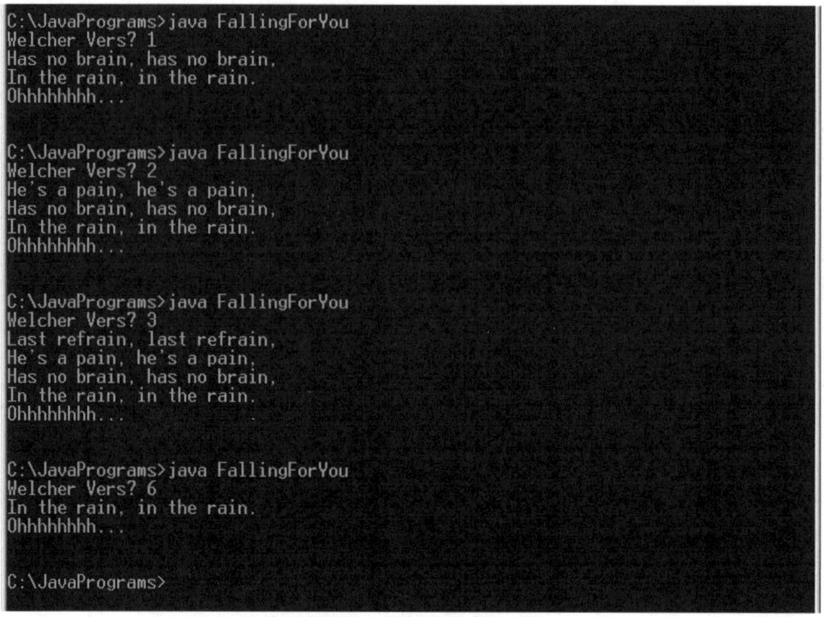

```
C:\JavaPrograms>java FallingForYou
Welcher Vers? 1
Has no brain, has no brain,
In the rain, in the rain.
Ohhhhhhhh...

C:\JavaPrograms>java FallingForYou
Welcher Vers? 2
He's a pain, he's a pain,
Has no brain, has no brain,
In the rain, in the rain.
Ohhhhhhhh...

C:\JavaPrograms>java FallingForYou
Welcher Vers? 3
Last refrain, last refrain,
He's a pain, he's a pain,
Has no brain, has no brain,
In the rain, in the rain.
Ohhhhhhhh...

C:\JavaPrograms>java FallingForYou
Welcher Vers? 6
In the rain, in the rain.
Ohhhhhhhh...

C:\JavaPrograms>
```

Abbildung 5.13: Ausführung und Output von Programm 5.10

Beachten Sie, was passiert, wenn der Benutzer nach Vers 6 fragt. Der `switch`-Befehl in Listing 5.10 hat keinen `case 6`-Zweig und keinen `default`-Zweig, sodass keine Anweisungen innerhalb des `switch`-Befehls, sondern nur die Befehle unmittelbar nach dem Switch-Befehl ausgeführt werden, die `In the rain` und `Ohhhhhhhh` anzeigen.

Den Programmablauf mit Schleifen steuern

In diesem Kapitel

- Schleifen verstehen
- Mit einem Schleifenzähler arbeiten
- Verschiedene Formen der Schleifenbildung

»*E*ntwickeln – testen – wiederholen – einführen« – so kurz kann man den Alltag eines Programmierers beschreiben. Der Schlüsselbegriff, der uns hier interessiert, ist »wiederholen«. Er macht aus einer sonst unbeeindruckenden Schrittfolge ein ausgefeiltes Aktionskonzept: Es geht nicht nur darum, eine Anweisung nach der anderen abzuarbeiten, sondern es gibt einen Punkt, an dem entschieden wird, ob bestimmte Schritte wiederholt werden oder ob es weitergeht. Der Arbeitsablauf enthält also eine mögliche Schleife. In diesem Kapitel erfahren Sie, wie Schleifen in Java realisiert werden.

Anweisungen mehrfach wiederholen (while-Befehle in Java)

Das folgende Programm enthält ein weiteres Ratespiel. Das Programm generiert eine Zufallszahl von 1 bis 10 und fordert Sie auf, die Zahl zu raten. Wenn Sie falsch raten, wird das Spiel fortgesetzt. Wenn Sie richtig raten, ist das Spiel vorbei. Listing 6.1 zeigt das Programm, Abbildung 6.1 eine Spielrunde.

```
public class GuessAgain
{
   public static void main(String args[])
   {
      int inputNumber, randomNumber, numGuesses=0;
      randomNumber=DummiesRandom.getInt();

      System.out.println("      **************      ");
      System.out.println("Willkommen beim Ratespiel");
      System.out.println("      **************      ");
      System.out.println();

      System.out.print("Geben Sie eine Zahl ");
      System.out.print("von 1 bis 10 ein: ");
```

```
      inputNumber=DummiesIO.getInt();
      numGuesses++;

      while (inputNumber != randomNumber)
      {
         System.out.println();
         System.out.println("Versuchen Sie es noch einmal...");
         System.out.print("Geben Sie eine Zahl ");
         System.out.print("von 1 bis 10 ein: ");
         inputNumber=DummiesIO.getInt();
         numGuesses++;
      }

      System.out.print("Sie gewinnen nach ");
      System.out.println(numGuesses + " Versuchen.");
   }
}
```

Listing 6.1: Ein Ratespiel mit einer Schleife

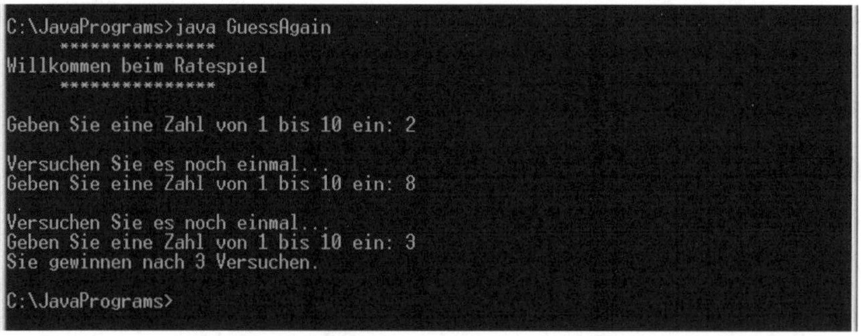

Abbildung 6.1: Spielen Sie, bis Sie umfallen!

In Abbildung 6.1 braucht der Benutzer drei Versuche. Bei jedem Versuch prüft das Programm, ob die geratene Zahl richtig ist. Wenn die Zahl falsch war, wird der Benutzer aufgefordert, es noch einmal zu versuchen. Wenn der Benutzer richtig geraten hat, wird eine diesbezügliche Meldung sowie die Anzahl der Rateversuche angezeigt. Das Programm wiederholt mehrere Befehle immer wieder und prüft bei jedem Durchlauf, ob die Eingabe des Benutzers mit der generierten Zufallszahl übereinstimmt. Bei jeder Eingabe des Benutzers erhöht das Programm die Anzahl der Versuche um 1. Wenn der Benutzer richtig rät, zeigt das Programm diese Anzahl an. Abbildung 6.2 zeigt den Programmablauf.

Die zentrale Komponente des Codes in Listing 6.1 ist ein so genannter while-Befehl (auch while-*Schleife* genannt). Umgangssprachlich sagt dieser while-Befehl:

6 ➤ Den Programmablauf mit Schleifen steuern

*Während inputNumber ungleich randomNumber ist,
führe die Anweisungen in den geschweiften Klammern aus:
{*

}

Die Anweisungen zwischen den geschweiften Klammern (die Anweisungen, die mehrfach wiederholt werden) zeigen `Versuchen Sie es noch einmal...` und `Geben Sie eine Zahl von 1 bis 10 ein` an, nehmen eine Eingabe entgegen und erhöhen die Anzahl der Versuche des Benutzers um 1.

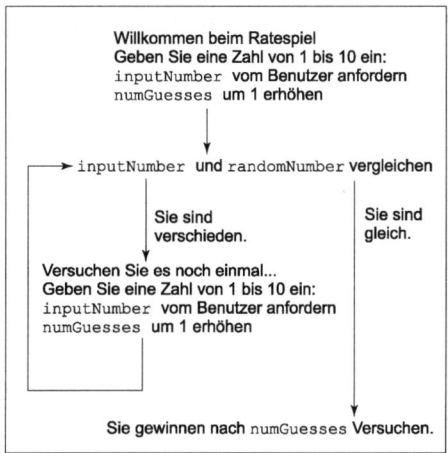

Abbildung 6.2: Ein Programm mit einer Schleife

 Bei Zählern wie `numGuesses` in Listing 6.1 besteht leicht die Gefahr, einen Versuch zu viel oder zu wenig zu zählen. Sie können dieses Problem vermeiden, indem Sie darauf achten, dass die ++-Befehle und die Ereignisse, die Sie zählen, möglichst dicht zusammenstehen. Beispielsweise hat die Variable `numGuesses` in Listing 6.1 den Anfangswert null, weil der Benutzer am Anfang des Programms noch keine Versuche gemacht hat. Nach dem Aufruf von `DummiesIO.getInt` steht ein `numGuesses++`-Befehl. Auf diese Weise wird der Zähler erhöht, sobald der Benutzer einen weiteren Versuch eingibt.

Die Befehle in den geschweiften Klammern werden so lange wiederholt, wie die Bedingung `inputNumber != randomNumber` wahr ist. Jede Wiederholung der Befehle in einer Schleife wird als *Iteration* bezeichnet. In Abbildung 6.1 durchläuft die Schleife drei Iterationen. (Wenn Sie dies nicht glauben, sollten Sie in Abbildung 6.1 zählen, wie oft `Versuchen Sie es noch einmal...` angezeigt wird. Für jeden falschen Versuch gibt es eine derartige Meldung.)

Wenn der Benutzer schließlich richtig rät, geht das Programm an den Anfang des `while`-Befehls zurück, prüft die Bedingung in den Klammern und stellt fest, dass `inputNumber` und

randomNumber nicht mehr ungleich sind und damit die Bedingung inputNumber !=
randomNumber falsch ist. Deshalb verlässt das Programm die while-Schleife und fährt mit
den Befehlen fort, die direkt nach der while-Schleife stehen. In diesem Fall zeigt das Programm die Anzahl benötigter Versuche an.

 In Listing 6.1 springt das Programm nie aus der Mitte der Schleife heraus. Wenn es feststellt, dass inputNumber und randomNumber ungleich sind, führt es alle Befehle innerhalb der geschweiften Klammern der Schleife aus und testet erst dann die Bedingung erneut.

Fast alles, was in Kapitel 5 im Zusammenhang mit dem if-Befehl über Blöcke und geschweifte Klammern gesagt wurde, gilt auch hier. Insbesondere können Sie die geschweiften Klammern weglassen, wenn eine Schleife nur einen Befehl enthält. Ein Beispiel:

```
public class SmallLoop
{
   public static void main(String args[])
   {
      int inputNumber, randomNumber;
      randomNumber=DummiesRandom.getInt();

      inputNumber=DummiesIO.getInt();

      while (inputNumber!=randomNumber)
         inputNumber=DummiesIO.getInt();

      System.out.print("OK");
   }
}
```

Listing 6.2: Ein einfaches Spiel

Abbildung 6.3 zeigt eine Ausführung von Programm 6.2. Das Programm ist nicht sehr benutzerfreundlich. Es sagt dem Benutzer nicht, welche Werte er eingeben kann, und verabschiedet sich mit einem schlichten OK, wenn er die richtige Zahl geraten hat. Doch das Programm illustriert folgende einfache Regel: Wenn eine Schleife nur eine Anweisung enthält, muss diese nicht in geschweifte Klammern eingeschlossen werden.

Abbildung 6.3: Ein minimalistisches Ratespiel

 Wenn eine Schleife mehr als einen Befehl enthält, müssen diese Befehle in geschweifte Klammern eingeschlossen werden.

Eine Anzahl von Malen wiederholen (for-Befehle in Java)

»Schreibe hundertmal 'Ich soll nicht schwätzen' an die Tafel.«

Tatsächlich meinte Ihr Lehrer damit Folgendes:

Setze den Zähler auf null.
Solange der Zähler kleiner als 100 ist,
   schreibe 'Ich soll nicht schwätzen' an die Tafel
   und erhöhe den Zähler um 1.

Ihr (mittlerweile) geübtes Auge erkennt sofort die Schleife. In diesem Fall handelt es sich um eine Schleife, bei der die Anzahl der Iterationen von vornherein feststeht. In Java wird eine solche Schleife mit dem for-Befehl realisiert. Listing 6.3 enthält ein einfaches, Listing 6.4 ein etwas exotischeres Beispiel für diesen Befehl.

```
public class Yawn
{
   public static void main(String args[])
   {
      for (int count=1; count<=10; count++)
      {
         System.out.print("count hat den Wert ");
         System.out.print(count);
         System.out.println(".");
      }
      
      System.out.println("Fertig!");
   }
}
```

Listing 6.3: Eine simple for-Schleife

Abbildung 6.4 zeigt den Output von Programm 6.3. Der for-Befehl in Listing 6.3 setzt am Anfang die Zählervariable count auf eins. Dann prüft der Befehl, ob count kleiner als oder gleich 10 ist (was am Anfang auf jeden Fall erfüllt ist). Dann führt der for-Befehl die Anzeigebefehle zwischen den geschweiften Klammern aus. (Die erste Anzeige lautet: Der Zähler hat den Wert 1.) Schließlich erhöht die letzte Anweisung innerhalb der (runden) Klammern des for-Befehls den Zähler um 1.

```
C:\JavaPrograms>java Yawn
count hat den Wert 1.
count hat den Wert 2.
count hat den Wert 3.
count hat den Wert 4.
count hat den Wert 5.
count hat den Wert 6.
count hat den Wert 7.
count hat den Wert 8.
count hat den Wert 9.
count hat den Wert 10.
Fertig!
C:\JavaPrograms>
```

Abbildung 6.4: Bis zehn zählen

Der Zähler count hat jetzt den Wert 2. Da dieser Wert kleiner als 10 ist, führt der for-Befehl erneut die Anweisungen zwischen den geschweiften Klammern aus, zeigt Der Zähler hat den Wert 2 an und erhöht den Zähler count um 1.

So geht es weiter, bis count nach zehn Iterationen den Wert 11 hat. Wenn dieser Wert erreicht ist, ist count nicht mehr kleiner als oder gleich 10, das heißt, der Test scheitert und die Schleife wird beendet. Das Programm springt zu dem Befehl, der unmittelbar auf den for-Befehl folgt. In Listing 6.3 zeigt das Programm Fertig! an. Abbildung 6.5 illustriert diesen Prozess.

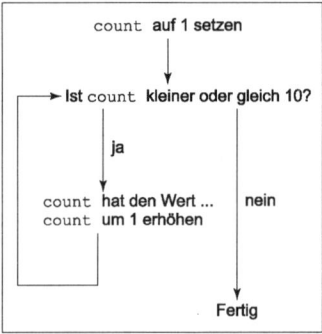

Abbildung 6.5: Der Ablauf der for-Schleife in Listing 6.3

Anatomie eines for-Befehls

Auf das Schlüsselwort for folgt eine Klammer, die immer drei Komponenten enthält: eine *Initialisierung*, einen *Ausdruck* und eine *Aktualisierung*.

```
for ( initialisierung; ausdruck ; aktualisierung )
```

Jede Komponente erfüllt eine spezielle Funktion:

✔ Die *Initialisierung* wird einmal ausgeführt, wenn das Programm den for-Befehl erstmals erreicht.

✔ Der *Ausdruck* wird mehrfach (vor jeder Iteration) ausgewertet.

✔ Die *Aktualisierung* wird ebenfalls mehrfach (am Ende jeder Iteration) ausgewertet.

Die folgende Darstellung soll Ihnen helfen, die Arbeitsweise der for-Schleife zu verstehen:

```
int count=1
for count<=10
{
   System.out.print("Der Wert von count ist ");
   System.out.print(count);
   System.out.println(".");
   count++
}
```

Achtung: Sie dürfen einen echten for-Befehl nicht auf diese Weise schreiben. Das javac-Programm würde einen Fehler melden. Doch diese Darstellung verdeutlicht die Reihenfolge, in der die Komponenten des for-Befehls ausgeführt werden.

Wenn ich über einen for-Befehl rede, zähle ich auch alle Aktionen, die mehrfach wiederholt werden, zu diesem Befehl. Ohne diese Aktionen besteht der Befehl nur aus dem Wort for, gefolgt von dem Inhalt der Klammern. Diese Zeile bildet noch keinen kompletten for-Befehl. Falls Sie aus Versehen direkt hinter die schließende Klammer ein Semikolon setzen, führt das Programm normalerweise eine nutzlose Endlosschleife aus.

Eine Variable, die in der Initialisierung einer for-Schleife deklariert wird, kann nicht außerhalb der Schleife verwendet werden. Beispielsweise wird ein Fehler gemeldet, wenn Sie in Listing 6.3 System.out.println(count) nach dem Ende der Schleife verwenden.

Funktional sind for- und while-Schleifen gleichwertig. Die Wahl der Schleifenart ist eine Frage des Stils und der Bequemlichkeit, nicht der Notwendigkeit.

Die Weltpremiere von »Al's All Wet«

Listing 6.3 verdeutlicht die Struktur des for-Befehls, aber das Programm ist ziemlich langweilig. Listing 6.4 ist dagegen interessanter. Es greift den Song »Al's All Wet« aus Kapitel 5 auf und gibt den kompletten Text dieses Songs aus. (Den Text finden Sie in in Kapitel 5.)

```
public class AlsAllWet
{
   public static void main(String args[])
   {
      for (int verse=1; verse<=3; verse++)
      {
```

```java
        System.out.print   ("Al's all wet. ");
        System.out.println("Oh, why is Al all wet? Oh,");
        System.out.print   ("Al's all wet 'cause ");
        System.out.println("he's standing in the rain.");
        System.out.println("Why is Al out in the rain?");

        switch (verse)
        {
           case 1: System.out.println
                      ("That's because he has no brain.");
                   break;
           case 2: System.out.println
                      ("That's because he is a pain.");
                   break;
           case 3: System.out.println
                      ("'Cause this is the last refrain.");
                   break;
        }

        switch (verse)
        {
           case 3: System.out.println
                      ("Last refrain, last refrain,");
           case 2: System.out.println
                      ("He's a pain, he's a pain,");
           case 1: System.out.println
                      ("Has no brain, has no brain,");
        }

        System.out.println("In the rain, in the rain.");
        System.out.println("Ohhhhhhhh...");
        System.out.println();
     }

     System.out.print   ("Al's all wet. ");
     System.out.println("Oh, why is Al all wet? Oh,");
     System.out.print   ("Al's all wet 'cause ");
     System.out.println("he's standing in the rain.");
  }
}
```

Listing 6.4: Der vollständige Text des Songs »Al's All Wet«

Listing 6.4 kombiniert viele Konzepte aus Kapitel 5 und 6. In Listing 6.4 sind zwei `switch`-Befehle in eine `for`-Schleife eingebettet. Der eine `switch`-Befehl enthält `break`-Befehle, der andere lässt den Programmablauf durchfallen. Da der Schleifenzähler (`verse`) die Werte 1, 2 und 3 durchläuft, werden alle case-Zweige der switch-Befehle ausgeführt. Dann wird die for-Schleife verlassen und der letzte Vers des Songs ausgegeben.

Auch wenn ich gesagt habe, dass ein for-Befehl zum Zählen verwendet wird, kann dieser Befehl auch für Zwecke eingesetzt werden, die nichts mit dem Zählen zu tun haben. Beispielsweise läuft ein Befehl ohne eine Aktualisierungskomponente, wie beispielsweise for(i=0; i<10;), immer weiter. Die Schleife wird beendet, wenn eine Aktion innerhalb der Schleife der Variablen i eine ganze Zahl zuweist, die größer als neun ist. Sie können sogar einen for-Befehl erstellen, dessen Klammernpaar leer ist. Die Schleife for(; ;) läuft endlos. Sie eignet sich beispielsweise zur Steuerung einer Maschine, die immer laufen muss. Im Normalfall wird mit einem for-Befehl gezählt, wie oft eine Gruppe von Anweisungen ausgeführt werden soll; aber tatsächlich können Sie mit einem for-Befehl jede Art von Wiederholung steuern.

Schleifen mit einer Endbedingung (do-Befehle in Java)

Bei einer while-Schleife prüft ein Programm am Anfang, ob die Schleifenbedingung wahr ist. Falls die Bedingung falsch ist, werden die Befehle innerhalb der Schleife niemals (auch nicht einmal) ausgeführt. Tatsächlich ist es einfach, eine while-Schleife zu schreiben, deren Befehle nie ausgeführt werden (obwohl mir schleierhaft ist, warum man dies tun sollte).

```
while (1 == 2) // Diese Bedingung ist immer falsch!
{
   System.out.println("Was soll das? ");
   System.out.println("Diese Befehle werden nie ausgeführt.");
}
```

Trotz dieses dummen Beispiels ist der while-Befehl einer der vielseitigsten Schleifenbefehle von Java. Insbesondere eignet sich die while-Schleife in Situationen, in denen Sie gucken müssen, bevor Sie springen. Ein Beispiel: »Während (while) Geld auf meinen Konto ist, bezahle die monatliche Kreditrate.« Wenn der Saldo Ihres Kontos null oder negativ ist, sollten keine automatischen Überweisungen erfolgen. Durch die Bedingung des while-Befehls wird vorher gefragt, ob eine Überweisung erfolgen kann.

Es gibt jedoch auch Situationen, in denen eine Folge von Anweisungen mindestens einmal ausgeführt werden soll. Betrachten Sie beispielsweise Benutzereingaben: Bevor Sie eine Benutzereingabe prüfen und/oder verarbeiten können, muss der Benutzer wenigstens eine Eingabe machen. In diesem Fall wird eine Schleife verwendet, die nach der ersten Eingabe prüft, ob die Eingabe in Ordnung ist. Das Ergebnis bestimmt, ob die Schleife (das heißt die Eingabe und die Prüfung) wiederholt wird oder ob sie verlassen wird.

Abbildung 6.6 zeigt einige Ausführungen eines Programms, das eine Datei löscht. Bevor die Datei gelöscht wird, fragt das Programm den Benutzer, ob die Datei tatsächlich gelöscht werden soll. Falls der Benutzer eine passende Antwort (y, Y, j, J, n oder N) gibt, fährt das Programm der Benutzereingabe entsprechend fort. Aber wenn der Benutzer ein anderes Zeichen eingibt, fordert das Programm eine weitere Benutzereingabe an.

```
C:\JavaPrograms>java DeleteEvidence
Evidence loeschen? (j/n) u
Evidence loeschen? (j/n) r
Evidence loeschen? (j/n) L
Evidence loeschen? (j/n) 8
Evidence loeschen? (j/n) .
Evidence loeschen? (j/n) J
Die Datei wird geloescht...

C:\JavaPrograms>
```

Abbildung 6.6: Vor dem Löschen einer Datei prüfen

Um dieses Programm zu schreiben, benötigen Sie eine Schleife, die den Benutzer wiederholt fragt, ob die Datei gelöscht werden soll. Die Schleife wird so lange ausgeführt, bis der Benutzer eine sinnvolle Antwort eingibt. Das Besondere an dieser Art von Schleife ist, dass es vor der ersten Eingabe des Benutzers nichts zu prüfen gibt Die Schleife beginnt nicht mit »Solange Dies und Das wahr ist, fordere eine Benutzereingabe an.« Stattdessen fordet diese Schleife zunächst eine Antwort des Benutzers an und prüft dann dessen Eingabe.

Deshalb enthält das Programm in Listing 6.5 eine do-Schleife (auch do . . . while-Schleife genannt). Bei einer do-Schleife führt das Programm zunächst die Anweisungen im Schleifenkörper aus und prüft dann, ob das Ergebnis dieser Aktion sinnvoll ist. Wenn die entsprechende Bedingung wahr ist, wird die Ausführung der Schleife beendet; andernfalls geht das Programm an den Anfang der Schleife zurück und führt eine weitere Iteration aus.

```
public class DeleteEvidence
{
   public static void main(String args[])
   {
      java.io.File evidence =
         new java.io.File("c:\\JavaPrograms\\evidence");
      char reply;

      do
      {
         System.out.print ("Evidence loeschen? (j/n) ");
         reply = DummiesIO.getChar();
      }
      while(reply != 'y' && reply != 'Y' && reply != 'j' &&
            reply != 'J' && reply != 'n' && reply != 'N' );

      if (reply=='y' || reply=='Y' || reply=='j' || reply=='J')
      {
         System.out.println("Die Datei wird geloescht...");
         evidence.delete();
      }
```

        else
            System.out.println("OK, nichts passiert...");
    }
}

Listing 6.5: Löschen oder nicht löschen

Abbildung 6.7 zeigt den Programmablauf in der Schleife von Listing 6.5. Bei einer do-Schleife kann es nie passieren, dass die Schleife nie ausgeführt wird. Weil diese Schleife ihre erste Aktion ohne das Testen einer Bedingung ausführt, wird sie wenigstens einmal durchlaufen.

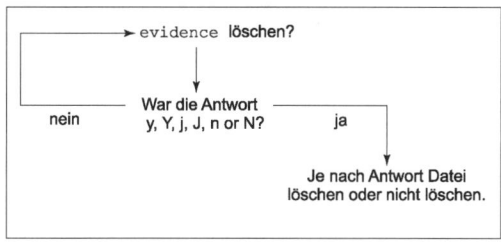

Abbildung 6.7: Der Ablauf einer do-Schleife

Die tatsächlichen Dateiverarbeitungsbefehle in Listing 6.5 sollten Sie sich genauer ansehen. Diese Befehle haben mit Klassen, Objekten und Methoden zu tun. Wichtige Details über diese Komponenten finden Sie in anderen Kapiteln, beispielsweise in Kapitel 7 und 9. Hier wollen wir nur einige Aspekte hervorheben.

Das Java-API enthält eine Klasse namens java.io.File. Der Befehl

```
java.io.File evidence =
        new java.io.File("c:\\JavaPrograms\\evidence");
```

erstellt im Speicher des Computers ein neues Objekt. Dieses Objekt, das anhand der java.io.File-Klasse erstellt wird, beschreibt alles, was das Programm über eine Festplattendatei namens c:\JavaPrograms\evidence wissen muss. (In Java müssen Sie einen doppelten Backslash verwenden, um in einem String, der durch doppelte Anführungszeichen eingeschlossen wird, einen Backslash darzustellen.) Von dieser Stelle in Listing 6.5 an bezeichnet die Variable evidence die Festplattendatei c:\JavaPrograms\evidence.

Nachdem Sie die java.io.File-Klasse kennen gelernt haben, müssen Sie nur noch wissen, dass das Objekt als Instanz dieser Klasse über eine delete-Methode verfügt. Wenn Sie evidence.delete aufrufen, löscht das Programm diese Datei.

Aus einer Schleife ausbrechen

Betrachten wir noch einmal Listing 6.1. Dieses Programm enthält einen kleinen Schönheitsfehler: Einige Befehle dieses Programms kommen mehrfach vor. Normalerweise ist es kein Problem, einen Befehl von einem Teil eines Programms in einem anderen zu kopieren, aber in Listing 6.1 ist die Gesamtstruktur verdächtig. Sie fordern den Benutzer vor der Schleife und dann (wieder) innerhalb der Schleife zur Eingabe einer Zahl auf:

```
System.out.print("Geben Sie eine Zahl von 1 bis 10 ein: ");
inputNumber=DummiesIO.getInt();
numGuesses++;

while (inputNumber!=randomNumber)
{
   System.out.println();
   System.out.println("Versuchen Sie es noch einmal...");
   System.out.print("Geben Sie eine Zahl von 1 bis 10 ein: ");
   inputNumber=DummiesIO.getInt();
   numGuesses++;
}
```

Fairerweise sollte ich diesen Code nicht schlecht machen. Er verwendet ein Standardverfahren zur Schleifenverarbeitung, das als *Priming* einer Schleife bezeichnet wird. Das Muster ist:

```
Eingabe abfragen
while die Eingabe nicht die letzte Eingabe ist
{
   Eine weitere Eingabe abfragen
}
```

Am Anfang der `while`-Schleife prüft das Programm eine Bedingung, die mit der Benutzereingabe zu tun hat. Das Programm führt die Schleife erst aus, wenn der Benutzer eine Eingabe gemacht hat. Innerhalb der Schleife fordert das Programm eine weitere Eingabe für die nächste Iteration der Schleife an. Das Verfahren mag seltsam aussehen, aber es funktioniert.

Professionelle Programmierer verwenden dieses bewährte Verfahren, das Priming einer Schleife, laufend. Es gibt jedoch noch eine andere Methode, die in Listing 6.6 illustriert wird.

```
public class BustingLoops
{
   public static void main(String args[])
   {
      int inputNumber, randomNumber, numGuesses=0;
      randomNumber=DummiesRandom.getInt();

      System.out.println("            ***********           ");
      System.out.println("Willkommen bei dem Ratespiel");
```

```
        System.out.println("      ************          ");
        System.out.println();

        while (true)
        {
           System.out.print
              ("Geben Sie eine Zahl von 1 bis 10 ein: ");
           inputNumber=DummiesIO.getInt();
           numGuesses++;
           if (inputNumber==randomNumber)
              break;
           System.out.println();
           System.out.println("Versuchen Sie es noch einmal...");
        }
        System.out.print("Sie gewinnen nach ");
        System.out.println(numGuesses + " Versuchen.");
    }
}
```

Listing 6.6: Ein break-Befehl in einer Schleife

Vom Standpunkt des Benutzers aus betrachtet, tut der Code in Listing 6.6 genau dasselbe wie der Code in Listing 6.1. (Den Output können Sie in Abbildung 6.1 sehen.) Der Unterschied besteht darin, dass Listing 6.6 nur einen Aufruf von `DummiesIO.getInt` enthält. Da sich dieser Aufruf innerhalb der Schleife befindet, muss das Programm in die Schleife eintreten, ohne eine Eingabe zu testen.

Wenn Sie sich die Schleifenbedingung anschauen, sehen Sie, wie dies funktioniert. Die Schleifenbedingung ist immer wahr (`true`). (In Java ist `true` ein Schlüsselwort, das für einen `boolean`-Wert steht; siehe Kapitel 4.) Egal was passiert – die Schleifenbedingung ist immer erfüllt. Eigentlich ist sie ein großer Betrug, weil die Schleife durch einen Test der Schleifenbedingung gar nicht verlassen werden kann. Das Programm kann die Schleife nur über den `break`-Befehl innerhalb der Schleife verlassen, und es stößt auf den `break`-Befehl, wenn die Bedingung von `if (inputNumber == randomNumber)` erfüllt ist. Diese Schleifenkonstruktion funktioniert sehr gut.

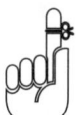

Wenn ein Programm auf einen `break`-Befehl in einer Schleife stößt, springt es aus der Schleife heraus (zu dem ersten Befehl, der auf die Schleife folgt).

Weshalb verwenden Programmierer dann das Priming von Schleifen? Haben `break`-Befehle verborgene Nachteile? Die Antwort hängt von Ihrer Einstellung ab. Einige Programmierer sind der Auffassung, dass `break`-Befehle in Schleifen verwirrend sind. Andererseits sind `break`-Befehle in Schleifen eher die Ausnahme als die Regel. Verwenden Sie diesen Befehl, wenn Sie wollen, erwarten Sie aber nicht, ihn in anderen Java-Programmen zu finden.

Teil III

Eine Einführung in die objektorientierte Programmierung

»Wir sind gekommen, um den Code zu reinigen.«

In diesem Teil ...

Haben Sie bereits von der objektorientierten Programmierung gehört? Manchmal scheinen alle objektorientierten Programmierer einen kleinen Geheimbund zu bilden. Es gibt geheime Handgriffe, Geheimzeichen und das Versprechen, die Konzepte der objektorientierten Programmierung vor Außenseitern geheim zu halten. Mit der Geheimhaltung ist es jetzt vorbei. In diesem Teil wird das Geheimnis der objektorientierten Programmierung enthüllt. Schritt für Schritt werden die wesentlichen Konzepte anhand einfacher Java-Programme illustriert.

Mit Klassen und Objekten arbeiten

In diesem Kapitel
▶ Wie ein objektorientierter Programmierer denken
▶ Werte mit Methoden austauschen
▶ Einzelheiten von objektorientiertem Code verbergen

Als Autor von Computer-Büchern habe ich immer wieder gehört, dass ich nicht erwarten dürfte, dass die Leser Abschnitte und Kapitel in logischer Reihenfolge lesen. Leser springen herum, greifen sich heraus, was sie benötigen, und lassen aus, was für sie unwichtig ist. Daran dachte ich, als mir der Gedanke kam, dass Sie Kapitel 3 ausgelassen haben könnten. Falls dies der Fall ist, sollten Sie keine Schuldgefühle haben. Der folgende Absatz fasst wesentliche Informationen aus Kapitel 3 zusammen:

Java ist eine objektorientierte Programmiersprache. Deshalb besteht Ihr Hauptziel in Java darin, Klassen und Objekte zu beschreiben. Ein Klasse entspricht dem Begriff eines Gegenstands. Ein Objekt ist eine konkrete Instanz einer Klasse. Der Programmierer definiert eine Klasse, und anhand der Klassendefinition erstellt das Programm einzelne Objekte.

Falls Ihnen dieser Absatz immer noch zu lang ist, kann Kapitel 3 in zwei Worten zusammengefasst werden:

Klassen; Objekte.

Eine Klasse definieren (Was es heißt, ein Konto zu sein)

Wodurch unterscheidet sich ein Konto von einem anderen? Wenn Sie einem Bankmitarbeiter diese Frage stellen, werden Sie in ein langes Verkaufsgespräch verwickelt. Der Bankmitarbeiter redet von Zinssätzen, Gebühren, Überziehungszinsen usw. Sie haben Glück, dass ich mich nicht für diese Themen interessiere. Stattdessen möchte ich wissen, wodurch sich mein Konto von Ihrem Konto unterscheidet. Schließlich heißt mein Konto »Barry Burd, Burd Brain Consulting« und Ihr Konto »Jane Q. Public, Java-Expertin in spe«. Mein Kontostand beträgt 24,02 Euro. Was haben Sie auf Ihrem Konto?

Letztlich können die Unterschiede zwischen Konten durch verschiedene Werte von Variablen beschrieben werden. Betrachten wir beispielsweise die Variable `saldo`. Bei meinem Konto hat `saldo` den Wert 24,02, bei Ihrem Konto beträgt der Wert 55,63. Wie kann man nun bei einem Computer-Programm, das mit Konten arbeitet, meine `saldo`-Variable von Ihrer `saldo`-Variablen unterscheiden?

Die Antwort lautet: Es werden zwei separate Objekte erstellt, die jeweils eine der saldo-Variablen enthalten. Zusätzlich können diese Objekte jeweils eine name- und eine adresse-Variable enthalten. Sie verfügen jetzt über zwei Objekte; jedes Objekt repräsentiert ein Konto. Genauer gesagt: Jedes Objekt ist eine Instanz der Konto-Klasse (siehe Abbildung 7.1).

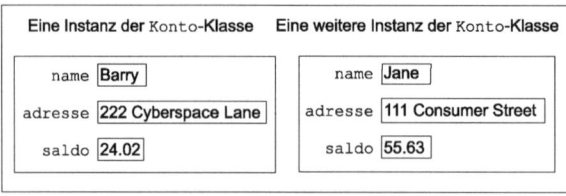

Abbildung 7.1: Zwei Objekte

So weit, so gut. Dennoch ist das ursprüngliche Problem noch nicht gelöst, wie meine saldo-Variable im Gegensatz zu Ihrer in einem Programm referenziert wird. Da Sie über zwei Objekte verfügen, können Sie diese möglicherweise als Variablen verwenden. Die eine Variable namens meinKonto bezieht sich auf mein Konto, die andere Variable, ihrKonto, auf Ihr Konto. Die meinKonto-Variable bezieht sich auf mein Objekt (meine Instanz der Konto-Klasse) und den gesamten Inhalt dieses Objekts.

Der Ausdruck meinKonto.saldo bezeichnet meinen Saldo, der Ausdruck meinKonto.name meinen Namen. Entsprechend beziehen sich ihrKonto.saldo und ihrKonto.name auf den Saldo bzw. den Namen in Ihrem Objekt. Mit dem folgenden Befehl kann meinem Konto ein Wert zugewiesen werden:

```
meinKonto.saldo = 24.02;
```

Ihr Name kann folgendermaßen auf dem Bildschirm angezeigt werden:

```
System.out.println(ihrKonto.name);
```

Listing 7.1 fasst diese Details in einem Programm zusammen.

```
public class Konto
{
    String name;
    String adresse;
    double saldo;
}

class NutzKonto
{
    public static void main(String args[])
    {
        Konto meinKonto;
        Konto ihrKonto;
```

```
        meinKonto = new Konto();
        ihrKonto = new Konto();

        meinKonto.name="Barry Burd";
        meinKonto.adresse="222 Cyberspace Lane";
        meinKonto.saldo=24.02;

        ihrKonto.name="Jane Q. Public";
        ihrKonto.adresse="111 Consumer Street";
        ihrKonto.saldo=55.63;

        System.out.print(ihrKonto.name);
        System.out.print(" hat EU ");
        System.out.print(ihrKonto.saldo);
        System.out.println(" auf dem Konto.");
    }
}
```

Listing 7.1: Mit Konto-Objekten arbeiten

Listing 7.1 enthält zwei Klassen: die Konto-Klasse und die NutzKonto-Klasse. Die Konto-Klasse definiert ein Konto allgemein und ist begrifflich leichter zu verstehen. Der Code der Konto-Klasse sagt aus, dass jede Instanz der Konto-Klasse drei Variablen enthält: name, adresse und saldo (vergleiche Abbildung 7.1).

Vielleicht sind Sie überrascht, dass man eine komplette Java-Klasse in nur vier Code-Zeilen (plus die Zeilen für die geschweiften Klammern) definieren kann. Tatsächlich ist der Code der Konto-Klasse in Listing 7.1 ziemlich repräsentativ für die Art und Weise, wie Java-Programmierer mit Klassen umgehen. Eine Klasse bündelt zusammengehörige Eigenschaften. In der Konto-Klasse handelt es sich dabei um zwei String-Werte und einen double-Wert.

Der Rest des Programms in Listing 7.1 enthält die Definition der NutzKonto-Klasse. Der einzige Grund für die Existenz dieser Klasse besteht darin, dass das Programm eine main-Methode haben muss und dass sich jede Methode in einer Klasse befinden muss. Die main-Methode enthält zwei eigene Variablen: ihrKonto und meinKonto.

Variablen deklarieren und Objekte erstellen

In gewisser Weise sind die ersten beiden Zeilen in der main-Methode irreführend. Einige Personen interpretieren Konto ihrKonto wie folgt: »ihrKonto ist ein Konto« oder »Die Variable ihrKonto bezieht sich auf eine Instanz der Konto-Klasse«. Das ist aber nicht die wirkliche Bedeutung der ersten Zeile, sondern Konto ihrKonto bedeutet: »Wenn und falls die Variable ihrKonto etwas referenziert, dann wird es sich um eine Instanz der Konto-Klasse handeln.« Worin besteht der Unterschied?

Der Unterschied besteht darin, dass die Deklaration `Konto ihrKonto` nicht ausreicht, um mit der Variablen `ihrKonto` ein Objekt zu referenzieren. Die Deklaration reserviert lediglich den Variablennamen `ihrKonto`, sodass er später verwendet werden kann, um eine Instanz der Konto-Klasse zu referenzieren. Das Objekt selbst wird erst später in dem Code erstellt, wenn das Programm den Befehl `new Konto()` ausführt. (Technisch ausgedrückt: Wenn das Programm den Befehl `new Konto()` ausführt, wird ein Objekt erstellt, indem der *Konstruktor* der Konto-Klasse aufgerufen wird; mehr darüber erfahren Sie in Kapitel 9.)

Wenn das Programm den Befehl `ihrKonto = new Konto()` ausführt, erstellt es ein neues Objekt (eine neue Instanz der Konto-Klasse) und verbindet die Variable `ihrKonto` mit diesem neuen Objekt. (Das Gleichheitszeichen, die Zuweisung, sorgt dafür, dass sich die Variable auf das neue Objekt bezieht.) Abbildung 7.2 verdeutlicht diese Situation.

```
Nach Ausführung von              Nach Ausführung von
Konto ihrKonto;                  ihrKonto = new Konto();

ihrKonto  [    ]                 ihrKonto  [    ]

                                 name     [    ]
                                 adresse  [    ]
                                 saldo    [    ]
```

Abbildung 7.2: Vor und nach dem Aufruf eines Konstruktors

Um die Behauptung zu testen, die ich in den letzten Absätzen aufgestellt habe, habe ich eine weitere Zeile in den Code von Listing 7.1 eingefügt. Ich wollte versuchen, `ihrKonto.name` auszugeben, nachdem `ihrKonto` deklariert, aber bevor `new Konto()` aufgerufen wurde.

```
Konto meinKonto;
Konto ihrKonto;

System.out.println(ihrKonto.name);

meinKonto = new Konto();
ihrKonto = new Konto();
```

Als ich diesen Code mit `javac` kompilieren wollte, erhielt ich die folgende Fehlermeldung:

```
D:\book\Listings\Chapter07\UseAccountJunk.java:9: variable ihrKonto might
not have been initialized
        System.out.println(ihrKonto.name);
                           ^
1 error
```

(Die Fehlermeldung besagt, dass die Variable ihrKonto möglicherweise nicht initialisiert worden ist.) Damit ist dieses Thema geklärt. Bevor Sie nicht new Konto() ausführen, können Sie die name-Variable eines Objekts nicht ausgeben, weil kein Objekt existiert.

 Wenn eine Variable einen Referenztyp hat, reicht es nicht aus, die Variable zu deklarieren. Erst wenn Sie mit dem Schlüsselwort new einen Konstruktor aufrufen, erhalten Sie ein Objekt. (Näheres über Referenztypen finden Sie in Kapitel 4.)

Eine Variable initialisieren

In Kapitel 4 haben Sie gelernt, dass eine Variable mit einem einfachen Typ in der Variablendeklaration initialisiert werden kann.

```
int gewichtEinerPerson=150;
```

Dasselbe ist auch bei Variablen mit einem Referenztyp möglich – wie beispielsweise bei meinKonto und ihrKonto in Listing 7.1. Sie können die ersten vier Zeilen in der main-Methode in nur zwei Zeilen zusammenfassen:

```
Konto meinKonto = new Konto();
Konto ihrKonto = new Konto();
```

Dadurch wird der Code knapper. Natürlich ist knapper Code nicht immer der lesbarste Code. Beispiele für Code mit und ohne Initialisierung von Variablen finden Sie in Kapitel 10.

Variablen verwenden

Der Rest des Codes in Listing 7.1 ist geradlinig. In jeweils drei Zeilen werden die Variablen der Objekte meinKonto und ihrKonto mit Werten verbunden, weitere vier Zeilen geben einige Anzeigen aus. Den Output des Programms sehen Sie in Abbildung 7.3.

Abbildung 7.3: Ausführung und Output von Programm 7.1

Mehr als eine Klasse kompilieren und ausführen

Der Code in Listing 7.1 kann entweder in einer großen Datei oder in zwei kleineren Dateien gespeichert werden. Die Wahl liegt bei Ihnen. Da Listing 7.1 zwei Klassen enthält, können Sie zwei separate Dateien erstellen, beispielsweise Konto.java und NutzKonto.java. Alternativ können Sie beide Klassen zusammen in einer Datei speichern. Dies ist möglich, weil die NutzKonto-Klasse in Listing 7.1 nicht als public deklariert wurde.

Ein Datei mit Java-Code darf höchstens eine public-Klasse enthalten. Wenn die Datei eine public Klasse enthält, muss der Dateiname – auch in der Groß- und Kleinschreibung – mit dem Klassennamen übereinstimmen. Beispielsweise muss die Datei, die den gesamten Code in Listing 7.1 enthält, den Namen Konto.java haben.

Unabhängig davon, ob Sie den Code von Listing 7.1 in einer oder in zwei Dateien speichern, erstellt das javac-Programm daraus zwei separate Bytecode-Dateien. Wenn Sie also javac eine Datei, Konto.java, übergeben, verfügen Sie danach über drei Dateien: Konto.java, Konto.class und NutzKonto.class.

Egal, ob Sie eine Datei oder zwei Dateien erstellen – Sie müssen javac nur einmal ausführen. Sie müssen nur die Datei kompilieren, die die main-Methode enthält. Der Compiler sucht alle anderen Klassen, die benötigt werden, und kompiliert sie – falls erforderlich – automatisch.

Nach dem Kompilieren wird der Code ausgeführt (siehe Kapitel 2). Wenn Sie

java Konto

eingeben, erhalten Sie die folgende Fehlermeldung:

Exception in thread "main" java.lang.NoSuchMethodError: main

Dies liegt daran, dass die Konto-Klasse keine main-Methode enthält. Der korrekte Aufruf muss lauten:

java NutzKonto

Mit diesem Befehl wird die main-Methode in der NutzKonto-Klasse ausgeführt. Die main-Methode führt dann die Deklarationen der Variablen in der Konto-Klasse aus.

Einer der häufigsten Fehler beim Versuch, Java-Programme auszuführen, besteht darin, nicht alle .class-Dateien an Stellen zu speichern, an denen sie für das Programm zugänglich sind. Aus dem Code in Listing 7.1 werden zwei .class-Dateien generiert: Konto.class und NutzKonto.class. Wenn Sie **java NutzKonto** eingeben, muss das Programm die Datei Konto.class suchen. Es gibt mehrere Möglichkeiten; die einfachste ist:

✔ **Prüfen Sie, ob sich die Datei** Konto.class **in demselben Verzeichnis wie die Datei** NutzKonto.class **befindet.** Wenn Sie javac auf eine Datei anwenden, die den ganzen Code in Listing 7.1 enthält, müssen Sie sich über dieses Problem keine Sorgen machen; javac speichert die beiden .class-Dateien in demselben Verzeichnis.

Was passiert, wenn Sie nicht mit dem Code in Listing 7.1 beginnen und Sie javac nicht ausführen, sondern stattdessen mit .class-Dateien (Konto.class und NutzKonto.class) arbeiten, die bereits ein anderer Programmierer kompiliert hat? Kopieren Sie diese .class-Dateien auf Ihre Festplatte. Sie müssen beide Dateien kopieren, die Datei NutzKonto.class allein reicht nicht aus.

✔ **Stellen Sie sicher, dass das Programm in dem Verzeichnis nachschaut, das die Konto.class-Datei enthält.** Ob Sie es glauben oder nicht – es kann sein, dass Sie in Ihrem JavaPrograms-Verzeichnis arbeiten, dass NutzKonto.class und Konto.class in diesem Verzeichnis gespeichert sind, dass Sie **java NutzKonto** eintippen und dass das Programm die Konto.class-Datei trotzdem nicht findet.

Um sicherzustellen, dass das Programm die Konto.class-Datei findet, sollten Sie noch einmal in Kapitel 2 Ihr Wissen über die CLASSPATH-Variablen auffrischen. Der Wert von CLASSPATH teilt dem Programm mit, wo es nach .class-Dateien suchen soll. In Kapitel 2 fügen Sie einen einzelnen Punkt zu der CLASSPATH-Variable hinzu. Der Punkt sagt dem Programm, dass er die .class-Dateien in Ihrem Arbeitsverzeichnis suchen soll. (Dies ist das Verzeichnis, in dem Sie sich befinden, wenn Sie den java-Befehl eingeben – beispielsweise in Ihrem JavaPrograms-Verzeichnis.)

Wenn das Programm Ihre Klassen nicht findet, haben Sie wahrscheinlich Probleme damit, die CLASSPATH-Variable Ihres Systems zu setzen. Versuchen Sie, CLASSPATH bei der Ausführung des java-Befehls zu setzen. Für die NutzKonto-Klasse müssen Sie **java -classpath . NutzKonto** eingeben.

Eine Methode in einer Klasse definieren (ein Konto anzeigen)

Betrachten wir als Beispiel eine Tabelle, die Informationen über zwei Konten anzeigt:

Name	Adresse	Saldo
Barry Burd	222 Cyberspace Lane	24.02
Jane Q. Public	111 Consumer Street	55.63

Tabelle 7.1: Ohne objektorientierte Programmierung

In Tabelle 7.1 verfügt jedes Konto über drei Attribute: einen Namen, eine Adresse und einen Saldo. Auf diese Weise wurden Probleme vor der objektorientierten Programmierung gelöst; aber dieses neue Verfahren führte zu einem Umdenken. Bei dieser Programmiertechnik kann jedes Konto einen Namen, eine Adresse, einen Saldo und eine Form des Layouts haben.

Bei der objektorientierten Programmierung verfügt jedes Objekt über eigene Funktionen. Ein Konto kann sich selbst anzeigen. Ein String kann Ihnen mitteilen, ob er dieselben Zeichen wie ein anderer String enthält. Eine PrintStream-Instanz wie System.out kann Objekte mit println ausgeben. Bei der objektorientierten Programmierung verfügt jedes Objekt über eigene Methoden. Diese Methoden sind kleine Unterprogramme, die Sie aufrufen können, um ein Objekt anzuweisen, bestimmte Aktionen auszuführen.

Welchen Nutzen bringt das? Diese Technik ist deshalb nützlich, weil ein Teil der Verantwortung für die Daten auf diese selbst übertragen wird. Bei der objektorientierten Programmierung wird die gesamte Funktionalität, die mit einem Konto verbunden ist, in dem Code der Konto-Klasse gebündelt. Alles, was Sie über einen String wissen müssen, ist in der Datei String.java enthalten. Alles, was mit Jahreszahlen zu tun hat (beispielsweise ob sie aus zwei oder vier Ziffern bestehen), wird direkt innerhalb der Year-Klasse behandelt. Wenn jemand Probleme mit der Konto- oder der Year-Klasse hat, weiß er, wo der komplette Code zu finden ist. Das ist großartig!

Stellen Sie sich deshalb eine verbesserte Konto-Tabelle vor. In dieser neuen Tabelle verfügt jedes Objekt über eingebaute Funktionen. Jedes Konto weiß, wie es sich auf dem Bildschirm darstellen kann. Jede Zeile der Tabelle verfügt über eine eigene Kopie einer display-Methode (siehe Tabelle 7.2).

Name	Adresse	Saldo	Anzeige
Barry Burd	222 Cyberspace Lane	24.02	System.out.print....
Jane Q. Public	111 Consumer Street	55.63	System.out.print....

Tabelle 7.2: Der objektorientierte Weg

Ein Konto, das sich selbst anzeigt

In Tabelle 7.2 verfügt jedes Konto-Objekt über vier Elemente: einen Namen, eine Adresse, einen Saldo und eine Methode, um sich selbst auf dem Bildschirm anzuzeigen. Wenn Sie sich für das objektorientierte Denken entschieden haben, werden Sie nie wieder auf die alte Weise arbeiten. Listing 7.2 enthält ein Programm, das die Ideen aus Tabelle 7.2 implementiert.

```
public class Konto
{
    String name;
    String adresse;
    double saldo;

    public void display()
    {
        System.out.print("Name:    ");
        System.out.println(name);
        System.out.print("Adresse: ");
        System.out.println(adresse);
        System.out.print("Saldo: ");
        System.out.println(saldo);
    }
}
class NutzKonto
{
    public static void main(String args[])
    {
```

```
        Konto meinKonto;
        Konto ihrKonto;

        meinKonto = new Konto();
        ihrKonto = new Konto();

        meinKonto.name="Barry Burd";
        meinKonto.adresse="222 Cyberspace Lane";
        meinKonto.saldo=24.02;

        ihrKonto.name="Jane Q. Public";
        ihrKonto.adresse="111 Consumer Street";
        ihrKonto.saldo=55.63;

        meinKonto.display();
        System.out.println();
        ihrKonto.display();
    }
}
```

Listing 7.2: Ein Konto zeigt sich selbst an

Abbildung 7.4 zeigt die Ausführung des Codes in Listing 7.2. Die Spalten von Tabelle 7.2 zeigen die vier Elemente der Konto-Klasse in diesem Listing: Name, Adresse, Saldo und Anzeigemethode. Deshalb verfügt jede Instanz der Konto-Klasse ebenfalls über diese Elemente. Diese Elemente werden einheitlich behandelt. Um den Namen von meinKonto anzusprechen, schreiben Sie:

meinKonto.name

Um meinKonto zu veranlassen, sich auf dem Bildschirm anzuzeigen, schreiben Sie:

meinKonto.display()

Der einzige Unterschied besteht in den Klammern.

 Wenn Sie eine Methode aufrufen, setzen Sie Klammern hinter den Methodennamen.

```
C:\JavaPrograms>java NutzKonto
Name:    Barry Burd
Adresse: 222 Cyberspace Lane
Saldo:   24.02

Name:    Jane Q. Public
Adresse: 111 Consumer Street
Saldo:   55.63

C:\JavaPrograms>
```

Abbildung 7.4: Ausführung und Output von Programm 7.2

Der Kopf der display-Methode

In Listing 7.2 wird die `display`-Methode innerhalb der `main`-Methode der `NutzKonto`-Klasse aufgerufen, aber die Deklaration der `display`-Methode befindet sich in der `Konto`-Klasse. Die Deklaration hat einen Kopf und einen Körper (siehe Kapitel 3). Der Kopf enthält drei Wörter und einige Klammern:

- ✔ **Das Wort `public` sagt dem Computer, dass jeder andere Java-Code diese Methode aufrufen kann.** Wörter wie `public` werden als *Zugriffsmodifizierer* bezeichnet. In Listing 7.2 modifiziert das Wort `public` den Zugriff auf die `display`-Methode. In Kapitel 13 können Sie mehr über Zugriffsmodifizierer erfahren.

- ✔ **Das Wort `void` sagt dem Computer, dass die display-Methode keinen Wert an den Code zurückgibt, der sie aufruft.** Im nächsten Abschnitt lernen Sie eine Methode kennen, die Werte an den Code zurückgibt, der sie aufruft.

- ✔ **Das Wort `display` ist der Name der Methode.** Jede Methode muss einen Namen haben, andernfalls könnten Sie die Methode nicht aufrufen.

- ✔ **Die Klammern enthalten die Argumente, die Sie beim Aufruf an die Methode übergeben.** Wenn Sie eine Methode aufrufen, können Sie Daten an die Methode übergeben. Zufälligerweise sind bei unserem `display`-Beispiel die Klammern leer, weil diese Methode ohne Argumente aufgerufen wird. Im nächsten Abschnitt lernen Sie eine Methode mit Argumenten kennen.

Argumente und Rückgabewerte (Zinsen berechnen)

Wenn Sie jemanden beauftragen: »Geh in den Supermarkt und kaufe Brot« oder »Geh in den Supermarkt und kaufe Bananen«, könnten Sie diese Anweisungen als Aufrufe einer »Methode« betrachten. Die Methode heißt »Geh in den Supermarkt und kaufe. . . .«, wobei jeweils das gewünschte Produkt, »Brot« oder »Bananen«, ergänzt wird. In Java würden die Methodenaufrufe folgendermaßen aussehen:

```
gehInDenSupermarktUndKaufe(Brot);
gehInDenSupermarktUndKaufe(Bananen);
```

Die Komponenten in den Klammern werden als *Parameter* oder *Parameterlisten* bezeichnet. Methoden mit Parametern sind erheblich vielseitiger. Anstatt immer dasselbe zu bekommen, können Sie jemanden in den Supermarkt schicken, um Brot, Bananen, Vogelfutter oder etwas anderes zu kaufen. Bei jedem Aufruf der `gehInDenSupermarktUndKaufe`-Methode entscheiden Sie ad hoc, was Sie kaufen (lassen) wollen.

Und was passiert, wenn Ihr Freund vom Supermarkt zurückkommt? Sie erhalten Brot, Bananen oder etwas anderes. Man kann sagen, dass die Methode Ihnen etwas zurückgibt. Sie haben die Methode aufgerufen, und die Methode gibt Informationen (oder Brot) zurück.

Das, was die Methode zurückgibt, wird als *Rückgabewert* bezeichnet. Der (Daten-)Typ des Rückgabewerts ist der *Rückgabetyp* der Methode. Listing 7.3 verdeutlicht diese Konzepte.

```
public class Konto
{
   String name;
   String adresse;
   double saldo;

   public void display()
   {
      System.out.print("Name:    ");
      System.out.println(name);
      System.out.print("Adresse: ");
      System.out.println(adresse);
      System.out.print("Saldo: ");
      System.out.println(saldo);
   }

   public double getZinsen(double zinsSatz)
   {
      return saldo*zinsSatz/100.00;
   }
}

class NutzKonto
{
   public static void main(String args[])
   {
      Konto meinKonto;
      Konto ihrKonto;

      meinKonto = new Konto();
      ihrKonto = new Konto();

      meinKonto.name="Barry Burd";
      meinKonto.adresse="222 Cyberspace Lane";
      meinKonto.saldo=24.02;

      ihrKonto.name="Jane Q. Public";
      ihrKonto.adresse="111 Consumer Street";
      ihrKonto.saldo=55.63;

      System.out.print("Die Zinsen auf dem ");
      System.out.print(meinKonto.name);
      System.out.print("-Konto betragen ");
      System.out.print(meinKonto.getZinsen(5.00));
      System.out.println(" Euro.");
      System.out.println();

      double ihrZinsSatz=7.00;
      double ihreZinsen;
```

```
        System.out.print("Die Zinsen auf ");
        System.out.print(ihrKonto.name);
        System.out.print("-Konto betragen ");
        ihreZinsen =
            ihrKonto.getZinsen(ihrZinsSatz);
        System.out.print(ihreZinsen);
        System.out.println(" Euro.");
    }
}
```

Listing 7.3: Zinsen berechnen

Abbildung 7.5 zeigt den Output des Programms in Listing 7.3. In Listing 7.3 enthält die `Konto`-Klasse eine `getZinsen`-Methode. Diese Methode wird von der `main`-Methode der `NutzKonto`-Klasse zweimal aufgerufen. Die Salden und Zinssätze sind bei den Aufrufen verschieden.

Abbildung 7.5: Ausführung und Output von Listing 7.3

- **Beim ersten Aufruf beträgt der Saldo 24.02; der Zinssatz ist 5.00.** Der erste Aufruf, `meinKonto.getZinsen(5.00)`, referenziert das `meinKonto`-Objekt und die Variablen, die in ihm enthalten sind (siehe Abbildung 7.6). Bei dem Aufruf hat der Ausdruck `saldo*zinsSatz/100.00` den Wert `24.02*5.00/100.00`.

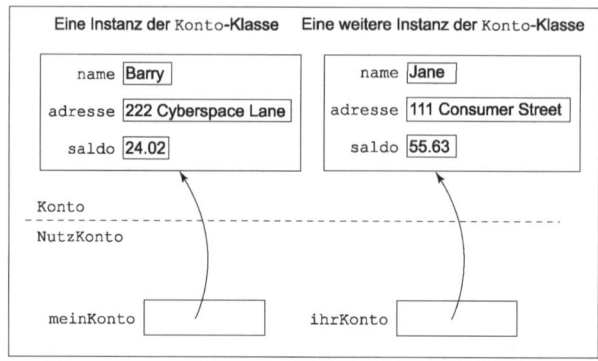

Abbildung 7.6: Mein Konto und Ihr Konto

- **Beim zweiten Aufruf beträgt der Saldo 55.63, der Zinssatz ist 7.00.** In der `main`-Methode wird der Variablen `ihrZinsSatz` unmittelbar vor diesem zweiten Aufruf der Wert 7.00 zugewiesen. Der Aufruf selbst, `ihrKonto.getZinsen(ihrZinsSatz)`, referenziert das ihrKonto-Objekt und die Variablen, die in ihm enthalten sind (siehe noch einmal Abbildung 7.6). Diesmal hat der Ausdruck saldo*zinsSatz/100.00 den Wert 55.63*7.00/100.00.

Nebenbei bemerkt – die main-Methode in Listing 7.3 enthält zwei Aufrufe von getZinsen. Der eine Aufruf enthält als Parameter das Literal 5.00, der andere die Variable ihrZinsSatz. Damit soll gezeigt werden, dass beides möglich ist.

Einen Wert an eine Methode übergeben

Betrachten wir den Kopf der getZinsen-Methode etwas genauer. (Abbildung 7.7 soll den Text in den folgenden Punkten visualisieren.)

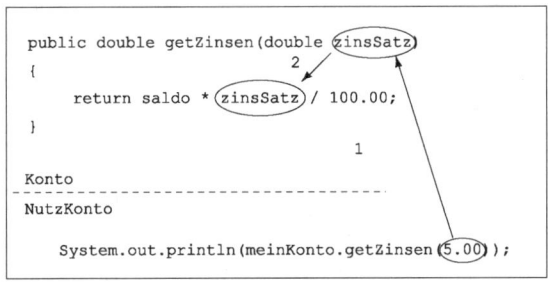

Abbildung 7.7: Einen Wert an eine Methode übergeben

✔ **Das Wort public bedeutet, dass jeder andere Java-Code diese Methode aufrufen kann.** Zugriffsmodifizierer wie das Wort public werden in Kapitel 13 ausführlich beschrieben.

✔ **Das Wort double bedeutet, dass die getZinsen-Methode einen double-Wert an die aufrufende Stelle zurückgibt.** Die Rückgabe erfolgt durch den Befehl return saldo*zinsSatz/100.00 im Körper der Methode. Der Ausdruck saldo*zinsSatz/100.00 hat den Typ double (weil die Operanden saldo, zinsSatz und 100.00 den Typ double haben).

Wenn die getZinsen-Methode aufgerufen wird, berechnet der return-Befehl saldo*zinsSatz/100.00 und gibt das Ergebnis an den Code zurück, der die Methode aufgerufen hat.

✔ **Das Wort getZinsen ist der Name der Methode.** Mit diesem Namen wird die Methode aufgerufen, wenn Sie Code für die NutzKonto-Klasse schreiben.

✔ **Die Klammern enthalten die Argumente, die beim Aufruf an die Methode übergeben werden.** Die Argumente, die an die Methode übergeben werden, bilden die so genannte *Parameterliste* der Methode. Der Kopf der getZinsen-Methode besagt, dass die getZinsen-Methode ein Argument vom Typ double hat.

public double getZinsen(**double** zinsSatz)

Der erste Aufruf von `getZinsen` (in der `main`-Methode der `NutzKonto`-Klasse) enthält die Zahl `5.00`, ein `double`-Literal (siehe Kapitel 4). Das heißt, der Methode wird ein Wert vom Typ `double` übergeben.

Dasselbe gilt für den zweiten Aufruf von `getZinsen`. Bei diesem Aufruf wird die Variable `ihrZinsSatz` als Argument übergeben. Ihr Typ ist vorher ebenfalls als `double` deklariert worden.

```
public class Konto
{
    // Befehle...
    public double getZinsen(double zinsSatz)
    {
        return saldo*zinsSatz/100.00;
    }
}
class NutzKonto
{
    public static void main(String args[])
    {
        Konto meinKonto;
        Konto ihrKonto;

        meinKonto = new Konto();
        ihrKonto = new Konto();

        meinKonto.name="Barry Burd";
        meinKonto.adresse="222 Cyberspace Lane";
        meinKonto.saldo=24.02;

        ihrKonto.name="Jane Q. Public";
        ihrKonto.adresse="111 Consumer Street";
        ihrKonto.saldo=55.63;

        System.out.print("Die Zinsen auf dem ");
        System.out.print(meinKonto.name);
        System.out.print("-Konto betragen ");
        System.out.print(meinKonto.getZinsen(5.00));
        System.out.println(" Euro.");
        System.out.println();

        double ihrZinsSatz=7.00;
        double ihreZinsen;
        System.out.print("Die Zinsen auf ");
        System.out.print(ihrKonto.name);
        System.out.print("-Konto betragen ");

        ihreZinsen =
            ihrKonto.getZinsen(ihrZinsSatz);

        System.out.print(ihreZinsen);
        System.out.println(" Euro.");
    }
}
```

Abbildung 7.8: Der Programmablauf in Listing 7.3

Der Code in Listing 7.3 wird nicht geradlinig von oben nach unten abgearbeitet, sondern der Programmablauf geht von main zu getZinsen, dann wieder zurück zu main, noch einmal zu getZinsen und schließlich zu main zurück (siehe Abbildung 7.8).

Der Rückgabewert der getZinsen-Methode

Wenn die Methode getZinsen aufgerufen wird, führt die Methode den return-Befehl in ihrem Körper aus. Dieser Befehl berechnet den Wert von saldo*zinsSatz/100.00. Bei einem Saldo von 24.02 und einem zinsSatz von 5.00 hat der Ausdruck den Wert 1.201 oder rund 1.20 Euro. (Da Berechnungen mit double-Zahlen nicht absolut genau sind, beträgt das Ergebnis rechnerisch 1.2009999999999998.)

Nach der Berechnung wird das Ergebnis an die Stelle in main zurückgegeben, von der aus getZinsen aufgerufen worden ist. Jetzt nimmt der gesamte Methodenaufruf meinKonto.getZinsen(5.00) den Wert 1.2009999999999998 an. Da sich der Aufruf selbst innerhalb des println-Befehls

System.out.println(meinKonto.getZinsen(5.00));

befindet, nimmt println die folgende Bedeutung an:

System.out.println(1.2009999999999998);

Abbildung 7.9 zeigt den gesamten Ablauf der Rückgabe des Wertes in grafischer Form.

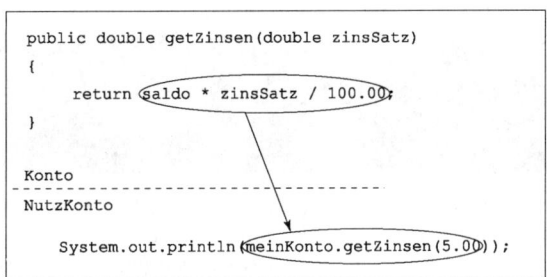

Abbildung 7.9: Ein Methodenaufruf ist ein Ausdruck mit einem Wert.

 Wenn eine Methode einen Rückgabewert hat, dann ist der Aufruf dieser Methode ein Ausdruck mit einem Wert, der ausgegeben, einer Variablen zugewiesen oder sonstwie verarbeitet werden kann. Methodenaufrufe können genau wie andere Werte verwendet werden.

Zahlen formatieren

Die mangelnde Genauigkeit und die große Zahl der Dezimalstellen (1.2009999999999998 Euro) ist im normalen Geschäftsverkehr nicht akzeptabel. Deshalb enthält das Java-API einige

Funktionen, mit denen Sie Zahlen auf zwei Stellen runden und einer vernünftigen Form anzeigen können (siehe Listing 7.4 und Abbildung 7.10).

```
java.text.NumberFormat geldbetrag =
   java.text.NumberFormat.getCurrencyInstance();
System.out.print("Die Zinsen auf dem Konto ");
System.out.print(meinKonto.name);
System.out.print("-Konto betragen ");
System.out.print
   (geldbetrag.format(meinKonto.getZinsen(5.00)));
System.out.println(".");
System.out.println();

double ihrZinsSatz=7.00;
double ihreZinsen;
System.out.print("Die Zinsen auf dem Konto ");
System.out.print(ihrKonto.name);
System.out.print("-Konto betragen ");
ihreZinsen = ihrKonto.getZinsen(ihrZinsSatz);
System.out.println(".");
System.out.println
   (geldbetrag.format(ihreZinsen));
```

Listing 7.4: Zahlen geschäftsgerecht formatieren

```
C:\JavaPrograms>java NutzKonto
Die Zinsen auf dem Barry Burd-Konto betragen 1,20 DM.
Die Zinsen auf Jane Q. Public-Konto betragen 3,89 DM.
C:\JavaPrograms>
```

Abbildung 7.10: Zahlen, die wie vernünftige Geldbeträge aussehen (Anmerkung des Übersetzers: Als das Buch übersetzt wurde, hat die NumberFormat.format-Funktion noch kein Euro-Zeichen generiert.)

Wenn Sie den Code in Listing 7.4 testen wollen, ersetzen Sie einfach die Zeilen in Listing 7.3 durch die entsprechenden Zeilen in Listing 7.4.

Die Einzelheiten des Codes in Listing 7.4 sind nicht besonders wichtig. Wenn Sie einen Geldbetrag anzeigen wollen, können Sie einfach Zeilen aus Listing 7.4 kopieren und in Ihren neuen Code einfügen, ohne viel darüber nachzudenken. Doch wenn Sie es genau wissen wollen: Listing 7.4 verwendet die Klasse `java.text.NumberFormat` der Java-Klassenbibliothek. Mit dieser Klasse wird ein Objekt namens `geldbetrag` erstellt. (Der Name des Objekts ist beliebig; aber ein Name wie `geldbetrag` bringt zum Ausdruck, was das Objekt repräsentiert.)

Anstatt den Rückgabewert der `getZinsen`-Methode direkt auszugeben, übergeben Sie den Rückgabewert als Argument an eine weitere Methode namens `geldbetrag.format`, die einen

String mit einem sauber formatierten Geldbetrag zurückgibt. Diesen String übergeben Sie dann an die `println`-Methode.

Die `format`-Methode ändert nicht die Form, in der eine Zahl intern für Berechnungen gespeichert wird, sondern sie gibt diese Zahl nur in einem passenden Anzeige- oder Druckformat zurück.

Einzelheiten mit Zugriffsmethoden verbergen

Nehmen wir an, Sie wollten zum Essen gehen und schnell das nötige Geld aus einem Bankautomaten ziehen. Nachdem Sie Ihre PIN eingegeben haben, fragt der Automat Sie, in welcher Variablen Sie den aktuellen Saldo speichern wollen, und bietet Ihnen `balance324`, `meinSaldo`, `aktuellerSaldo`, `s$`, `SALDO`, `asj999` oder `conStanTinople` als Alternativen an. Nachdem Sie einen Variablennamen gewählt haben, sollen Sie einen Speicherplatz für den Wert der Variablen festlegen. Sie können eine beliebige hexadezimale Zahl zwischen 022FFF und 0555AA wählen. Nachdem Sie den Automaten auf diese Weise konfiguriert haben, bekommen Sie endlich Ihr Geld.

Gutes Programmieren

Ein guter Programmierstil zeichnet sich vor allem durch eine Eigenschaft aus: *Einfachheit*. Wenn Sie ein kompliziertes Programm schreiben müssen, wollen Sie sich nicht auch noch mit falsch benannten Variablen, verdrehten Problemlösungen oder cleveren Programmiertricks herumschlagen, die andere Programmierer im letzten Moment in ihren Code eingefügt haben. Sie wollen mit einer sauberen Schnittstelle arbeiten, mit der Sie Ihre – und nur Ihre – Probleme lösen können.

Das Problem des Bankautomaten, den ich oben beschrieben habe, besteht darin, dass der Apparat Sie zwingt, sich mit den Problemen anderer Leute zu beschäftigen. Statt schnell an Ihr Geld zu kommen, müssen Sie sich mit Variablen und Speicherstellen befassen. Natürlich muss irgendjemand diese Probleme lösen – aber dies ist nicht die Aufgabe des Bankkunden.

In diesem Abschnitt geht es um Bedienungsfreundlichkeit, nicht um Sicherheit. Bedienungsfreundlicher Code verhindert, dass Sie aus Versehen Programmierfehler machen. Sicherer Code ist etwas ganz anderes: Er verhindert, dass böswillige Hacker absichtlich Schaden anrichten können.

Die Aufgabe, eine einfache, bedienerfreundliche Schnittstelle zu erstellen, kann selbst sehr aufwändig und kompliziert sein und erfordert eine sorgfältige Planung. Eine Vereinfachungstechnik der objektorientierten Programmierung besteht darin zu verhindern, dass Code außerhalb einer Klasse direkt auf die Variablen zugreifen kann, die innerhalb der Klasse definiert sind. Betrachten wir beispielsweise den Code in Listing 7.1. Sie arbeiten für ein Unternehmen, das Ihnen gerade 10 Millionen für den Code in der Konto-Klasse bezahlt hat. (Das sind mehr als anderthalb Millionen Euro pro Zeile!) Jetzt haben Sie die Aufgabe, die `NutzKonto`-Klasse zu schreiben. Sie könnten

`meinKonto.name="Barry Burd";`

schreiben, würden damit aber zu tief in die `Konto`-Klasse eingreifen. Schließlich dürfen Personen, die einen Bankautomaten benutzen, nicht die Variablen des Geräts programmieren. Deshalb können sie nicht einfach auf der Tastatur den folgenden Befehl eintippen:

`saldoKonto29872865457 = saldoKonto29872865457 + 1000000.00;`

Stattdessen müssen sie bestimmte Tasten in einer vorgegebenen Reihenfolge drücken. Auf diese Weise sorgt ein Programmierer für Bedienungsfreundlichkeit und Einfachheit.

Um diesen Zweck ebenfalls zu erfüllen, müssen Sie die `Konto`-Klasse in Listing 7.1 ändern und die folgenden Befehle entfernen:

`meinKonto.name="Barry Burd";`

und

`System.out.print(ihrKonto.saldo);`

Natürlich ist dies ein Problem. Sie sollen den Code für die `NutzKonto`-Klasse schreiben. Wenn Sie nicht `meinKonto.name` oder `ihrKonto.saldo` verwenden dürfen, wie können Sie dann zum Ziel kommen? Die Lösung besteht darin, so genannte *Zugriffsmethoden* zu verwenden. Listing 7.5 zeigt Beispiele für solche Methoden.

```java
public class Konto
{
    private String name;
    private String adresse;
    private double saldo;

    public void setName(String n)
    {
        name=n;
    }

    public String getName()
    {
        return name;
    }

    public void setAdresse(String a)
    {
        adresse=a;
    }
```

```
   public String getAdresse()
   {
      return adresse;
   }

   public void setSaldo(double b)
   {
      saldo=b;
   }

   public double getSaldo()
   {
      return saldo;
   }
}
class NutzKonto
{
   public static void main(String args[])
   {
      Konto meinKonto;
      Konto ihrKonto;

      meinKonto = new Konto();
      ihrKonto = new Konto();

      meinKonto.setName("Barry Burd");
      meinKonto.setAdresse("222 Cyberspace Lane");
      meinKonto.setSaldo(24.02);

      ihrKonto.setName("Jane Q. Public");
      ihrKonto.setAdresse("111 Consumer Street");
      ihrKonto.setSaldo(55.63);

      System.out.print(ihrKonto.getName());
      System.out.print(" hat ");
      System.out.print(ihrKonto.getSaldo());
      System.out.println(" auf dem Konto.");
   }
}
```

Listing 7.5: Variablen verbergen

Dieses Programm erzeugt denselben Output wie das Programm in Listing 7.1 (vergleiche Abbildung 7.3). Der große Unterschied besteht darin, dass die Konto-Klasse in Listing 7.5 die Verwendung ihrer internen Variablen sorgfältig kontrolliert.

Variablen vor externem Zugriff schützen

Achten Sie auf das Wort `private` vor der Variablendeklaration der `Konto`-Klasse. Das Wort `private` ist ein Java-Schlüsselwort. Wenn eine Variable als `private` deklariert wird, kann Code außerhalb der Klasse nicht auf diese Variable zugreifen. Wenn Sie beispielsweise die Zuweisung `meinKonto.name="Barry Burd"` in der `NutzKonto`-Klasse in Listing 7.5 verwenden, erhalten Sie die folgende Fehlermeldung:

```
name has private access in Konto
    meinKonto.name="Barry Burd";
          ^
```

Anstatt `meinKonto.name` zu referenzieren, muss der `NutzKonto`-Programmierer die Methode `meinKonto.setName` oder die Methode `meinKonto.getName` aufrufen. Diese Methoden werden als *Zugriffsmethoden* bezeichnet, weil sie einen Zugriff auf die `name`-Variable der `Konto`-Klasse ermöglichen. (Tatsächlich gehört der Begriff *Zugriffsmethode* nicht zur offiziellen Java-Programmiersprache, sondern er wird einfach von Programmierern zur Bezeichnung derartiger Methoden verwendet.) Noch spezieller wird `setName` als *Set*-Methode und `getName` als *Get*-Methode bezeichnet. (Ich wette, dass Sie diese Terminologie nicht vergessen werden!)

Beachten Sie, dass alle Set- und Get-Methoden in Listing 7.5 als `public` deklariert sind. Dadurch ist sichergestellt, dass diese beiden Methoden von überall her aufgerufen werden können. Dadurch wird verhindert, dass die eigentlichen Variablen nicht von Code außerhalb der `Konto`-Klasse manipuliert werden, und sichergestellt, dass sie nur über die Set- und Get-Methoden kontrolliert genutzt werden können.

Denken Sie noch einmal an den Bankautomaten. Niemand kann mit einem Befehl den Wert der Saldo-Variablen seines Kontos ändern, aber es ist leicht, einen Millionen-Euro-Scheck einzureichen. Die Entwickler wussten, dass es viele Probleme gegeben hätte, wenn diese Prozedur kompliziert gewesen wäre. Sorgen Sie deshalb dafür, dass die Benutzer nichts tun können, was sie nicht tun sollen, und dass die notwendigen Aufgaben einfach auszuführen sind.

Set- und Get-Methoden sind nichts Heiliges. Sie müssen solche Methoden nicht verwenden, wenn Sie nicht wollen. Beispielsweise könnte die Methode `getAdresse` in Listing 7.5 weggelassen werden, ohne die Funktion des Programms zu beeinträchtigen. Diese Methode ist nur der Vollständigkeit halber vorhanden, um auch die Adresse abfragen zu können.

Wenn Sie eine Methode erstellen, um den Wert einer Saldo-Variablen zu setzen, müssen Sie die Methode nicht `setSaldo` nennen, sondern können einen beliebigen Namen Ihrer Wahl verwenden. Das Problem besteht darin, dass sich die `setVariablenname`-Konvention (mit `set` in Kleinbuchstaben und einem Großbuchstaben am Anfang des Variablennamens) in der Welt der Java-Programmierung durchgesetzt hat. Wenn Sie diese Konvention missachten, stiften Sie Verwirrung unter anderen Java-Programmierern. Außerdem ist es dann nicht möglich, dass eine Java-Entwicklungsumgebung Ihren Code interpretiert. (Java-Entwicklungsumgebungen werden in Kapitel 2 behandelt.)

 Wenn Sie eine Set-Methode aufrufen, übergeben Sie ihr einen Wert mit dem definierten Typ. In Listing 7.5 wird deshalb `ihrKonto.setSaldo(55.63)` mit einem Parameter vom Typ `double` aufgerufen. Dagegen haben Get-Methoden normalerweise keine Argumente. In Listing 7.5 hat deshalb `ihrKonto.getSaldo()` eine leere Parameterliste. Sie können einen Wert auch mit einem einzelnen Befehl setzen und abfragen. Um beispielsweise einen Euro zum vorhandenen Saldo Ihres Kontos zu addieren, schreiben Sie:

```
ihrKonto.setSaldo(ihrKonto.getSaldo() + 1.00).
```

Regeln mit Zugriffsmethoden erzwingen

Betrachten wir noch einmal die `setName`-Methode in Listing 7.5. Stellen Sie sich vor, dass Sie den Zuweisungsbefehl der Methode in einen `if`-Befehl einschließen:

```
if (!n.equals(""))
   name=n;
```

Jetzt hat der Aufruf `meinKonto.setName("")` keine Wirkung mehr. Weil die `name`-Variable `private` ist, ist außerdem der folgende Befehl in der `NutzKonto`-Klasse unzulässig:

```
meinKonto.name="";
```

Natürlich funktioniert ein Aufruf wie `meinKonto.setName("Joe Schmoe")` immer noch, weil `"Joe Schmoe"` nicht gleich einem leeren String, `""`, ist.

Mit einer privaten Variablen und einer Zugriffsmethode können Sie also verhindern, dass jemand der `name`-Variablen eines Kontos einen leeren String zuweist. Mit umfangreicheren `if`-Befehlen können Sie beliebige Regeln erzwingen.

Zeit und Geld sparen: Vorhandenen Code wiederverwenden

In diesem Kapitel

- Alten Code wiederverwenden
- Code anpassen
- Änderungen kostengünstig durchführen

Wäre es nicht schön, wenn jedes Software-Programm genau das täte, was Sie von ihm erwarten? In einer idealen Welt würden Sie einfach ein Programm kaufen. Das Programm ließe sich problemlos installieren, würde sich flexibel auf neue Situationen einstellen und ließe sich leicht an neue Anforderungen anpassen. Leider gibt es eine solche Software nicht. Es gibt nur Software, die einige dieser Eigenschaften, aber nicht alle hat.

Dies ist einer der Gründe dafür, warum die objektorientierte Programmierung so erfolgreich war. Jahrelang haben Unternehmen vorgefertigten Code gekauft, nur um dann zu erfahren, dass der Code nicht genau das tat, was er tun sollte. Deshalb versuchten die Unternehmen, den Code zu modifizieren. Ihre Programmierer bearbeiteten die Programmdateien, änderten Variablennamen, stellten Unterprogramme um, überarbeiteten Formeln und machten den Code im Allgemeinen noch unbrauchbarer. Falls ein Programm nicht bereits genau oder wenigstens annähernd das tat, was es tun sollte, war es unmöglich, die Situation zu verbessern, indem man den Code änderte. Die beste Option bestand immer darin, das gesamte Programm (trotz der hohen Kosten) zu verwerfen und neu zu beginnen. Fürwahr eine trübe Aussicht!

Die objektorientierte Programmierung änderte alles. Objektorientierte Programme können leicht geändert werden. Wenn die Software korrekt geschrieben ist, können Sie bereits eingebaute Funktionen nutzen, neue Funktionen hinzufügen und Funktionen überschreiben, die Ihre Anforderungen nicht erfüllen. Das Beste dabei ist: Die Änderungen sind sauber. Es ist nicht notwendig, den brüchigen Programm-Code anderer Programmierer zu ändern, es gibt ein geordnetes, sauberes Verfahren, um den Code zu ergänzen und zu ändern, ohne in die interne Logik des vorhandenen Codes eingreifen zu müssen. Kurz: Es ist so, wie es sein sollte!

Eine Klasse definieren (ein Beispiel für eine Mitarbeiter-Klasse)

Wenn Sie ein objektorientiertes Programm schreiben, beginnen Sie damit, über die Objekte nachzudenken. Wenn Sie ein Programm zur Kontenverwaltung schreiben, fragen Sie sich, was ein Konto ist. Wenn Sie Code schreiben, um Klicks auf Schaltflächen zu verarbeiten, müssen Sie wissen, was eine Schaltfläche ist. Wenn Sie ein Programm zur Lohnabrechnung schreiben, müssen Sie sich klar machen, was ein Mitarbeiter ist.

Was ist ein Mitarbeiter?

Im ersten Beispiel dieses Kapitels ist ein Mitarbeiter eine Person mit einem Namen und einer Funktion. Natürlich haben Mitarbeiter noch andere Eigenschaften, aber zunächst sollen diese beiden ausreichen. In Listing 8.1 wird die entsprechende `Mitarbeiter`-Klasse definiert.

```java
public class Mitarbeiter
{
   private String name;
   private String funktion;

   public void setName(String nameIn)
   {
      name=nameIn;
   }

   public String getName()
   {
      return name;
   }

   public void setFunktion(String funktionIn)
   {
      funktion=funktionIn;
   }

   public String getFunktion()
   {
      return funktion;
   }

   public void zahleGehalt(double betrag)
   {
      java.text.NumberFormat geldbetrag =
         java.text.NumberFormat.getCurrencyInstance();

      System.out.print("Zahlen Sie an " + name);
      System.out.print(" (" + funktion +")   ***");
      System.out.println(geldbetrag.format(betrag));
   }
}
```

Listing 8.1: Eine Mitarbeiter-Klasse

Die `Mitarbeiter`-Klasse in Listing 8.1 enthält sieben Funktionen. Zwei dieser Funktionen sind ziemlich einfach: Jeder Mitarbeiter hat einen Namen und eine Funktion.

Zusätzlich enthält die `Mitarbeiter`-Klasse vier Zugriffsmethoden (siehe Kapitel 7), um die Werte von `name` und `funktion` zu setzen und abzufragen: `setName`, `getName`, `setFunktion` und `getFunktion`.

Schließlich enthält die Klasse eine `zahleGehalt`-Methode. Die Methode, die das Gehalt auszahlt, muss in irgendeiner Klasse untergebracht werden. Weil die meisten Informationen auf dem Scheck an einen speziellen Mitarbeiter angepasst werden müssen, wurde die `zahleGehalt`-Methode in die `Mitarbeiter`-Klasse eingefügt.

Mit der Mitarbeiter-Klasse arbeiten

Die Klasse in Listing 8.1 enthält keine `main`-Methode und kann deshalb nicht ausgeführt werden. Wenn Sie versuchen, das Programm auszuführen, erhalten Sie die Fehlermeldung: `Exception in thread "main" java.lang.NoSuchMethodError: main`.

Um die Klasse zu nutzen, können Sie ein separates Programm mit einer `main`-Methode schreiben und damit Instanzen der `Mitarbeiter`-Klasse erstellen (siehe Listing 8.2; in Kapitel 7 wird beschrieben, wie zwei Programme separat kompiliert werden können).

```java
import java.io.BufferedReader;

class Gehaltsabrechnung
{
   public static void main(String args[])
   {
      BufferedReader MaInfo =
         DummiesIO.open("c:\\JavaPrograms\\MitarbeiterInfo");
      for (int maNum=1; maNum<=3; maNum++)
         bezahleMitarbeiter(MaInfo);
   }

   public static void bezahleMitarbeiter(BufferedReader MaInfo)
   {
      Mitarbeiter einMa = new Mitarbeiter();

      einMa.setName(DummiesIO.getString(MaInfo));
      einMa.setFunktion(DummiesIO.getString(MaInfo));
      einMa.zahleGehalt(DummiesIO.getDouble(MaInfo));
   }
}
```

Listing 8.2: Gehaltsschecks schreiben

Die Gehaltsabrechnung-Klasse in Listing 8.2 enthält zwei Methoden. Die main-Methode ruft die bezahleMitarbeiter-Methode dreimal auf. Bei jeder Iteration werden der bezahleMitarbeiter-Methode Informationen aus der MitarbeiterInfo-Datei übergeben und an die Methoden der Mitarbeiter-Klasse weitergeleitet (siehe Abbildung 8.1).

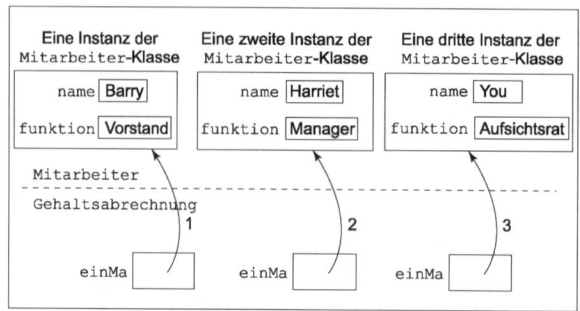

Abbildung 8.1: Drei Aufrufe der bezahleMitarbeiter*-Methode*

Eine Import-Deklaration

Listing 8.2 beginnt mit einer so genannten *Import-Deklaration*. In Java können Klassen zu Gruppen zusammengefasst werden, die als *Packages* (dt. *Pakete*) bezeichnet werden. Pakete haben typischerweise Namen, deren Bestandteile durch Punkte getrennt werden. Wenn beispielsweise eine Domäne unter dem Namen BurdBrain.com registriert ist, könnte ein Paket den Namen com.burdbrain.utils.textUtils tragen. Tatsächlich ist das Java-API eine große Sammlung von Paketen – beispielsweise java.lang, java.awt, java.awt.event, java.applet usw.

Wenn Sie ein Java-Programm schreiben, das Daten aus einer Festplattendatei einliest, können Sie eine Klasse namens BufferedReader verwenden, die sich in einem API-Paket namens java.io (i/o = input/output) befindet. Die BufferedReader-Klasse ist public, sodass Sie die Klasse einfach dadurch verwenden können, dass Sie ihren kompletten qualifizierten Namen, java.io.BufferedReader, angeben. (Der komplette qualifizierte Name einer Klasse enthält den Namen des Pakets, in dem die Klasse definiert ist.)

Die main-Methode in Listing 8.2 hätte auch mit dem folgenden Befehl beginnen können:

```
java.io.BufferedReader MaInfo =
        DummiesIO.open("c:\\JavaPrograms\\MitarbeiterInfo");
```

Der Befehl verwendet den kompletten qualifizierten Namen java.io.BufferedReader. Der Code in Listing 8.2 würde immer noch funktionieren. Aber die main-Methode in Listing 8.2 funktioniert auch ohne kompletten qualifizierten Namen dieser Klasse. Warum? Weil am Anfang der Datei die Zeile import java.io.BufferedReader steht. Diese Zeile wird als *Import-Deklaration* bezeichnet.

Wenn Sie eine Import-Deklaration verwenden, können Sie den Namen einer Klasse abkürzen. Eine Java-Programmdatei kann am Anfang eine beliebige Anzahl von Import-Deklarationen enthalten. Beispielsweise könnte eine Java-Applet-Datei mit den folgenden Zeilen beginnen:

```
import java.applet.Applet;
import java.awt.Graphics;
import java.awt.TextField;
```

Import-Deklarationen stehen am Anfang einer Java-Programmdatei. Eine Import-Deklaration gibt Ihnen nicht die Erlaubnis, eine bestimmte Klasse eines Pakets zu verwenden, sondern die Möglichkeit, den Klassennnamen abzukürzen. Wenn Sie diese Klasse in der Programmdatei verwenden wollen, müssen Sie nicht den kompletten qualifizierten Namen der Klasse angeben.

Wenn Sie alle Klassen des `java.io`-Pakets auf einmal importieren wollen, brauchen Sie nur `import java.io.*;` an den Anfang der Java-Programmdatei zu setzen. Dies gilt natürlich analog auch für andere Pakete.

Daten aus einer Datei einlesen

Das Programm in Listing 8.2 funktioniert nur, wenn einige Mitarbeiter in einer Datei, in diesem Fall in der `MitarbeiterInfo`-Datei, gespeichert sind. (Natürlich könnte die Datei auch anders heißen.) Deshalb habe ich eine kleine `MitarbeiterInfo`-Datei erstellt. Listing 8.3 zeigt den Inhalt der Datei, Abbildung 8.2 den daraus resultierenden Output.

```
Barry Burd
Vorstand
5000.00
Harriet Ritter
Manager
7000.00
Ihr Name
Aufsichtsrat
10000.00
```

Listing 8.3: Eine MitarbeiterInfo-Datei

```
C:\JavaPrograms>java Gehaltsabrechnung
Zahlen Sie an Barry Burd (Vorstand)     ***5.000,00 DM
Zahlen Sie an Harriet Ritter (Manager)  ***7.000,00 DM
Zahlen Sie an Ihr Name (Aufsichtsrat)   ***10.000,00 DM

C:\JavaPrograms>
```

Abbildung 8.2: Einige Beispielmitarbeiter und ihre Vergütungen

Sie können die MitarbeiterInfo-Datei von der beiliegenden CD-ROM kopieren oder eine ähnliche Datei Ihrer Wahl erstellen. Wie bei fast allen Listings in diesem Buch handelt es sich um eine einfache Textdatei, die Sie mit einem normalen Texteditor erstellen und speichern können.

Wenn Sie den Windows-Editor benutzen, müssen Sie den Namen ("MitarbeiterInfo" oder "c:\JavaPrograms\MitarbeiterInfo") in dem Windows-Dialogfeld DATEI SPEICHERN UNTER in doppelte Anführungszeichen setzen; andernfalls wird die Datei unter dem Namen MitarbeiterInfo.txt gespeichert.

Um das Programm 8.2 erfolgreich ausführen zu können, müssen Sie auf die DummiesIO-Klasse zugreifen können. (Die DummiesIO-Klasse wird in Kapitel 5 behandelt.) Insbesondere benötigen Sie die DummiesIO-Methode open. Sie können die open-Methode auch in Ihren eigenen Programmen verwenden. Kopieren Sie einfach den Befehl in Listing 8.2, der die open-Methode aufruft, und ändern Sie c:\\JavaPrograms\\MitarbeiterInfo in den Namen Ihrer Datendatei. (Falls Sie nicht mehr wissen, was die doppelten Backslashes bedeuten, sollten Sie sich noch einmal Listing 6.5 ansehen.) Sie können auch den Variablennamen MaInfo so ändern, dass er besser zu Ihrer Aufgabenstellung passt. (Sie müssen nur darauf achten, dass Sie den neuen Variablennamen konsistent in Ihrem ganzen Programm verwenden.) Dagegen dürfen Sie den Namen der Methode, DummiesIO.open, nicht ändern, weil dieser Name in den entsprechenden DummiesIO-.java- und -.class-Dateien gespeichert ist. Dasselbe gilt für den Namen java.io.BufferedReader, der in dem Java-API definiert ist.

Wenn Sie DummiesIO.open aufrufen, stellen Sie eine Verbindung zwischen dem Java-Programm und der MitarbeiterInfo-Datei her. Dieser Aufruf wird nur einmal ausgeführt. Dies ist wichtig, weil das Programm bei jedem Aufruf dieser Methode die aktuelle Leseposition in der MitarbeiterInfo-Datei an den Anfang der Datei zurücksetzt, was Sie überhaupt nicht gebrauchen können. Wenn Sie einen Fehler machen und DummiesIO.open für jeden Mitarbeiter aufrufen, sieht der Output folgendermaßen aus:

```
Zahlen Sie an Barry Burd (Vorstand) ***5,000.00 EU
Zahlen Sie an Barry Burd (Vorstand) ***5,000.00 EU
Zahlen Sie an Barry Burd (Vorstand) ***5,000.00 EU
```

Natürlich macht es mir nichts aus, dreimal bezahlt zu werden, aber dieser Output ist falsch. Dieser Fehler (immer wieder am Anfang einer Datendatei zu beginnen) kommt bei Input/Output-Methoden recht häufig vor.

Öffnen Sie eine Datei nur einmal, wenn Sie ein Programm ausführen.

Was? Sie glauben immer noch nicht, dass DummiesIO.open nur einmal aufgerufen werden sollte? Dann sollten Sie versuchen, den Aufruf von DummiesIO.open so zu verschieben, dass die Methode dreimal, statt einmal aufgerufen wird. Zu diesem Zweck müssen Sie den Aufruf nur in die bezahleMitarbeiter-Methode verschieben:

```
public static void bezahleMitarbeiter()
{
   Mitarbeiter einMa = new Mitarbeiter();
   BufferedReader MaInfo =
      DummiesIO.open("c:\\JavaPrograms\\MitarbeiterInfo");

   einMa.setName(DummiesIO.getString(MaInfo));
   einMa.setFunktion(DummiesIO.getString(MaInfo));
   einMa.zahleGehalt(DummiesIO.getDouble(MaInfo));
}
```

Wenn Sie die `MitarbeiterInfo`-Datei mit diesem geänderten Programm lesen, erhalten Sie als Output dreimal Barry.

Wenn Sie das Programm ausführen und dabei eine `java.io.FileNotFoundException`-Nachricht erhalten, kann das Programm nicht auf die `MitarbeiterInfo`-Datei zugreifen. Es ist leicht, diesen Fehler zu machen. Die Erfahrung kann frustrierend sein, weil es häufig so aussieht, als ob das Programm Zugriff auf die `MitarbeiterInfo`-Datei habe. In diesem Fall müssen Sie sorgfältig prüfen, ob die `MitarbeiterInfo`-Datei im richtigen Verzeichnis (in unserem Beispiel `JavaPrograms`) steht und ob der Dateiname korrekt geschrieben ist.

Unterklassen definieren (Vollzeit- und Teilzeit-Mitarbeiter)

Vor einem Jahr hat Ihr Unternehmen zehn Millionen Euro für ein Software-Programm ausgegeben. Die Software wurde in einer Datei namens `Mitarbeiter.class` geliefert. Der Lieferant der Software möchte den Quelltext der Software nicht offen legen, um zu verhindern, dass seine Ideen gestohlen werden. Deshalb verfügen Sie nicht über die Java-Programmdatei, die der Software zugrunde liegt. (Anders ausgedrückt: Sie verfügen nicht über `Mitarbeiter.java`.) Stattdessen hat Ihnen der Software-Lieferant ein Web-Dokument namens `Mitarbeiter.html` geliefert. Abbildung 8.3 zeigt den Kern dieses Dokuments.

Sie können Instanzen der `Mitarbeiter`-Klasse erstellen und Gehaltsschecks für die Mitarbeiter ausstellen. (Tatsächlich wurden die Schecks geschrieben, als Sie den Code in Listing 8.2 ausgeführt haben.)

Seit der Einführung dieser Software vor einem Jahr ist Ihr Unternehmen gewachsen. Im Gegensatz zu früher beschäftigt es jetzt zwei Arten von Mitarbeitern: Vollzeit- und Teilzeit-Mitarbeiter. Jeder Vollzeit-Mitarbeiter erhält wöchentlich ein fixes Gehalt. (Für Überstunden wird er mit einem herzlichen Dankeschön abgegolten.) Dagegen arbeiten Teilzeit-Mitarbeiter für einen Stundenlohn. Das Unternehmen zieht vom Gehalt der Vollzeit-Mitarbeiter einen gewissen Betrag für die Sozialleistungen des Unternehmens ab. Teilzeit-Mitarbeiter erhalten dagegen keine Sozialleistungen.

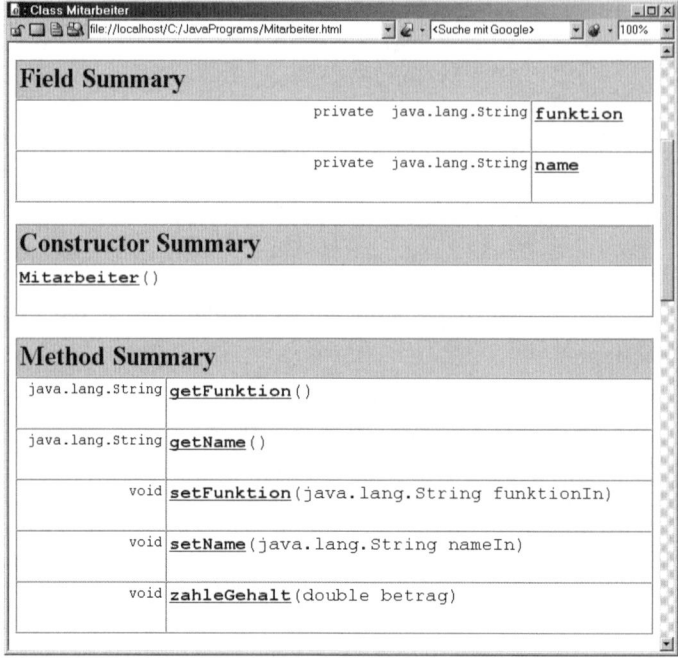

Abbildung 8.3: Die Dokumentation der Mitarbeiter-Klasse in Listing 8.1

Die Frage ist, wie die Software, die Sie im letzten Jahr gekauft haben, mit dem Wachstum des Unternehmens Schritt halten kann? Sie haben zwar in ein hervorragendes Programm zur Gehaltsabrechnung für Mitarbeiter investiert, aber dieses Programm unterscheidet nicht zwischen Vollzeit- und Teilzeit-Mitarbeitern. Dabei müssen Sie folgende Aspekte und Optionen bedenken:

✔ Da Sie nicht über den Quelltext, also die Datei Mitarbeiter.java, sondern nur über die Datei Mitarbeiter.class verfügen, können Sie das Programm nicht mit einem Texteditor ändern (siehe Kapitel 2) und dann neu kompilieren.

✔ Sie könnten die 10 Millionen Euro für die Software abschreiben und die Software extern oder intern von Grund auf neu schreiben lassen.

Anders ausgedrückt: Ihre Investitionen in Zeit und Geld wären verloren.

✔ Sie könnten ein neues Frontend für die Mitarbeiter-Software schreiben, das heißt Code erstellen, der Vollzeit-Mitarbeiter und Teilzeit-Mitarbeiter vorverarbeitet und dann die vorläufigen Ergebnisse an Ihre Zehn-Millionen-Euro-Software übergibt.

Es ist zweifelhaft, ob diese Idee funktioniert. Enthält die vorhandene Mitarbeiter-Software leicht zugängliche »Hooks« (das heißt Eintrittspunkte, die es Ihrer Frontend-Software ermöglichen, die vorläufigen Ergebnisse auf einfache Weise an die teure Mitarbeiter-Software zu übergeben)? Sie dürfen nicht vergessen, dass dieser Plan die vorhandene Software als einen großen monolithischen Block behandelt, was sehr umständlich sein kann. Es kann schwierig sein, die Last zwischen dem Frontend-Code und dem vorhandenen Mitarbeiter-Programm zu verteilen. Außerdem können die zusätzlichen Schichten, mit denen der vorhandene Black-Box-Code umgeben wird, zu einem ziemlich ineffizienten System führen.

✔ Sie können den Software-Hersteller bitten, die Software so zu ändern, dass Vollzeit- und Teilzeit-Mitarbeiter unterschieden werden.

Wahrscheinlich müssten Sie dann noch einmal einen ähnlich hohen Betrag wie für die ursprüngliche Version der Software aufwenden. Wollen Sie das?

✔ Sie können zwei neue Java-Klassen namens `VollzeitMitarbeiter` und `TeilzeitMitarbeiter` erstellen, die jeweils die Funktionalität der teuren `Mitarbeiter`-Klasse erweitern. Die beiden neuen Klassen können für ihren jeweiligen Mitarbeitertyp spezielle Funktionen anbieten.

Abbildung 8.4 zeigt die Struktur, die Sie erstellen wollen.

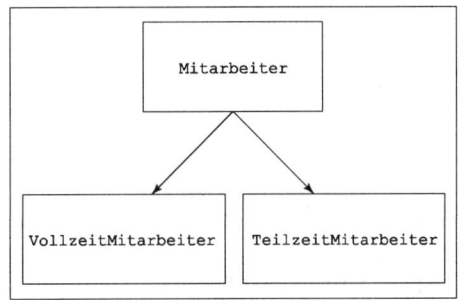

Abbildung 8.4: Der Stammbaum der Mitarbeiter-Klasse

Eine Unterklasse erstellen

In Listing 8.1 wird eine `Mitarbeiter`-Klasse definiert. Diese Definition kann verwendet werden, um die Definition zu erweitern und neue, speziellere Klassen zu erstellen. In Listing 8.4 wird auf diese Weise eine neue `VollzeitMitarbeiter`-Klasse definiert.

```
public class VollzeitMitarbeiter extends Mitarbeiter
{
    private double wochenLohn;
    private double sozialAbzug;

    public void setWochenLohn(double wochenLohnIn)
    {
        wochenLohn=wochenLohnIn;
    }
```

```
    public double getWochenLohn()
    {
        return wochenLohn;
    }

    public void setSozialAbzug(double sozialAbzugIn)
    {
        sozialAbzug=sozialAbzugIn;
    }

    public double getSozialAbzug()
    {
        return sozialAbzug;
    }

    public double berechneZahlung()
    {
        return wochenLohn-sozialAbzug;
    }
}
```

Listing 8.4: Eine VollzeitMitarbeiter-Klasse

Laut Listing 8.4 verfügt jede Instanz der VollzeitMitarbeiter-Klasse über zwei Variablen: wochenLohn und sozialAbzug. Dies sind jedoch nicht die einzigen Variablen einer VollzeitMitarbeiter-Instanz. Die erste Zeile von Listing 8.4 besagt, dass die VollzeitMitarbeiter-Klasse die vorhandene Mitarbeiter-Klasse erweitert. Dies bedeutet, dass jede VollzeitMitarbeiter-Instanz zusätzlich über zwei andere Variablen verfügt: name und funktion. Diese beiden Variablen stammen aus der Definition der Mitarbeiter-Klasse in Listing 8.1.

Das Schlüsselwort, mit dem eine Klasse erweitert wird, lautet extends. Wenn eine Klasse eine vorhandene Klasse erweitert, erbt die erweiternde Klasse automatisch die Funktionalität der vorhandenen Klasse. Deshalb *erbt* die VollzeitMitarbeiter-Klasse die Variablen name und funktion. Außerdem erbt sie alle Methoden, die in Mitarbeiter-Klasse deklariert sind: setName, getName, setFunktion, getFunktion und zahleGehalt. Die VollzeitMitarbeiter-Klasse ist eine *Unterklasse* der Mitarbeiter-Klasse. Das bedeutet, dass die Mitarbeiter-Klasse die *übergeordnete Klasse* oder *Oberklasse* der VollzeitMitarbeiter-Klasse ist. Manchmal wird die Beziehung zwischen den Klassen auch mit Verwandtschaftsbeziehungen bezeichnet: Die VollzeitMitarbeiter-Klasse ist die *Kind-Klasse* der Mitarbeiter-Klasse, und die Mitarbeiter-Klasse ist die *Eltern-Klasse* der VollzeitMitarbeiter-Klasse.

Ober- und Unterklasse funktionieren fast so, als würde die VollzeitMitarbeiter-Klasse durch den Code in Listing 8.5 definiert:

```
public class VollzeitMitarbeiter
{
   private String name;
   private String funktion;
   private double wochenLohn;
   private double sozialAbzug;

   public void setName(String nameIn)
   {
      name=nameIn;
   }

   public String getName()
   {
      return name;
   }

   public void setFunktion(String funktionIn)
   {
      funktion=funktionIn;
   }

   public String getFunktion()
   {
      return funktion;
   }

   public void setWochenLohn(double wochenLohnIn)
   {
      wochenLohn=wochenLohnIn;
   }

   public double getWochenLohn()
   {
      return wochenLohn;
   }

   public void setSozialAbzug(double sozialAbzugIn)
   {
      sozialAbzug=sozialAbzugIn;
   }

   public double getSozialAbzug()
   {
      return sozialAbzug;
   }
```

```
    public double berechneZahlung()
    {
        return wochenLohn-sozialAbzug;
    }

    public void zahleGehalt(double betrag)
    {
        java.text.NumberFormat geldbetrag =
            java.text.NumberFormat.getCurrencyInstance();

        System.out.print("Zahlen Sie an " + name);
        System.out.print(" (" + funktion +")   ***");
        System.out.println(geldbetrag.format(betrag));
    }
}
```

Listing 8.5: Der gesamte Code in einer Klasse (kein echter Code – nur zur Illustration!)

Warum ist der Code in Listing 8.5 nicht echt? Nun, der Hauptunterschied zwischen Listing 8.5 und der Vererbung in den Listings 8.1 und 8.4 besteht darin, dass eine Unterklasse die privaten Variablen ihrer Oberklasse nicht direkt referenzieren kann, sondern die Zugriffsmethoden der Oberklasse benutzen muss, um auf die Variablen zuzugreifen. In Listing 8.4 wäre der Aufruf `setName("Rufus")` zulässig, die Zuweisung `name="Rufus"` dagegen nicht. Der Code in Listing 8.5 suggeriert, dass in der `VollzeitMitarbeiter`-Klasse eine Zuweisung wie `name="Rufus"` zulässig ist, was tatsächlich jedoch nicht der Fall ist.

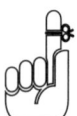

Damit Sie die `Mitarbeiter`-Klasse erweitern können, muss auf Ihrer Festplatte nicht die Datei `Mitarbeiter.java`, sondern nur die Datei `Mitarbeiter.class` zugänglich sein.

Unterklassen zu bilden ist gewohnheitsbildend

Nach der `VollzeitMitarbeiter`-Klasse können Sie auf ähnliche Weise eine `TeilzeitMitarbeiter`-Klasse bilden (siehe Listing 8.6).

```
public class TeilzeitMitarbeiter extends Mitarbeiter
{
    private double stundenSatz;

    public void setStundenSatz(double rateIn)
    {
        stundenSatz=rateIn;
    }
```

```
    public double getStundenSatz()
    {
        return stundenSatz;
    }

    public double berechneZahlung(int hours)
    {
        return stundenSatz*hours;
    }
}
```

Listing 8.6: Eine TeilzeitMitarbeiter-Klasse

Im Gegensatz zur der VollzeitMitarbeiter-Klasse hat TeilzeitMitarbeiter keinen wochenLohn und keinen sozialAbzug, sondern eine stundenSatz-Variable. (Ich hätte auch eine arbeitsStunden-Variable hinzufügen können, habe aber dann darauf verzichtet, weil sich die Anzahl der Arbeitsstunden eines Teilzeit-Mitarbeiters von Woche zu Woche stark ändern kann.)

Mit Unterklassen arbeiten

Nachdem Sie im vorangegangenen Abschnitt Unterklassen erstellt haben, wollen wir in diesem Abschnitt anhand von zwei Beispielen diese Programmiertechnik verdeutlichen.

Eine minimalistische Lösung

Listing 8.7 ist ein einfaches Programm, das die Unterklassen VollzeitMitarbeiter und TeilzeitMitarbeiter verwendet. Abbildung 8.5 zeigt den Output des Programms.

```
class EinfacheGehaltsabrechnung
{
    public static void main(String args[])
    {
        VollzeitMitarbeiter vzMa = new VollzeitMitarbeiter();

        vzMa.setName("Barry Burd");
        vzMa.setFunktion("Vorstand");
        vzMa.setWochenLohn(5000.00);
        vzMa.setSozialAbzug(500.00);

        vzMa.zahleGehalt(vzMa.berechneZahlung());
        System.out.println();

        TeilzeitMitarbeiter tzMa = new TeilzeitMitarbeiter();
```

```
        tzMa.setName("Steve Surace");
        tzMa.setFunktion("Fahrer");
        tzMa.setStundenSatz(7.53);

        tzMa.zahleGehalt(tzMa.berechneZahlung(10));
    }
}
```

Listing 8.7: Ein einfaches Programm mit Unterklassen

```
C:\JavaPrograms>java EinfacheGehaltsabrechnung
Zahlen Sie an Barry Burd (Vorstand)   ***4.500,00 DM
Zahlen Sie an Steve Surace (Fahrer)   ***75,30 DM
C:\JavaPrograms>
```

Abbildung 8.5: Der Output von Programm 8.7

Um Listing 8.7 zu verstehen, müssen Sie drei Klassen beachten: `Mitarbeiter`, `VollzeitMitarbeiter` und `TeilzeitMitarbeiter`. (Der Code, in dem diese Klassen definiert sind, befindet sich in den Listings 8.1, 8.4 und 8.6.)

Der erste Teil von Listing 8.7 behandelt Vollzeit-Mitarbeiter. Viele Methoden verwenden die `vzMa`-Variable, die ein `VollzeitMitarbeiter`-Objekt referenziert. Beispielsweise können Sie `vzMa.setWochenLohn` aufrufen, weil `vzMa` den Typ `VollzeitMitarbeiter` hat. Sie können auch `vzMa.setName` aufrufen, weil die `VollzeitMitarbeiter`-Klasse die `Mitarbeiter`-Klasse erweitert.

Da `zahleGehalt` in der `Mitarbeiter`-Klasse deklariert wird, können Sie `vzMa.zahleGehalt` aufrufen. Sie können aber auch `vzMa.berechneZahlung` aufrufen, weil die `VollzeitMitarbeiter`-Klasse eine `berechneZahlung`-Methode enthält.

Typen abgleichen

Der letzte Befehl der ersten Hälfte von Listing 8.7 stellt den Scheck für einen Vollzeit-Mitarbeiter aus. Er enthält als Argument einen Methodenaufruf. Sie können die beteiligten Typen ermitteln, indem Sie den Befehl von innen nach außen lesen:

- ✔ Die Methode `vzMa.berechneZahlung` wird mit einer leeren Parameterliste aufgerufen (Listing 8.7).

- ✔ Dies ist gut, weil die `berechneZahlung`-Methode keine Parameter hat (Listing 8.4).

- ✔ Die `berechneZahlung`-Methode gibt einen Wert vom Typ `double` zurück (noch einmal Listing 8.4).

✔ Der double-Wert, den vzMa.berechneZahlung zurückgibt, wird an die Methode vzMa.zahleGehalt übergeben (Listing 8.7). Dies ist gut, weil die zahleGehalt-Methode einen Parameter vom Typ double hat (Listing 8.1).

Abbildung 8.6 veranschaulicht diese Beziehungen in grafischer Form.

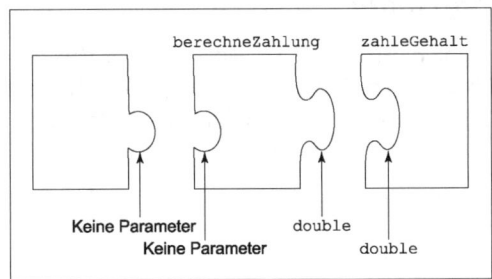

Abbildung 8.6: Parameter abgleichen

 Übergeben Sie einer Methode immer Werte des Typs, die sie in ihrer Parameterliste erwartet.

Die Verarbeitung von TeilzeitMitarbeiter-Objekten

In der zweiten Hälfte von Listing 8.7 erstellt der Code ein Objekt vom Typ TeilzeitMitarbeiter. Eine Variable vom Typ TeilzeitMitarbeiter kann einige derselben Funktionen ausführen wie eine VollzeitMitarbeiter-Variable. Aber die TeilzeitMitarbeiter-Klasse hat keine setWochenLohn- und setSozialAbzug-Methode. Stattdessen verfügt die TeilzeitMitarbeiter-Klasse über die setStundenSatz-Methode (siehe Listing 8.6). Deshalb enthält die vorletzte Zeile in Listing 8.7 einen Aufruf der setStundenSatz-Methode.

Die letzte Zeile von Listing 8.7 ist bei weitem die interessanteste. In dieser Zeile übergibt der Code die Zahl 10 (die Anzahl der Arbeitsstunden) an die berechneZahlung-Methode. Wenn Sie diese Zeile mit dem früheren Aufruf von berechneZahlung für den Vollzeit-Mitarbeiter in der ersten Hälfte von Listing 8.7 vergleichen, werden Sie feststellen, dass die beiden Unterklassen, VollzeitMitarbeiter und TeilzeitMitarbeiter, verschiedene berechneZahlung-Methoden verwenden. Die zwei Methoden haben zwei verschiedene Parameterlisten:

✔ Die berechneZahlung-Methode der VollzeitMitarbeiter-Klasse hat keine Parameter (Listing 8.4).

✔ Die berechneZahlung-Methode der TeilzeitMitarbeiter-Klasse hat einen int-Parameter (Listing 8.6).

Der Lohn für einen Teilzeit-Mitarbeiter wird anders berechnet als für einen Vollzeit-Mitarbeiter. Die Bezahlung eines Teilzeit-Mitarbeiters ändert sich in Abhängigkeit von seinen Arbeitsstunden jede Woche. Der Vollzeit-Mitarbeiter erhält jede Woche denselben Betrag. Deshalb haben die VollzeitMitarbeiter- und die TeilzeitMitarbeiter-Klasse unterschiedliche berechneZahlung-Methoden.

Ein komplexes Programm

Während das vorangegangene Beispiel die Grundstruktur der Vererbung verdeutlicht hat, präsentiert Listing 8.8 dieselben Informationen von einer praktischeren Warte aus. Natürlich hat dies einen Preis: Listing 8.8 ist länger und komplizierter als das Listing in dem vorangegangenen Abschnitt.

```
import java.io.BufferedReader;

class KomplexeGehaltsabrechung
{
   public static void main(String args[])
   {
      BufferedReader inFile =
         DummiesIO.open("c:\\JavaPrograms\\MitarbeiterInfo2");
      for (int emplNum=1; emplNum<=3; emplNum++)
         zahleVollzeitMa(inFile);
      for (int emplNum=4; emplNum<=6; emplNum++)
         zahleTeilzeitMa(inFile);
   }

   public static void zahleVollzeitMa(BufferedReader inFile)
   {
      VollzeitMitarbeiter vzMa = new VollzeitMitarbeiter();

      vzMa.setName(DummiesIO.getString(inFile));
      vzMa.setFunktion(DummiesIO.getString(inFile));
      vzMa.setWochenLohn(DummiesIO.getDouble(inFile));
      vzMa.setSozialAbzug(DummiesIO.getDouble(inFile));
      DummiesIO.getString(inFile);

      vzMa.zahleGehalt(vzMa.berechneZahlung());
      System.out.println();
   }

   public static void zahleTeilzeitMa(BufferedReader inFile)
   {
      TeilzeitMitarbeiter tzMa = new TeilzeitMitarbeiter();

      tzMa.setName(DummiesIO.getString(inFile));
      tzMa.setFunktion(DummiesIO.getString(inFile));
      tzMa.setStundenSatz(DummiesIO.getDouble(inFile));
```

8 ➤ Zeit und Geld sparen: Vorhandenen Code wiederverwenden

```
      System.out.print("Wie viele Arbeitsstunden hat ");
      System.out.print(tzMa.getName());
      System.out.print(" in dieser Woche gearbeitet: ");
      int stunden = DummiesIO.getInt();

      DummiesIO.getString(inFile);
      tzMa.zahleGehalt(tzMa.berechneZahlung(stunden));
      System.out.println();
   }
}
```

Listing 8.8: Ein komplexes Gehaltsprogramm

Trotz seiner Komplexität ist der Code in Listing 8.8 noch kein ausgewachsenes Programm zur Lohnabrechnung. Es ist ein Spielzeugprogramm, aber es ist etwas realistischer als das Programm in Listing 8.7. Der Code in Listing 8.8 stellt die Schecks für drei Vollzeit- und drei Teilzeit-Mitarbeiter aus. Die Aufrufe von `zahleVollzeitMa` und `zahleTeilzeitMa` stellen sicher, dass jeder Mitarbeiter einen Scheck erhält. Jede `bezahleMitarbeiter`-Methode liest Daten aus einer Datei ein und weist sie den Variablen des `Mitarbeiter`-Objekts zu. Listing 8.9 zeigt die Datei, die ich zum Testen von Listing 8.8 verwendet habe. Abbildung 8.7 zeigt den Output des Programms.

```
Barry Burd
Vorstand
5000.00
500.00
---
Harriet Ritter
Manager
7000.00
700.00
---
Ihr Name
Aufsichtsrat
10000.00
200.00
---
Steve Surace
Fahrer
7.53
---
Bernard Smith
Bote
9.26
---
```

```
Chris Apelian
Computer-Buch-Autor
3.54
---
```

Listing 8.9: Der Input für das komplexe Lohnabrechnungsprogramm (MitarbeiterInfo2)

```
C:\JavaPrograms>java KomplexeGehaltsabrechnung
Zahlen Sie an Barry Burd (Vorstand)    ***4.500,00 DM

Zahlen Sie an Harriet Ritter (Manager)  ***6.300,00 DM

Zahlen Sie an Ihr Name (Aufsichtsrat)   ***9.800,00 DM

Wie viele Arbeitsstunden hat Steve Surace in dieser Woche gearbeitet: 10
Zahlen Sie an Steve Surace (Fahrer)    ***75,30 DM

Wie viele Arbeitsstunden hat Bernard Smith in dieser Woche gearbeitet: 15
Zahlen Sie an Bernard Smith (Bote)     ***138,90 DM

Wie viele Arbeitsstunden hat Chris Apelian in dieser Woche gearbeitet: 65
Zahlen Sie an Chris Apelian (Computer-Buch-Autor)   ***230,10 DM

C:\JavaPrograms>
```

Abbildung 8.7: Die Mitarbeiter bezahlen

Verglichen mit der Vollzeitvariante hat die `zahleTeilzeitMa`-Methode eine Besonderheit: Die Anzahl der Arbeitsstunden des Mitarbeiters wird nicht aus einer Datei eingelesen, sondern der Benutzer wird aufgefordert, diese Zahl einzugeben. Dahinter steht die Idee, dass die Festplattendatei alle langfristigen Informationen über einen Mitarbeiter enthält, während die Arbeitsstunden eines Mitarbeiters kurzfristige Informationen sind. Die `zahleTeilzeitMa`-Methode fragt diese Informationen ad hoc von dem Benutzer ab.

Vorhandene Methoden überschreiben (Zahlungen für einige Mitarbeiter ändern)

Nehmen wir an, dass Sie für ein Projekt einige Teilzeitmitarbeiter einstellen, mit denen Sie eine Sonderbezahlung vereinbart haben. Jetzt haben Sie zwei Arten von Teilzeit-Mitarbeitern: Die einen erhalten für Überstunden die doppelte Bezahlung, die anderen nicht, sodass Sie für diese Ihr Lohnabrechnungsprogramm nicht ändern müssen. Welche Optionen haben Sie?

✔ Sie können den Code der `TeilzeitMitarbeiter`-Klasse ändern und das Beste hoffen. (Kein gute Idee!)

✔ Sie können den Rat aus dem vorangegangenen Abschnitt befolgen und eine Unterklasse der vorhandenen `TeilzeitMitarbeiter`-Klasse erstellen. Da diese Klasse bereits eine `berechneZahlung`-Methode enthält, stellt sich die Frage, ob Sie nicht irgendeinen Trick

8 ➤ Zeit und Geld sparen: Vorhandenen Code wiederverwenden

anwenden müssen, um die vorhandene `berechneZahlung`-Methode für jeden Mitarbeiter mit einer doppelten Überstundenbezahlung zu umgehen.

Dank der objektorientierten Programmierung ist es kein Problem, eine Unterklasse zu erstellen, die die Funktionalität ihrer Oberklasse überschreibt. Listing 8.10 enthält eine derartige Unterklasse.

```
public class UeberstundenTeilzeit extends TeilzeitMitarbeiter
{
    public double berechneZahlung(int hours)
    {
        if (hours<=40)
            return getStundenSatz()*hours;
        else
            return getStundenSatz()*40 +
                    getStundenSatz()*2*(hours-40);
    }
}
```

Listing 8.10: Eine weitere Unterklasse

Abbildung 8.8 zeigt die Beziehung zwischen dem Code in Listing 8.10 und den anderen Code-Teilen in diesem Kapitel. Beachten Sie, dass `UeberstundenTeilzeit` eine Unterklasse einer Unterklasse ist. Bei der objektorientierten Programmierung ist eine derartige Kette nicht ungewöhnlich. Tatsächlich ist die Kette der Unterklassen in unserem Beispiel ziemlich kurz.

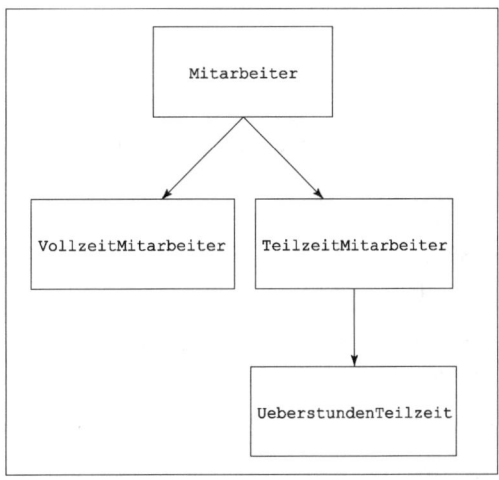

Abbildung 8.8: Ein Baum von Klassen

Die `UeberstundenTeilzeit`-Klasse erweitert die `TeilzeitMitarbeiter`-Klasse, aber `UeberstundenTeilzeit` übernimmt nicht alle Komponenten ihrer Oberklasse. Da die

UeberstundenTeilzeit-Klasse eine eigene Deklaration der berechneZahlung-Methode enthält, erbt die Klasse nicht die berechneZahlung-Methode ihrer Oberklasse (siehe Abbildung 8.9).

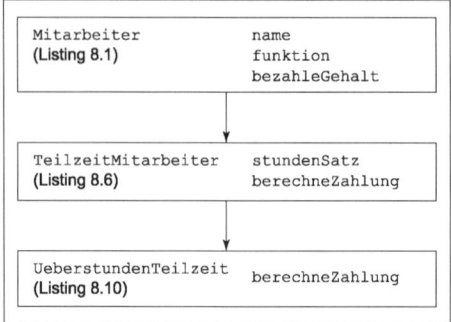

Abbildung 8.9: Die Methode berechneZahlung wird nicht geerbt.

Offiziell sagt man, dass die UeberstundenTeilzeit-Klasse die berechneZahlung-Methode ihrer Oberklasse *überschreibt* (engl. *overrides*). Wenn Sie ein Objekt der UeberstundenTeilzeit-Klasse erstellen, hat das Objekt name, funktion, stundenSatz und zahleGehalt der TeilzeitMitarbeiter-Klasse, aber die berechneZahlung-Methode, die in Listing 8.10 definiert ist.

Listing 8.11 verdeutlicht die Beziehungen, Abbildung 8.10 zeigt den Output des Programms.

```
class GehaltsabrechnungF
{
   public static void main(String args[])
   {
      VollzeitMitarbeiter vzMa = new VollzeitMitarbeiter();

      vzMa.setName("Barry Burd");
      vzMa.setFunktion("Vorstand");
      vzMa.setWochenLohn(5000.00);
      vzMa.setSozialAbzug(500.00);

      vzMa.zahleGehalt(vzMa.berechneZahlung());
      System.out.println();

      TeilzeitMitarbeiter tzMa = new TeilzeitMitarbeiter();

      tzMa.setName("Chris Apelian");
      tzMa.setFunktion("Computer-Buch-Autor");
      tzMa.setStundenSatz(7.53);

      tzMa.zahleGehalt(tzMa.berechneZahlung(50));
      System.out.println();
```

```
    UeberstundenTeilzeit tzuMa = new UeberstundenTeilzeit();

    tzuMa.setName("Steve Surace");
    tzuMa.setFunktion("Fahrer");
    tzuMa.setStundenSatz(7.53);

    tzuMa.zahleGehalt(tzuMa.berechneZahlung(50));
  }
}
```

Listing 8.11: Den Code von Listing 8.10 testen

```
C:\JavaPrograms>javac GehaltsabrechnungF.java

C:\JavaPrograms>java GehaltsabrechnungF
Zahlen Sie an Barry Burd (Vorstand)  ***4.500,00 DM

Zahlen Sie an Chris Apelian (Computer-Buch-Autor)  ***376,50 DM

Zahlen Sie an Steve Surace (Fahrer)  ***451,80 DM

C:\JavaPrograms>
```

Abbildung 8.10: Ausführung und Output von Programms 8.11

Der Code in Listing 8.11 stellt Schecks für drei Mitarbeiter aus. Der erste Mitarbeiter ist ein Vollzeit-Mitarbeiter, der zweite ist ein Teilzeit-Mitarbeiter ohne Sonderbezahlung, und der dritte erhält eine höhere Überstundenbezahlung.

Durch die Unterklassen koexistieren alle drei Mitarbeitertypen in Listing 8.11. Sicher – eine Unterklasse ist von der alten TeilzeitMitarbeiter-Klasse abgeleitet, aber dies bedeutet nicht, dass es unmöglich ist, ein Objekt der TeilzeitMitarbeiter-Klasse zu erstellen. Tatsächlich geht Java sehr intelligent mit einer solchen Situation um. Listing 8.11 enthält drei Aufrufe der berechneZahlung-Methode, die jeweils eine andere Version der Methode ansprechen:

✔ Beim ersten Aufruf, vzMa.berechneZahlung, ist die vzMa-Variable eine Instanz der Klasse VollzeitMitarbeiter, sodass die Methode in Listing 8.4 aufgerufen wird.

✔ Beim zweiten Aufruf, tzMa.berechneZahlung, ist die tzMa-Variable eine Instanz der Klasse TeilzeitMitarbeiter, sodass die Methode in Listing 8.6 aufgerufen wird.

✔ Beim dritten Aufruf, tzuMa.berechneZahlung, ist die tzuMa-Variable eine Instanz der Klasse UeberstundenTeilzeit, sodass die Methode in Listing 8.10 aufgerufen wird.

Dieser Code ist fantastisch. Er ist sauber, elegant und effizient. Sie sparen so viel Geld für Software, dass Sie jedem den doppelten Überstundensatz bezahlen können. (Ob Sie dies tun, oder das Geld behalten, steht auf einem anderen Blatt.)

Neue Objekte konstruieren

In diesem Kapitel

- Konstruktoren definieren
- Konstruktoren in Unterklassen verwenden
- Die standardmäßigen Konstruktorfunktionen von Java benutzen
- Ein einfaches GUI erstellen

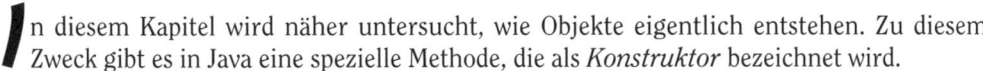

*I*n diesem Kapitel wird näher untersucht, wie Objekte eigentlich entstehen. Zu diesem Zweck gibt es in Java eine spezielle Methode, die als *Konstruktor* bezeichnet wird.

Konstruktoren definieren

Der folgende Befehl erstellt ein neues Objekt:

```
Konto meinKonto = new Konto();
```

Wir haben diesen Befehl schon häufiger verwendet; doch wir haben ihn noch nicht näher erklärt, sondern nur gesagt, dass dabei ein Konstruktor der Konto-Klasse aufgerufen wird. Was bedeutet das?

Wenn Sie ein Programm anweisen, ein neues Objekt zu erstellen, reserviert das Programm zunächst einen Speicherplatz für das neue Objekt. Wenn das Objekt über Variablen verfügt, sollten diese Variablen irgendwann mit sinnvollen Werten gefüllt werden.

Dabei stellen sich einige Fragen: Wenn Sie ein Programm anweisen, ein neues Objekt zu erstellen, können Sie dann steuern, was in den Variablen des Objekts gespeichert wird? Ist es möglich, darüber hinaus noch weitere Aktionen auszuführen? Wenn das Programm beispielsweise ein neues Fenster-Objekt erstellt, sollte es doch möglich sein, die Größen der Schaltflächen in diesem Fenster festzulegen.

Ein neues Objekt zu erstellen, kann viele verschiedene Aufgaben umfassen. In diesem Kapitel erfahren Sie, wie Sie diese Aufgaben mit *Konstruktoren* lösen können. Ein Konstruktor erstellt ein neues Objekt und führt weitere, damit verbundene Aufgaben aus.

Beispiel: Eine Temperatur-Klasse konstruieren

Jede Temperaturangabe besteht aus zwei Komponenten: einer Zahl und einer Angabe der Temperaturskala (siehe Listing 9.1).

```java
public class Temperatur
{
   private double grad;
   private char skala;

   public Temperatur()
   {
      grad=0.0;
      skala='F';
   }

   public Temperatur(double grad)
   {
      this.grad=grad;
      skala='F';
   }

   public Temperatur(char skala)
   {
      grad=0.0;
      this.skala=skala;
   }

   public Temperatur(double grad, char skala)
   {
      this.grad=grad;
      this.skala=skala;
   }

   public void setGrad(double grad)
   {
      this.grad=grad;
   }

   public double getGrad()
   {
      return grad;
   }

   public void setSkala(char skala)
   {
      this.skala=skala;
   }

   public char getSkala()
   {
```

```
        return skala;
    }
}
```

Listing 9.1: Die Temperatur-Klasse

Der Code in Listing 9.1 enthält am Anfang zwei Variablen: grad und skala. Ein grad ist einfach ein double-Wert – beispielsweise 32.0 oder 70.52. Ein skala ist ein char-Wert – beispielsweise 'F' für Fahrenheit oder 'C' für Celsius. Der Code enthält außerdem die üblichen Set- und Get-Methoden, also die Zugriffsmethoden für die grad- und skala-Variablen.

Darüber hinaus enthält Listing 9.1 drei weitere spezielle Methoden, die alle Temperatur heißen und sich nur durch ihre Parameterlisten voneinander unterscheiden. Diese Methoden haben keine Rückgabewerte, nicht einmal den Wert void, der sonst verwendet wird, wenn eine Methode keinen Wert zurückgibt.

Diese speziellen Methoden werden als *Konstruktoren* bezeichnet. Ein Konstruktor ist eine spezielle Methode, die dazu dient, neue Objekte zu erstellen.

Wenn ein Programm ein neues Objekt erstellt, führt es Befehle in einem Konstruktor aus.

Eine Anwendung der Temperatur-Klasse

Listing 9.2 zeigt, wie die Konstruktoren in Listing 9.1 verwendet werden können. Abbildung 9.1 zeigt den Output dieses Programms.

```
class TemperaturAnwenden
{
    public static void main(String args[])
    {
        Temperatur temp;

        temp = new Temperatur();
        temp.setGrad(70.0);
        temp.setSkala('F');
        System.out.print(temp.getGrad());
        System.out.print(" Grad ");
        System.out.println(temp.getSkala());

        temp = new Temperatur(32.0);
        System.out.print(temp.getGrad());
        System.out.print(" Grad ");
        System.out.println(temp.getSkala());
```

```
        temp = new Temperatur('C');
        System.out.print(temp.getGrad());
        System.out.print(" Grad ");
        System.out.println(temp.getSkala());

        temp = new Temperatur(2.73, 'K');
        System.out.print(temp.getGrad());
        System.out.print(" Grad ");
        System.out.println(temp.getSkala());
    }
}
```

Listing 9.2: Die Temperatur-Klasse verwenden

```
C:\JavaPrograms>javac UseTemperature.java

C:\JavaPrograms>java UseTemperature
70.0 Grad F
32.0 Grad F
0.0 Grad C
2.73 Grad K

C:\JavaPrograms>
```

Abbildung 9.1: Ausführung und Output von Programm 9.2

In Listing 9.2 ruft jeder Befehl der Art

```
temp = new Temperatur(...);
```

einen der Konstruktoren in Listing 9.1 auf. Insgesamt werden vier Instanzen der Temperatur-Klasse – jeweils mit einem anderen Konstruktor – erstellt.

Eine Fallstudie: »new Temperatur(32.0)« aufrufen

Wenn das Programm einen der new Temperatur-Befehle in Listing 9.2 ausführt, muss es entscheiden, welcher der Konstruktoren in Listing 9.1 verwendet werden soll. Die Wahl des Konstruktors hängt von der Parameterliste (den Argumenten in den Klammern) nach den Wörtern new Temperatur ab. Beispielsweise enthält der Befehl

```
temp = new Temperatur(32.0);
```

ein Argument vom Typ double (nämlich 32.0). Listing 9.1 enthält einen Temperatur-Konstruktor, der einen Parameter vom Typ double erwartet. Er hat den folgenden Kopf:

```
public Temperatur(double grad)
```

Deshalb wählt das Programm diesen Konstruktor aus und führt die folgenden Befehle aus:

```
this.grad=grad;
skala='F';
```

Das Ergebnis ist ein neues Objekt, dessen `grad`-Variable den Wert `32.0` und dessen `skala`-Variable den Wert `'F'` hat.

Die beiden Zeilen enthalten Befehle, die den Variablen `grad` und `skala` Werte zuweisen. Der zweite Befehl ist etwas leichter zu verstehen. Er weist der `skala`-Variablen einfach den Wert `'F'` zu. Da die Parameterliste des Konstruktors (`double grad`) keinen `skala`-Wert enthält, wird dieser Variablen in diesem Konstruktor standardmäßig der Wert `'F'` zugewiesen. Dass dieser Wert standardmäßig verwendet wird, ist eine Designentscheidung des Programmierers. Er hätte auch `'C'` für Celsius oder `'K'` für Kelvin wählen können.

Der erste Befehl weist der `grad`-Variablen des neuen Objekts einen Wert zu. Der Befehl verwendet eine Technik, die häufig benutzt wird, um den Variablen eines Objekts in Konstruktoren und in anderen Methoden Werte zuzuweisen. Listing 9.3 zeigt, wie diese Technik funktioniert. Es zeigt zwei Methoden, denselben Konstruktor-Code zu schreiben:

```
//Verwenden Sie diesen Konstruktor ...

    public Temperatur(double wasimmer)
    {
       grad=wasimmer;
       skala='F';
    }

//... oder verwenden Sie diesen Konstruktor ...
    public Temperatur(double grad)
    {
       this.grad=grad;
       skala='F';
    }

//... aber verwenden Sie nicht beide Konstruktoren.
```

Listing 9.3: Zwei Verfahren, um das Gleiche zu erreichen

Im ersten Konstruktor von Listing 9.3 hat der Parameter des Konstruktors den Namen `wasimmer`. Da dieser Name eindeutig ist, gibt es keine Probleme. Im zweiten Konstruktor hat der Parameter des Konstruktors dagegen den Namen `grad`, der bereits für eine Variable des Objekts verwendet wird. Das Problem besteht jetzt darin, den Parameter und die Objektvariable zu unterscheiden; und genau das leistet das Schlüsselwort `this` in der Zuweisung `this.grad=grad` (siehe auch Abbildung 9.2):

✔ `this.grad` bezeichnet die `grad`-Variable des neuen Objekts.

✔ `grad` (ohne `this`) bezeichnet den Parameter des Konstruktors.

Im Allgemeinen bezeichnet `this`.*someName* eine Variable des Objekts, das den Code enthält. Dagegen bezeichnet *someName* (ohne `this`) eine Variable, die in dem jeweiligen Kontext deklariert ist. In dem Befehl this.grad=grad (Listing 9.1) wird dieser Kontext durch die Parameterliste des Temperatur-Konstruktors definiert.

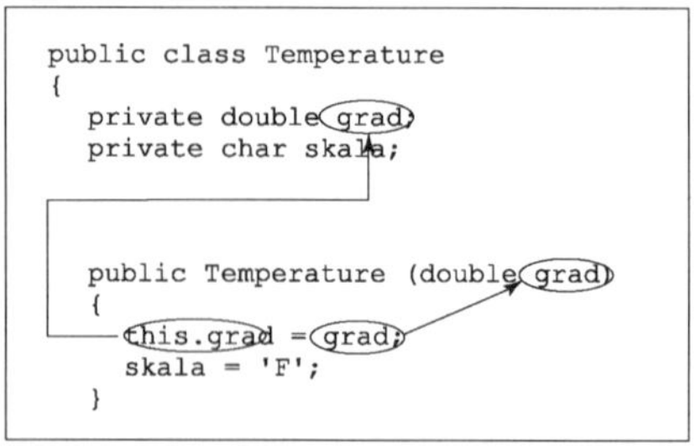

```
public class Temperature
{
    private double grad;
    private char skala;

    public Temperature (double grad)
    {
        this.grad = grad;
        skala = 'F';
    }
}
```

Abbildung 9.2: Was this.grad *und* grad *bedeuten*

Das Schlüsselwort »this«

Nehmen wir an, dass Ihr Code einen Konstruktor enthält – den ersten der beiden Konstruktoren in Listing 9.3. Als wasimmer-Parameter wird beispielsweise eine Zahl wie 32.0 übergeben. Dann weist der erste Befehl im Körper des Konstruktors diesen Wert der grad-Variablen des neuen Objekts zu. Dieser Code funktioniert. Aber beim Schreiben dieses Codes mussten Sie sich einen neuen Namen – wasimmer – für einen Parameter ausdenken, der nur dazu dient, der grad-Variablen des Objekts einen Wert zuzuweisen. Was für eine Verschwendung! Um zwischen dem Parameter und der grad-Variablen zu unterscheiden, haben Sie einen Namen für einen flüchtigen, temporären Speicher für den grad-Wert erfunden.

Namen zu erfinden ist eine Kunst, keine Wissenschaft. Ich habe in meiner Berufslaufbahn verschiedene Phasen der Namensgebung durchlaufen. Vor einigen Jahren habe ich, wenn ich einen neuen Namen für einen Parameter benötigte, den Namen der ursprünglichen Variablen leicht variiert (indem ich beispielsweise den Parameter numbr oder nuhmber nannte). Ich habe auch versucht, die Groß- und Kleinbuchstaben eines Variablennamens zu ändern (indem ich Parameternamen wie Number oder nUMBER verwendet habe). In Kapitel 8 habe ich die Variablennamen mit dem Suffix In versehen, um die zugehörigen Parameter zu benennen (sodass die funktion-Variable dem funktionIn-Parameter entsprach). Keines dieser Namensschemata funktionierte besonders gut. Ich konnte mich nie an die seltsamen neuen Namen erinnern, die ich gewählt hatte. In Java ist dieser ganze Aufwand, passende Namen für Parameter zu finden, nicht notwendig. Sie können einem Parameter denselben Namen wie der Variablen geben. Um beide zu unterscheiden, verwenden Sie das Java-Schlüsselwort this.

Weitere Unterklassen

In Kapitel 8 haben Sie Unterklassen kennen gelernt. Die Bildung von Unterklassen ist *die* entscheidende Technik, um guten, das heißt wiederverwendbaren Code zu schreiben. Deshalb wollen wir jetzt eine Unterklasse der Temperatur-Klasse aus dem ersten Abschnitt erstellen.

Eine bessere Klasse zur Speicherung von Temperaturen

Wenn Sie sich den Code in Listing 9.2 anschauen, könnten Sie zu dem Schluss kommen, dass die Verantwortung für die Anzeige von Temperaturen an der falschen Stelle steht. Listing 9.2 enthält mehrere langweilige Wiederholungen der Zeilen, mit denen die Temperatur-Werte ausgegeben werden. Als Anhänger der objektorientierten Programmierung fragen Sie sich, ob sich der Code nicht vereinfachen ließe. Könnte nicht jedes Temperatur-Objekt selbst die Verantwortung dafür übernehmen, sich anzuzeigen? Wenn Sie eine display-Methode entwickeln, wollen Sie schließlich die Methode wahrscheinlich auch anderen Personen zur Verfügung stellen, die mit Temperaturen arbeiten. Deshalb fügen Sie die Methode direkt in die Deklaration eines Temperatur-Objekts ein. Auf diese Weise kann jeder, der den Code für Temperaturen verwendet, leicht auf die display-Methode zugreifen.

Zu diesem Zweck erstellen Sie eine Unterklasse der Temperatur-Klasse in Listing 9.1. Die neue Unterklasse ergänzt die Funktionalität der Temperatur-Klasse um Methoden, die die Werte sauber und einheitlich anzeigen (siehe Listing 9.4).

```
import java.text.NumberFormat;

public class TemperaturAusgabe extends Temperatur
{
   public TemperaturAusgabe ()
   {
      super();
   }

   public TemperaturAusgabe(double grad)
   {
      super(grad);
   }

   public TemperaturAusgabe(char skala)
   {
      super(skala);
   }

   public TemperaturAusgabe(double grad, char skala)
   {
      super(grad, skala);
   }
```

```
public String getSkalaText()
{
   switch (getSkala())
   {
      case 'C': return "Celsius";
      case 'F': return "Fahrenheit";
      case 'K': return "Kelvin";
      case 'R': return "Rankine";
      default:  return "Unbekannt";
   }
}

public void display()
{
   NumberFormat numFormat =
      NumberFormat.getNumberInstance();
   numFormat.setMinimumFractionDigits(2);
   numFormat.setMaximumFractionDigits(2);

   System.out.print(numFormat.format(getGrad()));
   System.out.print(" Grad ");
   System.out.println(getSkalaText());
}
}
```

Listing 9.4: Die TemperaturAusgabe-Klasse

Die TemperaturAusgabe-Klasse erweitert die Funktionalität der Temperatur-Klasse um die Methoden getSkalaText und display. Die getSkalaText-Methode erwartet einen einzelnen Buchstaben als Argument und gibt den Namen einer Temperaturskala zurück. Die display-Methode hat keine Argumente. Sie greift auf die grad- und skala-Werte zu, formatiert sie und gibt sie aus.

Die getSkalaText-Methode ruft die getSkala-Methode der Temperatur-Klasse auf. Die display-Methode greift auf getGrad-Methode der Temperatur-Klasse zu. Dies ist notwendig, weil innerhalb der TemperaturAusgabe-Klasse kein direkter Zugriff auf die grad- und skala-Variablen möglich ist. Zwar hat jedes TemperaturAusgabe-Objekt seine eigenen grad- und skala-Variablen. (Schließlich ist TemperaturAusgabe eine Unterklasse der Temperatur-Klasse, und die grad- und skala-Variablen werden in dem Code der Temperatur-Klasse definiert.) Weil grad und skala aber innerhalb der Temperatur-Klasse als private deklariert sind, kann nur der Code der Temperatur-Klasse selbst diese Variablen direkt benutzen.

 Fügen Sie keine zusätzlichen Deklarationen der grad- und skala-Variablen in die TemperaturAusgabe-Klasse ein. Damit würden Sie zwei weitere, zwar gleichnamige, aber verschiedene Variablen (namens grad und namens skala), also insgesamt vier Variablen, erzeugen. Wenn Sie dem einen Paar von Variablen

Werte zuwiesen, müssten Sie feststellen, dass die Werte scheinbar verschwunden wären, wenn Sie das andere Paar von Variablen anzeigen würden.

Die `display`-Methode in Listing 9.4 enthält zwei nennenswerte Funktionen. Die erste Methode greift auf eine andere Methode der `TemperaturAusgabe`-Klasse, nämlich auf die `getSkalaText`-Methode, zu. Diese Art der Zusammenarbeit innerhalb einer Klasse ist üblich und normal. Die zweite Methode verwendet die praktische `NumberFormat`-Klasse des Java-APIs. Um Zahlen mit genau zwei Dezimalstellen anzuzeigen, müssen Sie nur den Formatierungscode aus dieser `display`-Methode kopieren und in Ihr Programm einfügen.

Wenn der Code eines Objekts eine Methode desselben Objekts aufruft, müssen Sie dem Aufruf keinen Punkt voranstellen. Beispielsweise ruft das Objekt im letzten Befehl von Listing 9.4 mit `getSkalaText()` eine seiner eigenen Methoden auf. In diesem Fall ist es nicht notwendig, *nameDesObjekts*`.getSkalaText()` zu schreiben. Falls Sie sich unsicher fühlen, wenn Sie den Punkt weglassen, können Sie alternativ auch hier das Schlüsselwort `this` verwenden und `this.getSkalaText()` schreiben.

Konstruktoren für Unterklassen

Das wirklich Neue in Listing 9.4 ist die Art und Weise, in der die Konstruktoren deklariert werden. Die `TemperaturAusgabe`-Klasse enthält vier eigene Konstruktoren. Wenn Sie daran denken, dass Unterklassen die Funktionen ihrer Oberklassen erben, fragen Sie sich vielleicht, warum diese Konstruktoren deklariert werden müssen. Erbt die Klasse `TemperaturAusgabe` nicht die Konstruktoren der übergeordneten `Temperatur`-Klasse? Nein – Unterklassen erben keine Konstruktoren.

Unterklassen erben keine Konstruktoren.

Das stimmt. Unterklassen erben keine Konstruktoren. In seltenen Ausnahmefällen mag es so aussehen, dass ein Konstruktor vererbt wird. (Dieser Ausnahmefall wird später in diesem Kapitel im Abschnitt *Der Standardkonstruktor* behandelt.) Im Allgemeinen müssen Sie bei der Definition einer Unterklasse auch neue Konstruktoren für die Unterklasse definieren.

Deshalb enthält der Code in Listing 9.4 vier Konstruktoren, die alle `TemperaturAusgabe` heißen und jeweils über eine eigene, eindeutige Parameterliste verfügen. Bemerkenswert ist, dass jeder Konstruktor eine Methode namens `super` – ein Java-Schlüsselwort – aufruft.

In Listing 9.4 steht `super` für einen Konstruktor in der Oberklasse.

✔ Der Befehl `super()` in Listing 9.4 ruft den parameterlosen `Temperatur()`-Konstruktor in Listing 9.1 auf. Dieser parameterlose Konstruktor weist der `grad`-Variablen den Wert `0.0` und der `skala`-Variablen den Wert `'F'` zu.

- Der Befehl super(grad, skala) in Listing 9.4 ruft den Konstruktor Temperatur (double grad, char skala) in Listing 9.1 auf, der seinerseits den grad- und skala-Variablen die übergebenen Werte zuweist.

- Auf ähnliche Weise rufen die Befehle super(grad) und super(skala) in Listing 9.4 die entsprechenden Konstruktoren in Listing 9.1 auf.

Das Programm wählt den geeigneten Konstruktor der Temperatur-Klasse anhand der Parameterliste nach dem Wort super aus. Wenn der Befehl in Listing 9.4 beispielsweise

```
super(grad, skala);
```

lautet, stellt das Programm fest, dass die grad- und skala-Variablen in den Klammern die Typen double und char haben. In Listing 9.1 gibt es nur einen Temperatur-Konstruktor, der zwei Parameter mit den Typen double und char hat. Sein Kopf lautet:

```
public Temperatur(double grad, char skala)
```

Deshalb wählt das Programm diesen Konstruktor aus.

Die TemperaturAusgabe-Klasse anwenden

Nachdem die TemperaturAusgabe-Klasse in Listing 9.4 definiert worden ist, zeigt Listing 9.5, wie die Klasse angewendet werden kann. Abbildung 9.3 zeigt den Output des Programms.

```
class TemperaturAusgabeAnwenden
{
    public static void main(String args[])
    {
        TemperaturAusgabe temp;

        temp = new TemperaturAusgabe();
        temp.setGrad(70.0);
        temp.setSkala('F');
        temp.display();

        temp = new TemperaturAusgabe(32.0);
        temp.display();

        temp = new TemperaturAusgabe('C');
        temp.display();

        temp = new TemperaturAusgabe(2.73, 'K');
        temp.display();
    }
}
```

Listing 9.5: Die TemperaturAusgabe-Klasse anwenden

Der Code in Listing 9.5 und in Listing 9.2 ist sehr ähnlich. Die großen Unterschiede sind:

✔ Listing 9.5 erstellt Instanzen der `TemperaturAusgabe`-Klasse. Das heißt, es ruft Konstruktoren der `TemperaturAusgabe`-Klasse, nicht der `Temperatur`-Klasse auf.

✔ Listing 9.5 nutzt die `display`-Methode der `TemperaturAusgabe`-Klasse. Deshalb ist der Code in Listing 9.5 viel ordentlicher als der Code in Listing 9.2.

```
C:\JavaPrograms>java TemperaturAusgabeAnwenden
70,00 Grad Fahrenheit
32,00 Grad Fahrenheit
0,00 Grad Celsius
2,73 Grad Kelvin

C:\JavaPrograms>
```

Abbildung 9.3: Die Anwendung der TemperaturAusgabe-Klasse

Der Standardkonstruktor

Die Hauptbotschaft im vorangegangenen Abschnitt lautet: Unterklassen erben keine Konstruktoren. Was bedeutet das für die Listings in Kapitel 8? In Listing 8.7 lautet ein Befehl:

```
VollzeitMitarbeiter vzMa = new VollzeitMitarbeiter();
```

Das Problem dabei ist: Der Code, der `VollzeitMitarbeiter` definiert (Listing 8.4), scheint keine Konstruktoren zu enthalten. Wie ist es dann in Listing 8.7 möglich, den `VollzeitMitarbeiter`-Konstruktor aufzurufen?

Wenn Sie eine Unterklasse erstellen und in dem Code nicht ausdrücklich einen Konstruktor deklarieren, erstellt Java einen so genannten *Standardkonstruktor*. Beispielsweise hat die Unterklasse `public VollzeitMitarbeiter` den folgenden Standardkonstruktor:

```
public VollzeitMitarbeiter()
{
   super();
}
```

Listing 9.6: Ein Standardkonstruktor

Der Konstruktor in Listing 9.6 hat keine Parameter und enthält nur einen Befehl, der den Konstruktor der Oberklasse aufruft. (Wehe Ihnen, wenn die Oberklasse keinen parameterlosen Konstruktor enthält.)

Achtung: Ein Standardkonstruktor wird nur dann erstellt, wenn Sie eine Unterklasse erstellen und keine eigenen Konstruktoren definieren. Andernfalls fügt Java keinen Standardkonstruktor zu der Unterklasse hinzu (und die Unterklasse erbt auch keine Konstruktoren).

Sie müssen also aufpassen, wenn Sie in einer Unterklasse eigene Konstruktoren einfügen. Listing 9.7 enthält eine Kopie des `VollzeitMitarbeiter`-Codes aus Listing 8.4, in den zusätzlich ein Konstruktor eingefügt wurde.

```java
public class VollzeitMitarbeiterK extends Mitarbeiter
{
    private double wochenLohn;
    private double sozialAbzug;

    public VollzeitMitarbeiter(double wochenLohn)
    {
        this.wochenLohn=wochenLohn;
    }

    public void setWochenLohn(double wochenLohnIn)
    {
        wochenLohn=wochenLohnIn;
    }

    public double getWochenLohn()
    {
        return wochenLohn;
    }

    public void setSozialAbzug(double sozialAbzugIn)
    {
        sozialAbzug=sozialAbzugIn;
    }

    public double getSozialAbzug()
    {
        return sozialAbzug;
    }

    public double berechneZahlung()
    {
        return wochenLohn-sozialAbzug;
    }
}
```

Listing 9.7: Der VollzeitMitarbeiter-Code mit Konstruktor

Wenn Sie den `VollzeitMitarbeiter`-Code in Listing 9.7 verwenden wollen, wird die folgende Zeile

```java
VollzeitMitarbeiter vzMa = new VollzeitMitarbeiter();
```

nicht funktionieren. Da Sie einen `VollzeitMitarbeiter`-Konstruktor deklariert haben, der einen `double`-Parameter erfordert, erstellt Java keinen parameterlosen Konstruktor.

Was bedeutet das? Wenn Sie überhaupt eigene Konstruktoren deklarieren, müssen Sie alle Konstruktoren deklarieren, die Sie möglicherweise benötigen. Wenn Sie den Konstruktor in Listing 9.6 in den Code in Listing 9.7 kopieren, funktioniert der Aufruf `new VollzeitMitarbeiter()` wieder.

Ein unsichtbarer Konstruktor-Aufruf

Das folgende Programm zeige ich gerne auf Java-Parties herum. (Glauben Sie mir – selbst erfahrene Java-Programmierer sind davon überrascht.)

```
class MeineKlasse
{
   MeineKlasse()
   {
      System.out.println
         ("Aufruf des MeineKlasse-Konstruktors");
   }
}

class MeineUnterklasse extends MeineKlasse
{
   MeineUnterklasse()
   {
      System.out.println
         ("Aufruf des MeineUnterklasse-Konstruktors");
   }
}

class MeineKlasseAnwenden
{
   public static void main(String args[])
   {
      new MeineUnterklasse();
   }
}
```

Listing 9.8: Wie lautet mein Output?

Welchen Output erzeugt der Code in Listing 9.8? Nur eine Zeile? Die Antwort finden Sie in Abbildung 9.4.

Unter bestimmten Umständen fügt Java automatisch einen unsichtbaren `super`-Aufruf am Anfang des Körpers eines Konstruktors hinzu. Von der Funktion her sieht der `MeineUnterklasse`-Konstruktor in Listing 9.8 folgendermaßen aus:

```
MeineUnterklasse()
{
   super();
   System.out.println
      ("Aufruf des MeineUnterklasse-Konstruktors");
}
```

In Listing 9.8 aktiviert der unsichtbare super-Aufruf den MeineKlasse-Konstruktor, der die Nachricht Aufruf des MeineKlasse-Konstruktors ausgibt. Dieser automatische Aufruf von super wird nicht immer hinzugefügt, sodass die Umstände etwas mysteriös erscheinen.

```
C:\JavaPrograms>java MeineKlasseAnwenden
Aufruf des MeineKlasse-Konstruktors
Aufruf des MeineUnterklasse-Konstruktors

C:\JavaPrograms>
```

Abbildung 9.4: Überraschung!

Ein Konstruktor, der mehr leistet

In diesem Abschnitt wird die Aussage vom Anfang des Kapitels – dass ein Konstruktor nicht nur Variablenwerte zuweisen, sondern auch andere Aktionen ausführen kann – mit Leben gefüllt.

Das Beispiel dieses Abschnitts enthält einen Konstruktor, der mehr tut, als Variablen Werte zuzuweisen. Abbildung 9.5 zeigt den Output dieses Programms.

```
import java.awt.*;

public class SimpleFrame extends Frame
{
   public SimpleFrame()
   {
      setTitle("Klicken Sie nicht auf eine Schaltfläche!");
      setLayout(new FlowLayout());
      add(new Button("Panik"));
      setSize(300,100);
      show();
   }
}

class ShowAFrame
{
   public static void main(String args[])
   {
```

```
        new SimpleFrame();
    }
}
```

Listing 9.9: Ein Frame anzeigen

Abbildung 9.5: Keine Panik

Der Code in Listing 9.9 besteht hauptsächlich aus Aufrufen von Java-API-Methoden. Dies bedeutet, dass der Code zahlreiche Namen enthält, die Ihnen wahrscheinlich unbekannt sind. Als ich anfing, Java zu lernen, habe ich dummerweise angenommen, dass Java zu lernen bedeuten würde, mir all diese Namen einzuprägen. Genau das Gegenteil ist richtig: Diese Namen sind nur ein mitgeschleppter Ballast. Java wirklich zu lernen bedeutet, sich die Methode anzueignen, wie die Sprache objektorientierte Konzepte implementiert.

Wie auch immer: Die knappe main-Methode des Codes enthält nur einen Befehl, der den Konstruktor der SimpleFrame-Klasse aufruft. Beachten Sie, dass das Objekt, das dieser Aufruf erstellt, nicht einmal einer Variablen zugewiesen wird. Das ist kein Problem, weil der Code das Objekt an keiner anderen Stelle referenzieren muss.

Die SimpleFrame-Klasse enthält nur eine Konstruktor-Deklaration. Dabei werden jedoch nicht nur Variablenwerte gesetzt, sondern auch mehrere Methoden des Java-APIs aufgerufen.

Alle Methoden, die im Konstruktor der SimpleFrame-Klasse aufgerufen werden, stammen aus der Oberklasse Frame, die in dem Paket java.awt enthalten ist (Java-Pakete werden in den Kapiteln 8 und 13 näher beschrieben). Die Buchstaben awt stehen für *Abstract Windowing Toolkit*. Dieses Paket und ein weiteres namens javax.swing enthalten die Klassen, mit denen Sie Fenster, Bilder, Zeichnungen und andere Steuerelemente auf dem Bildschirm anzeigen können.

 In der Terminologie des Java-APIs ist ein Fenster eine Instanz der java.awt.Frame-Klasse.

Abbildung 9.5 zeigt Ihnen wahrscheinlich, dass eine Instanz der SimpleFrame-Klasse nicht viel tut. Das Frame enthält nur eine Schaltfläche; und wenn Sie auf die Schaltfläche klicken, passiert nichts. Das Frame wird nicht einmal geschlossen, wenn Sie auf die kleine x-Schaltfläche in der oberen rechten Ecke klicken. Ich habe den betreffenden Code weggelassen, um das Beispiel nicht zu kompliziert zu machen. Doch selbst der einfache Code in Listing 9.5 verwendet eine Reihe von API-Klassen und -Methoden. Die Methoden setTitle, setLayout,

add, setSize und show gehören zur java.awt.Frame-Klasse. In dem Code werden die folgenden Namen verwendet:

- ✔ setTitle: Der Aufruf von setTitle fügt die Wörter in seinem Argument in die Titelleiste des Frames ein. (Das neue Objekt ruft seine eigene setTitle-Methode auf.)

- ✔ FlowLayout: Eine Instanz der FlowLayout-Klasse positioniert Objekte zentriert wie bei einer Schreibmaschine in einem Frame. Weil das Frame in Abbildung 9.5 nur eine Schaltfläche enthält, wird die Schaltfläche zentriert am oberen Rand des Frames dargestellt. Falls das Frame acht Schaltflächen hätte, würden diese möglicherweise in zwei Reihen dargestellt – fünf in der ersten Reihe und drei zentriert in der zweiten Reihe darunter.

- ✔ setLayout: Der Aufruf von setLayout erstellt ein neues FlowLayout-Objekt, das für die Anordnung von Komponenten (beispielsweise Schaltflächen) in dem Frame zuständig ist. (Das neue SimpleFrame-Objekt ruft seine eigene setLayout-Methode auf.)

- ✔ Button: Die Button-Klasse gehört zu dem java.awt-Package. Ein Konstruktor der Klasse hat eine String-Instanz (wie "Panik") als Parameter. Der Aufruf dieses Konstruktors macht die String-Instanz zum Label der neuen Schaltfläche.

- ✔ add: Das neue SimpleFrame-Objekt ruft die add-Methode auf. Damit wird die Schaltfläche in das Frame eingefügt.

- ✔ setSize: Das Frame ist 300 Pixel breit und 100 Pixel hoch. (In dem java.awt-Package wird die Breite bei zwei Dimensionszahlen immer vor der Höhe angegeben.)

- ✔ show: Wenn ein neues Frame erstellt wird, ist es zunächst unsichtbar; aber wenn das neue Frame die show-Methode aufruft, wird das Frame auf dem Bildschirm angezeigt.

Der richtige Platz für Variablen und Methoden

In diesem Kapitel
▶ Elemente, die einer Klasse insgesamt gehören
▶ Variablen innerhalb und außerhalb von Methoden deklarieren

*I*n diesem Kapitel wollen wir uns damit befassen, an welchen Stellen Methoden und Variablen deklariert werden und stehen sollen.

Eine Klasse definieren (eine Baseball-Spieler-Klasse)

Im folgenden Beispiel wird eine Baseball-Spieler-Klasse definiert, die den Namen und den so genannten Batting-Average (Batting-Durchschnitt, ein Maß für die Treffsicherheit eines Spielers) speichert:

```
import java.text.NumberFormat;

public class Player
{
  private String name;
  private double average;

  public Player(String name, double average)
  {
    this.name=name;
    this.average=average;
  }

  public String getName()
  {
    return name;
  }

  public double getAverage()
  {
    return average;
  }

  public String getAverageString()
```

```
   {
      NumberFormat numFormat = NumberFormat.getNumberInstance();
      numFormat.setMaximumIntegerDigits(0);
      numFormat.setMaximumFractionDigits(3);
      numFormat.setMinimumFractionDigits(3);
      return numFormat.format(average);
   }
}
```

Listing 10.1: Die Player-Klasse

Da viele Aspekte dieses Codes bereits in früheren Kapiteln ausführlich besprochen wurden, will ich hier nur die Besonderheiten dieses Programms hervorheben:

- **Deklarationen der Variablen** `name` **und** `average`. Variablendeklarationen werden in Kapitel 4 beschrieben.
- **Ein Konstruktor, um neue Instanzen der Player-Klasse zu erstellen.** Konstruktoren werden in Kapitel 9 ausführlich beschrieben.
- **Get-Methoden für den Zugriff auf die Variablen** `name` **und** `average`. Zugriffsmethoden (das heißt Set- und Get-Methoden) werden in Kapitel 7 beschrieben.
- **Eine Methode, die den Batting-Average eines Spielers in String-Form zurückgibt.** Methoden werden in Kapitel 7 behandelt.

Die letzte Methode in Listing 10.1 nimmt den Wert der `average`-Variablen (den Batting-Average eines Spielers), wandelt den Wert (normalerweise vom Typ `double`) in einen String um und gibt dann den String an den Code zurück, der die Methode aufgerufen hat. Die Klasse `NumberFormat`, die zum Java-API gehört, stellt sicher, dass der String-Wert die übliche Form des Batting-Averages eines Baseball-Spielers hat: Der String-Wert hat keine Stellen vor und genau drei Stellen nach dem Dezimalpunkt.

Die Player-Klasse verwenden

Listing 10.2 zeigt eine Anwendung des Codes der `Player`-Klasse von Listing 10.1.

```
import java.awt.*;
import java.io.*;

public class TeamFrame extends Frame
{
   public TeamFrame()
   {
      Player player;
      BufferedReader hankees =
         DummiesIO.open("c:\\JavaPrograms\\Hankees");
```

```
      for (int num=1; num<=9; num++)
      {
         player =
            new Player (DummiesIO.getString(hankees),
                        DummiesIO.getDouble(hankees));
         addPlayerInfo(player);
      }

      setTitle("The Hankees");
      setLayout(new GridLayout(9,2));
      pack();
      show();
   }

   void addPlayerInfo(Player player)
   {
      add(new Label(player.getName()));
      add(new Label(player.getAverageString()));
   }
}

class ShowTeamFrame
{
   public static void main(String args[])
   {
      new TeamFrame();
   }
}
```

Listing 10.2: Die Player-Klasse anwenden

Abbildung 10.1 zeigt den Output dieses Programms. Wenn Sie dieses Programm selbst ausführen wollen, müssen Sie in Ihrem `JavaPrograms`-Verzeichnis drei zusätzliche Dateien speichern:

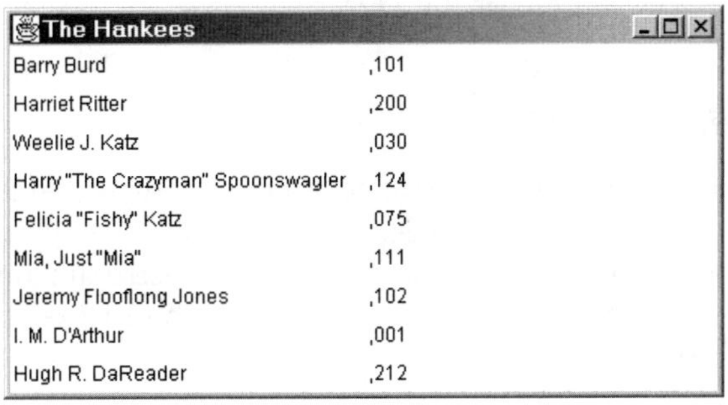

The Hankees	
Barry Burd	,101
Harriet Ritter	,200
Weelie J. Katz	,030
Harry "The Crazyman" Spoonswagler	,124
Felicia "Fishy" Katz	,075
Mia, Just "Mia"	,111
Jeremy Flooflong Jones	,102
I. M. D'Arthur	,001
Hugh R. DaReader	,212

Abbildung 10.1: Der Output des Programms 10.1

✔ Die `Player.class`-Datei: Speichern Sie eine kompilierte Kopie des Codes von Listing 10.1 in Ihrem `JavaPrograms`-Verzeichnis.

✔ Die `DummiesIO.class`-Datei: Diese Datei wird in Kapitel 5 ausführlicher beschrieben. Sie können sie von der beiliegenden CD-ROM kopieren.

✔ Die `Hankees`-Datei: Diese Datei enthält die Daten der Baseball-Spieler (siehe Listing 10.3). Sie können die Datei von der beiliegenden CD-ROM kopieren oder eigene Namen erfinden und in einer neuen `Hankees`-Datei speichern.

```
Barry Burd
.101
Harriet Ritter
.200
Weelie J. Katz
.030
Harry "The Crazyman" Spoonswagler
.124
Felicia "Fishy" Katz
.075
Mia, Just "Mia"
.111
Jeremy Flooflong Jones
.102
I. M. D'Arthur
.001
Hugh R. DaReader
.212
```

Listing 10.3: Die Baseball-Spieler in der Hankees-Datei

 Das Fenster, das mit dem Programm in Listing 10.2 geöffnet wird, wird nicht geschlossen, wenn Sie auf die SCHLIESSEN-Taste in der rechten oberen Ecke klicken. Ich habe den entsprechenden Code weggelassen, um das Beispiel zu vereinfachen. Schließen Sie das Fenster mit dem geeigneten Befehl Ihres Betriebssystems (unter Windows beispielsweise mit ⎡Alt⎤+⎡F4⎤).

Der Player-Konstruktor

Der `Player`-Konstruktor in Listing 10.2 wird neunmal aufgerufen, das heißt, es werden neun Instanzen der `Player`-Klasse erstellt. Jede Instanz verfügt über ihre eigenen `name`- und `average`-Variablen sowie über einen eigenen `Player`-Konstruktor und eigene `getName`-, `getAverage`- und `getAverageString`-Methoden. Abbildung 10.2 zeigt die neun »Inkarnationen« der `Player`-Klasse.

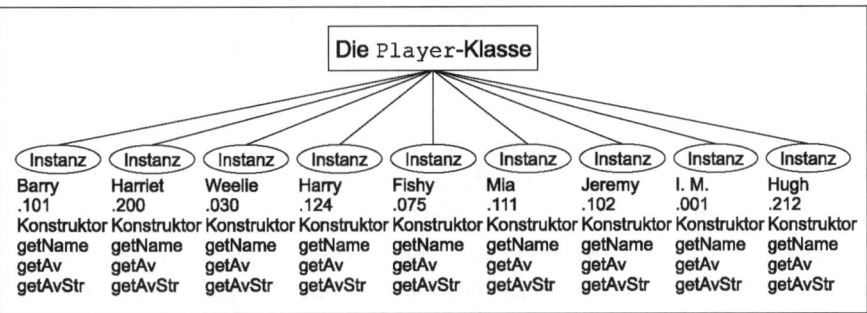

Abbildung 10.2: Eine Klasse und ihre Objekte

Die GUI-Elemente

In Listing 10.2 werden mehrere Namen aus dem Java-API verwendet. Einige dieser Namen wurden bereits im letzten Abschnitt von Kapitel 9 erklärt. Die anderen bedeuten:

✔ Label: Ein Label ist ein Objekt, das Text enthält. Eine Möglichkeit, Text in einem Frame anzuzeigen, besteht darin, eine Instanz der Label-Klasse in das Frame einzufügen.

In Listing 10.2 wird die addPlayerInfo-Methode einmal für jeden Spieler des Teams, insgesamt also neunmal aufgerufen. Bei jedem Aufruf werden zwei neue Label-Objekte in das Frame eingefügt. Der Text eines Labels wird jeweils von der Get-Methode des Player-Objekts geliefert.

✔ GridLayout: Ein GridLayout ordnet Komponenten in gleichmäßigen Abständen in Spalten und Reihen an. Dieser Konstruktor der GridLayout-Klasse hat zwei Argumente, die die Anzahl der Zeilen bzw. der Spalten angeben.

In Listing 10.2 wird der GridLayout-Konstruktor mit den Argumenten (9,2) aufgerufen. Deshalb zeigt Abbildung 10.1 neun Zeilen (eine für jeden Spieler) und zwei Spalten (eine für den Namen und einen für den Durchschnitt) an.

✔ pack: Die pack-Methode legt die Größe fest, mit der das Frame auf dem Bildschirm dargestellt wird, und begrenzt alle Objekte, die Sie dem Frame hinzugefügt haben, auf diesen Anzeigebereich.

Wenn Sie in Listing 10.2 den Aufruf der pack-Methode erreichen, haben Sie addPlayerInfo bereits neunmal aufgerufen und achtzehn Labels in das Frame eingefügt. Wenn die pack-Methode ausgeführt wird, wählt das Programm für jedes Label eine geeignete Größe, wobei es den Text innerhalb des Labels berücksichtigt. Dann wählt es eine geeignete Größe für das Frame insgesamt, wobei es berücksichtigt, dass das Frame diese achtzehn Labels enthält.

 Die Dinge in dem Java-API, die Sie benutzen, um Fenster zu erstellen, werden als *Komponenten* bezeichnet. Genauer gesagt: Klassen wie `Frame`, `Button` und `Label` sind (direkt oder indirekt) Unterklassen der `java.awt.Component`-Klasse. Wenn ein Programm die Größe einer Komponente bestimmt, ermittelt es die bevorzugte Größe (engl. *preferred size*) dieser Komponente. Wenn Sie beispielsweise die `pack`-Methode der `Frame`-Klasse aufrufen, ist diese gleichbedeutend mit dem Aufruf von `setSize(getPreferredSize())`.

Das Verfahren, Komponenten in Frames einzufügen, ist recht flexibel. Beispielsweise können Sie das Layout festlegen, vor oder nachdem Sie die Komponenten in das Frame eingefügt haben. Wenn Sie `setLayout` aufrufen und dann Labels hinzufügen, werden die Labels sauber und ordentlich in dem Frame angezeigt. Dasselbe gilt, wenn Sie erst die Labels hinzufügen und dann `setLayout` aufrufen.

Beim Einrichten eines Frames müssen Sie jedoch die folgende Reihenfolge einhalten:

```
Komponenten in das Frame einfügen, dann
pack();
show();
```

Wenn Sie `pack` aufrufen und danach weitere Komponenten in das Frame einfügen, werden diese Komponenten nicht berücksichtigt. Wenn Sie `show` aufrufen, bevor Sie Komponenten hinzugefügt oder `pack` aufgerufen haben, sieht der Benutzer, wie das Frame konstruiert wird. Wenn Sie schließlich vergessen, die Größe des Frames zu setzen (indem Sie `pack` oder eine andere Methode zu Festlegung der Größe aufrufen), sieht das Frame wie das Frame in Abbildung 10.3 aus.

Abbildung 10.3: Ein unterentwickeltes Frame

Statische Variablen (den Team-Durchschnitt bilden)

Wenn Sie messen wollen, wie gut das Team insgesamt ist, können Sie beispielsweise den Batting-Average aller Spieler bilden. Bei den Hankees in Abbildung 10.1 beträgt dieser Durchschnitt etwa .106, was zeigt, dass das Team einen erheblichen Trainingsbedarf hat. Während die Spieler auf dem Spielfeld üben, müssen Sie ein technisches Problem lösen:

Die Listings 10.1 und 10.2 enthalten drei Klassen: eine `Player`-Klasse und zwei weitere Klassen, mit denen Daten der `Player`-Klasse angezeigt werden. Sie fragen sich, in welcher Klasse Sie die Variablen für den Team-Durchschnitt speichern sollen.

✔ Es macht keinen Sinn, diese Variablen in einer der Anzeigeklassen (`TeamFrame` oder `ShowTeamFrame`) zu speichern. Schließlich hat der Durchschnittswert mit Spielern, Teams und Baseball zu tun, während es bei den Anzeigeklassen um Fenster und nicht um Baseball-Spiele geht.

10 ➤ Der richtige Platz für Variablen und Methoden

✔ Bei dem Gedanken, den Durchschnittswert für das gesamte Team in einer Instanz der Player-Klasse zu speichern, ist Ihnen auch nicht wohl, weil eine Instanz der Player-Klasse nur einen Spieler des Teams repräsentiert. Was hat ein einzelner Spieler mit Daten zu tun, die das ganze Team betreffen? Sicher – Sie könnten das Programm lauffähig machen, aber das wäre keine elegante Lösung des Problems.

Schließlich lernen Sie das Schlüsselwort *static* kennen. Alles, was als static deklariert wird, gehört zur ganzen Klasse, nicht zu einer speziellen Instanz der Klasse. Wenn Sie die Variable totalOfAverages (Gesamtdurchschnitt) als static deklarieren, erstellen Sie nur eine einzige Kopie der Variablen. Diese Kopie ist der gesamten Player-Klasse zugeordnet. Egal, wie viele – neun oder auch keine – Instanzen der Player-Klasse Sie erstellen, es gibt immer nur eine totalOfAverages-Variable. Da Sie schon einmal dabei sind, erstellen Sie zwei weitere statische Variablen (playerCount und numFormat) sowie statische Methoden (findTeamAverage und findTeamAverageString). Abbildung 10.4 verdeutlicht, was ich damit meine.

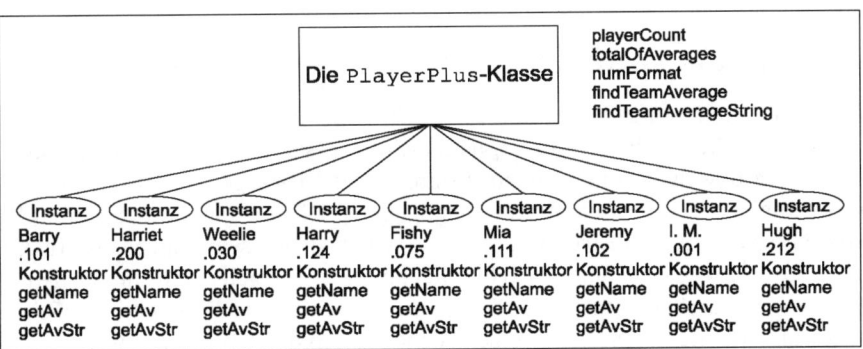

Abbildung 10.4: Einige statische und nicht statische Variablen und Methoden

Da Sie gerne mit Unterklassen arbeiten, fügen Sie den Code für die Variablen und Methoden für das gesamte Team in eine Unterklasse der Player-Klasse ein (siehe Listing 10.4).

```
import java.text.NumberFormat;

public class PlayerPlus extends Player
{
  static int playerCount=0;
  static double totalOfAverages=.000;
  static NumberFormat numFormat =
        NumberFormat.getNumberInstance();

  public PlayerPlus (String name, double average)
  {
    super(name,average);
    playerCount++;
    totalOfAverages += average;
  }
```

```
public static double findTeamAverage()
{
    return totalOfAverages/playerCount;
}

public static String findTeamAverageString()
{
    numFormat.setMaximumIntegerDigits(0);
    numFormat.setMaximumFractionDigits(3);
    numFormat.setMinimumFractionDigits(3);
    return numFormat.format(totalOfAverages/playerCount);
}
}
```

Listing 10.4: Einen Batting-Average für das Team erstellen

Warum sind die static-Deklarationen erforderlich?

Vielleicht ist es Ihnen aufgefallen, dass das Wort `static` in Listing 10.4 sehr häufig vorkommt. Der Grund dafür besteht darin, dass fast der gesamte Code zu der gesamten `PlayerPlus`-Klasse und nicht zu einzelnen Instanzen der Klasse gehört. Das ist sinnvoll, weil Variablen wie `playerCount` (die Anzahl der Spieler im Team) nicht zu einzelnen Spielern gehören und es unsinnig wäre, wenn jedes `PlayerPlus`-Objekt seine eigene Anzahl verwalten müsste. (»Ich weiß, wie viele Spieler ich bin. Ich bin nur ein Spieler!«) Wenn Sie neun einzelne `playerCount`-Variablen hätten, würde entweder jede Variable die Anzahl 1 speichern (was nutzlos wäre), oder Sie hätten neun verschiedene Kopien der Anzahl, was verschwenderisch und fehleranfällig wäre. Deshalb sorgen Sie durch das Schlüsselwort `static` dafür, dass `playerCount` nur an einer einzigen Stelle gespeichert wird; und so sollte es auch sein.

Dieselbe Überlegung gilt für `totalOfAverages`. Letztlich speichert die `totalOfAverages`-Variable die Summe der Batting-Averages aller Spieler. Die Summe für alle neuen Mitglieder der Hankees beträgt .956. Erst wenn eine der Methoden `findTeamAverage` oder `findTeamAverageString` aufgerufen wird, berechnet das Programm tatsächlich den Gesamtdurchschnitt des Hankee-Teams.

Die Methoden `findTeamAverage` und `findTeamAverageString` sollten ebenfalls als `static` deklariert werden. Ohne das Wort `static` gäbe es neun `findTeamAverage`-Methoden – eine für jede Instanz der `PlayerPlus`-Klasse. Dies wäre sinnlos. Jede Instanz würde über separaten Code verfügen, um `totalOfAverages/playerCount` zu berechnen, doch würden alle neun Berechnungen dasselbe Ergebnis produzieren.

Im Allgemeinen sollte jede Aufgabe, die allen Instanzen gemeinsam ist (und die für jede Instanz dasselbe Ergebnis produziert), als statische Methode codiert werden.

10 ➤ Der richtige Platz für Variablen und Methoden

Konstruktoren sind niemals `static`.

Die `numFormat`-Variable in Listing 10.4 ist `static`, da sie das formatierte Ergebnis von `totalOfAverages/playerCount` enthält und diese beiden Variablen ebenfalls `static` sind. Im gesamten Code wird nur ein Zahlenformat benötigt, mit dem mehrere Zahlen formatiert werden können. Ein `numFormat` für jeden Spieler wäre unelegant und überflüssig.

Das Wort `static` wurde in diesem Buch erstmals in Listing 3.1 ernsthaft verwendet. Ich deklariere jede `main`-Methode als `static`. Warum? Elemente, die nicht als `static` deklariert sind, gehören zu Objekten, nicht zu Klassen. Wenn die `main`-Methode nicht `static` wäre, gäbe es die `main`-Methode erst, nachdem ein Objekt erstellt worden wäre. Aber wenn ein Java-Programm aufgerufen wird, sind noch keine Objekte erstellt worden. Objekte werden erst mit den Befehlen in der `main`-Methode erstellt. Wenn die `main`-Methode nicht `static` ist, liegt also ein klassisches Henne-und-Ei-Problem vor.

Den Team-Durchschnitt anzeigen

Wenn Sie Code für eine Klasse erstellen, folgen Sie im Allgemeinen dem folgenden Muster: Sie schreiben zwei Code-Komponenten – eine definiert die Klasse und die andere wendet die Klasse an (indem sie beispielsweise den Klassenkonstruktor aufruft, die nicht privaten Variablen der Klasse referenziert, die Methoden der Klasse anwendet usw.) Listing 10.4 definiert die `PlayerPlus`-Klasse; Listing 10.5 wendet sie an.

```
import java.awt.*;
import java.io.*;

public class TeamFrame extends Frame
{
  public TeamFrame()
  {
    PlayerPlus player;
    BufferedReader hankees =
      DummiesIO.open("c:\\JavaPrograms\\Hankees");

    for (int num=1; num<=9; num++)
    {
      player = new PlayerPlus(
        DummiesIO.getString(hankees),
        DummiesIO.getDouble(hankees));
      addPlayerInfo(player);
    }
```

```
        add (new Label());
        add (new Label(" ------"));
        add (new Label("Team Batting-Average:"));
        add (new Label(PlayerPlus.findTeamAverageString()));

        setTitle("The Hankees");
        setLayout(new GridLayout(11,2));
        pack();
        show();
    }

    void addPlayerInfo(Player player)
    {
        add(new Label(player.getName()));
        add(new Label(player.getAverageString()));
    }
}

class ShowTeamFrame
{
    public static void main(String args[])
    {
        new TeamFrame();
    }
}
```

Listing 10.5: Die PlayerPlus-Klasse von Listing 10.4 anwenden

Abbildung 10.5 zeigt eine Ausführung von Programm 10.5. Dazu werden die beiden Dateien `DummiesIO.class` und `Hankees` benötigt. Listing 10.5 ist mit Listing 10.2 identisch. Die neuen Code-Abschnitte in Listing 10.5 sind fett hervorgehoben.

```
The Hankees
Barry Burd                          ,101
Harriet Ritter                      ,200
Weelie J. Katz                      ,030
Harry "The Crazyman" Spoonswagler   ,124
Felicia "Fishy" Katz                ,075
Mia, Just "Mia"                     ,111
Jeremy Flooflong Jones              ,102
I. M. D'Arthur                      ,001
Hugh R. DaReader                    ,212
                                    ------
Team Batting-Average:               ,106
```

Abbildung 10.5: Eine Ausführung von Programm 10.5

Das `GridLayout` in Listing 10.5 hat zwei zusätzliche Zeilen: eine für den Abstand und eine weitere für den Team-Durchschnitt. Beide Zeilen enthalten jeweils zwei `Label`-Objekte:

✔ **Die Abstandszeile enthält ein leeres Label und ein Label mit einigen Bindestrichen.** Das leere Label ist ein Platzhalter. Bei einem `GridLayout` werden Komponenten Zeile für Zeile von links nach rechts und von oben nach unten eingefügt. Ohne dieses leere Label würden die Bindestriche in der linken Spalte unter »Hugh R. DaReader« stehen.

✔ **Die andere Zeile enthält zwei Labels: das erste zeigt »Team Batting-Average«, das zweite die Zahl .106 an.** Die Zahl wird mit dem folgenden Methodenaufruf ermittelt:

`PlayerPlus.findTeamAverageString()`

Der Kopf des Methodenaufrufs hat die folgende Form:

`ClassName.methodName()`

Dies ist neu. Die Methodenaufrufe in früheren Kapiteln begannen normalerweise mit einem Objektnamen, nicht mit einem Klassennamen. Hier wird ein Klassenname verwendet, weil eine `static`-Methode mit dem Namen der Klasse aufgerufen wird, in der sie enthalten ist. Dies gilt auch, wenn eine `static`-Variable einer anderen Klasse referenziert wird. Dies ist verständlich, da `static`-Variablen oder Methoden für eine Klasse insgesamt gelten. Also: `static`-Variablen oder -Methoden werden mit dem Namen der Klasse verwendet.

Wenn Sie eine `static`-Variable oder -Methode verwenden, können Sie schummeln und einen Objektnamen anstelle des Klassennamens verwenden. Beispielsweise könnten Sie in Listing 10.5, wenn Sie einige andere Befehle umstellen würden, den Ausdruck `player.findTeamAverageString()` verwenden.

Statische Variablen und Methoden im Java-API

Statische Variablen und Methoden wurden zwar erst in diesem Abschnitt ausdrücklich eingeführt, aber sie sind schon früher in diesem Buch verwendet worden:

✔ In Kapitel 3 haben Sie `System.out.println` kennen gelernt. Der Name `System` bezeichnet eine Klasse, und `out` ist eine `static`-Variable in dieser Klasse.

✔ In Kapitel 5 wurde `DummiesIO.getInt` eingeführt. Die `getInt`-Methode ist eine `static`-Methode der `DummiesIO`-Klasse.

✔ Die Listings 10.1 und 10.4 rufen `NumberFormat.getNumberInstance` auf. Dies ist ebenfalls eine `static`-Methode, und zwar der Java-API-Klasse `NumberFormat`.

In Java kommen `static`-Variablen und -Methoden häufig vor. Wenn Sie `static`-Elemente fremder Programme verwenden, müssen Sie sich selten Gedanken darüber machen, aber bei eigenen Programmen sollten Sie schon darüber nachdenken, ob Sie Variablen und Methoden als `static` deklarieren sollten.

»static« richtig einsetzen

Als ich anfing, Java zu lernen, ist mir die Fehlermeldung `non-static variable or method cannot be referenced from a static context` (nicht statische Variable oder Methode darf aus einem statischen Kontext heraus nicht referenziert werden) häufig begegnet. Heute weiß ich, worauf diese Fehlermeldung zurückzuführen ist und kann sie sogar willkürlich auslösen.

Bevor Sie verstehen können, warum diese Nachricht auftritt und wie Sie das Problem beheben können, müssen Sie einen Fachbegriff kennen lernen. Wenn eine Variable oder Methode nicht `static` ist, wird sie als `nonstatic` bezeichnet. (Eine echte Überraschung, oder?) Dieser Begriff hilft uns, wenigstens zwei Möglichkeiten zu beschreiben, wie diese Nachricht auftreten kann:

- ✔ Fügen Sie `Class.nonstaticDing` irgendwo in ein Programm ein.
- ✔ Fügen Sie `nonstaticDing` irgendwo in eine `static`-Methode ein.

In beiden Fällen bekommen Sie Probleme. Sie nehmen etwas, das zu einem Objekt gehört (das `nonstaticDing`) und fügen es an einer Stelle ein, an der es keine Objekte gibt.

Betrachten wir beispielsweise den ersten Fall: Um dieses Problem in einer praktischen Situation anhand von Listing 10.5 weiter oben zu verdeutlichen, ändern Sie gegen Ende des Listings `player.getName()` in `Player.getName()`: eine kleine Änderung mit großer Wirkung! `Player.getName` referenziert jetzt nicht mehr ein Objekt (`player`), sondern bedeutet: »Rufe die `getName`-Methode auf, die zu der gesamten `Player`-Klasse gehört«. Doch die `getName`-Methode in Listing 10.1. ist nicht `static`. Jede Instanz der `Player`- oder der `PlayerPlus`-Klasse hat eine eigene `getName`-Methode. Es gibt keine `getName`-Methode für die ganze Klasse. Deshalb ist ein Aufruf von `Player.getName` unsinnig.

Den zweiten Fall können wir anhand von Listing 10.4 illustrieren: Entfernen Sie probeweise das Wort `static` aus der Deklaration der `numFormat`-Variablen (gegen Anfang des Listings), um `numFormat` zu einer nichtstatischen Variablen zu machen. Plötzlich verfügt jeder Spieler das Teams über eine separate `numFormat`-Variable.

Die Wirkung dieser Änderung zeigt sich erst bei der `findTeamAverageString`-Methode. Diese `static`-Methode enthält vier `numFormat.DiesUndJenes`-Befehle. Auch hier müssen Sie klären, was ein solcher Befehl bedeuten könnte. Die Methode `findTeamAverageString` gehört zu keiner speziellen Instanz. (Die Methode ist `static`, sodass die ganze `PlayerPlus`-Klasse eine `findTeamAverageString`-Methode hat.) Doch da Sie gerade das Wort `static` entfernt haben, hat `numFormat` ohne Referenz auf ein bestimmtes Objekt keine Bedeutung. Auch hier referenzieren Sie also die nichtstatische Variable `numFormat` aus dem Kontext einer statischen Methode heraus.

Statische Variablen initialisieren

Eines habe ich in meinen vielen Jahren als Programmierer gelernt: Wenn mir etwas Unbehagen bereitet, verstehe ich es entweder nicht oder ich verstehe es und muss es ändern. Anders ausgedrückt: Achten Sie auch beim Programmieren auf Ihre Gefühle. Wenn Sie eine Lösung eines Problems gefunden haben und dann das Gefühl haben, dass es eigentlich besser gehen müsste, dann hat Ihr Gefühl wahrscheinlich recht.

Betrachten wir noch einmal Listing 10.4. Das Listing enthält die folgenden Startbefehle für numFormat, das Objekt, das die Batting-Averages formatiert:

```
numFormat.setMaximumIntegerDigits(0);
numFormat.setMaximumFractionDigits(3);
numFormat.setMinimumFractionDigits(3);
```

Sie können numFormat nur vernünftig verwenden, wenn Sie vorher die setMaximumDigits- und setMinimumDigits-Methoden aufgerufen haben. In Listing 10.4 stehen diese Methoden in der findTeamAverageString-Methode; aber ist dies der beste Platz für sie? Was passiert, wenn jemand ein Programm schreibt, das Ihre PlayerPlus-Klasse verwendet und findTeamAverageString im selben Programm fünfmal aufruft? Dann wird die Anzahl der Stellen bei jedem Aufruf erneut gesetzt – ein einziges Mal würde ausreichen.

Die Zeit, die mit vier überflüssigen Aufrufen verschwendet wird, beträgt nur wenige Nanosekunden, aber darum geht es hier nicht. Die Frage ist, ob Sie für diese Methodenaufrufe wirklich »*den richtigen Platz*« gewählt haben.

Idealerweise sollten diese Methoden nur einmal für die ganze Klasse aufgerufen werden, deshalb ist die findTeamAverageString-Methode nicht der ideale Platz. Doch welche Stelle in Listing 10.4 wäre für diesen Zweck besser geeignet?

Nun – in Java gibt es eine Funktion, die als *statische Initialisierung* bezeichnet wird. Sie verhält sich wie ein Konstruktor, der einmal am Anfang der Existenz einer Komponente ausgeführt wird. Bei der statischen Initialisierung ist dabei die ganze Klasse, nicht nur eine Instanz der Klasse betroffen.

Listing 10.6 zeigt eine statische Initialisierung in Aktion. Dabei werden die Werte von numFormat einmal am Anfang des Programms, also an der richtigen Stelle, initialisiert.

```
import java.text.NumberFormat;

public class PlayerPlus extends Player
{
  static int playerCount=0;
  static double totalOfAverages=.000;
  static NumberFormat numFormat =
          NumberFormat.getNumberInstance();

  static
  {
```

```
        numFormat.setMaximumIntegerDigits(0);
        numFormat.setMaximumFractionDigits(3);
        numFormat.setMinimumFractionDigits(3);
    }

    public PlayerPlus (String name, double average)
    {
      super(name,average);
      playerCount++;
      totalOfAverages += average;
    }

    public static double findTeamAverage()
    {
        return totalOfAverages/playerCount;
    }

    public static String findTeamAverageString()
    {
        return numFormat.format(totalOfAverages/playerCount);
    }
}
```

Listing 10.6: Eine statische Initialisierung

Das Programm erzeugt denselben Output wie der Code in den Listings 10.4 und 10.6. Der Unterschied liegt in der Effizienz, nicht in der Korrektheit.

Um Variablen statisch zu initialisieren, schließen Sie einfach einen Code-Block in geschweifte Klammern ein und setzen das Wort `static` vor den Block. (Blöcke und geschweifte Klammern werden in Kapitel 5 ausführlich behandelt.) Die Befehle innerhalb des Blocks werden ausgeführt, wenn das Programm anfängt, den Code der Klasse abzuarbeiten.

Statische Initialisierungen dürfen nicht im Körper einer Methode stehen. Dadurch kommt alles durcheinander.

Experimente mit Variablen

Als ich noch zur Uni ging, unterhielt ich mich eines Tages mit einer jungen Dame, die ich gerade getroffen hatte. Ich glaube, sie hieß *Janine*. »Wo kommst du her?«, fragte ich sie. »Mars«, war ihre Antwort. Dann machte sie eine Pause und wartete, ob ich nachhaken würde.

Es stellte sich heraus, dass Janine aus Mars in Pennsylvania stammte, einer kleinen Stadt, die etwa 35 Kilometer nördlich von Pittsburgh liegt. Was will ich damit sagen? Der Punkt ist, dass die Bedeutung eines Namens vom Kontext abhängt. Wenn Sie nördlich von Pittsburgh jemanden fragen:»How do I get to Mars from here?« (Wie komme ich von hier nach Mars?), erhalten Sie wahrscheinlich eine passende Wegbeschreibung. Aber wenn Sie dieselbe Frage in Manhattan stellen, werden Sie wahrscheinlich schief angesehen (okay, in Manhattan würde man Sie wahrscheinlich einfach ignorieren).

Anmerkung des Übersetzers: Das Beispiel funktioniert im Deutschen nicht. Der Ausdruck »to Mars« heißt im Englischen sowohl »nach Mars« (zu dem Ort) als auch »zum Mars« (zu dem Planeten). Im Deutschen ist wegen der unterschiedlichen Präpositionen eine Verwechslung sehr unwahrscheinlich. Leider basiert der ganze Abschnitt auf dieser Doppelbedeutung von »to Mars«. Versuchen Sie bitte, den Text in diesem Sinne zu lesen.

Natürlich wissen die Einwohner von Mars, Pennsylvania, dass ihre Stadt einen ungewöhnlichen Namen trägt, und kennen den gleichnamigen Planeten. Deshalb ist die folgende Unterhaltung mit einem Anwohner denkbar:

Sie: How do I get to Mars? (Wie komme ich nach/zum Mars?)

Anwohner: You're in Mars, pal. What particular part of Mars are you looking for? (Sie sind in Mars, mein Lieber. Wo genau wollen Sie denn hin?)

Sie: No, I don't mean Mars, Pennsylvania. I mean the planet Mars. (Nein, ich meine nicht Mars in Pennsylvania. Ich meine den Planeten Mars.)

Local resident: Oh, the planet! Well, then, catch the 8:19 train leaving for Cape Canaveral... (Ach so, der Planet! Der Zug nach Cape Canaveral geht um 8:19 Uhr...)

Die Bedeutung eines Namens hängt also davon, wo Sie den Namen verwenden. Obwohl sich die meisten Englisch sprechenden Menschen bei *Mars* den Planeten vorstellen, denken viele Einwohner von Pennsylvania dabei an die Einkaufsmöglichkeiten in der Stadt *Mars*. Für diese Menschen in Pennsylvania hat der Name *Mars* tatsächlich zwei Bedeutungen. In Java könnten diese Namen Mars und planets.Mars lauten.

Eine Variable richtig platzieren

Listing 10.7 zeigt Ihr erstes Experiment. Der Code betont den Unterschied zwischen Variablen, die innerhalb und außerhalb von Methoden deklariert werden.

```
public class EnglishSpeakingWorld
{
    String mars="   Roter Planet";

    void visitPennsylvania()
    {
        System.out.println("Aufruf von visitPennsylvania:");

        String mars="   Heimatort von Janine";
```

```
        System.out.println(mars);
        System.out.println(this.mars);
    }
}

class GetGoing
{
    public static void main(String args[])
    {
        System.out.println("Aufruf von main:");

        EnglishSpeakingWorld e = new EnglishSpeakingWorld();

        //System.out.println(mars);
        // Symbol kann nicht aufgelöst werden.
        System.out.println(e.mars);
        e.visitPennsylvania();
    }
}
```

Listing 10.7: Zwei Bedeutungen von Mars

Abbildung 10.6 zeigt eine Ausführung des Codes in Listing 10.7; Abbildung 10.7 zeigt eine grafische Darstellung der Code-Struktur. Die `main`-Methode in der `GetGoing`-Klasse erstellt eine Instanz der `EnglishSpeakingWorld`-Klasse. Die neue Instanz ist ein Objekt, das eine Variable namens `mars` enthält. Diese `mars`-Variable hat den Wert "Roter Planet". Die `mars`-Variable wird als *Instanzvariable* bezeichnet, weil die Variable zu einem Objekt einer Instanz der `EnglishSpeakingWorld`-Klasse gehört.

```
C:\JavaPrograms>java GetGoing
Aufruf von main:
    Roter Planet
Aufruf von visitPennsylvania:
    Heimatort von Janine
    Roter Planet
C:\JavaPrograms>
```

Abbildung 10.6: Eine Ausführung von Programm 10.7

In der `main`-Methode der `GetGoing`-Klasse in Listing 10.7 dürfen Sie nicht den Befehl `System.out.println(mars)` verwenden. Anders ausgedrückt: Sie dürfen die `mars`-Variable nicht ohne eine zusätzliche Qualifizierung verwenden. Die `mars`-Variable im vorangegangenen Absatz gehört zu dem `EnglishSpeakingWorld`-Objekt, nicht zu der `GetGoing`-Klasse.

Doch innerhalb der `main`-Methode der `GetGoing`-Klasse können Sie `e.mars` verwenden, weil die e-Variable Ihr `EnglishSpeakingWorld`-Objekt bezeichnet.

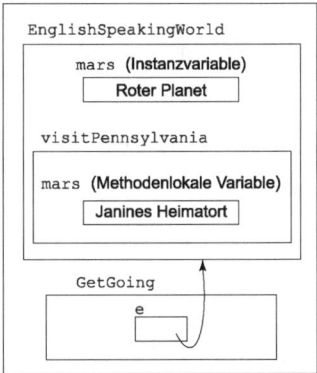

Abbildung 10.7: Die Struktur des Codes in Listing 10.7

Gegen Ende des Codes wird die visitPennsylvania-Methode aufgerufen. Innerhalb von visitPennsylvania wird eine weitere mars-Variable deklariert, die den Wert "Heimatort von Janine" hat. Diese spezielle mars-Variable wird als *methodenlokale Variable* bezeichnet, weil sie nur zu einer einzigen Methode, visitPennsylvania, gehört.

Das Programm enthält jetzt zwei Variablen mit dem Namen mars. Die eine mars-Variable, eine Instanzvariable, hat den Wert "Roter Planet", die andere mars-Variable, eine methodenlokale Variable, hat den Wert "Heimatort von Janine". Welche der beiden Variablen ist gemeint, wenn Sie in dem Programm das Wort mars verwenden?

In visitPennsylvania hat die Variable mit dem Wert "Heimatort von Janine" Vorrang. Bei Namenskonflikten in einer Methode haben immer die Variablen Vorrang, die innerhalb der Methode – in diesem Fall in visitPennsylvania – deklariert sind.

Wie können Sie in visitPennsylvania auf die Variable für den Planeten zugreifen, die den Wert "Roter Planet" enthält? Mit dem Ausdruck this.mars: Das Wort this verweist auf das Objekt, das den gesamten Code enthält (und nicht auf Methoden innerhalb des Codes). Dieses Objekt ist eine Instanz der Klasse EnglishSpeakingWorld und enthält eine mars-Variable mit dem Wert "Roter Planet". Hier können Sie mit dem Java-Schlüsselwort this also auf Variablen außerhalb der aktuellen Methode zugreifen. (Weitere Informationen über das Schlüsselwort this finden Sie in Kapitel 9.)

Wohin gehört eine Variable?

Als ich früher einmal in Milwaukee, Wisconsin, wohnte, habe ich häufig die Bankautomaten der lokalen Bank benutzt. Damals begann man gerade, diese Maschinen zu standardisieren. Der örtliche Bankautomat hieß *TYME*, eine Abkürzung für *Take Your Money Everywhere* (Nehmen Sie Ihr Geld überall mit). Eines Tages war ich mit dem Auto in Kalifornien unterwegs und wollte an einer Tankstelle Geld aus einem Automaten ziehen, weil ich kein

Bargeld mehr hatte. Doch als ich den Tankstellenmitarbeiter fragte, wo ich eine TYME-Maschine finden könnte, guckte er mich nur verständnislos an.

Was sagt uns das? Ein Name, der an einem Ort verstanden wird, stößt an anderer Stelle auf Unverständnis. Listing 10.8 soll diese Erkenntnis verdeutlichen.

```java
public class EnglishSpeakingWorld2
{
   String mars;

   void visitIdaho()
   {
      System.out.println("Aufruf von visitIdaho:");

      mars = "   Roter Planet";
      String atomicCity="   Einwohner: 25";

      System.out.println(mars);
      System.out.println(atomicCity);
   }

   void visitNewJersey()
   {
      System.out.println("Aufruf von visitNewJersey:");

      System.out.println(mars);
      //System.out.println(atomicCity);
      // Symbol kann nicht aufgelöst werden.
   }
}

class GetGoing2
{
   public static void main(String args[])
   {
      EnglishSpeakingWorld2 e = new EnglishSpeakingWorld2();

      e.visitIdaho();
      e.visitNewJersey();
   }
}
```

Listing 10.8: Eine Geschichte aus Atomic City

Abbildung 10.8 zeigt eine Ausführung des Programms 10.8; Abbildung 10.9 zeigt eine grafische Darstellung der Struktur des Codes. Der Code für `EnglishSpeakingWorld2` enthält zwei Variablen. Die `mars`-Variable, die nicht innerhalb einer Methode deklariert wird, ist eine

10 ➤ Der richtige Platz für Variablen und Methoden

Instanzvariable. Die andere Variable, `atomicCity`, ist eine methodenlokale Variable und wird innerhalb der `visitIdaho`-Methode deklariert.

```
C:\JavaPrograms>java GetGoing2
Aufruf von visitIdaho:
    Roter Planet
    Einwohner: 25
Aufruf von visitNewJersey:
    Roter Planet
C:\JavaPrograms>
```

Abbildung 10.8: Eine Ausführung des Programms 10.8

Beachten Sie in Listing 10.8, wo jede Variable verwendet werden kann und wo nicht. Wenn Sie versuchen, die `atomicCity`-Variable innerhalb der `visitNewJersey`-Methode zu verwenden, erhalten Sie eine Fehlermeldung. Wörtlich besagt die Fehlermeldung, dass das Symbol nicht aufgelöst werden kann. Im übertragenen Sinne bedeutet dies, dass Atomic City in Idaho und nicht in New Jersey liegt. Technisch gesehen besagt die Meldung, dass die methodenlokale Variable `atomicCity` nur in der `visitIdaho`-Methode zur Verfügung steht, in der die Variable deklariert wird.

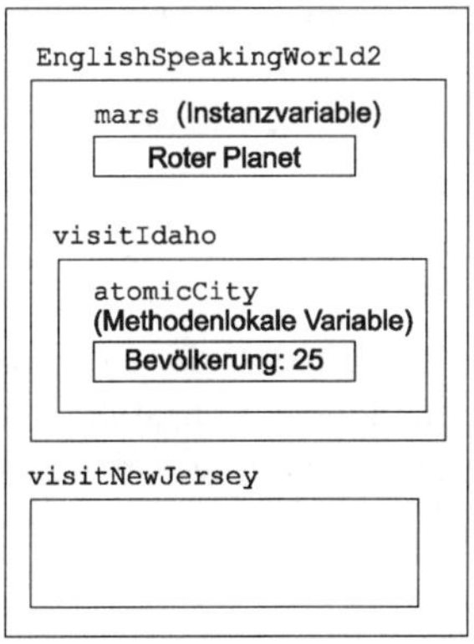

```
EnglishSpeakingWorld2
    mars (Instanzvariable)
    [ Roter Planet ]

    visitIdaho
        atomicCity
        (Methodenlokale Variable)
        [ Bevölkerung: 25 ]

    visitNewJersey
        [                    ]
```

Abbildung 10.9: Die Struktur des Programms 10.8

Innerhalb der `visitIdaho`-Methode können Sie die `atomicCity`-Variable uneingeschränkt verwenden, da sie innerhalb dieser Methode deklariert ist.

Und was ist mit dem Mars? Sowohl die `visitIdaho`- als auch die `visitNewJersey`-Methode können auf die `mars`-Variable zugreifen, weil diese eine Instanzvariable ist. Diese Variable wird in dem Code für die `EnglishSpeakingWorld2`-Klasse, aber nicht innerhalb einer bestimmten Methode deklariert (da wir annehmen, dass der Planet Mars in Idaho und in New Jersey bekannt ist.)

Der Lebenslauf der `mars`-Variablen hat drei separate Phasen:

- ✔ Wenn die `EnglishSpeakingWorld2`-Klasse erstellt wird, sieht das Programm `String mars` und reserviert einen Speicherplatz für die Variable.
- ✔ Wenn die `visitIdaho`-Methode ausgeführt wird, weist die Methode der `mars`-Variablen den Wert `"Roter Planet"` zu. (Die `visitIdaho`-Methode zeigt den Wert der `mars`-Variablen auch an.)
- ✔ Wenn die `visitNewJersey`-Methode ausgeführt wird, gibt die Methode den `mars`-Wert noch einmal aus.

Auf diese Weise wird der Wert der `mars`-Variablen von einer Methode an die andere übergeben.

Parameter übergeben

Eine Methode kann mit anderen Teilen eines Java-Programms auf mehrere Weisen kommunizieren. Ein Verfahren arbeitet mit der Parameterliste einer Methode. Auf diese Weise ist es möglich, bei einem Aufruf ad hoc Informationen an eine Methode zu übergeben.

Nehmen Sie an, dass die Informationen, die Sie an eine Methode übergeben, in einer Variablen des Programms gespeichert sind. Was macht die Methode eigentlich mit dieser Variablen? In diesem Abschnitt werden einige interessante Fallstudien besprochen.

Übergabe als Wert

Meine Recherchen im Web haben ergeben, dass der Ort Smackover in Arkansas 2232 Einwohner hat. Doch meine Zahlen sind nicht aktuell. Erst gestern hat Dora Kermongoos im Krankenhaus von Smackover ein gesundes, blauäugiges Mädchen zur Welt gebracht. Damit wuchs die Bevölkerung des Ortes auf 2233.

Listing 10.9 enthält ein sehr schlechtes Programm. Das Programm soll den Wert 1 zu einer Variablen addieren, die die Bevölkerung von Smackover speichert, aber das Programm funktioniert nicht. Wenn Sie sich Listing 10.9 anschauen, sehen Sie warum.

```
class TrackPopulation
{
    public static void main(String args[])
    {
        int smackoverARpop = 2232;

        birth(smackoverARpop);
        System.out.println(smackoverARpop);
    }
```

10 ➤ Der richtige Platz für Variablen und Methoden

```
    public static void birth(int cityPop)
    {
        cityPop++;
    }
}
```

Listing 10.9: Dieses Programm funktioniert nicht.

Wenn Sie das Programm ausführen, wird die Zahl 2232 angezeigt. Nach neun Monaten der Planung und Erwartung und sieben langen Stunden der Geburt wurde das Baby der Kermongoos-Familie nicht im System registriert. Wie peinlich!

Das Problem wurde durch eine falsche Art der Parameterübergabe verursacht. Wenn in Java ein Parameter, dessen Typ zu den acht primitiven Typen gehört, an eine Methode übergeben wird, dann wird dieser Parameter als *Wert übergeben*. (Eine Übersicht über die acht primitiven Typen von Java finden Sie in Kapitel 4.) Im Klartext bedeutet dies: Änderungen, die die Methode an dem Wert ihres Parameters durchführt, haben keinen Einfluss auf die Werte der Variablen in dem aufrufenden Code. In Listing 10.9 kann die birth-Methode den ++-Operator auf cityPop so oft anwenden, wie sie will – diese Operation hat absolut keine Auswirkung auf den Wert der smackoverARpop-Variablen in der main-Methode.

Technisch gesehen wird bei der Übergabe ein Wert kopiert (siehe Abbildung 10.10.) Wenn die main-Methode die birth-Methode aufruft, wird der Wert, der in smackoverARpop gespeichert ist, an eine andere Speicherstelle kopiert, die für den Wert des cityPop-Parameters reserviert ist. Während die birth-Methode ausgeführt wird, wird 1 zu dem cityPop-Parameter addiert. Doch die Stelle, an der der ursprüngliche Wert (2232) gespeichert war – der Speicherort für die smackoverARpop-Variable – bleibt unverändert.

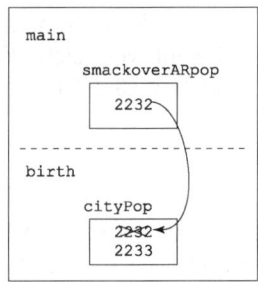

Abbildung 10.10: Übergabe als Wert

 Parameter, die einen der acht primitiven Typen haben, werden als Werte übergeben. Der Wert, der in der Variablen des aufrufenden Codes gespeichert ist, bleibt unverändert. Dies gilt auch dann, wenn die Variable in dem aufrufenden Code und der Parameter der aufgerufenen Methode genau denselben Namen haben.

Ein Ergebnis zurückgeben

Sie müssen das Problem in Listing 10.9 beheben. Schließlich kann das Baby der Kermongoos nicht unregistriert durchs Leben gehen. Um die Existenz des Babys aktenkundig zu machen, müssen Sie 1 zu dem Wert der smackoverARpop-Variable addieren. Es gibt viele Möglichkeiten, dies zu tun, und der Weg in Listing 10.10 ist nicht der einfachste. Doch er illustriert, worum es geht: Den Wert zu übernehmen, den eine aufgerufene Methode zurückgibt, kann eine akzeptable Alternative zur Übergabe von Parametern sein. Sehen Sie selbst:

```java
class TrackPopulation2
{
    public static void main(String args[])
    {
        int smackoverARpop = 2232;

        smackoverARpop = birth(smackoverARpop);
        System.out.println(smackoverARpop);
    }

    public static int birth(int cityPop)
    {
        return cityPop+1;
    }
}
```

Listing 10.10: Dieses Programm funktioniert.

Wenn dieses Programm ausgeführt wird, wird die korrekte Anzahl, 2233, angezeigt.

Der Code in Listing 10.10 enthält keine grundsätzlich neuen Funktionen. Die wichtigste Idee in diesem Programm ist der return-Befehl (vergleiche Kapitel 7). Listing 10.10 stellt eine brauchbare Alternative zum Ansatz in Listing 10.9 dar, der verworfen werden musste.

Übergabe per Referenz

In den vorangegangenen Abschnitten wurde mehrfach betont, dass Parameter, die einen der acht primitiven Typen haben, als Wert übergeben werden. Dies gilt nur für die Übergabe von primitiven Typen, nicht für die Übergabe von Objekten (Referenztypen)!

Objekte werden per Referenz an eine Methode übergeben. Dies bedeutet, dass Befehle in der aufgerufenen Methode Werte der Variablen des Objekts *ändern können*, die in dem Code enthalten sind, der die Methode aufruft. Listing 10.11 verdeutlicht diese Situation.

```java
public class City
{
    int population;
}
```

10 ➤ Der richtige Platz für Variablen und Methoden

```
class TrackPopulation3
{

   public static void main(String args[])
   {
      City smackoverAR = new City();
      smackoverAR.population = 2232;
      birth(smackoverAR);
      System.out.println(smackoverAR.population);
   }

   public static void birth(City aCity)
   {
      aCity.population++;
   }
}
```

Listing 10.11: Ein Objekt an eine Methode übergeben

Wenn Sie dieses Programm ausführen, erhalten Sie die Zahl 2233 als Output. Dies bedeutet, dass die Erhöhung der aCity.population innerhalb der birth-Methode tatsächlich den Wert von smackoverAR.population in der main-Methode geändert hat.

Abbildung 10.11 veranschaulicht, wie die birth-Methode den Wert von smackoverAR.population ändert. Wenn ein Objekt an eine Methode übergeben wird, erstellt das Programm keine Kopie des kompletten Objekts, sondern eine Kopie einer Referenz (eines Zeigers) auf dieses Objekt. (Abbildung 10.11 zeigt, wie das Programm eine Kopie eines Pfeils anlegt, der auf das Objekt zeigt.)

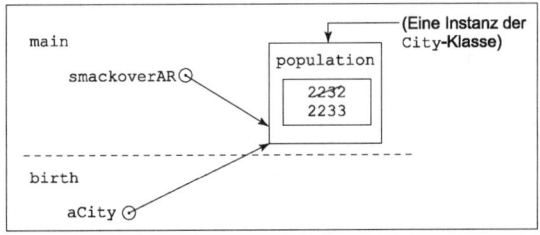

Abbildung 10.11: Übergabe per Referenz

Abbildung 10.11 zeigt nur eine Instanz der City-Klasse, die eine population-Variable enthält. Behalten Sie dieses Objekt im Auge, wenn Sie die folgenden Schritte lesen:

✔ Unmittelbar bevor die birth-Methode aufgerufen wird, bezieht sich die smackoverAR-Variable auf dieses Objekt – die Instanz der City-Klasse.

- Wenn die birth-Methode aufgerufen wird und smackoverAR dem aCity-Parameter der birth-Methode übergeben wird, kopiert das Programm die Referenz von smackoverAR in aCity. Jetzt bezieht sich aCity auf dasselbe Objekt – auf die Instanz der City-Klasse.

- Wenn der Befehl aCity.population++ innerhalb der birth-Methode ausgeführt wird, addiert das Programm 1 zu der population-Variable des Objekts. Jetzt enthält die eine und einzige City-Instanz des Programms in ihrer population-Variablen den Wert 2233.

- Der Programmablauf kehrt zu der main-Methode zurück. Der Wert von smackoverAR.population wird ausgegeben. Aber smackoverAR bezieht sich auf die einzige Instanz der City-Klasse. Deshalb hat smackoverAR.population den Wert 2233. Die Familie Kermongoos ist ganz stolz.

Ein Objekt von einer Methode zurückgeben

Ob Sie es glauben oder nicht: Es gibt noch eine Gruppe von Java-Methoden, die in den vorangegangenen Abschnitten über die Übergabe von Parametern noch nicht behandelt wurden. Wenn Sie eine Methode aufrufen, kann die Methode etwas an den aufrufenden Code zurückgeben. In den vorangegangenen Kapiteln und Abschnitten wurden primitive Werte wie int-Werte oder nichts (*void*) zurückgegeben. In diesem Abschnitt wird ein ganzes Objekt zurückgegeben. Es hat den Typ City (siehe Listing 10.12).

```java
public class City
{
   int population;
}

class TrackPopulation4
{
   public static void main(String args[])
   {
      City smackoverAR = new City();
      smackoverAR.population = 2232;
      smackoverAR = doBirth(smackoverAR);
      System.out.println(smackoverAR.population);
   }

   public static City doBirth(City aCity)
   {
      City myCity = new City();
      myCity.population = aCity.population+1;
      return myCity;
   }
}
```

Listing 10.12: Hier, bitte, eine City

Wenn Sie dieses Programm ausführen, wird die Zahl 2233 ausgegeben. Der Code weist die doBirth-Methode an, eine weitere City-Instanz zu erstellen. In der neuen Instanz hat population den Wert 2s33 (siehe Abbildung 10.12).

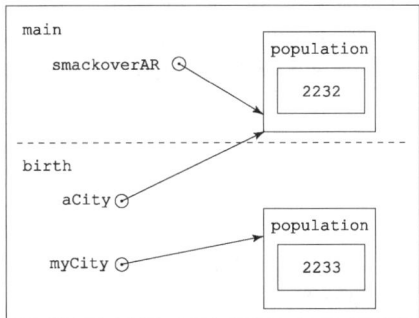

Abbildung 10.12: Die doBirth-Methode erstellt eine City-Instanz.

Wenn die Ausführung der doBirth-Methode beendet wird, wird die City-Instanz an die main-Methode zurückgegeben. Dort wird diese Instanz (die von der doBirth-Methode zurückgegeben wurde) der smackoverAR-Variable zugewiesen (siehe Abbildung 10.13). Jetzt bezieht sich smackoverAR auf eine ganz neue City-Instanz – eine Instanz, deren population den Wert 2233 hat.

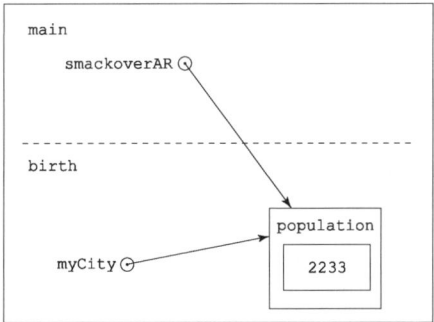

Abbildung 10.13: Die neue City-Instanz wird der smackoverAR-Variablen zugewiesen.

Beachten Sie in Listing 10.12 die Übereinstimmung der Typen des Aufrufs und des Rückgabewerts der doBirth-Methode.

✔ Die smackoverAR-Variable hat den Typ City. Die smackoverAR-Variable wird an den aCity-Parameter übergeben, der ebenfalls vom Typ City ist.

✔ Die myCity-Variable ist vom Typ City. Die myCity-Variable wird in dem return-Befehl der doBirth-Methode zurückgegeben. Dies stimmt mit dem deklarierten Rückgabewert im Kopf der doBirth-Methode (public static City) überein.

✔ Die `doBirth`-Methode gibt ein Objekt vom Typ `City` zurück. Zurück in der `main`-Methode wird das Objekt, das der Aufruf von `doBirth` zurückgibt, der `smackoverAR`-Variablen zugewiesen, und die `smackoverAR`-Variable ist (wie Sie vermutet haben) vom Typ `City`.

Diese Übereinstimmung der Typen wirkt nicht nur sehr harmonisch, sondern ist absolut erforderlich. Wenn Sie ein Programm schreiben und die Typen in dem Programm nicht übereinstimmen, gibt `javac` die Meldung aus, dass die Typen inkompatibel sind (`incompatible types`).

Epilog

Die Familie Kermongoos und ihr neugeborenes Baby sind wohlauf, und sie leben glücklich in ihrem Haus in Smackover in Arkansas.

Teil IV
Fortgeschrittene Java-Techniken

In diesem Teil ...

Wenn Sie bis hierher gekommen sind, sind Sie bereit, einige wichtige Java-Konzepte kennen zu lernen. Dieser Teil des Buches beschreibt kompliziertere Dinge, kleine Haken und Ösen, spezielle Regeln und nicht so spezielle Ausnahmen. Wie üblich sollten Sie sich davon nicht beeindrucken lassen. Ich führe Sie Schritt für Schritt in kleinen gut zu bewältigenden Portionen an diese Themen heran, sodass der Stoff leicht und interessant bleibt und Sie nicht »erschlägt«.

Mit Arrays mehrere Werte auf einmal verwalten

In diesem Kapitel

▶ Mit mehreren Werten auf einmal umgehen
▶ Werte zu Beginn der Programmausführung erstellen
▶ Zeilen und Spalten von Werten erstellen

*W*illkommen im Java-Motel! Keine lästigen Pagen, kein überteuerter Zimmerservice, keine dummen Scherze – einfach nur saubere Doppelzimmer zu günstigen Preisen.

Was sind Arrays?

Das Java-Motel hat zehn komfortable Zimmer. Seltsamerweise sind die Zimmer von 0 bis 9 nummeriert. Sagen wir mal, dass ich daran nicht unschuldig bin – mit null zu beginnen, macht die Beispiele in diesem Kapitel etwas einfacher.

Ihre Aufgabe besteht darin, die Anzahl der Gäste pro Zimmer zu verwalten. Weil es zehn Zimmer gibt, denken Sie vielleicht daran, zehn Variablen zu definieren:

```
int guestsInRoomNum0, guestsInRoomNum1, guestsInRoomNum2,
    guestsInRoomNum3, guestsInRoomNum4, guestsInRoomNum5,
    guestsInRoomNum6, guestsInRoomNum7, guestsInRoomNum8,
    guestsInRoomNum9;
```

Dieser Ansatz wirkt etwas ineffizient. Doch dies ist nicht der einzige Mangel dieses Codes. Noch problematischer ist die Tatsache, dass Sie diese Variablen nicht in einer Schleife durchlaufen können. Um den Wert jeder Variablen zu lesen, müssen Sie die `getInt`-Methode zehnmal kopieren.

```
guestsInRoomNum0 = DummiesIO.getInt(guestList);
guestsInRoomNum1 = DummiesIO.getInt(guestList);
guestsInRoomNum2 = DummiesIO.getInt(guestList);
... usw.
```

Sicher gibt es eine bessere Methode.

Diese bessere Methode arbeitet mit einem Array. Ein *Array* besteht aus einer Reihe von Werten – vergleichbar mit einer Reihe der Zimmer eines einstöckigen Motels. Um sich das Array zu veranschaulichen, sollten Sie sich das Java-Motel folgendermaßen vorstellen:

✔ Stellen Sie sich zunächst die Zimmer in einer Reihe nebeneinander vor.

✔ Stellen Sie sich dann vor, dass die Vorderwände der Zimmer fehlen und Sie direkt in die Zimmer blicken und die Anzahl der Gäste sehen können.

✔ Ignorieren Sie die Details, die Sie sehen, und konzentrieren Sie sich nur auf die abstrakte Anzahl der Gäste pro Zimmer. Abbildung 11.1 soll Ihnen dabei helfen.

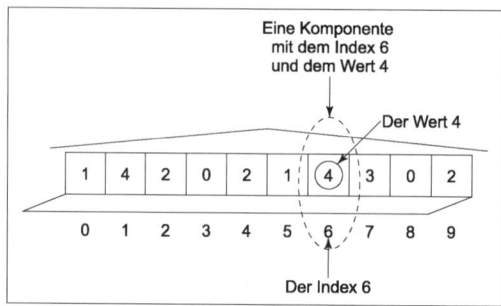

Abbildung 11.1: Eine abstrakte Darstellung der Zimmer in dem Java-Motel

In der Terminologie dieses Kapitels wird die Reihe der Zimmer als ein *Array* bezeichnet. Jedes Zimmer in dem Array wird als *Komponente* oder *Element* des Arrays bezeichnet. Jede Komponente ist mit zwei Zahlen verbunden:

✔ mit der Zimmernummer (einer Zahl von 0 bis 9), die als *Index* des Arrays bezeichnet wird,

✔ mit einer Anzahl von Gästen, die als Wert in einer Komponente des Arrays gespeichert ist.

Wenn Sie ein Array verwenden, ersparen Sie sich die unsinnige Wiederholung in dem obigen Beispielcode. Um beispielsweise ein Array mit zehn Werten zu deklarieren, können Sie zwei ziemlich kurze Befehle schreiben:

```
int guests[];
guests = new int[10];
```

Sie können die beiden Befehle sogar zu einem längeren Befehl zusammenfassen:

```
int guests[] = new int[10];
```

Achten Sie auf die Zahl 10 in diesen beiden Code-Abschnitten. Diese Zahl weist den Computer an, ein `guests`-Array mit zehn Komponenten zu erstellen. Jede Komponente des Arrays hat einen eigenen Namen. Die erste Komponente wird mit `guests[0]`, die zweite mit `guests[1]` usw. bezeichnet. Die letzte der zehn Komponenten wird `guests[9]` genannt.

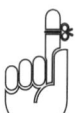 Wenn Sie ein Array erstellen, geben Sie immer die Anzahl der Komponenten an. Die Indizes eines Arrays beginnen mit 0 und enden mit der Zahl, die um eins kleiner als die Gesamtzahl der Komponenten ist.

11 ➤ Mit Arrays mehrere Werte auf einmal verwalten

 Die beiden obigen Code-Abschnitte enthalten zwei Methoden, um ein Array zu erstellen – die eine Methode verwendet zwei Zeilen, die andere eine Zeile. Wenn Sie die Methode wählen, die mit einer einzelnen Zeile arbeitet, können Sie diese Zeile nach Wunsch innerhalb oder außerhalb einer Methode verwenden. Wenn Sie dagegen zwei separate Zeilen benutzen, sollte sich die zweite Zeile, guests = new int[10], innerhalb einer Methode befinden.

 Bei einer Array-Deklaration können Sie die eckigen Klammern entweder vor oder nach dem Variablennamen angeben. Anders ausgedrückt: Sie können int guests[] oder int[] guests schreiben. Das Programm erstellt die guests-Variable unabhängig von der Form.

Ein Array in zwei einfachen Schritten erstellen

Betrachten wir noch einmal die beiden Zeilen, mit denen Sie ein Array erstellen können:

```
int guests[];
guests = new int[10];
```

Jede Zeile erfüllt einen ganz bestimmten Zweck:

✔ `int guests[]`: Diese erste Zeile ist eine Deklaration. Die Deklaration reserviert den Array-Namen (in diesem Fall guests) für die Anwendung im Rest des Programms. Angewendet auf das Beispiel des Java-Motels bedeutet dies: »Ich will hier ein Motel bauen und eine bestimmte Zahl von Gästen in jedem Zimmer unterbringen.« (siehe Abbildung 11.2).

Kümmern Sie sich im Moment nicht darum, was die Deklaration `int guests[]` tut. Achten Sie lieber darauf, was die Deklaration `int guests[]` *nicht tut*. Die Deklaration reserviert keine zehn Speicherstellen. Tatsächlich erstellt eine Deklaration wie `int guests[]` nicht wirklich ein Array, sondern nur die guests-Variable. An dieser Stelle des Codes bezieht sich die guests-Variable noch nicht auf ein richtiges Array. (Anders ausgedrückt: Das Motel ist noch nicht gebaut worden.)

✔ `guests = new int[10]`: Diese zweite Zeile ist ein Zuweisungsbefehl. Dieser Befehl reserviert im Speicher des Computers zehn Speicherstellen für int-Werte. (Anders ausgedrückt: Das Motel ist endlich gebaut worden, und die Gäste können in die Zimmer einziehen; siehe noch einmal Abbildung 11.2).

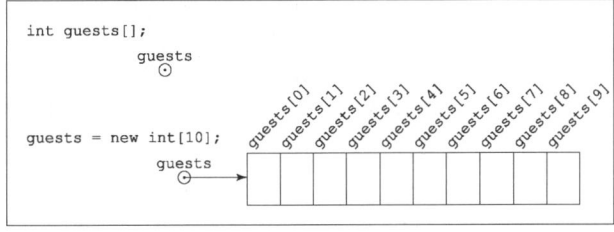

Abbildung 11.2: Zwei Schritte, um ein Array zu erstellen

Werte speichern

Nachdem Sie ein Array erstellt haben, können Sie den Komponenten des Arrays Werte zuweisen. Wenn Sie beispielsweise die Tatsache speichern wollen, dass Zimmer 6 vier Gäste beherbergt, weisen Sie der Komponente mit dem Index 6 die Zahl vier zu:

```
guests[6]=4.
```

Jetzt nimmt das Geschäft zu. Ein großer Bus hält vor dem Motel. Die Seiten des Busses tragen die Aufschrift »Arche Noah«. Aus dem Bus steigen 25 Paare aus und drängen sich in das kleine Büro des Motels. Nur zehn Paare können im Java-Motel unterkommen, aber das ist kein Problem, weil die anderen 15 Paare in einem alten Resort-Hotel in der Nähe unterkommen können.

Um die zehn Paare in dem Java-Motel unterzubringen, bringen Sie jeweils ein Paar (zwei Gäste) in jedem Ihrer zehn Zimmer unter. Da Sie ein Array erstellt haben, können Sie die Indizierungsmöglichkeiten des Arrays nutzen und eine for-Schleife schreiben:

```
for (int roomNum=0; roomNum<10; roomNum++)
   guests[roomNum] = 2;
```

Diese Schleife ersetzt zehn Zuweisungsbefehle. Beachten Sie, wie der Schleifenzähler von 0 bis 9 geht. Vergleichen Sie diese Werte mit Abbildung 11.2, und erinnern Sie sich daran, dass die Indizes eines Arrays von 0 bis zu einer Zahl gehen, die um eins kleiner als die Anzahl der Komponenten in dem Array ist.

Nun geht es in der Welt selten geordnet zu, deshalb kommen Ihre Gäste nicht immer hübsch in Paaren an, und Sie müssen jedes Zimmer mit einer anderen Zahl von Gästen belegen. Wahrscheinlich speichern Sie Informationen über Zimmer und Gäste in einer Datenbank. In diesem Fall können Sie ein Array immer noch mit einer Schleife durchlaufen und dabei die jeweilige Zahl der Gäste abfragen. Der entsprechende Code könnte folgendermaßen aussehen:

```
resultset =
   statement.executeQuery("SELECT GUESTS FROM RoomData");
for (int roomNum=0; roomNum<10; roomNum++)
{
   resultset.next();
   guests[roomNum]=resultset.getInt("GUESTS");
}
```

Halt! Datenbanken werden erst in Kapitel 16 behandelt. Deshalb werden wir hier die Zahlen der Gäste aus einer einfachen Textdatei einlesen. Wenn Sie unter Windows arbeiten, können Sie die Zahlen mit dem Editor in die Datei schreiben. (Listing 11.1 zeigt eine Beispieldatei.) Nachdem Sie eine Datei erstellt haben, können Sie die DummiesIO-Klasse dieses Buches benutzen, um die Werte aus der Datei einzulesen. Der Code wird in Listing 11.2 gezeigt, der Output steht in Abbildung 11.3 .

```
1
4
2
0
2
1
4
3
0
2
```

Listing 11.1: Die GuestList-Datei

```
import java.io.BufferedReader;
public class ShowGuests
{
   public static void main(String args[])
   {
      int guests[] = new int[10];
      BufferedReader guestList =
         DummiesIO.open("c:\\JavaPrograms\\GuestList");

      for(int roomNum=0; roomNum<10; roomNum++)
         guests[roomNum] = DummiesIO.getInt(guestList);

      System.out.println("Zimmer\tGaeste");
      for(int roomNum=0; roomNum<10; roomNum++)
      {
         System.out.print(roomNum);
         System.out.print("\t");
         System.out.println(guests[roomNum]);
      }
   }
}
```

Listing 11.2: Ein Array mit Werten füllen

Abbildung 11.3: Ausführung und Output von Programm 11.2

Der Code in Listing 11.2 enthält zwei for-Schleifen. Die erste Schleife liest die Zahlen der Gäste ein, und die zweite gibt die Zahlen der Gäste aus.

In der Ausgabeschleife verwenden einige print-Aufrufe die Flucht- oder *Escape-Sequenz* \t, mit der nicht der Buchstabe *t*, sondern ein Tabulatorzeichen angezeigt wird. Das Programm springt zum nächsten Tab-Stopp weiter, bevor es weitere Zeichen ausgibt. Java verfügt über einige dieser praktischen Escape-Sequenzen. Tabelle 11.1 stellt einige vor:

Sequenz	Bedeutung
\b	Backspace
\t	Horizontaler Tabulator
\n	Zeilenvorschub (Linefeed)
\f	Seitenvorschub (Formfeed)
\r	Wagenrücklauf (Carriage-Return)
\"	Doppeltes Anführungszeichen "
\'	Einfaches Anführungszeichen '
\\	Backslash \

Tabelle 11.1: Escape-Sequenzen

Es gibt noch eine weitere Methode, um in Java ein Array mit Werten zu füllen: einen *Array-Initialisierer*. Wenn Sie einen Array-Initialisierer verwenden, müssen Sie dem Programm nicht einmal mitteilen, wie viele Komponenten das Array hat; es ermittelt dies automatisch.

Listing 11.3 zeigt eine neue Version des Codes, um ein Array zu füllen. Das Programm hat denselben Output wie Programm 11.2 (siehe Abbildung 11.3). Der Unterschied besteht darin, dass der Code in Listing 11.3 einen Array-Initialisierer verwendet.

```java
public class ShowGuests
{
    public static void main(String args[])
    {
        int guests[] = {1,4,2,0,2,1,4,3,0,2};

        System.out.println("Room\tGuests");
        for(int roomNum=0; roomNum<10; roomNum++)
        {
            System.out.print(roomNum);
            System.out.print("\t");
            System.out.println(guests[roomNum]);
        }
    }
}
```

Listing 11.3: Einen Array-Initialisierer verwenden

 Ein Array-Initialisierer kann Ausdrücke und Literale enthalten. Umgangssprachlich bedeutet dies: Sie können beliebige Ausdrücke zwischen die Kommas des Initialisierers einfügen. Beispielsweise würde auch ein Initialisierer wie {1+3, DummiesIO.getInt(), 2,0,2,1,4,3,0,2} einwandfrei funktionieren.

 Jedes Array hat ein eingebautes Längenfeld. Die Länge eines Arrays ist die Anzahl der Komponenten in dem Array. Wenn Sie beispielsweise in Listing 11.3 den Wert von guests.length ausgeben, erhalten Sie 10.

Suchen

Sie sitzen am Empfang Ihres Java-Motels. Da kommt eine Gruppe von fünf Leuten in das Motel, die ein Zimmer suchen. Deshalb benötigen Sie Software, die prüft, ob ein Zimmer frei ist. Falls dies der Fall ist, soll die Software die GuestList-Datei (Listing 11.1) ändern, indem sie die Zahl 0 durch die Zahl 5 ersetzt. Wie es das Schicksal so will, befindet sich diese Software direkt auf Ihrer Festplatte. Die Software wird in Listing 11.4 gezeigt.

```java
import java.io.BufferedReader;
import java.io.PrintStream;

public class FindVacancy
{
   public static void main(String args[])
   {
      int guests[] = new int[10];
      int roomNum;

      BufferedReader guestList =
         DummiesIO.open("c:\\JavaPrograms\\GuestList");
      for(roomNum=0; roomNum<10; roomNum++)
         guests[roomNum] = DummiesIO.getInt(guestList);

      for (roomNum=0; roomNum<=10; roomNum++)
         if(roomNum==10 || guests[roomNum]==0)
            break;

      if (roomNum==10)
         System.out.println("Leider ist kein Zimmer frei.");
      else
      {
         System.out.print("Wie viele Gaeste in Zimmer ");
         System.out.print(roomNum);
         System.out.print("? ");
         guests[roomNum] = DummiesIO.getInt();

         PrintStream listOut =
```

```
            DummiesIO.create("c:\\JavaPrograms\\GuestList");
            for (roomNum=0; roomNum<10; roomNum++)
                listOut.println(guests[roomNum]);
        }
    }
}
```

Listing 11.4: Ist ein Zimmer frei?

Abbildung 11.4 zeigt mehrere Ausführungen des Programms aus Listing 11.4. In der Abbildung beginnt das Motel mit zwei leeren Zimmern, 3 und 8. (Vergessen Sie nicht, dass die Zählung der Zimmer mit 0 beginnt.) Wenn Sie den Code in Listing 11.4 das erste Mal ausführen, meldet das Programm, dass Zimmer 3 frei ist, und weist dem Zimmer fünf Gäste zu. Bei der zweiten Ausführung findet das Programm das restliche leere Zimmer (Zimmer 8) und weist dem Zimmer eine Gesellschaft von zehn Personen zu. (Was für eine Party!) Bei der dritten Ausführung des Programms gibt es keine freien Zimmer mehr. In diesem Fall zeigt das Programm die Meldung Leider ist kein Zimmer frei an.

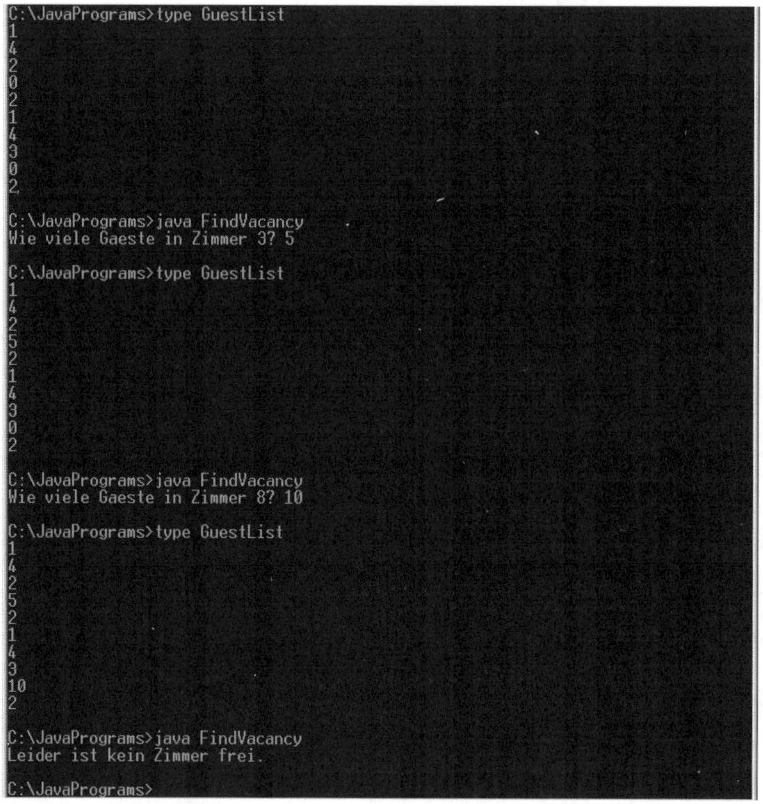

Abbildung 11.4: Freie Zimmer belegen

Der Code verwendet Techniken aus anderen Kapiteln und Abschnitten dieses Buches. Neu ist hier nur die DummiesIO-Funktion, die Daten in eine Festplattendatei schreibt. Weil die DummiesIO-Klasse nicht zum Java-Standard gehört (Was für eine Schande!), muss ich hier nicht auf die Einzelheiten eingehen. Sie müssen nur wissen, dass bei einem Aufruf der DummiesIO.create-Methode der Inhalt der bestehenden GuestList-Datei zerstört wird.

Nachdem Sie create aufgerufen und den Rückgabewert der Methode einer Variablen zugewiesen haben, können Sie die println-Methode dieser Variablen verwenden. In Listing 11.4 wird listOut.println(guests[roomNum]) aufgerufen, um die Anzahl der Gäste in einem Zimmer in eine neue GuestList-Datei zu schreiben.

Sie können DummiesIO.java von der beiliegenden CD-ROM auf Ihre Festplatte kopieren.

Wenn Sie PrintStream (eine Klasse im Java-API) verwenden, müssen Sie am Anfang Ihrer Java-Datei java.io.PrintStream importieren.

Wie viele ähnliche Methoden geht die DummiesIO.create-Methode mit Dateien nicht zimperlich um. Wenn die Methode keine GuestList-Datei findet, erstellt sie eine neue Datei und schreibt Werte in sie. Wenn bereits eine GuestList-Datei existiert, überschreibt die Methode die vorhandene Datei und erstellt eine neue, leere GuestList-Datei. Wenn Sie eine etwas vorsichtigere Vorgehensweise bevorzugen, müssen Sie geeignete Maßnahmen ergreifen, bevor Sie eine Methode wie DummiesIO.create aufrufen.

Abgekürzte Bedingungsauswertung

Der if-Befehl in Listing 11.4 verwendet einen interessanten Trick. Wenn Sie herausfinden wollen, wie er funktioniert, sollten Sie versuchen, ihn zu überlisten. Ändern Sie die Bedingung in dem if-Befehl, sodass die Tests in umgekehrter Reihenfolge ausgeführt werden:

```
if(guests[roomNum]==0 || roomNum==10)
```

Wenn Sie dies tun und das Motel ein leeres Zimmer hat, ist alles in Ordnung. Aber wenn das Motel kein leeres Zimmer hat, meldet das Programm einen Fehler:

```
Exception in thread "main"
        java.lang.ArrayIndexOutOfBoundsException
        at FindVacancy.main(FindVacancy.java:17)
```

Was passiert hier? Nun – die Java-Operatoren || und && arbeiten mit einer so genannten *abgekürzten Bedingungsauswertung*. Wenn das Programm in der Mitte der Auswertung eines Ausdrucks bereits das Endergebnis kennt, bricht es die Auswertung des Ausdrucks ab.

Betrachten Sie beispielsweise den Ausdruck roomNum==10 || guests[roomNum]==0 in Listing 11.4. Wenn tatsächlich kein Zimmer in dem Motel frei ist, erreicht die Schleife eine Iteration, bei der die Zimmernummer 10 ist. Das Programm testet die Bedingung roomNum==10 und stellt fest, dass die Bedingung wahr ist. Jetzt muss das Programm den Rest der Bedingung guests[roomNum]==0 nicht mehr testen, weil eine ||-Verknüpfung (Oder-Verknüpfung) wahr ist, wenn (mindestens) einer ihrer Operanden wahr ist, unabhängig davon, welchen Wert die anderen Operanden haben.

Tatsächlich ist es wichtig, dass das Programm den Ausdruck guests[roomNum]==0 nicht mehr testet, weil die Array-Länge überschritten ist. Da die Indizes nur von 0 bis 9 gehen, ergibt guests[10] eine ArrayIndexOutOfBoundsException.

Genau dies passiert, wenn Sie aus Versehen die Reihenfolge der Tests in dem if-Befehl umkehren. Dann prüft das Programm zunächst guests[roomNum]==0, stellt fest, dass roomNum den Wert 10 hat, und meldet eine ArrayIndexOutOfBoundsException, bevor es überhaupt roomNum==10 testen kann.

Ähnliches gilt für den Java-Operator &&, der ebenfalls mit einer *abgekürzten Bedingungsauswertung* arbeitet. Betrachten wir den Ausdruck *ersterTest* && *zweiterTest*. Wenn das Programm zuerst *ersterTest* testet und feststellt, dass dieser Ausdruck falsch ist, kann die ganze &&-Bedingung nicht mehr wahr sein. Wenn einer der beiden Teilausdrücke falsch ist, ist der gesamte &&-Ausdruck falsch. Wenn also der erste Teilausdruck falsch ist, greift die abgekürzte Bedingungsauswertung, und das Programm muss den zweiten Teilausdruck nicht mehr auswerten. Dies können Sie in Ihrem Code nutzen.

Arrays von Objekten

Sie haben das Java-Motel neu eröffnet und arbeiten jetzt mit einer verbesserten Software zur Registrierung von Gästen! Wir wollen jetzt untersuchen, ob wir einige Ideen der objektorientierten Programmierung anwenden können, indem wir versuchen, mit einer Room-Klasse (Zimmer-Klasse) zu arbeiten.

Eine Instanz dieser Klasse, also eine Room-Instanz (Zimmer-Instanz), hätte drei Eigenschaften: die Anzahl der Gäste in dem Zimmer, die Miete und ein Raucher/Nichtraucher-Merkmal. Abbildung 11.5 verdeutlicht die Situation.

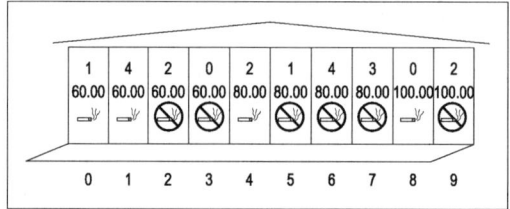

Abbildung 11.5: Eine weitere abstrakte Darstellung der Zimmer in dem Java-Motel

Listing 11.5 zeigt den Code, der die Room-Klasse beschreibt. Wie versprochen hat jede Instanz der Room-Klasse drei Variablen: guests, rate und smoking. (Wenn die boolesche Variable smoking den Wert falsch hat, handelt es sich um ein Nichtraucher-Zimmer.) Zusätzlich verfügt die Room-Klasse über eine statische Variable namens currency, die für die Formatierung der Mietsätze sorgt. (Statische Variablen werden in Kapitel 10 beschrieben.)

```java
import java.io.BufferedReader;
import java.text.NumberFormat;

public class Room
{
   private int guests;
   private double rate;
   private boolean smoking;

   private static NumberFormat geldbetrag =
            NumberFormat.getCurrencyInstance();

   public void readRoom(BufferedReader roomList)
   {
      guests = DummiesIO.getInt(roomList);
      rate = DummiesIO.getDouble(roomList);
      smoking = DummiesIO.getBoolean(roomList);
   }

   public void writeRoom()
   {
      System.out.print(guests);
      System.out.print("\t");
      System.out.print(geldbetrag.format(rate));
      System.out.print("\t");
      if(smoking)
         System.out.println("ja");
      else
         System.out.println("nein");
   }
}
```

Listing 11.5: Die Room-Klasse

Jetzt fehlt nur noch das Array der Zimmer. Der entsprechende Code befindet sich in Listing 11.6. Um den Code auszuführen, benötigen Sie wie üblich die DummiesIO.class-Datei sowie die RoomList-Datei. (Der Code in Listing 11.6 liest Daten aus der RoomList-Datei ein. Listing 11.7 zeigt den Inhalt der RoomList-Datei.) Abbildung 11.6 zeigt eine Ausführung von Programm 11.6.

```
import java.io.BufferedReader;

public class ShowRooms
{
   public static void main(String args[])
   {
      Room rooms[];
      rooms = new Room[10];
      BufferedReader roomList =
         DummiesIO.open("c:\\JavaPrograms\\RoomList");

      for(int roomNum=0; roomNum<10; roomNum++)
      {
         rooms[roomNum] = new Room();
         rooms[roomNum].readRoom(roomList);
      }

      System.out.println("Zimmer\tGaeste\tSatz\t\tRaucher?");
      for(int roomNum=0; roomNum<10; roomNum++)
      {
         System.out.print(roomNum);
         System.out.print("\t");
         rooms[roomNum].writeRoom();
      }
   }
}
```

Listing 11.6: Die Zimmer anzeigen

```
1
60.00
true
4
60.00
true
2
60.00
false
0
60.00
false
2
80.00
true
1
80.00
false
```

```
4
80.00
false
3
80.00
false
0
100.00
true
2
100.00
false
```

Listing 11.7: Ein Datei mit Zimmerdaten

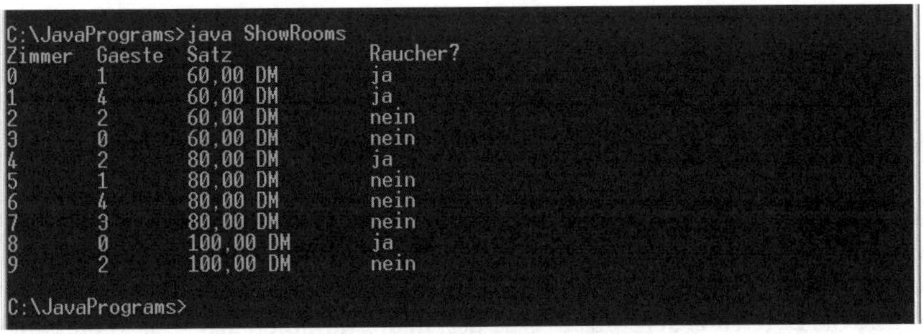

```
C:\JavaPrograms>java ShowRooms
Zimmer  Gaeste  Satz         Raucher?
0       1       60,00 DM     ja
1       4       60,00 DM     ja
2       2       60,00 DM     nein
3       0       60,00 DM     nein
4       2       80,00 DM     ja
5       1       80,00 DM     nein
6       4       80,00 DM     nein
7       3       80,00 DM     nein
8       0       100,00 DM    ja
9       2       100,00 DM    nein
C:\JavaPrograms>
```

Abbildung 11.6: Eine Ausführung von Programm 11.6

In Listing 11.6 geht es hauptsächlich darum, wie ein Array von Objekten erstellt wird. Zu diesem Zweck müssen Sie drei Schritte ausführen: Sie müssen eine Array-Variable, das Array selbst und dann jedes einzelne Objekt in dem Array erstellen. Dies unterscheidet sich davon, ein Array von int-Werten oder ein Array mit Werten eines anderen primitiven Typs zu erstellen. Bei einem Array mit Werten eines primitiven Typs müssen Sie nur die ersten beiden dieser drei Schritte ausführen.

Um die folgenden Punkte zu verstehen, sollten Sie Listing 11.6 und Abbildung 11.7 zu Rate ziehen.

- ✔ `Room rooms[];`:: Diese Deklaration erstellt eine `rooms`-Variable. Diese Variable soll später ein Array speichern (enthält aber im Moment noch nichts).

- ✔ `rooms = new Room[10];`:: Dieser Befehl reserviert zehn Speicherplätze im Speicher des Computers. Der Befehl sorgt außerdem dafür, dass die `rooms`-Variable die Gruppe der Speicherplätze bezeichnet. Jeder Speicherplatz soll später auf ein Objekt verweisen (enthält im Moment aber noch nichts).

- ✔ `rooms[roomNum] = new Room();`:: Diese Befehl befindet sich in einer `for`-Schleife und wird für jedes Zimmer, also insgesamt zehnmal, ausgeführt. Beispielsweise lautet der Befehl bei der ersten Iteration der Schleife `rooms[0] = new Room()`. Er sorgt dafür, dass der Speicherplatz `rooms[0]` auf ein tatsächliches Objekt (eine Instanz der `Room`-Klasse) verweist.

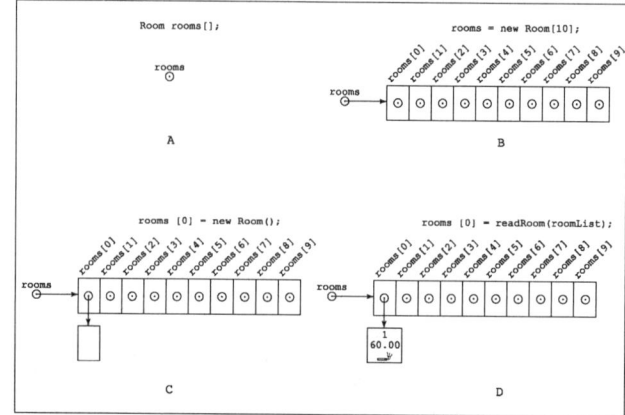

Abbildung 11.7: Die Schritte, um ein Array von Objekten zu erstellen

Obwohl es technisch nicht zu den Schritten gehört, mit denen ein Array erstellt wird, müssen Sie immer noch die Variablen aller Objekte mit Werten füllen. Beispielsweise lautet bei der ersten Iteration der Schleife der `readRoom`-Aufruf `rooms[0].readRoom(roomList)`, was bedeutet, dass die Daten aus der `roomList`-Datei in die Variablen des `rooms[0]`-Objekts gelesen werden sollen. Bei jeder Iteration der Schleife erstellt das Programm ein neues Objekt und liest Daten in die Variablen dieses Objekts ein.

Ähnlich wie beim Erstellen eines Arrays mit primitiven Werten können Sie die Schritte zusammenfassen. Beispielsweise können Sie die ersten beiden Schritte in dem folgenden Befehl ausführen:

```
Room rooms[] = new Room[10];
```

Sie können auch einen Array-Initialisierer verwenden. (Eine Einführung in Array-Initialisierer finden Sie in dem Abschnitt *Werte speichern* weiter oben in diesem Kapitel. Außerdem enthält der folgende Abschnitt ein interessanteres Array-Initialisierer-Beispiel.)

Ein String-Array

Nehmen wir an, dass Sie die Ereignisse an den verschiedenen Wochentagen speichern wollen. 1 soll für Sonntag, 2 für Montag usw. stehen. Was ist die beste Methode, um zwischen Zahlen und Tagesnamen zu wechseln? Natürlich könnten Sie einen großen `if`-Befehl erstellen, aber große `if`-Befehle sind umständlich. Sie könnten auch einen `switch`-Befehl schreiben, um von der Zahl auf den Tagesnamen zu schließen, aber der umgekehrte Weg würde nicht funktionieren. (Zeichenstrings sind als `case`-Ausdrücke in `switch`-Befehlen nicht zulässig.)

Wie wäre es damit, ein String-Array zu benutzen? Um zwischen Zahlen und Tagesnamen zu wechseln, suchen Sie in dem Array einfach den Wert, den Sie kennen, und zeigen dann sein Gegenstück in dem Array an. Abbildung 11.8 veranschaulicht das Array, das diese Vorgehensweise ermöglicht; Listing 11.8 enthält ein entsprechendes Programm.

0	1	2	3	4	5	6	7
Kein Tag	Sonntag	Montag	Dienstag	Mittwoch	Donnerstag	Freitag	Samstag

Abbildung 11.8: Eine Nachschlagetabelle, die als ein Array implementiert ist

```
public class DayOfTheWeek
{
   public static void main(String args[])
   {
      int dayNum;
      String aDayName;
      String dayNames[] = {
         "Kein Tag",
         "Sonntag",
         "Montag",
         "Dienstag",
         "Mittwoch",
         "Donnerstag",
         "Freitag",
         "Samstag"};

      System.out.print
         ("Geben Sie eine Zahl von 1 bis 7 ein: ");

      dayNum = DummiesIO.getInt();

      if (dayNum<1 || dayNum>7)
         dayNum=0;

      System.out.println(dayNames[dayNum]);
      System.out.println();

      System.out.print
         ("Geben Sie den Namen eines Wochentags ein: ");
      aDayName = DummiesIO.getString();

      for (dayNum=1; dayNum<=7; dayNum++)
         if (aDayName.equals(dayNames[dayNum]))
```

```
        {
            System.out.println(dayNum);
            System.exit(0);
        }
        System.out.println("Das ist kein Wochentag.");
    }
}
```

Listing 11.8: Ein String-Array verwenden

Abbildung 11.9 zeigt zwei Ausführungen des Codes in Listing 11.8 an. Beim ersten Mal gibt der Benutzer zwei zulässige Werte ein (**3** und **Freitag**). Beim zweiten Mal gibt er unzulässige Werte ein (**8** und **Mitwoch**). In beiden Fällen reagiert das Programm entsprechend.

```
C:\JavaPrograms>java DayOfTheWeek
Geben Sie eine Zahl von 1 bis 7 ein: 3
Dienstag

Geben Sie den Namen eines Wochentags ein: Freitag
6

C:\JavaPrograms>java DayOfTheWeek
Geben Sie eine Zahl von 1 bis 7 ein: 8
Kein Tag

Geben Sie den Namen eines Wochentags ein: Mitwoch
Das ist kein Wochentag.

C:\JavaPrograms>
```

Abbildung 11.9: Welchen Tag haben wir?

Dinge wie "Dienstag" sind Objekte – Instanzen der Java-String-Klasse. Deshalb ist dayNames in Listing 11.8 ein Array von Objekten. Um den Tagesnamen zu ermitteln, der zu einer bestimmten Zahl gehört, brauchen Sie nur die Tageszahl zwischen den eckigen Klammern einzugeben.

Die andere Richtung (vom Tagesnamen zur Zahl) ist etwas schwieriger. Wenn der Tagesname gegeben ist, müssen Sie das Array mit den Komponenten in einer Schleife durchlaufen, um eine Übereinstimmung zu finden. Wenn Sie eine Übereinstimmung finden, gibt der Index die gesuchte Tageszahl an. Sie zeigen den Index an und verlassen dann die Schleife mit dem exit-Befehl der System-Klasse das Programm. Wenn Sie keine Übereinstimmung finden, wird am Ende des Programms eine entsprechende Meldung angezeigt.

Wenn Sie die exit-Methode aufrufen, übergeben Sie der Methode einen int-Parameter. Der Parameter 0 zeigt üblicherweise an, dass ein Programm fehlerfrei beendet wurde; falls Fehler aufgetreten sind, wird eine andere Zahl zurückgegeben.

Beachten Sie, dass die Zahlen für die Wochentage nicht mit 0, sondern mit 1 beginnen: Sonntag ist 1, und Samstag ist 7. Dafür gibt es zwei Gründe: Erstens gefällt es mir nicht, dass die

Woche einen Tag 0 hat. Zweitens wollte ich Ihnen zeigen, dass die ungewohnte Nummerierung der Zimmer des Java-Motels (die weiter oben in den Beispielen dieses Kapitels verwendet wurde) absolut nicht notwendig ist. Es gibt viele Methoden, um den Index 0 zu umgehen und die Zählung in einem Java-Array mit 1 zu beginnen.

Befehlszeilenargumente

Seit Sie angefangen haben, Java zu lernen, haben Sie im Kopf jeder `main`-Methode das Argument `String args[]` verwendet. Es wird Zeit, dass Sie erfahren, was dies bedeutet.

Wenn Sie ein Java-Programm ausführen wollen, können Sie den folgenden Befehl eingeben:

`java ClassName`

In vielen Situationen reicht dies aus. Doch manchmal wollen Sie dem Programm beim Start einige Informationen mitgeben. Nehmen wir beispielsweise an, dass das Programm eine neue Datei auf Ihrer Festplatte anlegen soll und Sie dem Programm mitteilen wollen, wie diese Datei heißen soll:

`java ClassName FileName`

Sie können dem Programm auch noch mehr Informationen mitgeben. Nehmen wir an, dass diese Datei Zufallszahlen enthalten soll, die beim wöchentlichen Bingo-Spiel des Motels laut vorgelesen werden sollen. Wenn Sie das Programm aufrufen, teilen Sie ihm den Namen der neuen Datei und die Anzahl der Zufallszahlen mit, die die neue Datei enthalten soll:

`java ClassName FileName howMany`

Die Frage ist: Wie erkennt das Programm die Informationen, die Sie nach dem `java`-Befehl eingeben?

Die Antwort lautet: Die Informationen sind in dem Argument `String args[]` enthalten. Alles, was Sie in der Befehlszeile eingeben, wird mittels der Parameterleiste an die `main`-Methode übergeben. Der Parameter `args[]` ist ein Array von `String`-Werten. Jeder `String`-Wert besteht aus einem der Wörter, die Sie nach dem `java`-Befehl eingegeben haben. Diese Wörter werden als *Befehlszeilenargumente* bezeichnet (siehe Listing 11.9).

```
import java.io.PrintStream;

public class MakeRandomNumsFile
{
   public static void main(String args[])
   {
      PrintStream fileOut;
      int numLines;

      if (args.length < 2)
      {
```

```
      System.out.println
        ("Verwendung: MakeRandomNumsFile dateiname anzahl");
      System.exit(1);
    }
    
    fileOut = DummiesIO.create(args[0]);
    numLines = Integer.parseInt(args[1]);
    
    for (int count=1; count<=numLines; count++)
      fileOut.println(DummiesRandom.getInt());
  }
}
```

Listing 11.9: Eine Datei mit Zahlen erzeugen

Abbildung 11.10 zeigt einige Ausführungen des Codes aus Listing 11.9. Bevor Sie den Code ausprobieren können, müssen Sie `DummiesRandom.class` von der beiliegenden CD-ROM in Ihr `JavaPrograms`-Verzeichnis kopieren. Um den Code in Listing 11.9 auszuführen, geben Sie den folgenden Befehl ein:

```
java MakeRandomNumsFile MyNumberedFile 5
```

Wenn Sie mit einer Java-Entwicklungsumgebung und nicht mit der Befehlszeile arbeiten, führen Sie wahrscheinlich ein Java-Programm aus, indem Sie einen Menübefehl auswählen. Irgendwo in den Menüs Ihrer Umgebung gibt es eine Option, mit der Sie Befehlszeilenargumente festlegen können.

Abbildung 11.10: Ausführung und Output von Programm 11.9

In der `main`-Methode nimmt die Array-Komponente `args[0]` automatisch den Wert `"MyNumberedFile"` und `args[1]` nimmt automatisch den Wert `"5"` an, sodass die beiden Zuweisungsbefehle des Programms wie folgt lauten:

```
fileOut = DummiesIO.create("MyNumberedFile");
numLines = Integer.parseInt("5");
```

11 ➤ Mit Arrays mehrere Werte auf einmal verwalten

Das Programm erstellt eine Datei namens `MyNumberedFile` und setzt `numLines` auf 5. (Später speichert das Programm fünf Werte in `MyNumberedFile`.)

Beachten Sie, dass jedes Befehlszeilenargument ein `String`-Wert ist, das heißt, `args[1]` ist nicht die Zahl Fünf, sondern der String "5", der ein Ziffernzeichen enthält. Da man mit "5" nicht zählen kann, müssen Sie den String mit der `Integer.parseInt`-Methode in einen `int`-Wert umwandeln.

Die `parseInt`-Methode gehört zur `Integer`-Klasse und ist `static`. Deshalb setzen Sie den Klassennamen `Integer` vor den Methodennamen `parseInt`. Die `Integer`-Klasse enthält verschiedene Methoden, um `int`-Werte zu manipulieren. Die Klasse gehört zu einem Package namens `java.lang`. Beachten Sie, dass Sie nicht den Befehl `import java.lang.Integer` an den Anfang der Programmdatei setzen müssen. Das `java.lang`-Package wird besonders behandelt. Sein gesamter Inhalt wird automatisch in ein Java-Programm importiert.

In Java ist `Integer` der Name einer Klasse, und `int` ist der Namen eines primitiven (einfachen) Typs. Diese beiden Dinge gehören zusammen, sind aber nicht dasselbe. Die `Integer`-Klasse enthält Methoden und andere Werkzeuge, um mit `int`-Werten zu arbeiten.

Abbildung 11.10 zeigt, dass der Benutzer gegen Ende einen Fehler gemacht hat. Er hat

`java MakeRandomNumsFile YourNumberedFile`

eingegeben und dabei das zweite Befehlszeilenargument weggelassen. Das Programm weist `arg[0]` zwar `"YourNumberedFile"` zu, aber `arg[1]` erhält keinen Wert. Dies ist schlecht; denn wenn das Programm den Befehl

`numLines = Integer.parseInt(args[1]);`

erreicht, bricht es mit einer unfreundlichen `ArrayIndexOutOfBoundsException` ab.

Um diesem Problem vorzubeugen, sollten Sie die Länge des `args`-Arrays prüfen und `args.length` mit 2 vergleichen. Wenn das `args`-Array weniger als zwei Komponenten enthält, können Sie das Programm mit einer benutzerfreundlichen Meldung beenden.

Trotz der Prüfung von `args.length` in Listing 11.9 ist der Code noch nicht absturzsicher. Wenn Sie **java MakeRandomNumsFile MyNumberedFile five** eingeben, bricht das Programm mit einer `NumberFormatException` ab. Das zweite Befehlszeilenargument darf kein Wort sein, sondern muss eine Zahl (genauer gesagt: eine Ganzzahl) enthalten. Ich könnte die entsprechenden Befehle zu Listing 11.9 hinzufügen, um den Code sicherer zu machen, aber das Abfangen einer `NumberFormatException` ist Thema von Kapitel 12.

Wenn Sie mit Befehlszeilenargumenten arbeiten, können Sie auch `String`-Werte übergeben, die Leerzeichen enthalten. In diesem Fall müssen Sie den betreffenden Wert einfach in doppelte Anführungszeichen einschließen. Beispielsweise könnten Sie das Programm 11.9 mit den Argumenten `"My File.txt"` 7 aufrufen.

Zweidimensionale Arrays

Großartige Neuigkeiten! Das alte einstöckige Java-Motel ist gerade in ein fünfstöckiges Java-Hotel umgebaut worden. Das Erdgeschoss hat die Geschossnummer null, dann geht es weiter mit Geschoss eins usw. Abbildung 11.11 zeigt das umgebaute Hotel.

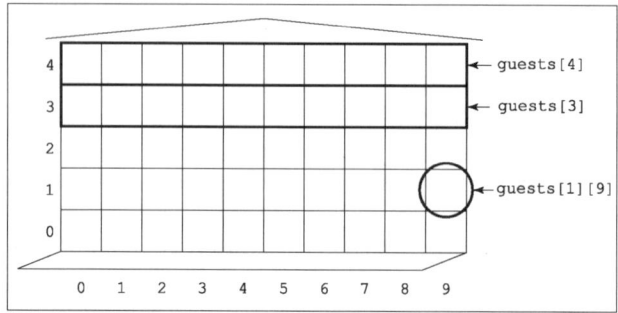

Abbildung 11.11: Ein großes Hotel mit mehreren Geschossen

Ein zweidimensionales Array primitiver Werte

Sie können das Hotel abstrakt als ein Array mit zwei Indizes – also als ein *zweidimensionales Array* – betrachten. Das Array wird folgendermaßen deklariert:

```
int guests[][] = new int[5][10];
```

Das guests-Array hat fünf Zeilen (nummeriert von 0 bis einschließlich 4) und zehn Spalten (nummeriert von 0 bis einschließlich 9). Um zwei Gäste in Zimmer 9 im ersten Stockwerk einzuchecken, schreiben Sie

```
guests[1][9] = 2;
```

 Entwickler, die ernsthaft mit Java arbeiten, betrachten ein zweidimensionales Array als ein Array von Zeilen (das heißt als ein Array, das aus gewöhnlichen eindimensionalen Arrays besteht). Nach dieser Auffassung werden die Zeilen des guests-Arrays (oben) als guests[0], guests[1], guests[2], guests[3] und guests[4] bezeichnet (siehe auch Abbildung 11.11 oben).

Listing 11.10 zeigt ein komplettes Programm mit diesem Gäste-Array.

```
import java.io.BufferedReader;

public class ShowGuests
{
    public static void main(String args[])
    {
        int guests[][] = new int[5][10];
```

```
      BufferedReader guestList =
         DummiesIO.open("c:\\JavaPrograms\\GuestList");

      for (int floor=0; floor<5; floor++)
         for (int roomNum=0; roomNum<10; roomNum++)
            guests[floor][roomNum] =
                            DummiesIO.getInt(guestList);
      for (int floor=4; floor>=0; floor--)
      {
         System.out.print("Etage " + floor + ":");
         for (int roomNum=0; roomNum<10; roomNum++)
         {
            System.out.print("   ");
            System.out.print(guests[floor][roomNum]);
         }
         System.out.println();
      }

      System.out.println();
      System.out.print("Zimmer: ");
      for (int roomNum=0; roomNum<10; roomNum++)
      {
         System.out.print("   ");
         System.out.print(roomNum);
      }
   }
}
```

Listing 11.10: Ein Array von Arrays

Abbildung 11.12 zeigt eine Ausführung des Programms aus Listing 11.10. Die Eingabedatei, GuestList, hat den gleichen Aufbau wie die Datei in Listing 11.1, enthält aber hier 50 Zeilen.

 Sie können die 50zeilige GuestList-Datei von der beiliegenden CD-ROM kopieren.

Abbildung 11.12: Anzeige der Gästezahlen

Listing 11.10 zeigt die gebräuchliche Methode, ein zweidimensionales Array zu bearbeiten – nämlich indem eine for-Schleife innerhalb einer weiteren for-Schleife ausgeführt wird. Wenn Sie beispielsweise Werte in das Array einlesen, arbeiten Sie mit einer roomNum-Schleife (Zimmerzahl), die in eine floor-Schleife (Etagen) eingebettet ist:

```
for (int floor=0; floor<5; floor++)
    for (int roomNum=0; roomNum<10; roomNum++)
```

Weil die roomNum-Schleife in die floor-Schleife eingebettet ist, ändert sich die roomNum-Variable schneller als die floor-Variable. Anders ausgedrückt: Das Programm gibt erst die Gästezahlen für alle Zimmer auf einer Etage aus, bevor es zur nächsten Etage weitergeht.

Die äußere Schleifenvariable ändert sich langsamer, die innere ändert sich schneller.

Bei der Anzeige der Zimmernummern des Hotels hätte ich mit Etage 0 beginnen und weiter bis Etage 4 gehen können. Aber dann hätte der Output wie ein auf den Kopf gestelltes Hotel ausgesehen. Die Zahlen der obersten Etage sollen auch zuerst angezeigt werden. Deshalb läuft der Zähler der äußeren Schleife rückwärts.

```
for (int floor=4; floor>=0; floor--)
```

Der Schleifenzähler beginnt also mit vier und wird bei jeder Iteration um eins verringert, bis er den Wert 0 hat.

Ein zweidimensionales Array von Objekten

Dieser Abschnitt erweitert den Inhalt früherer Abschnitte, indem er die Idee eines zweidimensionalen Arrays und mit der Idee eines Arrays von Objekten verbindet, um ein Array von Objekt-Arrays zu erstellen.

Zunächst definieren Sie ein zweidimensionales Array von Room-Objekten. (Die Deklaration der Room-Klasse stammt aus Listing 11.5.)

```
Room rooms[][] = new Room[5][10];
```

Dann vollziehen Sie einen unverzichtbaren Schritt: Sie konstruieren für jede Komponente in dem Array ein Objekt.

```
for (int floor=0; floor<5; floor++)
    for (int roomNum=0; roomNum<10; roomNum++)
        rooms[floor][roomNum] = new Room();
```

Dann lesen Sie Werte in die Variablen der Array-Komponente ein, geben die Werte aus usw. Listing 11.11 zeigt ein komplettes Programm.

```java
import java.io.BufferedReader;

public class ShowRooms
{
   public static void main(String args[])
   {
      Room rooms[][] = new Room[5][10];
      BufferedReader roomList =
         DummiesIO.open("c:\\JavaPrograms\\RoomList");

      for (int floor=0; floor<5; floor++)
         for (int roomNum=0; roomNum<10; roomNum++)
         {
            rooms[floor][roomNum] = new Room();
            rooms[floor][roomNum].readRoom(roomList);
         }

      for (int floor=4; floor>=0; floor--)
      {
         System.out.println("Etage " + floor + ":");
         for (int roomNum=0; roomNum<10; roomNum++)
         {
            System.out.print("    ");
            rooms[floor][roomNum].writeRoom();
         }
         System.out.println();
      }
   }
}
```

Listing 11.11: Ein zweidimensionales Array von Objekten

Wenn Sie fertig sind, ist das Programm, das Objekte verwendet, tatsächlich einfacher als der Code, der ohne Objekte arbeitet. Das liegt daran, dass der Code, der ein Array von Objekten verwendet, auf Methoden – beispielsweise `readRoom` und `writeRoom` – zurückgreift, die bereits als Teil der `Room`-Klasse geschrieben wurden.

Eine Ausführung von Programms 11.11 zeigt Informationen über alle 50 Zimmer des Hotels an. Abbildung 11.13 zeigt nur den Anfang dieser Informationen. Der Input des Codes in Listing 11.11, die `RoomList`-Datei, ist wie die Datei in Listing 11.7 aufgebaut, enthält aber insgesamt 150 Zeilen.

Sie können die 150zeilige `RoomList`-Datei von der beiliegenden CD-ROM kopieren.

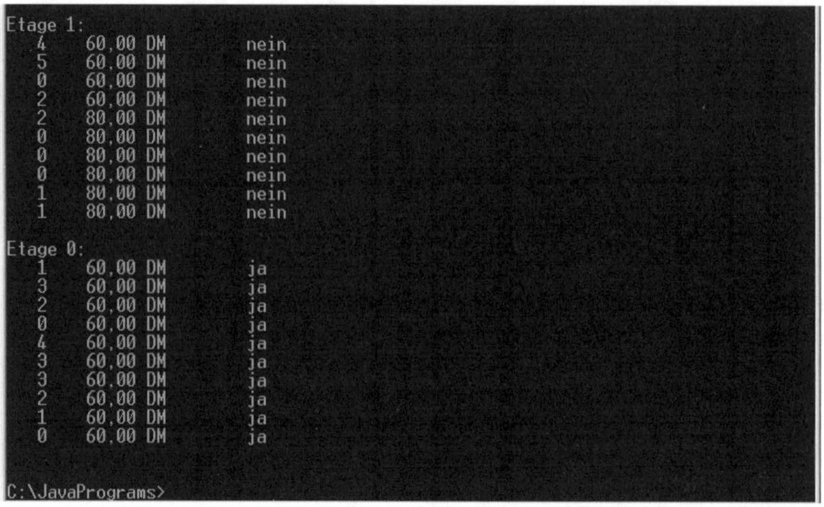

Abbildung 11.13: Das Ende des Outputs von Programm 11.11

Trotz der vielen Beispiele in Listing 11.11 ist nur die folgende Zeile in diesem Listing wirklich wichtig:

`rooms[floor][roomNum] = new Room();`

Wenn Sie diese Zeile aus Versehen weglassen, meldet das Programm den Laufzeitfehler `java.lang.NullPointerException`.

Umgang mit schwierigen Situationen

In diesem Kapitel
- Mit falschen Eingaben und unangenehmen Situationen gekonnt umgehen
- Programme absturzsicherer machen
- Eine eigene Ausnahme-Klasse definieren

*J*ava-Programme werden von Menschen geschrieben. Menschen machen Fehler. In diesem Kapitel befassen wir uns mit der Frage, wie man am besten mit Fehlern umgeht, die beim Schreiben und Arbeiten mit Java-Programmen gemacht werden.

Ausnahmen bearbeiten

Wenn Inventur gemacht wird, werden die einzelnen Artikel, die auf Lager sind, gezählt und die Stückzahlen mit den zugehörigen Preisen in Listen eingetragen oder direkt mit einem kleinen Hand-Computer erhoben. Später werden auch die Listen mit einem Computer erfasst und weiterverarbeitet.

Listing 12.1 zeigt die Software, die für diesen Zweck eingesetzt wird. Die Software hat einen Mangel, der in Abbildung 12.1 deutlich wird. Wenn der Benutzer eine Ganzzahl eingibt, gibt es keine Probleme, aber bei Dezimalzahlen (wie beispielsweise 3.25) stürzt das Programm ab. Sie sollen dafür sorgen, dass der Benutzer auch solche Zahlen eingeben kann.

```
import java.text.NumberFormat;

public class InventoryA
{
   public static void main(String args[])
   {
      String numBoxesIn;
      int numBoxes;
      double boxPrice = 3.25;
      NumberFormat geldbetrag =
         NumberFormat.getCurrencyInstance();

      System.out.print("Wie viele Artikel haben wir? ");
      numBoxesIn = DummiesIO.getString();
```

```
        numBoxes = Integer.parseInt(numBoxesIn);

        System.out.print("Der Wert ist ");
        System.out.println(geldbetrag.format(numBoxes*boxPrice));
    }
}
```

Listing 12.1: Artikel zählen

```
C:\JavaPrograms>java InventoryA
Wie viele Artikel haben wir? 3
Der Wert ist 9,75 DM

C:\JavaPrograms>java InventoryA
Wie viele Artikel haben wir? 3.25
Exception in thread "main" java.lang.NumberFormatException: 3.25
        at java.lang.Integer.parseInt(Integer.java:414)
        at java.lang.Integer.parseInt(Integer.java:454)
        at InventoryA.main(InventoryA.java:15)

C:\JavaPrograms>java InventoryA
Wie viele Artikel haben wir? drei
Exception in thread "main" java.lang.NumberFormatException: drei
        at java.lang.Integer.parseInt(Integer.java:405)
        at java.lang.Integer.parseInt(Integer.java:454)
        at InventoryA.main(InventoryA.java:15)

C:\JavaPrograms>
```

Abbildung 12.1: Hoppla! Dies ist keine Zahl.

Wenn man einen Programmfehler beheben will, sollte man die Fehlermeldung genau studieren, die beim Absturz ausgegeben wird. Die Fehlermeldung zeigt eine java.lang.NumberFormatException an. Dies bedeutet, dass das Java-API-Paket eine Klasse namens NumberFormatException enthält. Diese Klasse ist irgendwie durch den Aufruf von Integer.parseInt ans Licht gebracht worden. (Eine kurze Erklärung der Integer.parseInt-Methode finden Sie in Kapitel 11.)

Java enthält einen Mechanismus, der als *Ausnahmebehandlung* (engl. *exception handling*) bezeichnet wird. Dieser Mechanismus greift ein, wenn etwas nicht so läuft, wie es laufen sollte, und erstellt dabei Objekte, um die Situation zu bewältigen. Offiziell wird gesagt, dass das Programm eine *Ausnahme generiert* (engl. *throwing an exception*). Das neue Objekt ist eine Instanz der Exception-Klasse. Es wird wie eine heiße Kartoffel von einem Teil das Codes zum anderen weitergegeben, bis ein Teil des Codes die Ausnahme festhält (engl. *catch the exception*), um sie zu verarbeiten. Dabei wird Code ausgeführt, der den Fehler behebt oder umgeht, den Ausnahmezustand beendet und mit dem nächsten normalen Befehl fortfährt, als wäre nichts passiert. Abbildung 12.2 veranschaulicht diesen Prozess.

An dem Prozess sind die folgenden Java-Schlüsselwörter beteiligt:

✔ throw: erstellt ein neues Ausnahmeobjekt.

- **throws**: Gibt die Verantwortung von einer Methode an den Code weiter, von dem aus sie aufgerufen wurde.
- **try**: Schließt den Code ein, der potenziell ein neues Ausnahmeobjekt erstellen kann.

  Üblicherweise enthält der Code innerhalb einer try-Klausel Aufrufe der Methoden, deren Code eine oder mehrere Ausnahmen generieren kann.
- **catch**: Behandelt die Ausnahme, erledigt sie und macht dann weiter.

Abbildung 12.2 veranschaulicht die Kette der Ereignisse, die ablaufen, wenn der Aufruf der Methode Integer.parseInt dazu führt, dass eine NumberFormatException generiert wird. Wenn Sie Integer.parseInt aufrufen, wird diese NumberFormatException an Sie zurückgegeben.

 Die Java-API-Dokumentation der parseInt-Methode sagt: »Throws: NumberFormatException if the string does nicht contain a parsable integer (Generiert: NumberFormatException, wenn der String keine parsbare – also interpretierbare – Ganzzahl enthält).« Manchmal lohnt es sich, die Dokumentation zu studieren.

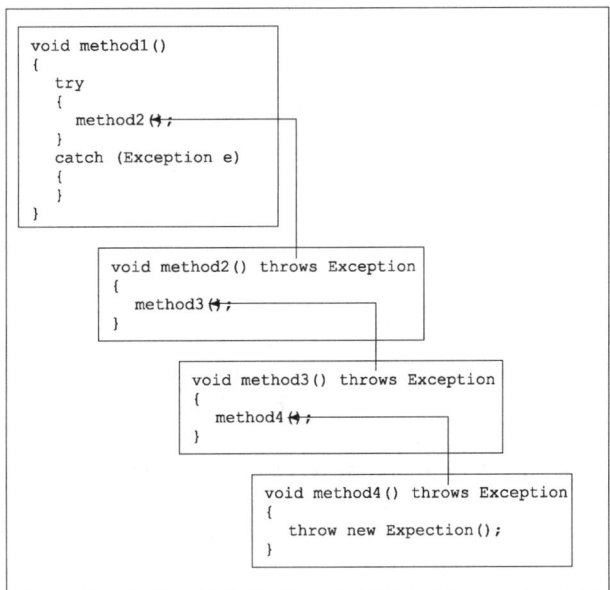

Abbildung 12.2: Eine Ausnahme generieren, weitergeben und verarbeiten (throwing – passing – catching)

Nach der Ausnahmebehandlung kann das Programm normal fortgesetzt werden. Listing 12.2 zeigt, wie eine Ausnahme verarbeitet wird.

```
import java.text.NumberFormat;

public class InventoryB
{
   public static void main(String args[])
   {
      String numBoxesIn;
      int numBoxes;
      double boxPrice = 3.25;
      NumberFormat geldbetrag =
         NumberFormat.getCurrencyInstance();

      System.out.print("Wie viele Artikel haben wir? ");
      numBoxesIn = DummiesIO.getString();

      try
      {
         numBoxes = Integer.parseInt(numBoxesIn);
         System.out.print("Der Wert ist ");
         System.out.println
            (geldbetrag.format(numBoxes*boxPrice));
      }
      catch (NumberFormatException e)
      {
         System.out.println("Dies ist keine Zahl.");
      }
   }
}
```

Listing 12.2: Artikel mit Ausnahmebehandlung zählen

Abbildung 12.3 zeigt drei Ausführungen des Codes in Listing 12.2. Wenn ein unwissender Benutzer **drei** statt **3** eingibt, zeigt das Programm die Meldung Dies ist keine Zahl an. Der Trick besteht darin, den Aufruf von Integer.parseInt in eine try-Klausel einzuschließen. Wenn Sie dies tun, prüft das Programm, ob Ausnahmen eintreten, wenn ein Befehl innerhalb der try-Klausel ausgeführt wird. Wenn eine Ausnahme generiert wird, springt das Programm aus der try-Klausel in die darunter stehende catch-Klausel. In Listing 12.2 springt das Programm direkt zu der catch-(NumberFormatException e)-Klausel. Das Programm führt den println-Befehl innerhalb der Klausel aus und fährt dann mit der normalen Verarbeitung fort. (Falls es in Listing 12.2 nach der catch-Klausel weitere Befehle geben würde, würde das Programm diese Befehle ausführen.)

Die komplette try-catch-Konstruktion mit try-Klausel, catch-Klausel und eigenen Befehlen wird als *try-Befehl* oder – zum Zweck der Betonung – als *try-catch-Befehl* bezeichnet.

```
C:\JavaPrograms>java InventoryB
Wie viele Artikel haben wir? 3
Der Wert ist 9,75 DM

C:\JavaPrograms>drei
Befehl oder Dateiname nicht gefunden.

C:\JavaPrograms>java InventoryB
Wie viele Artikel haben wir? 3
Der Wert ist 9,75 DM

C:\JavaPrograms>java InventoryB
Wie viele Artikel haben wir? drei
Dies ist keine Zahl.

C:\JavaPrograms>java InventoryB
Wie viele Artikel haben wir? -25
Der Wert ist -81,25 DM

C:\JavaPrograms>
```

Abbildung 12.3: Eine Ausnahme behandeln

Die Parameter in einer catch-Klausel

Sehen Sie sich in Listing 12.2 die catch-Klausel und ganz besonders die Wörter (NumberFormatException e) an. Diese Wörter ähneln der Parameterliste einer Methode. Tatsächlich ist jede catch-Klausel mit einer kleinen Mini-Methode mit einer eigenen Parameterliste vergleichbar. Die Parameterliste enthält immer einen Ausnahmetyp-Namen und dann einen Parameter.

In Listing 12.2 wird der Parameter der catch-Klausel nicht verarbeitet, obwohl dies durchaus möglich gewesen wäre. Zur Erinnerung: Die Ausnahme, die generiert wird, ist ein Objekt, das eine Instanz der NumberFormatException-Klasse ist. Wenn eine Ausnahme festgehalten wird, weist das Programm dem Parameter der catch-Klausel das Ausnahmeobjekt zu. Anders ausgedrückt: Der Name e speichert diverse Informationen über die Ausnahme. Um diese Informationen zu nutzen, können Sie einige Methoden des Ausnahmeobjekts aufrufen.

```
catch (NumberFormatException e)
{
   System.out.println("Dies ist keine Zahl.");

   System.out.println("Meldung: " + e.getMessage());

   System.out.println("Es folgt ein Stack-Trace: ");
   e.printStackTrace();
   System.out.println("Sind diese Infos brauchbar?");
}
```

Mit dieser verbesserten catch-Klausel kann eine Ausführung des Inventar-Programms der Ausführung entsprechen, die in Abbildung 12.4 gezeigt wird. Wenn Sie getMessage aufrufen, fragen Sie Details über die Ausnahme ab. (In Abbildung 12.4 besteht das Detail in der Tatsache, dass der Benutzer fälschlicherweise das Wort drei eingegeben hat.) Wenn Sie printStack-

Trace aufrufen, werden die Methoden angezeigt, die in dem Moment ausgeführt wurden, als die Ausnahme generiert wurde. (In Abbildung 12.4 umfasst dies die Anzeige der `Integer.parseInt`- und der `main`-Methode.) Sowohl `getMessage` als auch `printStackTrace` zeigen Ihnen Informationen, die Ihnen helfen können, die Quelle der Programmschwierigkeiten zu finden.

```
C:\JavaPrograms>java InventoryB1
Wie viele Artikel haben wir? drei
Dies ist keine Zahl.
Meldung: drei
Es folgt ein Stack-Trace:
java.lang.NumberFormatException: drei
        at java.lang.Integer.parseInt(Integer.java:405)
        at java.lang.Integer.parseInt(Integer.java:454)
        at InventoryB1.main(InventoryB1.java:18)
Sind diese Infos brauchbar?

C:\JavaPrograms>
```

Abbildung 12.4: Aufruf der Methoden des Ausnahmeobjekts

Ausnahmetypen

Was kann heute sonst noch schief gehen? Gibt es neben der `NumberFormatException`-Klasse noch andere Arten von Ausnahmen? Sicher – es gibt viele verschiedene Ausnahmetypen. Sie können sogar eigene erstellen. Listing 12.3 zeigt, wie dies funktioniert.

```
import java.text.NumberFormat;

public class InventoryC
{
   public static void main(String args[])
   {
      String numBoxesIn;
      int numBoxes;
      double boxPrice = 3.25;
      NumberFormat geldbetrag =
         NumberFormat.getCurrencyInstance();

      System.out.print("Wie viele Artikel haben wir? ");
      numBoxesIn = DummiesIO.getString();

      try
      {
         numBoxes = Integer.parseInt(numBoxesIn);
         if (numBoxes < 0)
            throw new NegativeNumberException();
         System.out.print("Der Wert ist ");
         System.out.println
            (geldbetrag.format(numBoxes*boxPrice));
```

```
        }
        catch (NegativeNumberException e)
        {
            System.out.print(numBoxesIn);
            System.out.println("? Das ist unmoeglich!");
        }
        catch (NumberFormatException e)
        {
            System.out.println("Das ist keine Zahl.");
        }
    }
}

class NegativeNumberException extends Exception
{
}
```

Listing 12.3: Einen eigenen Ausnahmetyp erstellen

Der Code in Listing 12.3 behebt ein Problem, das in dem Beispiel in Abbildung 12.3 aufgetreten ist. Betrachten Sie die drei Ausführungen in Abbildung 12.3. Der Benutzer berichtet, dass von einem Artikel -25 Exemplare auf Lager sind, und das Programm nimmt diesen Wert ohne Protest an. Tatsächlich hat noch niemand eine negative Anzahl von Artikeln in einem Regel liegen sehen. Deshalb sollte das Programm eine entsprechende Warnung ausgeben, wenn der Benutzer eine negative Anzahl von Artikeln eingibt (siehe Listing 12.3 und Abbildung 12.5).

```
C:\JavaPrograms>java InventoryC
Wie viele Artikel haben wir? 3
Der Wert ist 9,75 DM

C:\JavaPrograms>java InventoryC
Wie viele Artikel haben wir? drei
Das ist keine Zahl.

C:\JavaPrograms>java InventoryC
Wie viele Artikel haben wir? -25
-25? Das ist unmoeglich!

C:\JavaPrograms>
```

Abbildung 12.5: Ausführung und Output von Programm 12.3

Das Programm in Listing 12.3 deklariert eine neue Art von Ausnahme-Klasse: die `NegativeNumberException`. Eine solche Klasse ist sinnvoll. In vielen Situationen ist es in Ordnung, negative Zahlen einzugeben, sodass `NegativeNumberException` kein Bestandteil des Java-APIs ist. Aber bei einem Inventur-Programm sollte eine negative Zahl als Ausnahme behandelt werden.

Deshalb deklariert das Programm eine `NegativeNumberException`. Diese Klasse ist der kürzeste eigenständige Code-Abschnitt in diesem Buch. Der Code besteht nur aus einer

Deklarationszeile und einem leeren Paar von Klammern. Der operative Teil des Codes lautet `extends Exception`. Dadurch wird diese Klasse als Unterklasse der `Exception`-Klasse des Java-APIs deklariert, das heißt, dass jede Instanz der `NegativeNumberException`-Klasse generiert werden kann.

Wenn in der `try`-Klausel der `main`-Methode eine neue `NegativeNumberException`-Instanz generiert wird, fängt die Klausel `catch (NegativeNumberException e)` die Instanz ein. Die Klausel zeigt noch einmal den Input des Benutzers und die Meldung `Das ist unmoeglich!` an.

In welchem Code-Teile wird eine Ausnahme verarbeitet?

Listing 12.3 zeigt, dass eine einzelne `try`-Klausel mit mehr als einer `catch`-Klausel verbunden sein kann. Wenn innerhalb einer `try`-Klausel eine Ausnahme generiert wird, arbeitet das Programm die zugehörige Liste der `catch`-Klauseln von oben nach unten ab.

Bei jeder `catch`-Klausel prüft das Programm, ob die Ausnahme, die gerade generiert wurde, eine Instanz der Klasse ist, die in der Parameterliste der betreffenden Klausel steht.

✔ Falls dies nicht der Fall ist, überspringt das Programm diese `catch`-Klausel und geht zur nächsten `catch`-Klausel weiter.

✔ Falls dies der Fall ist, führt das Programm diese `catch`-Klausel aus und überspringt dann alle anderen `catch`-Klauseln dieser `try`-Klausel. Danach führt das Programm die Befehle aus, die nach dem `try-catch`-Befehl stehen.

Listing 12.4 zeigt einige Beispiele für `try-catch`-Befehle.

```java
import java.text.NumberFormat;

public class InventoryD
{
   public static void main(String args[])
   {
      String numBoxesIn;
      int numBoxes;
      double boxPrice = 3.25;
      NumberFormat geldbetrag =
         NumberFormat.getCurrencyInstance();

      System.out.print("Wie viele Artikel haben wir? ");
      numBoxesIn = DummiesIO.getString();

      try
      {
         if (numBoxesIn.equals(""))
            throw new NoInputException();
```

```
        numBoxes = Integer.parseInt(numBoxesIn);
        if (numBoxes < 0)
            throw new NegativeNumberException();

        System.out.print("Der Wert ist ");
        System.out.println
            (geldbetrag.format(numBoxes*boxPrice));
    }

    catch (NegativeNumberException e)
    {
        System.out.print(numBoxesIn);
        System.out.println("? Das ist unmöglich!");
    }

    catch (NumberFormatException e)
    {
        System.out.println("Dies ist keine Zahl.");
    }

    catch (Exception e)
    {
        System.out.print("Es ist etwas schief gegangen, ");
        System.out.print("aber ich habe keine Ahnung, ");
        System.out.println("worin der Grund liegt.");
    }
    }
}

class NegativeNumberException extends Exception
{
}

class NoInputException extends NumberFormatException
{
}
```

Listing 12.4: Welcher Code-Teil verarbeitet die Ausnahme?

Was passiert, wenn der Benutzer die Frage nach der Anzahl der Artikel nicht beantwortet, sondern nur auf ⏎ drückt? Es gibt verschiedene Möglichkeiten: Sie können diesen Fall wie eine NumberFormatException behandeln, Sie können numBoxes einen Standardwert zuweisen, oder Sie können eine spezielle Meldung wie Bitte geben Sie eine Zahl ein anzeigen.

Im Programm in Listing 12.4 wird ein Mittelweg gewählt: In dem Programm wird eine neue NoInputException-Klasse deklariert. Obwohl das Programm keine separate catch-Klausel zur Verarbeitung der `NoInputException` enthält, wird diese Ausnahme korrekt verarbeitet, weil `NoInputException` eine Unterklasse von `NumberFormatException` ist und `NumberFormatException` über eine `catch`-Klausel verfügt.

Weil `NoInputException` eine Unterklasse von `NumberFormatException` ist, ist jede Instanz von `NoInputException` einfach nur eine spezielle Art von `NumberFormatException`. Deshalb stellt das Programm, wenn es auf eine `catch`-Klausel mit dem Parameter `NumberFormatException` stößt, eine Übereinstimmung fest und führt die Befehle in dieser `catch`-Klausel aus. Damit ich diese lange Beschreibung nicht immer wiederholen muss, führe ich einige neuen Fachbegriffe ein: Ich sage, dass die `catch`-Klausel mit dem Parameter `NumberFormatException` mit der `NoInputException` *übereinstimmt*, die generiert wird. Diese `catch`-Klausel ist die *übereinstimmende* (engl. *matching*) `catch`-Klausel.

Die folgende Liste beschreibt verschiedene Aktionen, die der Benutzer ausführen kann, und wie das Programm darauf reagiert. Wenn Sie die Einträge in dieser Liste lesen, können Sie in Abbildung 12.6 die entsprechenden Ausführungen studieren.

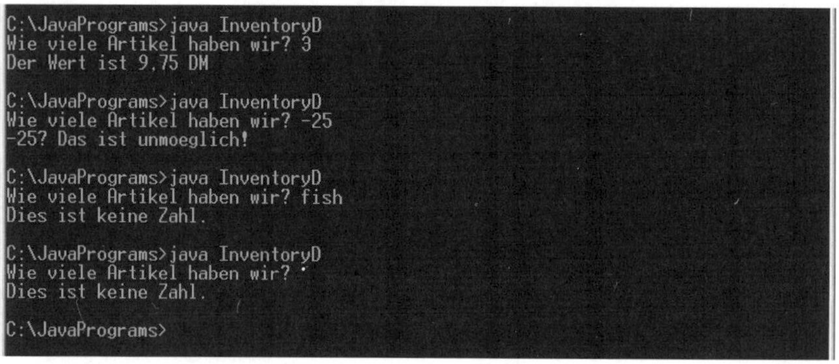

Abbildung 12.6: Ausführung und Output von Programm 12.4

✔ **Der Benutzer gibt eine normale Ganzzahl, beispielsweise 3, ein.**

Alle Befehle in der `try`-Klausel werden ausgeführt. Dann überspringt das Programm alle `catch`-Klauseln und führt den Code unmittelbar nach den `catch`-Klauseln aus (siehe Abbildung 12.7).

✔ **Der Benutzer gibt eine negative Zahl, beispielsweise -25, ein.**

Das Programm generiert eine `NegativeNumberException`. Das Programm überspringt die restlichen Befehle in der `try`-Klausel. Das Programm führt die Befehle innerhalb der ersten `catch`-Klausel aus, deren Parameter den Typ `NegativeNumberException` hat. Dann überspringt das Programm die zweite und die dritte `catch`-Klausel und führt den Code unmittelbar nach den `catch`-Klauseln aus (siehe Abbildung 12.8).

```
try
{
    //Normale Verarbeitung (keine Ausnahme generieren)
}
catch (NegativeNumberException e)
{
   System.out.print(numBoxesIn);
   System.out.println("? Das ist unmöglich!");
}
catch (NumberFormatException e)
{
   System.out.println("Dies ist keine Zahl.");
}
catch (Exception e)
{
   System.out.print("Es ist etwas schief gegangen, ");
   System.out.print("aber ich habe keine Ahnung, ");
   System.out.println("worin der Grund liegt.");
}
System.out.println("Das war's.");
```

Abbildung 12.7: Es wird keine Ausnahme generiert.

```
try
{
    throw new NegativeNumberException();
}
catch (NegativeNumberException e)
{
   System.out.print(numBoxesIn);
   System.out.println("? Das ist unmöglich!");
}
catch (NumberFormatException e)
{
   System.out.println("Dies ist keine Zahl.");
}
catch (Exception e)
{
   System.out.print("Es ist etwas schief gegangen, ");
   System.out.print("aber ich habe keine Ahnung, ");
   System.out.println("worin der Grund liegt.");
}
System.out.println("Das war's.");
```

Abbildung 12.8: Eine NegativeNumberException wird generiert.

✔ **Der Benutzer gibt etwas ein, das keine Ganzzahl ist, beispielsweise das Wort *fish*.**

Der Code generiert eine NumberFormatException. Das Programm überspringt die restlichen Befehle in der try-Klausel. Da eine NumberFormatException keine NegativeNumberException ist, überspringt das Programm die erste catch-Klausel und führt die Befehle in der zweiten catch-Klausel aus, deren Parameter den Typ NumberFormatException hat. Dann überspringt es die dritte catch-Klausel und führt den Code unmittelbar nach den catch-Klauseln aus (siehe Abbildung 12.9).

```
try
{
    throw new NegativeNumberException ();

}
catch (NegativeNumberException e)
{
    System.out.print(numBoxesIn);
    System.out.println("? Das ist unmöglich!");
}
catch (NumberFormatException e)
{
    System.out.println("Dies ist keine Zahl.");
}
catch (Exception e)
{
    System.out.print("Es ist etwas schief gegangen, ");
    System.out.print("aber ich habe keine Ahnung, ");
    System.out.println("worin der Grund liegt.");
}

System.out.println("Das war's.");
```

Abbildung 12.9: Eine NumberFormatException wird generiert.

✔ **Der Benutzer gibt nichts ein, sondern drückt nur auf ⏎.**

Das Programm generiert eine `NoInputException` und überspringt die restlichen Befehle in der `try`-Klausel sowie die erste `catch`-Klausel. (Schließlich ist eine `NoInputException` keine `NegativeNumberException`.)

Doch laut Programm 12.4 ist die `NoInputException` eine Unterklasse der `NumberFormatException`. Da eine `NoInputException` eine Art von `NumberFormatException` ist, stimmt diese Ausnahme mit dem Parameter der zweiten `catch`-Klausel überein, sodass das Programm die Befehle in dieser Klausel ausführt. Dann überspringt das Programm die dritte `catch`-Klausel und führt den Code unmittelbar nach den `catch`-Klauseln aus (siehe Abbildung 12.10).

✔ **Etwas Unvorhergesehenes passiert (ich weiß nicht, was).**

Da ich gern experimentiere, habe ich in die `try`-Klausel in Listing 12.4 einen Befehl eingefügt, der eine `IOException` generiert, um zu sehen, was dann passiert.

Wenn der Code eine `IOException` generiert, überspringt das Programm die restlichen Befehle in der `try`-Klausel sowie die erste und zweite `catch`-Klausel insgesamt. Da eine `IOException` auch eine Art von `Exception` ist, stellt das Programm bei der dritten `catch`-Klausel fest, dass es eine übereinstimmende `catch`-Klausel gefunden hat, und führt deshalb die Befehle in dieser Klausel aus. Danach führt das Programm den Code nach den `catch`-Klauseln aus (siehe Abbildung 12.11).

Wenn das Programm eine übereinstimmende `catch`-Klausel sucht, wählt es die erste Klausel aus, die eine der folgenden Bedingungen erfüllt:

✔ Der Parameter der Klausel hat denselben Typ wie die Ausnahme, die generiert wurde.

12 ➤ Umgang mit schwierigen Situationen

✔ Der Parameter der Klausel hat einen Typ, der eine Oberklasse des Typs der Ausnahme ist, die generiert wurde.

```
try
{
    throw new NoInputException ();
}
catch (NegativeNumberException e)
{
    System.out.print(numBoxesIn);
    System.out.println("? Das ist unmöglich!");
}
catch (NumberFormatException e)
{
    System.out.println("Das ist keine Zahl.");
}
catch (Exception e)
{
    System.out.print("Es ist etwas schief gegangen, ");
    System.out.print("aber ich habe keine Ahnung, ");
    System.out.println("worin der Grund liegt.");
}
System.out.println("Das war's.");
```

Abbildung 12.10: Eine NoInputException wird generiert.

```
try
{
    throw new IOException ();
}
catch (NegativeNumberException e)
{
    System.out.print(numBoxesIn);
    System.out.println("? Das ist unmöglich!");
}
catch (NumberFormatException e)
{
    System.out.println("Dies ist keine Zahl.");
}
catch (Exception e)
{
    System.out.print("Es ist etwas schief gegangen, ");
    System.out.print("aber ich habe keine Ahnung, ");
    System.out.println("worin der Grund liegt.")
}
System.out.println("Das war's.");
```

Abbildung 12.11: Eine IOException wird generiert.

Wenn später in der Liste der catch-Klauseln eine noch bessere Übereinstimmung vorkommt, wird diese nicht berücksichtigt. Nehmen wir beispielsweise an, dass Sie eine catch-Klausel mit einem Parameter vom Typ NoInputException in das Programm 12.4 eingefügt haben und dass diese neue catch-Klausel nach der catch-Klausel mit dem Parameter vom Typ NumberFormatException steht. Weil NoInputException eine Unterklasse der NumberFormatException-Klasse ist, wird der Code in der neuen NoInputException-Klausel nie

267

ausgeführt. Deshalb sollten die Klauseln immer aufsteigend geordnet sein: erst die spezielleren, dann die allgemeineren Ausnahmen.

Mögliche und unmögliche Ausnahmen

Der Java-Compiler weiß, welche Ausnahmen bestimmte Befehle generieren können. Sie können keine Ausnahmen abfangen, die nicht generiert werden können.

Betrachten Sie beispielsweise den folgenden Code. Der Code enthält einen sehr unschuldig aussehenden `i++`-Befehl innerhalb einer `try`-Klausel und eine zugeordnete `catch`-Klausel, die vorgibt, eine `IOException` abzufangen.

```
// Schlechter Code!
try
{
   i++;
}
catch (IOException e)
{
   e.printStackTrace();
}
```

Welche Ausnahme soll diese `catch`-Klausel abfangen? Ein Befehl wie `i++` hat nichts mit Input oder Output zu tun und kann deshalb auch keine `IOException` generieren. Deshalb gibt der Compiler eine Meldung aus, die genau dies zum Ausdruck bringt:

```
Execption java.io.IOException is never thrown in body of corresponding try
statement
```

Nützliches tun

Bis jetzt fängt jedes Beispiel in diesem Kapitel eine Ausnahme ab, gibt eine Meldung aus, dass die Eingabe unbrauchbar ist, und bricht dann das Programm ab. Wäre es nicht wünschenswert, dass ein Programm tatsächlich fortgesetzt wird, nachdem eine Ausnahme abgefangen worden ist? Listing 12.5 versucht, genau dies zu tun. Es enthält einen `try-catch`-Befehl, der in einer Schleife so lange ausgeführt wird, bis der Benutzer etwas Vernünftiges eingibt.

```java
import java.text.NumberFormat;

public class InventoryLoop
{
   public static void main(String args[])
   {
      String numBoxesIn;
      int numBoxes;
      double boxPrice = 3.25;
      boolean gotGoodInput=false;
```

```
      NumberFormat geldbetrag =
         NumberFormat.getCurrencyInstance();

      do
      {
         System.out.print("Wie viele Artikel haben wir? ");
         numBoxesIn = DummiesIO.getString();

         try
         {
            numBoxes = Integer.parseInt(numBoxesIn);
            System.out.print("Der Wert ist ");
            System.out.println
               (geldbetrag.format(numBoxes*boxPrice));
            gotGoodInput = true;
         }
         catch (NumberFormatException e)
         {
            System.out.println();
            System.out.println("Dies ist keine Zahl.");
         }
      }
      while (!gotGoodInput);

      System.out.println("Das war's.");
   }
}
```

Listing 12.5: Ausnahmen in einer Schleife abfangen

Abbildung 12.12 zeigt eine Ausführung von Programm 12.5. Bei den ersten vier Versuchen gibt der Benutzer alles Mögliche, nur keine gültige Ganzzahl ein. Der fünfte Versuch ist schließlich erfolgreich. Der Benutzer gibt **3** ein, und das Programm verlässt die Schleife.

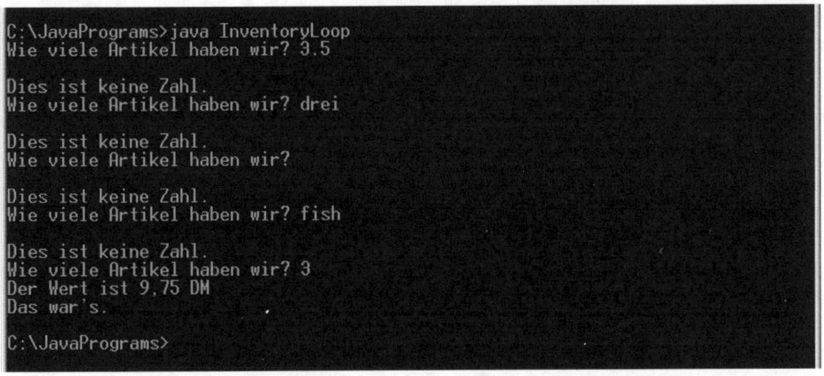

```
C:\JavaPrograms>java InventoryLoop
Wie viele Artikel haben wir? 3.5

Dies ist keine Zahl.
Wie viele Artikel haben wir? drei

Dies ist keine Zahl.
Wie viele Artikel haben wir?

Dies ist keine Zahl.
Wie viele Artikel haben wir? fish

Dies ist keine Zahl.
Wie viele Artikel haben wir? 3
Der Wert ist 9,75 DM
Das war's.

C:\JavaPrograms>
```

Abbildung 12.12: Eine Ausführung von Programm 12.5

Ausnahmen im normalen Programmablauf

Ausnahmen müssen nicht immer durch Fehler generiert werden, sondern können auch benutzt werden, um auf eine elegante Weise normale, erwartete Ereignisse abzufangen. Betrachten wir beispielsweise die Aufgabe, das Ende einer Datei festzustellen. Der folgende Code erstellt eine Kopie einer Datei:

```
try
{
   while(true)
      dataOut.writeByte(dataIn.readByte());
}
catch (EOFException e)
{
   numFilesCopied = 1;
}
```

Die `while`-Schleife kopiert Bytes von `dataIn` nach `dataOut`. Die `true`-Bedingung der `while`-Schleife sorgt dafür, dass die Schleife (scheinbar) endlos ausgeführt wird. Doch irgendwann wird das Ende der `dataIn`-Datei erreicht, und die `readByte`-Methode generiert eine `EOFException` (eine End-of-File-Ausnahme). Diese Ausnahme lenkt den Programmablauf aus der `while`-Schleife und der `try`-Klausel heraus. Das Programm führt die Befehle in der `catch`-Klausel aus und fährt dann mit der normalen Verarbeitung fort.

Eine Ausnahme verarbeiten oder weitergeben

Wie Sie eine Ausnahme verarbeiten, ist natürlich in Ihr Ermessen gestellt. Nehmen wir beispielsweise an, dass Sie die Ausführung des Programms einfach für sechs Sekunden anhalten wollen (siehe Listing 12.6). Leider ist das Programm in Listing 12.6 nicht korrekt.

```
public class NoSleepForTheWeary
{
   public static void main(String args[])
   {
      System.out.println("Sechs Sekunden Pause...");

      takeRest();

      System.out.println("Jetzt geht es weiter.");
   }

   static void takeRest()
   {
      Thread.sleep(6000);
   }
}
```

Listing 12.6: Ein nicht korrektes Programm

Die Idee in Listing 12.6 ist nicht schlecht: Das Programm ruft die sleep-Methode auf, die in der Thread-Klasse des Java-APIs definiert ist. Der Parameter von sleep gibt die gewünschte Dauer der Pause in Millisekunden an – 6000 bedeutet also eine Pause von sechs Sekunden.

Das Problem besteht darin, dass der Code in der sleep-Methode eine Ausnahme generieren kann. Diese Art der Ausnahme ist eine Instanz der InterruptedException-Klasse. Wenn Sie das Programm in Listing 12.6 kompilieren wollen, erhalten Sie die folgende Meldung:

unreported exception java.lang.InterruptedException; must be caught or declared to be thrown

Um Ausnahmen im Allgemeinen zu verstehen, müssen Sie nicht genau wissen, was eine InterruptedException ist. Sie müssen nur wissen, dass ein Aufruf von Thread.sleep ein InterruptedException-Objekt generieren kann. Doch wenn Sie es genau wissen wollen: Eine InterruptedException wird generiert, wenn die Ausführung der sleep-Methode in einem Teil eines Programms durch einen anderen Teil des Programms unterbrochen wird. Nehmen wir an, dass zwei Teile eines Programms gleichzeitig ausgeführt werden. Der eine Teil ruft die Thread.sleep-Methode auf. Gleichzeitig ruft ein anderer Teil des Programms die interrupt-Methode auf und unterbricht damit die Ausführung der Thread.sleep-Methode des ersten Teils. In diesem Fall generiert die Thread.sleep-Methode eine InterruptedException.

Je nachdem, ob der Compiler überprüft, ob eine Methode gewisse Ausnahmen behandelt oder auslöst, werden in Java zwei verschiedene Arten von Ausnahmen unterschieden: *überprüfte* und *nicht überprüfte* Ausnahmen:

✔ Wenn der Code möglicherweise eine überprüfte Ausnahme generiert, muss der Code diese Möglichkeit berücksichtigen.

✔ Wenn der Code möglicherweise eine nicht überprüfte Ausnahme generiert, kann der Code diese Möglichkeit ignorieren.

Eine InterruptedException gehört zu den überprüften Ausnahmetypen von Java. Wenn Sie eine Methode aufrufen, die möglicherweise eine InterruptedException generiert, muss der Code diese Möglichkeit berücksichtigen. Dabei müssen die folgenden beiden Fälle unterschieden werden:

✔ Die Befehle oder Methodenaufrufe, die die Ausnahme generieren können, befinden sich innerhalb einer try-Klausel. Diese try-Klausel hat eine catch-Klausel, die einen Parameter mit einem übereinstimmenden Ausnahmetyp hat.

✔ Die Befehle oder Methodenaufrufe, die die Ausnahme generieren können, befinden sich innerhalb einer Methode, deren Kopf eine throws-Klausel enthält. Die throws-Klausel hat einen Parameter mit einem übereinstimmenden Ausnahmetyp.

Die folgenden beiden zwei Listings sollen diese Varianten verdeutlichen.

In Listing 12.7 befindet sich der Methodenaufruf, der eine InterruptedException generieren kann, innerhalb einer try-Klausel. Diese try-Klausel hat eine catch-Klausel mit dem Ausnahmetyp InterruptedException.

```java
public class GoodNightsSleepA
{
   public static void main(String args[])
   {
      System.out.println("Sechs Sekunden Pause...");

      takeRest();

      System.out.println("Jetzt geht es weiter.");
   }

   static void takeRest()
   {
      try
      {
         Thread.sleep(6000);
      }
      catch (InterruptedException e)
      {
         System.out.println("Unterbrechung der Pause");
      }
   }
}
```

Listing 12.7: Einen try-catch-Befehl berücksichtigen

Wenn Sie das Programm 12.7 ausführen, zeigt es Sechs Sekunden Pause... an, macht dann sechs Sekunden Pause und zeigt dann Jetzt geht es weiter. an – das heißt die Meldung, die mit der catch-Klausel verbunden ist, wird nicht angezeigt (siehe Abbildung 12.13). Der Code funktioniert, weil die sleep-Methode, die eine InterruptedException auslösen kann, innerhalb einer try-Klausel aufgerufen wird. Diese Klausel hat eine catch-Klausel mit dem Ausnahmetyp InterruptedException.

```
C:\JavaPrograms>java GoodNightsSleepA
Sechs Sekunden Pause...
Jetzt geht es weiter.

C:\JavaPrograms>
```

Abbildung 12.13: Vor der »Jetzt«-Zeile wird eine Pause von sechs Sekunden gemacht.

In Listing 12.8 wird eine andere Methode gezeigt, eine Ausnahme zu berücksichtigen.

```
public class GoodNightsSleepB
{
   public static void main(String args[])
   {
      System.out.println("Sechs Sekunden Pause...");

      try
      {
         takeRest();
      }
      catch (InterruptedException e)
      {
         System.out.println("Unterbrechung der Pause");
      }

      System.out.println("Jetzt geht es weiter.");
   }

   static void takeRest() throws InterruptedException
   {
      Thread.sleep(6000);
   }
}
```

Listing 12.8: Ausnahmebehandlung in einer Methode mit `throws`*-Klausel*

Eine Ausführung dieses Programms erzeugt denselben Output wie das Programm 12.7 (siehe Abbildung 12.13), das heißt, auch hier erfasst die Abbildung 12.13 nicht die wahre Essenz dieses Programms. Aber das ist in Ordnung. Beachten Sie nur, dass das Programm in Abbildung 12.13 sechs Sekunden Pause macht, bevor es `Jetzt geht es weiter.` anzeigt.

Der Kopf der `takeRest`-Methode ist der wichtigste Teil von Listing 12.8. Dieser Kopf endet mit `throws InterruptedException`. Mit der Ankündigung, eine `InterruptedException` zu generieren, gibt die Methode `takeRest` die Verantwortung weiter. Die `throws`-Klausel teilt dem Java-Compiler mit, dass diese Methode eine `InterruptedException` generieren kann, dass aber diese Ausnahme in dieser Methode nicht in einem `try-catch`-Befehl abgefangen wird, sondern dass die Verantwortung für die Verarbeitung der Ausnahme an die aufrufende Methode (in diesem Fall die `main`-Methode) weitergegeben wird.

Tatsächlich steht der Aufruf von `takeRest` in der `main`-Methode in einer `try`-Klausel, die eine `catch`-Klausel mit einem Parameter vom Typ `InterruptedException` hat. Deshalb ist alles in Ordnung. Die Methode `takeRest` reicht die Verantwortung an die `main`-Methode weiter, und die `main`-Methode übernimmt die Verantwortung mit einem geeigneten `try-catch`-Befehl.

Um besser zu verstehen, wie die throws-Klausel funktioniert, können Sie sich ein Volleyball-Spiel vorstellen, in dem der Volleyball eine Ausnahme repräsentiert. Wenn ein Spieler des gegnerischen Teams aufschlägt, generiert er die Ausnahme. Der Ball fliegt über das Netz direkt auf Sie zu. Wenn Sie den Ball zurück über das Netz schlagen würden, wäre das damit vergleichbar, dass Sie die Ausnahme abfangen. Aber wenn Sie den Ball an einen anderen Spieler weitergeben, verwenden Sie die throws-Klausel. Im Grunde sagen Sie: »Hier, lieber Mitspieler. Kümmere du dich um diese Ausnahme.«

Ein Befehl in einer Methode kann eine Ausnahme generieren, die nicht mit einer catch-Klausel übereinstimmen. Dazu zählen auch Situationen, in denen der Befehl, der die Ausnahme generiert, nicht einmal innerhalb eines try-Blocks steht. Wenn dies passiert, springt das Programm aus der Methode heraus, die den fraglichen Befehl enthält, zurück zu dem Code, der die Methode aufgerufen hat.

Die throws-Klausel einer Methode kann mehr als einen Ausnahmetyp enthalten. In diesem Fall werden die Namen der Ausnahmetypen durch Kommas getrennt. Ein Beispiel:

```
throws InterruptedException, IOException, ArithmeticException.
```

Das Java-API enthält Hunderte von Ausnahmetypen. Viele sind Unterklassen der RuntimeException-Klasse. Alle Unterklassen der RuntimeException (oder Unter-Unterklassen usw.) zählen zu den nicht überprüften Ausnahmen. Alle Ausnahmen, die nicht von der RuntimeException abgeleitet sind, zählen zu den überprüften Ausnahmen. Die nicht überprüften Ausnahmen umfassen Dinge, die nur schwer durch ein Programm verhersagbar sind, wie beispielsweise die NumberFormatException in den Listings 12.2 bis 12.5, die ArithmeticException, die IndexOutOfBoundsException, die berüchtigte NullPointerException und viele andere. Wenn Sie Java-Code schreiben, kann ein großer Teil des Codes Ausnahmen dieser Art generieren, aber es liegt ganz in Ihrem Ermessen, ob Sie den Code in try-Klauseln einschließen (oder die Verantwortung mit throws-Klauseln weiterleiten).

Das Java-API enthält auch zahlreiche überprüfte Ausnahmen. Ein Programm kann derartige Ausnahmen leicht erkennen. Deshalb besteht Java darauf, dass Ausnahmen dieser Art entweder durch einen try-Befehl abgefangen oder durch eine throws-Klausel weitergeleitet werden. Zu den überprüften Ausnahmen zählen die InterruptedException (Listings 12.7 und 12.8), die IOException, die SQLException und eine Reihe anderer interessanter Ausnahmen.

Eine Ausnahmebehandlung mit einer finally-Klausel abschließen

Fehler können nicht nur beim Ausführen eines normalen Programms, sondern auch bei der Ausnahmebehandlung auftreten. Mit anderen Worten: Was passiert, wenn bei der Verarbeitung einer Ausnahme eine zweite Ausnahme generiert wird?

Die Antwort auf diese Frage ist nicht einfach. Sie könnten versuchen, innerhalb einer catch-Klausel einen weiteren try-Befehl zu verwenden, um sich gegen unerwartete Vorfälle bei der Ausführung der catch-Klausel zu wappen. Aber dadurch können Sie eine Kaskade von Ausnahmen erzeugen, die sehr schnell sehr kompliziert werden kann.

Alternativ können Sie eine finally-Klausel verwenden, die wie eine catch-Klausel nach einer try-Klausel steht. Der große Unterschied zu einer catch-Klausel besteht darin, dass die Befehle in einer finally-Klausel unabhängig davon ausgeführt werden, ob eine Ausnahme generiert wird oder nicht. Die finally-Klausel soll also sicherstellen, dass bestimmte Befehle auf jeden Fall ausgeführt werden. Listing 12.9 zeigt ein Beispiel.

```
public class DemoFinally
{
   public static void main(String args[])
   {
      try
      {
         doSomething();
      }
      catch (Exception e)
      {
         System.out.println("Ausnahmebehandlung in main.");
      }
   }

   static void doSomething()
   {
      try
      {
         System.out.println(0/0);
      }
      catch (Exception e)
      {
         System.out.println
            ("Ausnahmebehandlung in doSomething.");
         System.out.println(0/0);
      }
      finally
      {
         System.out.println("Dies wird immer angezeigt.");
      }
      System.out.println("Dies wird nicht angezeigt.");
   }
}
```

Listing 12.9: Herum springen

Wenn ich normalerweise an einen `try`-Befehl denke, stelle ich mir vor, dass das Programm innerhalb einer `catch`-Klausel eine Fehlersituation bewältigt und dann die Ausführung mit den Befehlen nach dem `try`-Befehl fortsetzt. Doch wenn während der Ausführung einer `catch`-Klausel etwas schief geht, sieht das Bild etwas anders aus.

Abbildung 12.14 zeigt eine Ausführung von Programm 12.9 an. Zunächst ruft die `main`-Methode `doSomething` auf. Die `doSomething`-Methode enthält einen dummen Fehler – eine verbotene Division durch null – und generiert dadurch eine `ArithmeticException`, die durch die einzige `catch`-Klausel des `try`-Befehls abgefangen wird.

```
C:\JavaPrograms>java DemoFinally
Ausnahmebehandlung in doSomething.
Dies wird immer angezeigt.
Ausnahmebehandlung in main.

C:\JavaPrograms>
```

Abbildung 12.14: Ausführung und Output von Programm 12.9

Doch innerhalb der `catch`-Klausel wiederholt die `doSomething`-Methode die Division durch null. Dieses Mal ist der Befehl, der diese Division ausführt, nicht in eine schützende `try`-Klausel eingebettet. Das ist in Ordnung, weil eine `ArithmeticException` eine `RuntimeException`-Unterklasse ist und damit zu den nicht überprüften Ausnahmen gehört (die nicht mit einer `try`-Klausel abgefangen oder mit einer `throws`-Klausel weitergeleitet werden müssen; siehe den vorangegangenen Abschnitt).

Doch egal, ob überprüft oder nicht, wenn eine weitere `ArithmeticException` generiert wird, springt das Programm aus der `doSomething`-Methode heraus, jedoch nicht ohne zuvor die Befehle innerhalb der `finally`-Klausel auszuführen. Deshalb zeigt Abbildung 12.14 die Meldung `Dies wird immer angezeigt.` auf dem Bildschirm.

Interessanterweise sehen Sie in Abbildung 12.14 nicht die Meldung `Dies wird nicht angezeigt.` auf dem Bildschirm. Weil bei der Ausführung der `catch`-Klausel eine eigene, nicht abgefangene Ausnahme generiert wird, kommt das Programm nie über den `try-catch-finally`-Befehl hinaus.

Deshalb kehrt das Programm zu seinem Ausgangspunkt in der `main`-Methode zurück. Dort wird wegen der `ArithmeticException` in der `doSomething`-Methode die Ausführung mit der `catch`-Klausel fortgesetzt. Das Programm gibt `Ausnahmebehandlung in main` aus, und beendet dann die Ausführung.

Namen zwischen Teilen eines Java-Programms austauschen

In diesem Kapitel
- Namen vor anderen Klassen verbergen
- Namen für andere Klassen sichtbar machen
- Sichtbare und verborgene Namen kombinieren

Das Verbergen von Details ist ein wesentlicher Aspekt der objektorientierten Programmierung, der dazu beiträgt, modulare Programme schreiben zu können und Code wiederverwendbar zu machen. Wenn Sie Code eines anderen Programmierers verwenden, sollten Sie sich keine Gedanken über die interne Arbeitsweise dieses Codes machen müssen. Dazu gehören auch die Namen der Variablen und Methoden, die innerhalb dieses Codes verwendet werden.

Zugriffsmodifizierer

In den vorigen Kapiteln haben Sie viele Beispiele kennen gelernt, in denen private Variablen verwendet wurden. Variablen, die als `private` deklariert werden, sind vor Manipulation von außerhalb der Klasse geschützt. Variablen so zu verbergen fördert also die Modularität des Codes und reduziert die Komplexität für Programmierer, die diese Klasse benutzen.

In anderen Beispielen wurden Elemente von Klassen als `public` deklariert. Elemente, die als `public` deklariert werden, sind von außerhalb der Klasse zugänglich.

In Java werden die Wörter `public` und `private` als *Zugriffsmodifizierer* bezeichnet. Viele Variablen und Methoden werden ohne Zugriffsmodifizierer deklariert. In diesen Fällen gilt der so genannte *Standardzugriff*. Viele Beispiele in diesem Buch arbeiten stillschweigend mit dem Standardzugriff. In diesen Beispielen war dies kein Problem; doch in diesem Kapitel wollen wir uns mit den Fragen auseinander setzen, die mit dem Standardzugriff verbunden sind.

Es gibt noch einen weiteren Zugriffsmodifizierer namens `protected`, der bis jetzt nicht vorgekommen ist, der aber ebenfalls in diesem Kapitel behandelt wird.

Klassen, Zugriff und mehrteilige Programme

Zu diesem Thema gehören mehrere Fachbegriffe, die Sie kennen müssen, um ihm folgen zu können. (Die meisten dieser Fachbegriffe kennen Sie bereits aus Kapitel 10, aber eine kleine Wiederholung kann nicht schaden.) Betrachten Sie den folgenden Java-Pseudocode:

```
class MeineKlasse
{
   int meineVariable;         // eine Instanzvariable
                              // (ein Mitglied, engl. member)
   void meineMethode()        // eine Methode, noch ein Mitglied
   {
      int meineVariable2;     // eine methodenlokale Variable
   }                          // (kein Mitglied)
}
```

Die Kommentare auf der rechten Seite des Pseudocodes erläutern den Status der Variablen. Es gibt zwei Arten von Variablen: *Instanzvariablen* und methodenlokale Variablen. In diesem Kapitel befassen wir uns nicht mit methodenlokalen Variablen, sondern mit Methoden und Instanzvariablen.

Da Methoden und Instanzvariablen zu einer Klasse gehören, werden sie zusammenfassend auch als *Mitglieder* (engl. *members*) einer Klasse bezeichnet.

In Java werden grundsätzlich alle Aktionen in Klassen ausgeführt. Jede Instanzvariable wird in in einer bestimmten Klasse deklariert, gehört zu dieser Klasse und ist ein Mitglied dieser Klasse. Dasselbe gilt für Methoden. Jede Methode wird in einer bestimmten Klasse deklariert, gehört zu dieser Klasse und ist ein Mitglied dieser Klasse. Die Mitglieder einer Klasse, also die Instanzvariablen und die Methoden, haben Namen. Wie kann man diese Namen in einem Programm verwenden? Das hängt davon ab, ob der Name innerhalb oder außerhalb der Klasse des Mitglieds verwendet wird:

✔ Wenn das Mitglied `private` ist, kann nur Code innerhalb der Klasse des Mitglieds direkt auf den Namen des Mitglieds zugreifen.

```
class EineKlasse
{
   private int meineVariable=10;
}

class EineAndereKlasse
{
   public static void main(String args[])
   {
      EineKlasse einObjekt = new EineKlasse();

      //Dies funktioniert nicht:
      System.out.println(einObjekt.meineVariable);
   }
}
```

✔ Wenn das Mitglied `public` ist, kann beliebiger Code direkt auf den Namen des Mitglieds zugreifen.

```
class EineKlasse
{
   public int meineVariable=10;
}

class EineAndereKlasse
{
   public static void main(String args[])
   {
      EineKlasse einObjekt = new EineKlasse();

      //Dies funktioniert:
      System.out.println(einObjekt.meineVariable);
   }
}
```

Eine Zeichnung in ein Frame einfügen

Wir wollen die unterschiedlichen Zugriffsmöglichkeiten anhand eines Beispiels verdeutlichen. Bei diesem Beispiel ist alles `public`, sodass Sie sich keine Gedanken darüber machen müssen, wer auf was zugreifen darf.

Der Code dieses ersten Beispiels besteht aus mehreren Teilen. Der erste Teil (siehe Listing 13.1) zeigt ein `ArtFrame` an, das eine `Drawing` (Zeichnung) enthält. Abbildung 13.1 zeigt den Output dieses Programms an.

```
import com.burdbrain.drawings.*;
import com.burdbrain.frames.ArtFrame;

public class ShowFrame
{
   public static void main(String args[])
   {
      ArtFrame artFrame = new ArtFrame(new Drawing());
      artFrame.setSize(200,100);
      artFrame.show();
   }
}
```

Listing 13.1: Ein Frame anzeigen

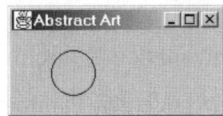

Abbildung 13.1: Ein ArtFrame

Der Code in Listing 13.1 erstellt eine neue ArtFrame-Instanz. ArtFrame ist eine Unterklasse der Frame-Klasse. In Kapitel 9 haben Sie gelernt, dass Frames standardmäßig unsichtbar sind. Deshalb muss die ArtFrame-Instanz mit der show-Methode angezeigt werden.

Listing 13.1 beginnt mit zwei Import-Deklarationen (Import-Deklarationen werden in Kapitel 8 behandelt). Die erste Import-Deklaration sorgt dafür, dass Sie alle Namen aus dem com.burdbrain.drawings-Paket abkürzen können. Die zweite Import-Deklaration sorgt dafür, dass Sie die Namen ArtFrame abkürzen können.

Die beiden Packages com.burdbrain.drawings und com.burdbrain.frames enthalten noch weiteren Code. In Listing 13.1 wird ein Objekt vom Typ Drawing erstellt. Die zugehörige Klasse befindet sich in dem com.burdbrain.drawings-Paket. Die ArtFrame-Klasse befindet sich in dem com.burdbrain.frames-Paket.

Listing 13.2 zeigt, wie die Drawing-Klasse aufgebaut ist:

```
Package com.burdbrain.drawings;

import java.awt.Graphics;

public class Drawing
{
    public int x=40, y=40, width=40, height=40;

    public void paint (Graphics g)
    {
        g.drawOval(x, y, width, height);
    }
}
```

Listing 13.2: Die Drawing-Klasse

Der Code der Drawing-Klasse ist recht knapp. Sie enthält nur einige int-Variablen und eine paint-Methode. Sie sollten die folgenden Aspekte der Drawing-Klasse beachten:

- ✔ **Am Anfang des Codes steht eine Paket-Deklaration.** Die Drawing-Klasse gehört zu einem Paket namens com.burdbrain.drawings, in dem ich alle Komponenten zusammenfasse, die mit Zeichnungen zu tun haben. In Java werden Paketnamen gebildet, indem die Teile des Domänennamens in umgekehrter Reihenfolge angegeben werden und dann – jeweils durch Punkte getrennt – ein Name oder mehrere Namen für das Paket angehängt werden. Deshalb habe ich burdbrain.com umgekehrt und drawings angehängt.

- ✔ **Der Code enthält eine paint-Methode.** Diese Methode dient in Java dazu, Zeichnungen zu erstellen. Einfach ausgedrückt: Eine Zeichnung wird mit paint in einen Grafikpuffer geschrieben. Dieser Puffer wird dann auf dem Bildschirm dargestellt.

  In Listing 13.2 hat die paint-Methode den Parameter g, der sich auf eine Instanz der java.awt.Graphics-Klasse bezieht. Eine Graphics-Instanz ist ein Puffer (Zwischenspeicher). Alles, was Sie in diesen Puffer einfügen, wird später auf dem Bildschirm angezeigt. Alle Instanzen der java.awt.Graphics-Klasse – also auch Puffer – verfügen über mehrere Methoden zum Zeichnen, unter anderem über die Methode drawOval, mit der Sie eine Ellipse zeichnen können. Zu diesem Zweck geben Sie eine Startposition (x Pixel vom linken Rand des Frames und y Pixel vom oberen Rand des Frames) sowie die Breite und Höhe in Pixeln als Parameter an. Die drawOval-Methode fügt eine Ellipse in den Graphics-Puffer ein. Dieser wird dann auf dem Bildschirm angezeigt.

Verzeichnisstruktur

Der Code in Listing 13.2 gehört zu dem com.burdbrain.drawings-Paket. Nachdem Sie eine Klasse in ein Paket eingefügt haben, müssen Sie eine Verzeichnisstruktur erstellen, die den Namen des Pakets nachbildet.

Nachdem Sie eine Klasse in ein Paket eingefügt haben, müssen Sie eine Verzeichnisstruktur erstellen, die den Namen des Pakets nachbildet.

In unserem Beispiel bedeutet dies, dass Sie für das com.burdbrain.drawings-Paket drei Verzeichnisse erstellen müssen: ein com-Verzeichnis, ein Unterverzeichnis von com namens burdbrain und ein Unterverzeichnis von burdbrain namens drawings. Abbildung 13.2 veranschaulicht die Verzeichnisstruktur.

Wenn Sie den Paket-Code nicht in die entsprechenden Verzeichnisse einfügen, meldet der Compiler den Fehler NoClassDefFoundError (Klassendefinition nicht gefunden). Leider sagt die Fehlermeldung nicht, wo der Code stehen sollte. Zunächst sollten Sie prüfen, ob die Verzeichnisstruktur den angegeben Paketnamen entspricht.

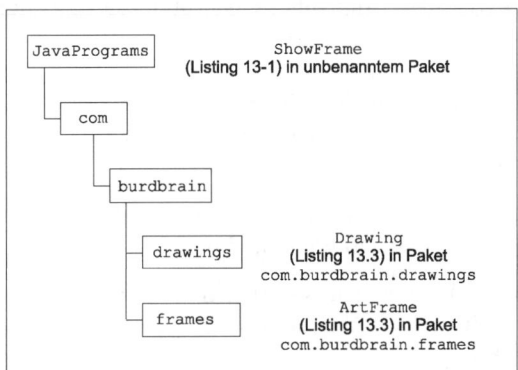

Abbildung 13.2: Die Dateien und Verzeichnisse in Ihrem Projekt

Mit CLASSPATH arbeiten

Der Verzeichnisbaum in Abbildung 13.2 beginnt mit dem `JavaPrograms`-Verzeichnis, dem Stammverzeichnis der Verzeichnisse und Unterverzeichnisse `com\burdbrain\drawings` bzw. `com\burdbrain\frames`. Wenn Sie dieses Stammverzeichnis nicht angeben würden, würde das Programm nicht wissen, wo es diese Unterverzeichnisse suchen soll.

An dieser Stelle kommt die Umgebungsvariable `CLASSPATH` ins Spiel. Diese Variable enthält eine Liste der Startverzeichnisse, in denen `javac` und `java` nach Verzeichnissen (und Dateien) suchen soll. Wenn `CLASSPATH` beispielsweise

`c:\JavaPrograms;d:\Java\MyClasses;`

lautet, sucht das Programm den Start des Verzeichnisbaums an den folgenden drei Stellen:

- **Im c:\JavaPrograms-Verzeichnis.** Das Paket `com.burdbrain.drawings` wird zunächst im Verzeichnis `c:\JavaPrograms\com\burdbrain\drawings` gesucht. Wenn ein solches Verzeichnis nicht existiert oder wenn die Klasse, die das Programm sucht, nicht in diesem Verzeichnis enthalten ist, geht das Programm zum nächsten Eintrag der `CLASSPATH`-Liste weiter.

- **Im d:\Java\MyClasses-Verzeichnis.** Das Paket `com.burdbrain.drawings` wird im Verzeichnis `d:\Java\MyClasses\com\burdbrain\drawings` gesucht. Wenn ein solches Verzeichnis nicht existiert oder wenn die Klasse, die das Programm sucht, nicht in diesem Verzeichnis enthalten ist, geht das Programm zum nächsten Eintrag der `CLASSPATH`-Liste weiter.

- **Im aktuellen Arbeitsverzeichnis, wo immer dies auch sein mag.** Bei vielen Systemen (Windows, Unix und Linux eingeschlossen) steht der Punkt in der `CLASSPATH`-Liste für das aktuelle *Arbeitsverzeichnis,* also für das Verzeichnis, in dem Sie gegenwärtig arbeiten.

Nehmen wir an, dass Sie in einem MS-DOS-Fenster (MS-DOS-Fenster: siehe Kapitel 2) Ihres Systems arbeiten und die folgende Eingabeaufforderung angezeigt wird:

`C:\Meine Dokumente>`

Dann ist `C:\Meine Dokumente` Ihr Arbeitsverzeichnis. Um Klassen zu suchen, die zum `com.burdbrain.drawings`-Paket gehören, durchsucht das Programm das Verzeichnis `C:\Meine Dokumente\com\burdbrain\drawings`.

Wie die `CLASSPATH`-Variable gesetzt wird, hängt von Ihrem System ab. Tipps dazu, wie Sie diese Variable setzen, finden Sie in den Kapiteln 2 und 7.

Wenn möglich, sollten Sie ein Verzeichnis festlegen, in dem Sie `javac` ausführen, und dann bei diesem Verzeichnis bleiben. Laut Abbildung 13.2 würde dies bedeuten, in Ihrem MS-DOS-Fenster zu dem Verzeichnis `c:\JavaPrograms` zu wechseln, um dieses zu Ihrem Arbeitsverzeichnis zu machen. Dann müssen Sie nur **javac** und den Namen der Datei eingeben, die Sie kompilieren wollen. Um beispielsweise `Drawing.java` zu kompilieren, müssen Sie

`javac com\burdbrain\drawings\Drawing.java`

eingeben. Falls dies nicht funktioniert, sollten Sie versuchen, das Programm daran zu erinnern, dass `c:\JavaPrograms` Bestandteil von CLASSPATH ist. Geben Sie (auf einer Zeile) einen der folgenden Befehle ein:

```
javac -classpath . com\burdbrain\drawings\Drawing.java
```
oder
```
javac -classpath c:\JavaPrograms
                 com\burdbrain\drawings\Drawing.java
```

Ein Frame erstellen

Die ersten drei Listings dieses Kapitels gehören zu einem mehrteiligen Beispiel. In diesem Abschnitt wird der letzte Teil des Beispiels behandelt. Dieser letzte Teil ist nicht unbedingt erforderlich, um Zugriffsmodifizierer, das Hauptthema dieses Kapitels, zu verstehen. Sie können deshalb die Erklärung von Listing 13.3 überspringen, ohne den Faden dieses Kapitels zu verlieren. Wenn Sie dagegen etwas mehr über die Java-Swing-Klassen erfahren wollen, sollten Sie weiterlesen.

```
Package com.burdbrain.frames;

import com.burdbrain.drawings.*;
import javax.swing.JFrame;
import java.awt.Graphics;

public class ArtFrame extends JFrame
{
   Drawing drawing;

   public ArtFrame(Drawing drawing)
   {
      this.drawing=drawing;
      setTitle("Abstract Art");
      setDefaultCloseOperation(JFrame.EXIT_ON_CLOSE);
   }

   public void paint(Graphics g)
   {
      drawing.paint(g);
   }
}
```

Listing 13.3: Die ArtFrame-Klasse

Listing 13.2 enthält alle Komponenten, die Sie benötigen, um eine Zeichnung in ein Java-Frame einzufügen. Die folgenden Anmerkungen sollen Ihnen helfen zu verstehen, wie der Code funktioniert:

✔ **Die ArtFrame-Klasse erweitert Jframe, und der Code importiert die Klasse javax.swing. JFrame.** Das Java-API enthält zwei Pakete, um Fenster auf einem Bildschirm anzuzeigen. Das ältere dieser beiden Pakete ist java.awt (siehe Kapitel 9), das neuere javax.swing. Das neuere Paket enthält mehr Funktionen und hängt weniger von den Funktionen der einzelnen Plattformen ab. (Das javax.swing-Paket wird als *lightweight*, dt. *leichtgewichtig*, bezeichnet, weil sein Code weniger Windows, weniger Unix und mehr reines Java verwendet.) Aber um einige der neuen javax.swing-Klassen verwenden zu können, müssen Sie einige der java.awt-Klassen aufrufen. Das verstehe, wer will!

Normalerweise können Sie anhand des Klassennamens erkennen, ob eine Klasse zu javax.swing gehört. Häufig wird dem Namen einer java.awt-Klasse der Buchstabe *J* vorangestellt, um den Namen der entsprechenden javax.swing-Klasse zu bilden. Beispielsweise enthält das java.awt-Paket die Frame-Klasse und das javax.swing-Paket die JFrame-Klasse.

✔ **Der Code ruft setDefaultCloseOperation auf – eine Methode, die in der JFrame-Klasse deklariert ist.** Neben anderen nützlichen Funktionen kann die javax.swing-Version eines Frames erkennen, wenn der Benutzer seine Arbeit beenden will. Wenn Sie in Windows auf das kleine x in der oberen rechten Ecke des Frames klicken, wird dieses geschlossen.

✔ **Die paint-Methode in Listing 13.3 ruft eine weitere paint-Methode auf, die paint-Methode eines Drawing-Objekts, auf.** Das ArtFrame-Objekt erstellt auf dem Bildschirm ein schwebendes Fenster. Was in diesem Frame angezeigt wird, hängt von dem Drawing-Objekt ab, das an den ArtFrame-Konstruktor übergeben wurde.

Wenn Sie den Programmablauf in den Listings 13.1 bis 13.3 verfolgen, bemerken Sie vielleicht etwas Seltsames: Die paint-Methode in Listing 13.3 scheint nie aufgerufen zu werden. Nun ja – bei vielen Java-Komponenten, die Fenster erstellen, brauchen Sie nur eine paint-Methode zu deklarieren und dann unbeachtet in dem Code stehen zu lassen. Wenn das Programm ausgeführt wird, ruft es die paint-Methode automatisch auf.

Genau dies passiert mit den javax.swing.Jframe-Objekten. In Listing 13.3 wird die paint-Methode des Frames »hinter den Kulissen« aufgerufen. Dann ruft die paint-Methode des Frames die paint-Methode des Drawing-Objekts auf, das seinerseits eine Ellipse in das Frame einfügt. Auf diese Weise wird das Frame in Abbildung 13.1 erstellt.

Den ursprünglichen Code ändern

Wenn Sie die Zeichnung in Abbildung 13.1 ändern wollen, sodass die Ellipse etwas breiter ist, haben Sie zwei Möglichkeiten: Sie können den Code der Programme selbst ändern, oder Sie können objektorientiert denken und von den vorhandenen Klassen Unterklassen ableiten, die das leisten, was Sie erreichen wollen. In Listing 13.4 wurde der zweite Weg gewählt.

```
import com.burdbrain.drawings.*;

import java.awt.Graphics;

public class DrawingWide extends Drawing
{
   int width=100, height=30;

   public void paint (Graphics g)
   {
      g.drawOval(x, y, width, height);
   }
}
```

Listing 13.4: Eine Unterklasse der Drawing-Klasse

Um den Code in Listing 13.4 zu nutzen, müssen Sie eine Zeile in Listing 13.1 ändern:

```
ArtFrame artFrame = new ArtFrame(new DrawingWide());
```

Listing 13.4 definiert eine Unterklasse der ursprünglichen Drawing-Klasse. In dieser Unterklasse überschreiben Sie die width- und height-Variablen sowie die paint-Methode der ursprünglichen Klasse. Das Frame wird in Abbildung 13.3 angezeigt.

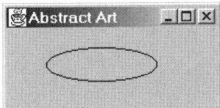

Abbildung 13.3: Ein weiteres ArtFrame

Vielleicht ist haben Sie bemerkt, dass der Code in Listing 13.4 nicht mit einer Paket-Deklaration beginnt. Dies bedeutet, dass alle Ihre Dateien aus den folgenden drei Paketen stammen:

- ✔ **Aus dem com.burdbrain.drawings-Paket.** Die ursprüngliche Drawing-Klasse in Listing 13.2 stammt aus diesem Paket.

- ✔ **Aus dem com.burdbrain.frames-Paket.** Die ArtFrame-Klasse in Listing 13.3 befindet sich in diesem Paket.

- ✔ **Aus einem immer vorhandenen, namenlosen Paket.** Wenn Sie in Java eine Datei nicht mit einer Paket-Deklaration beginnen, wird der gesamte Code in dieser Datei in ein großes, namenloses Paket eingefügt. Die Listings 13.1 und 13.4 befinden sich in demselben namenlosen Paket. Tatsächlich befinden sich die meisten Listings aus den ersten zwölf Kapiteln dieses Buches in Javas unbenanntem Paket.

An dieser Stelle enthält Ihr Projekt zwei Klassen zum Zeichnen: die ursprüngliche Drawing-Klasse und die neue DrawingWide-Klasse. Auch wenn diese Klassen sich ziemlich ähnlich sind, befinden sie sich in zwei separaten Paketen: Die Drawing-Klasse befindet sich in dem mitgelieferten Paket, dessen Name mit `com.burdbrain` beginnt. Da Sie `DrawingWide` selbst entwickelt haben, sollten Sie dieses Programm nicht in ein `com.burdbrain`-Paket, sondern in ein eigenes Paket, beispielsweise `com.ihrname.drawings`, einfügen. Doch im Moment reicht es aus, wenn Sie die Klasse in ein namenloses Paket einfügen.

Egal wie Sie es machen, Ihre `DrawingWide`-Unterklasse lässt sich kompilieren und wie geplant ausführen.

Standardzugriff

Nun zurück zum Hauptthema dieses Kapitels: Wir verfügen jetzt über zwei Klassen zum Zeichnen – die `Drawing`- und die `DrawingWide`-Klasse. In der `Drawing`-Klasse sind die Variablen nicht als `public` deklariert, und es gilt für sie der Standardzugriff. Die Klasse befindet sich im `com.burdbrain.drawings`-Paket (siehe Listing 13.5).

```
Package com.burdbrain.drawings;

import java.awt.Graphics;

public class Drawing
{
    int x=40, y=40, width=40, height=40;

    public void paint (Graphics g)
    {
        g.drawOval(x, y, width, height);
    }
}
```

Listing 13.5: Variablen mit Standardzugriff

Die zweite Klasse, die `DrawingWide`-Unterklasse, wird aus Gründen der Bequemlichkeit noch einmal in Listing 13.6 gezeigt. Sie befindet sich in Javas unbenanntem Paket.

```
import com.burdbrain.drawings.*;
import java.awt.Graphics;
public class DrawingWide extends Drawing
{
    int width=100, height=30;

    public void paint (Graphics g)
    {
        g.drawOval(x, y, width, height);
    }
}
```

Listing 13.6: Ein gescheiterter Versuch, eine Unterklasse zu erstellen

Das Problem besteht darin, dass sich der Code in Listing 13.6 nicht kompilieren lässt, sondern die folgenden Fehlermeldungen erzeugt:

```
x is not public in com.burdbrain.drawings.Drawing;
cannot be accessed from outside package
y is not public in com.burdbrain.drawings.Drawing;
cannot be accessed from outside package
```

Der Grund dafür ist, dass ein Zugriff auf eine Instanzvariable, für die der Standardzugriff gilt, von außerhalb ihres Pakets nicht möglich ist – nicht einmal von einer Unterklasse der Klasse aus, die die Variable enthält. Dasselbe gilt auch für Methoden, für die der Standardzugriff gilt.

Die Instanzvariablen und Methoden einer Klasse werden als *Mitglieder* der Klasse bezeichnet. Die Regeln für standardmäßige und andere Zugriffe gelten für alle Mitglieder von Klassen.

Die Zugriffsregeln, die in diesem Kapitel beschrieben werden, gelten nicht für methodenlokale Variablen. (Methodenlokale Variablen werden in Kapitel 10 behandelt.) Ein Zugriff auf eine methodenlokale Variable ist nur innerhalb ihrer eigenen Methode möglich.

In Java ist der Standardzugriff auf ein Mitglied einer Klasse so definiert, dass der Zugriff auf das Mitglied paketweit möglich ist. Der Zugriff auf ein Mitglied, das ohne `public`, `private` oder `protected` deklariert ist, ist in dem gesamten Paket möglich, in dem sich seine Klasse befindet. Abbildung 13.4 veranschaulicht einige wichtige Zugriffsvarianten. Beachten Sie, dass das Wort *standardmäßig* in dieser Abbildung nicht außerhalb der »im selben Paket«-Ellipse vorkommt.

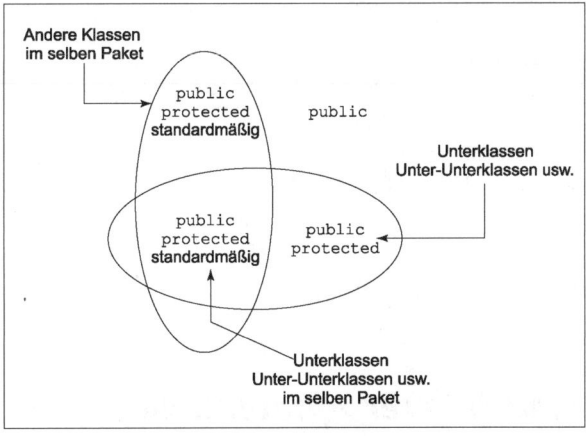

Abbildung 13.4: Zugriff in Java

 Die Namen der Pakete mit all ihren Punkten und Unterkomponenten, können etwas verwirren. Wenn Sie beispielsweise ein Programm schreiben, das auf das Anklicken von Schaltflächen reagiert, importieren Sie normalerweise Klassen aus zwei separaten Paketen: import java.awt.*; und import java.awt.event.*;. Wenn Klassen des java.awt-Pakets importiert werden, werden die Klassen des java.awt.event-Pakets nicht automatisch importiert.

Ein Paket erweitern

Betrachten wir jetzt den Fall, dass die neue Unterklasse aus Listing 13.6 nicht in einem separaten Paket, sondern unter dem Namen DrawingWideBB in dem Paket com.burdbrain.drawings gespeichert wird (siehe Listing 13.7). Um dieses neue Programm auszuführen, muss Listing 13.1 folgendermaßen geändert werden:

```
ArtFrame artFrame = new ArtFrame(new DrawingWideBB());
```

Wenn Sie das Programm 13.7 mit der Drawing-Klasse in Listing 13.5 ausführen, funktioniert alles bestens, weil sich Drawing und DrawingWideBB im selben Paket befinden. Beachten Sie, dass das Wort *standardmäßig* in Abbildung 13.4 mehrfach innerhalb der »im selben Paket«-Ellipse vorkommt. Da die Drawing- und die DrawingWideBB-Klasse im selben Paket stehen, darf letztere auf die Variablen x und y zugreifen, die in der Drawing- Klasse definiert sind und für die der Standardzugriff gilt.

```
Package com.burdbrain.drawings;

import java.awt.Graphics;

public class DrawingWideBB extends Drawing
{
    int width=100, height=30;

    public void paint (Graphics g)
    {
        g.drawOval(x, y, width, height);
    }
}
```

Listing 13.7: Eine Unterklasse der Drawing-Klasse

Der Zugriffsmodifizierer »protected«

Wenn Sie in einem Java-Programm eine Instanzvariable ohne das Wort public, private oder protected deklarieren, gilt für sie der Standardzugriff. Das bedeutet, dass ein Zugriff auf die Variable nur innerhalb des Pakets möglich ist, in dem sie deklariert ist.

13 ➤ Namen zwischen Teilen eines Java-Programms austauschen

Wenn Sie eine Variable als protected deklarieren, räumen Sie auch bestimmten Klassen außerhalb des Pakets dieser Variablen Zugriff auf diese ein – und zwar allen Unterklassen und Unter-Unterklassen usw., die von der Klasse abgeleitet sind, in der die Variable deklariert wird. Die Listings 13.8 und 13.9 zeigen Beispiele für diese Beziehung.

```
Package com.burdbrain.drawings;

import java.awt.Graphics;

public class Drawing
{
    protected int x=40, y=40, width=40, height=40;

    public void paint (Graphics g)
    {
        g.drawOval(x, y, width, height);
    }
}
```

Listing 13.8: Variablen, die als protected deklariert sind

```
import com.burdbrain.drawings.*;

import java.awt.Graphics;

public class DrawingWide extends Drawing
{
    int width=100, height=30;

    public void paint (Graphics g)
    {
        g.drawOval(x, y, width, height);
    }
}
```

Listing 13.9: Eine Unterklasse der Drawing-Klasse

Listing 13.8 definiert die Drawing-Klasse. Listing 13.9 definiert DrawingWide, eine Unterklasse der Drawing-Klasse.

In der Drawing-Klasse sind die Variablen x, y, width und height als protected deklariert. Die DrawingWide-Klasse hat eigene width- und height-Variablen, aber DrawingWide referenziert die Variablen x und y, die in der übergeordneten Drawing-Klasse definiert sind. Dies ist in Ordnung, obwohl sich DrawingWide nicht im selben Paket wie die übergeordnete Drawing-Klasse befindet. (Die Drawing-Klasse befindet sich im com.burdbrain.drawings-Paket, während die DrawingWide-Klasse in Javas unbenanntem Paket steht.) Dies ist in Ordnung, weil die Variablen x und y in der Drawing-Klasse als protected deklariert sind.

In Abbildung 13.4 befindet sich das Wort protected mehrfach in der »Unterklassen«-Ellipse. Eine Unterklasse kann auf ein protected Mitglied einer Klasse zugreifen, auch wenn diese Unterklasse zu einem anderen Paket gehört.

 Arbeiten Sie in einem Team von Programmierern? Definieren Programmierer, die nicht zu Ihrem Team gehören, für ihre Software eigene Paketnamen? Möglicherweise wollen diese fremden Programmierer auf den Code Ihres Teams zugreifen und Unterklassen der Klassen erstellen, die Sie definiert haben. Dies ist der Punkt, an dem das Schlüsselwort protected seinen Nutzen zeigt. Deklarieren Sie Variablen und Methoden Ihres Codes als protected, wenn fremde Programmierer die Möglichkeit haben sollen, über Unterklassen direkt auf diese Mitglieder zuzugreifen.

Gleichrangige Klassen in dasselbe Paket einfügen

Wir wollen jetzt den Fall betrachten, dass gleichrangige Klassen in dasselbe Paket eingefügt werden. »Gleichrangig« soll hier bedeuten, dass die Klassen nicht voneinander abgeleitet sind, das heißt, dass sie nicht in einem Ober-/Unterklasse-Verhältnis zueinander stehen. Listing 13.10 zeigt als Beispiel die neue ShowFrameWideBB-Klasse, die eine Drawing-Instanz erstellt und dann den Wert der width- und height-Variablen der Instanz ändert.

```
Package com.burdbrain.drawings;

import com.burdbrain.frames.ArtFrame;

public class ShowFrameWideBB
{
    public static void main(String args[])
    {
        Drawing drawing = new Drawing();
        drawing.width=100;
        drawing.height=30;
        ArtFrame artFrame = new ArtFrame(drawing);
        artFrame.setSize(200,100);
        artFrame.show();
    }
}
```

Listing 13.10: Eine größere Ellipse darstellen

Die ShowFrameWideBB-Klasse in Listing 13.10 befindet sich im selben Paket wie die Drawing-Klasse (nämlich in dem com.burdbrain.drawings-Paket). Aber ShowFrameWideBB ist keine Unterklasse der Drawing-Klasse.

Was passiert, wenn ShowFrameWideBB mit der Drawing-Klasse in Listing 13.8 – der Klasse mit den protected-Variablen – kompiliert wird? Nun, es läuft alles reibungslos, weil ein protected-Mitglied auf zwei (relativ unabhängige) Weisen im Zugriff ist. Beachten Sie in

Abbildung 13.4, dass das Wort protected an vielen Stellen verwendet wird. Ein protected-Mitglied steht den Unterklassen außerhalb des Pakets zur Verfügung, aber es ist auch für den Code (ob Unterklasse oder nicht) innerhalb des Pakets des Mitglieds im Zugriff.

In Wirklichkeit ist der Zugriff auf protected-Mitglieder noch etwas komplizierter, als es in diesem Abschnitt dargestellt wurde. Die Java-Sprachspezifikation enthält eine Haarspalterei über den Code, der für die Implementierung eines Objekts verantwortlich ist. Wenn Sie lernen, in Java zu programmieren, sollten Sie darüber hinweglesen. Am besten warten Sie, bis Sie viele Java-Programme geschrieben haben. Wenn Sie dann auf die Fehlermeldung variable has protected access stoßen, können Sie anfangen, sich Gedanken zu machen. Noch besser wäre es jedoch, wenn Sie dann den einschlägigen Abschnitt in der Java-Sprachspezifikation eingehend studieren würden.

Voll qualifizierte Klassennamen verwenden

Um die main-Methode einer Klasse auszuführen, geben Sie normalerweise **java** und dann den Namen der Klasse ein. Um beispielsweise das Programm 13.1 auszuführen, geben Sie **java ShowFrame** ein.

Wenn Sie dies tun, prüft das Programm die CLASSPATH-Variable und sucht die ShowFrame-Klasse. (Die CLASSPATH-Variable wird weiter oben in diesem Kapitel beschrieben.) Nachdem das Programm die ShowFrame-Klasse gefunden hat, sucht es eine main-Methode.

Was bedeutet es, wenn sich die Klasse mit der main-Methode ist einem benannten Paket befindet? Wie können Sie beispielsweise den Code in Listing 13.10 ausführen? Er hat eine main-Methode und befindet sich in einem Paket namens com.burdbrain.drawings. Es gibt mehrere Möglichkeiten, aber grundsätzlich geht es darum sicherzustellen, dass das Programm alle Klassen finden kann, die Sie verwenden wollen. Dies bedeutet, dass das Programm zwei wichtige Dinge kennen muss:

✔ **Das Programm muss wissen, wo sich der Stamm des Verzeichnisbaums befindet.** Wenn sich das Programm im c:\JavaPrograms\com\burdbrain\drawings-Verzeichnis befindet, muss die CLASSPATH-Variable den Verzeichnisnamen c:\JavaPrograms enthalten. Abbildung 13.5 zeigt den Verzeichnisbaum.

✔ **Das Programm muss wissen, wo sich die Klasse befindet, die die main-Methode enthält.** Wenn wir beispielsweise die Dateien und Verzeichnisse in Abbildung 13.5 zugrunde legen, hat die ShowFrameWideBB-Klasse – ausgehend von dem c:\JavaPrograms-Verzeichnis – den voll qualifizierten Namen com.burdbrain.drawings.ShowFrameWideBB. Um dieses Programm auszuführen, geben Sie deshalb den folgenden Befehl ein:

java com.burdbrain.drawings.ShowFrameWideBB

Weitere Informationen über voll qualifizierte Namen finden Sie in Kapitel 8.

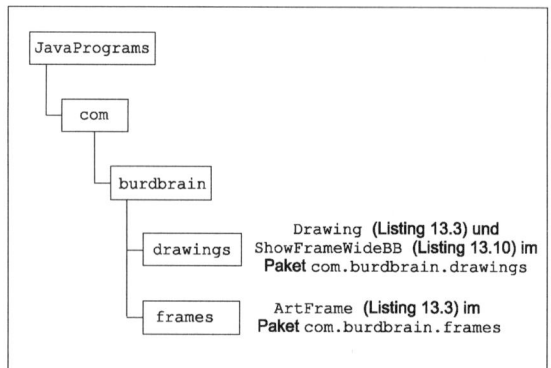

Abbildung 13.5: Die Dateien und Verzeichnisse in Ihrem Projekt

 Wenn Sie `java` ausführen, geben Sie den Namen einer Klasse, nicht den Namen einer Datei ein. Der voll qualifizierte Name einer Klasse enthält Punkte, keine Schrägstriche.

Zugriffsmodifizierer für Java-Klassen

Vielleicht ist es Ihnen bei dem Thema über Zugriffsmodifizierer für Mitglieder etwas schwindelig im Kopf geworden. Schließlich ist der Zugriff auf Mitglieder in Java ein sehr kompliziertes Thema. Im Vergleich zum Zugriff auf Variablen und Methoden ist das Thema des Zugriffs auf Klassen ziemlich einfach.

Eine Klasse kann entweder öffentlich (`public`) oder nichtöffentlich sein. Wenn Sie eine Deklaration wie

```
public class ShowFrame
```

sehen, haben Sie es mit der Deklaration einer `public`-Klasse zu tun; aber wenn Sie die bekannte Deklaration

```
class NutzKonto
```

sehen, haben Sie es mit einer nichtöffentlichen Klasse zu tun.

Öffentliche (public) Klassen

Wenn eine Klasse `public` ist, können Sie von jeder Stelle des Codes aus auf die Klasse zugreifen. Natürlich gibt es einige Einschränkungen. Beispielsweise muss das Programm in der Lage sein, die Klasse mithilfe der `CLASSPATH`-Variablen zu finden. Außerdem müssen Sie die Klasse korrekt benennen. Wenn sich die Klasse innerhalb eines benannten Pakets befindet, das nicht das Paket ist, an dem Sie gerade arbeiten, müssen Sie die Klasse mit ihrem voll qualifizierten Namen aufrufen. Ein Beispiel:

```
java.text.NumberFormat geldbetrag =
   java.text.NumberFormat.getCurrencyInstance();
```

Alternativ können Sie Ihre Datei mit einer Import-Deklaration beginnen und sich dann auf die Angabe des einfachen Klassennamens beschränken:

```
import java.text.NumberFormat;

NumberFormat numFormat =
   NumberFormat.getNumberInstance();
```

Nichtöffentliche Klassen

Wenn eine Klasse nichtöffentlich ist, können Sie auf die Klasse nur von Code aus zugreifen, der sich im Paket der Klasse befindet.

Wenn wir in Listing 13.2 das Wort `public` löschen, machen wir aus `public class Drawing` die bekannte Deklaration `class Drawing`:

```
Package com.burdbrain.drawings;

import java.awt.Graphics;

class Drawing
{
    public int x=40, y=40, width=40, height=40;

    public void paint (Graphics g)
    {
       g.drawOval(x, y, width, height);
    }
}
```

Wenn wir dann das Programm in Listing 13.7 kompilieren, gibt es keine Probleme, weil Listing 13.7 mit den folgenden Zeilen beginnt:

```
Package com.burdbrain.drawings;

public class DrawingWideBB extends Drawing
```

Weil sich beide Code-Teile im selben `com.burdbrain.drawings`-Paket befinden, ist der Zugriff von `DrawingWideBB` auf die nichtöffentliche `Drawing`-Klasse kein Problem.

Versuchen wir es mit Listing 13.3. Der Code beginnt mit

```
Package com.burdbrain.frames;
```

Dieser Code befindet sich nicht in dem com.burdbrain.drawings-Paket. Wir versuchen diesen Code zu kompilieren. Wenn der Compiler in Listing 13.3 die Zeile

```
Drawing drawing;
```

erreicht, gibt er die folgende Meldung aus:

```
com.burdbrain.drawings.Drawing is not public
in com.burdbrain.drawings;
cannot be accessed from outside package
```

Na ja, wir haben wohl bekommen, was wir verdient haben.

Die Dinge sind nie so einfach, wie sie scheinen. Die Regeln, die in diesem Abschnitt beschrieben wurden, gelten für die Arten von Klassen, die in diesem Buch behandelt wurden. Java hat noch andere Klassen, so genannte *innere Klassen*, für die andere Regeln gelten. Glücklicherweise bildet die Anwendung innerer Klassen eine ziemlich isolierte Nische der Java-Programmierung. Selbst erfahrene Java-Programmierer verwenden innere Klassen sehr selten. Meistens kommen Sie auch ohne solche Dinge gut zurecht.

Auf Tastenanschläge und Mausklicks reagieren

In diesem Kapitel

▶ Code erstellen, der Mausklicks (und andere ähnliche Ereignisse) verarbeitet

▶ Eine Java-Schnittstelle schreiben und benutzen

---

*B*enutzer interagieren mit ihren Computern hauptsächlich dadurch, dass sie mit der Tastatur Daten eingeben oder mit der Maus Aktionen auswählen und ausführen. In diesem Kapitel erfahren Sie, wie die entsprechenden Ereignisse in einem Programm verarbeitet werden.

Weiter ... Klicken Sie auf diese Schaltfläche

In den vorangegangenen Kapiteln haben wir mehrfach Fenster erstellt, mit denen Sie allerding nicht viel anstellen konnten. Die Fenster zeigten meistens Informationen an, verfügten aber nicht über Elemente, die eine Interaktion ermöglichen. In diesem Kapitel werden wir uns mit mit Fenstern befassen, die derartige Elemente enthalten. Listing 14.1 enthält zunächst ein einfaches Programm mit einer Schaltfläche.

```
import java.awt.*;
import java.awt.event.*;

public class GameFrame extends Frame
                      implements ActionListener
{
   int randomNumber = DummiesRandom.getInt();
   String guessWord;
   int numGuesses = 0;

   TextField textField = new TextField(5);
   Button button = new Button("Raten");
   Label label = new Label(numGuesses + " Versuche");

   public GameFrame()
   {
      setLayout(new FlowLayout());
      add(textField);
      add(button);
      add(label);
```

```
        button.addActionListener(this);
        pack();
        show();
    }

    public void actionPerformed (ActionEvent e)
    {
        String textFieldText = textField.getText();
        if (Integer.parseInt(textFieldText)==randomNumber)
        {
            button.setEnabled(false);
            textField.setText(textField.getText() + " Ja!");
            textField.setEnabled(false);
        }
        else
            textField.setText("");
        numGuesses++;
        guessWord = (numGuesses==1)?" Versuch":" Versuche";
        label.setText(numGuesses + guessWord);
    }
}

class ShowGameFrame
{
    public static void main(String args[])
    {
        new GameFrame();
    }
}
```

Listing 14.1: Ein Ratespiel

Wenn Sie dieses Programm ausführen, muss sich die Datei DummiesRandom.class in Ihrem CLASSPATH befinden. Die einfachste Lösung besteht darin, die Datei DummiesRandom.class im selben Verzeichnis wie Listing 14.1 zu speichern. Die Datei DummiesRandom.java befindet sich auf der beiliegenden CD-ROM. Wenn Sie DummiesRandom.java kompilieren, wird DummiesRandom.class erstellt.

Das Fenster, das von dem Code in Listing 14.1 erstellt wird, wird nicht geschlossen, wenn Sie auf das kleine x in der oberen rechten Ecke klicken. Um dieses Verhalten zu ändern, haben Sie zwei Möglichkeiten: Sie können die Swing-Klassen verwenden, die in Kapitel 13 beschrieben wurden, oder Sie können einen *WindowListener* verwenden (siehe Listing 14.2).

In dem Fenster wird der Benutzer aufgefordert, ein Ratespiel zu spielen. Im Hintergrund wählt das Programm eine unbekannte Zahl (eine Zahl von 1 bis 10). Dann zeigt es ein Textfeld und eine Schaltfläche an. Der Benutzer gibt eine Zahl in das Textfeld ein und klickt auf die Schaltfläche.

✔ Wenn die Zahl, die der Benutzer eintippt, nicht mit der Geheimzahl übereinstimmt, zeigt das Programm die Anzahl der bisherigen Versuche an; und der Benutzer muss einen weiteren Rateversuch unternehmen.

✔ Wenn die Zahl, die der Benutzer eintippt, nicht mit der Geheimzahl übereinstimmt, zeigt das Textfeld Ja! an. Das Spiel ist vorbei, und sowohl das Textfeld als auch die Schaltfläche werden deaktiviert. Beide Komponenten werden grau dargestellt und reagieren nicht mehr auf Tastatureingaben oder Mausklicks.

Die Abbildungen 14.1 und 14.2 zeigen einige Schnappschüsse der Ausführung des Programms.

Abbildung 14.1: Einige falsche Versuche

Abbildung 14.2: Der richtige Versuch

 Wenn Sie mit einem GUI (Graphical User Interface = Grafische Benutzerschnittstelle) arbeiten, wird alles, was der Benutzer tut (wie beispielsweise auf eine Taste zu drücken, die Maus zu bewegen oder mit der Maus zu klicken usw.) als *Event* (*Ereignis*) bezeichnet. Der Code, der auf die Aktion des Benutzers reagiert, wird als *Event-handling-Code* (*Code zur Ereignisverarbeitung*) bezeichnet.

Das Programm in Listing 14.1, das das Frame, die Schaltfläche und das Textfeld erstellt, ist nicht sonderlich aufregend. In Kapitel 9 und 10 haben Sie bereits Ähnliches kennen gelernt. Die TextField-Klasse ist in diesem Kapitel neu, aber ein Textfeld unterscheidet sich nicht sehr von einer Schaltfläche oder einem Label. Wie viele andere Komponenten ist die TextField-Klasse in dem java.awt-Paket definiert. Wenn Sie eine neue TextField-Instanz erstellen, können Sie eine Anzahl von Spalten angeben. Das Textfeld in Listing 14.1 ist fünf Spalten breit.

 Die Tatsache, dass in dem Konstruktor der TextField-Klasse festgelegt wird, dass das Feld fünf Spalten breit sein soll, bedeutet nicht, dass Sie nur fünf Zeichen in das Feld eingeben können. Laut Java-API-Dokumentation gibt die Spaltenbreite »eine plattformabhängige durchschnittliche Zeichenbreite« an. Anders ausgedrückt: Fünf ist mehr als vier und weniger als sechs. Ansonsten bedeutet die Zahl Fünf nicht viel.

Das wirklich Neue in Listing 14.1 ist die Verarbeitung der Schaltflächenklicks des Benutzers. Diese Verarbeitung erfolgt durch die folgenden Ergänzungen des Codes:

- ✔ Die `GameFrame`-Klassendeklaration enthält zusätzlich die Angabe `implements ActionListener`.
- ✔ Der Aufruf von `button.addActionListener` im Konstruktor der `GameFrame`-Klasse enthält als Parameter `this`.
- ✔ Der Code der `GameFrame`-Klasse enthält zusätzlich die `actionPerformed`-Methode.

Zusammen verarbeiten die drei Ergänzungen in der `GameFrame`-Klasse Schaltflächenklicks. Um zu verstehen, wie dies funktioniert, müssen Sie wissen, wie ein *Interface* (dt. *Schnittstelle*) funktioniert.

Java-Interfaces

Vielleicht haben Sie bemerkt, dass eine Klasse in Java nie mehr als eine übergeordnete Klasse hat. Anders ausgedrückt: Es ist unzulässig, Folgendes zu schreiben:

```
class eineKlasse extends Klasse1, Klasse2, Klasse3
```

Eine Klasse kann nur eine übergeordnete Klasse haben – und das ist in Ordnung, wenn Sie eine neue Klasse erstellen wollen, die sich wie die `Frame`-Klasse verhält. Doch was machen Sie, wenn Sie eine neue Klasse erstellen wollen, die sich wie die `Frame`-Klasse verhält und zugleich auf Schaltflächen reagiert? Kann die neue Klasse beides zugleich tun?

Ja, das ist möglich. Java verfügt über ein Konstrukt namens *Interface*. Ein Interface ist mit einer Klasse verwandt. Es verfügt über die folgenden Eigenschaften:

- ✔ **Eine Klasse kann nur eine Elternklasse erweitern, aber sie kann mehrere Interfaces implementieren.**

    Wenn `GameFrame` gleichzeitig sowohl Tastaturanschläge als auch Schaltflächenklicks verarbeiten können soll, können Sie schreiben:

    ```
    class GameFrame extends Frame
          implements ActionListener, TextListener
    ```

- ✔ **Die Methoden eines Interfaces haben keinen eigenen Körper.**

    Hier sehen Sie eine Kopie des API-Codes für das `ActionListener`-Interface:

    ```
    Package java.awt.event;
    import java.util.EventListener;

    public interface ActionListener
                extends EventListener
    {
        public void actionPerformed(ActionEvent e);
    }
    ```

Ich habe die Kommentare des Codes entfernt, aber den API-Code nicht wesentlich geändert. In diesem Code hat die `actionPerformed`-Methode keinen Körper – keine geschweiften Klammern und keine Befehle, die ausgeführt werden sollen. Anstelle eines Körpers steht nur ein Semikolon.

Eine Methode ohne Körper – wie die Methode in dem `ActionListener`-Interface – wird als *abstrakte* Methode bezeichnet.

✔ **Wenn Sie ein Interface implementieren, stellen Sie für alle Methoden des Interfaces Methoden zur Verfügung.**

Deshalb befindet sich in Listing 14.1 eine `actionPerformed`-Methode. Indem das Programm 14.1 zum Ausdruck bringt, dass es das `ActionListener`-Interface implementieren will, sagt es, dass es die `actionPerformed`-Methode des Interfaces mit Bedeutung füllen will. In dieser Situation bedeutet dies, dass eine `actionPerformed`-Methode mit geschweiften Klammern, einem Körper und möglicherweise einigen Befehlen erstellt werden muss.

Wenn Sie ankündigen, dass Sie ein Interface implementieren wollen, nimmt der Java-Compiler (`javac`) diese Ankündigung ernst. Wenn Sie später im Code diese Ankündigung nicht einlösen, das heißt, wenn Sie die Methoden des Interfaces nicht mit Bedeutung füllen, meldet der Compiler einen Fehler.

Wenn Sie wirklich faul sind, können Sie schnell herausfinden, welche Methoden in dem Programm deklariert werden müssen, um ein spezielles Interface zu implementieren. Kompilieren Sie einfach den Code mit `javac`; dann zeigt der Compiler alle Methoden an, die Sie deklariert haben sollten, aber nicht deklariert haben.

Ausführungs-Threads

Es gibt ein wohlgehütetes Geheimnis: Java-Programme sind *multithreaded*, was bedeutet, dass mehrere Prozesse gleichzeitig ablaufen, wenn ein Java-Programm ausgeführt wird. Das Programm führt zugleich den Code aus, den Sie geschrieben haben, sowie anderen Code (den Sie nicht geschrieben haben und nicht sehen). Dieser ganze Code wird gleichzeitig ausgeführt. Während das Programm die Befehle der `main`-Methode abarbeitet, führt es parallel dazu auch Befehle anderer, unsichtbarer Methoden aus. Bei den meisten einfachen Java-Programmen handelt es sich dabei um Methoden, die Bestandteil der Java Virtual Machine sind (siehe Kapitel 2).

Beispielsweise führt Java einen Thread für die Ereignisverarbeitung aus, der im Hintergrund läuft, während Ihr Code ausgeführt wird. Dieser Thread für die Ereignisverarbeitung überwacht Mausklicks und greift in den Programmablauf ein, wenn ein Benutzer mit der Maus klickt. Abbildung 14.3 verdeutlicht diese Arbeitsweise.

Der Thread Ihres Codes	Thread für die Ereignisverarbeitung

`setLayout(new FlowLayout());`
`add(textField);`
`add(button);`
`add(label);`
`button.addActionListener(this);`
`pack();`
`show();`
	Hat der Benutzer mit der Maus geklickt?
	.
	.
	Hat der Benutzer mit der Maus geklickt?
	.
	Hat der Benutzer mit der Maus geklickt?
	Ja? Okay, dann rufe ich die
	actionPerformed-Methode auf.

Abbildung 14.3: Zwei Java-Threads

Wenn der Benutzer auf die Schaltfläche klickt, prüft der Thread für die Ereignisverarbeitung, welche Aktion ausgeführt werden soll, und ruft dann eine actionPerformed-Methode auf. Der folgende Code-Abschnitt soll diese Vorgehensweise illustrieren:

```
if (buttonJustGotClicked())
{
   object1.actionPerformed(infoAboutTheClick);
   object2.actionPerformed(infoAboutTheClick);
   object3.actionPerformed(infoAboutTheClick);
}
```

Natürlich schließen sich daran einige weitere Fragen an: Wo findet der Thread für die Ereignisverarbeitung den actionPerformed-Methodenaufruf? Was können Sie machen, wenn der Thread für die Ereignisverarbeitung eine bestimmte actionPerformed-Methode in Ihrem Code ausführen soll?

Genau dies ist die Funktion der addActionListener-Methode. In Listing 14.1 weist der Aufruf

button.addActionListener(this);

den Thread für die Ereignisverarbeitung an, die actionPerformed-Methode dieses Codes auf seine Liste der aufzurufenden Methoden zu setzen und diese spezielle actionPerformed-Methode aufzurufen, wenn die Schaltfläche angeklickt wird.

Dies ist der Ablauf. Um ein Programm zu veranlassen, eine actionPerformed-Methode aufzurufen, registrieren Sie die Methode bei dem Thread für die Ereignisverarbeitung, indem Sie addActionListener aufrufen. Die addActionListener-Methode gehört zu dem Objekt, dessen Klicks (und andere Ereignisse) Sie überwachen. In Listing 14.1 warten Sie darauf, dass die Schaltfläche des Objekts angeklickt wird, und die addActionListener-Methode gehört zu diesem Schaltflächen-Objekt.

Das Schlüsselwort »this«

In den Kapiteln 9 und 10 können Sie mit dem Schlüsselwort this aus dem Code innerhalb einer Methode heraus auf Instanzvariablen zugreifen. Dieses Schlüsselwort funktioniert wie ein Platzhalter. Es wartet innerhalb des Codes, der die `GameFrame`-Klasse definiert. Wenn eine Instanz von `GameFrame` konstruiert wird, ruft die Instanz `addActionListener(this)` auf. Dabei steht das Schlüsselwort `this` für die Instanz selbst.

`button.addActionListener(thisGameFrameInstance);`

Durch den Aufruf von `button.addActionListener(this)` fügt die `GameFrame`-Instanz ihre eigene `actionPerformed`-Methode in die Liste der Methoden ein, die aufgerufen werden, wenn die Schaltfläche angeklickt wird. Die `actionPerformed`-Methode steht in der `GameFrame`-Instanz zur Verfügung, weil die `GameFrame`-Klasse das `ActionListener`-Interface implementiert.

Die Arbeitsweise der actionPerformed-Methode

Die `actionPerformed`-Methode in Listing 14.1 verwendet einige Tricks des Java-APIs:

✔ Jede Instanz von `TextField` (und von `Label`) verfügt über die Methoden `getText` und `setText`. Der Aufruf von `getText` fragt die Zeichenkette ab, die sich in der Komponente befindet. Der Aufruf von `setText` ändert die Zeichenkette, die sich in der Komponente befindet. In Listing 14.1 wird durch `getText` und `setText` eine Zahl aus dem Textfeld herausgezogen und entweder durch nichts (den leeren String `""`) oder eine Zahl, gefolgt von dem Wort `Ja!`, ersetzt.

✔ Jede Komponente in dem `java.awt`-Paket (`TextField`, `Button` oder ein anderes) hat eine `setEnabled`-Methode. Wenn Sie `setEnabled(false)` setzen, wird die Komponente deaktiviert und grau dargestellt. Sie kann dann keine Schaltflächenklicks oder Tastaturanschläge mehr verarbeiten.

Sie können einen Test ausführen, um sicherzustellen, dass das Objekt, das von der Schaltflächenvariablen referenziert wird, tatsächlich die Komponente ist, die angeklickt worden ist. Schreiben Sie einfach: `if (e.getSource() == Button)`. Wenn Ihr Code zwei Schaltflächen, `button1` und `button2`, enthält, können Sie durch einen Test feststellen, welche Schaltfläche angeklickt worden ist: `if (e.getSource() == button1)` und `if (e.getSource() == button2)`.

Der Bedingungsoperator

In Listing 14.1 wird ein interessanter Operator verwendet, den wir bisher noch nicht behandelt haben: der *Bedingungsoperator*. Dieser Bedingungsoperator übernimmt drei Ausdrücke als Argumente und ermittelt aus ihnen einen Rückgabewert. Er funktioniert wie ein kleiner `if`-Befehl. Der Bedingungsoperator hat die folgende Form:

`testBedingung ? ausdruck1: ausdruck2`

Das Programm wertet die `testBedingung` aus. Falls die Bedingung wahr ist, gibt das Programm den Wert von `ausdruck1`, andernfalls den Wert von `ausdruck2` zurück.

Mit dem Befehl

`(numGuesses==1) ? " Versuch" : " Versuche"`

prüft das Programm, ob `numGuesses` den Wert 1 hat. Falls dies der Fall ist, hat der dreiteilige Ausdruck den Wert " `Versuch`", andernfalls den Wert " `Versuche`".

In Listing 14.1 wird einer der Strings " `Versuch`" oder " `Versuche`" der `guessWord`-Variablen zugewiesen. Der konkrete String hängt davon ab, ob `numGuesses` den Wert 1 hat.

Auf andere Ereignisse als Schaltflächenklicks reagieren

Wenn Sie wissen, wie Sie auf eine Art von Ereignissen reagieren können, ist das Verarbeiten anderer Ereignisse einfach. Der Code in Listing 14.2 zeigt ein Fenster an, das Geldbeträge in DM oder in Euro anzeigt. Der Code reagiert auf viele Arten von Ereignissen. Die Abbildungen 14.4 und 14.5 zeigen einige Beispiele des Codes in Aktion.

```
import java.awt.*;
import java.awt.event.*;
import java.text.NumberFormat;
import java.util.Locale;
import java.awt.Color;

public class MoneyFrame extends Frame
    implements TextListener, ItemListener,
           MouseListener, WindowListener
{
    TextField textField = new TextField(10);
    Choice choice = new Choice();
    Label label = new Label("            ");

    NumberFormat currencyDE =
       NumberFormat.getCurrencyInstance();
    NumberFormat currencyUK =
       NumberFormat.getCurrencyInstance(Locale.UK);

    public MoneyFrame()
    {
       setLayout(new FlowLayout());

       add(textField);
       choice.addItem("DM");
```

```java
        choice.addItem("UK");
        add(choice);
        add(label);

        textField.addTextListener(this);
        choice.addItemListener(this);
        label.addMouseListener(this);
        addWindowListener(this);

        pack();
        show();
    }

    void setTextOnLabel()
    {
        double amount =
            Double.parseDouble(textField.getText());
        String amountString="";

        if (choice.getSelectedItem().equals("DM"))
            amountString = currencyDE.format(amount);
        if (choice.getSelectedItem().equals("UK"))
            amountString = currencyUK.format(amount);

        label.setText(amountString);
    }

    public void textValueChanged(TextEvent t)
    {
        setTextOnLabel();
    }

    public void itemStateChanged(ItemEvent i)
    {
        setTextOnLabel();
    }

    public void mouseEntered(MouseEvent m)
    {
        label.setForeground(Color.red);
    }

    public void mouseExited(MouseEvent m)
    {
        label.setForeground(Color.black);
    }
```

```
    public void mouseClicked(MouseEvent m) {}
    public void mousePressed(MouseEvent m) {}
    public void mouseReleased(MouseEvent m) {}

    public void windowClosed(WindowEvent w)
    {
        System.exit(0);
    }

    public void windowClosing(WindowEvent w)
    {
        dispose();
    }

    public void windowOpened(WindowEvent e) {}
    public void windowIconified(WindowEvent e) {}
    public void windowDeiconified(WindowEvent e) {}
    public void windowActivated(WindowEvent e) {}
    public void windowDeactivated(WindowEvent e) {}
}

class ShowMoneyFrame
{
    public static void main(String args[])
    {
        new MoneyFrame();
    }
}
```

Listing 14.2: Den lokalen Geldbetrag anzeigen

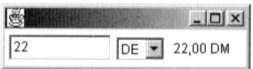

Abbildung 14.4: DM-Geldbetrag

Abbildung 14.5: £-Geldbetrag

Zugegeben – Listing 14.2 ist etwas lang. Deshalb soll die folgende Gliederung seine wesentlichen Komponenten verdeutlichen:

14 ➤ Auf Tastenanschläge und Mausklicks reagieren

```
public class MoneyFrame extends Frame
    implements TextListener, ItemListener,
               MouseListener, WindowListener
{

    Variablendeklarationen

    Konstruktor der MoneyFrame-Klasse

    Deklaration einer Methode namens setTextOnLabel

    alle Methoden, die benötigt werden,
        um die vier Interfaces zu implementieren
}
```

Der Konstruktor in Listing 14.2 fügt die folgenden drei Komponenten in ein neues `Money-Frame`-Fenster ein:

- ✔ **Ein Textfeld:** In Abbildung 14.4 gibt der Benutzer **22** in das Textfeld ein.
- ✔ **Ein Listenfeld:** In Abbildung 14.4 zeigt das Listenfeld `DM` an. In Abbildung 14.5 zeigt es `UK` ein.
- ✔ **Ein Label:** In Abbildung 14.4 zeigt das Label `22,00 DM` an.

Die `MoneyFrame`-Klasse implementiert vier Interfaces: `TextListener`, `ItemListener`, `MouseListener` und `WindowListener`. Deshalb kann der Code vier verschiedene Arten von Ereignissen verarbeiten. Die folgende Liste enthält nähere Einzelheiten dazu:

- ✔ `TextListener`: Eine Klasse, die das `TextListener`-Interface implementiert, muss eine `textValueChanged`-Methode enthalten. Wenn Sie eine Ziffer in ein Textfeld eingeben, ruft der Thread für die Ereignisverarbeitung `textValueChanged` auf.

    In Listing 14.2 ruft die `textValueChanged`-Methode `setTextOnLabel` auf. Diese `setTextOnLabel`-Methode prüft, welche Währung gegenwärtig in dem Listenfeld ausgewählt ist. Wenn `UK` gewählt ist, erstellt die `setTextOnLabel`-Methode ein Format für britische Pfund. Wenn `DM` gewählt ist, erstellt die `setTextOnLabel`-Methode ein DM-Format.

- ✔ `ItemListener`: Eine Klasse, die das `ItemListener`-Interface implementiert, muss eine `itemStateChanged`-Methode enthalten. Wenn Sie in einem Listenfeld einen Eintrag auswählen, ruft der Thread für die Ereignisverarbeitung `itemStateChanged` auf.

    Wenn Sie in Listing 14.2 in dem Listenfeld `DM` oder `UK` auswählen, ruft der Thread für die Ereignisverarbeitung die `itemStateChanged`-Methode auf, diese ruft dann `setTextOn-Label` auf usw.

- ✔ `MouseListener`: Eine Klasse, die das `MouseListener`-Interface implementiert, muss die Methoden `mouseEntered`, `mouseExited`, `mouseClicked`, `mousePressed` und `mouseReleased` implementieren. Die Implementierung von `MouseListener` unterscheidet sich von der Implementierung von `ActionListener`. Bei der Implementierung von `ActionListener` in Listing 14.1 reagiert der Thread für die Ereignisverarbeitung nur auf Mausklicks. Aber mit `MouseListener` reagiert der Thread auch, wenn der Benutzer die Maustaste niederdrückt, sie loslässt oder andere Aktionen ausführt.

In Listing 14.2 werden die Methoden `mouseEntered` und `mouseExited` aufgerufen, wenn Sie mit der Maus auf das Label fahren oder den Mauszeiger von diesem Label wegbewegen. Woran erkennen Sie, dass das Label mit dieser Aktion zu tun hat? Schauen Sie sich einfach den Code in dem `MoneyFrame`-Konstruktor an. Hier wird die `addMouseListener`-Methode der `label`-Variablen aufgerufen.

Wenn die Methoden `mouseEntered` und `mouseExited` in Listing 14.2 aufgerufen werden, ruft das Programm die `setForeground`-Methode auf, die die Farbe des Labeltextes ändert. Das Java-API enthält vordefinierte Namen für Farben – beispielsweise `Color.red` und `Color.black`.

✔ `WindowListener`: Eine Klasse, die das `WindowListener`-Interface implementiert, muss sechs Methoden implementieren: `windowClosing`, `windowOpened`, `windowIconified`, `windowDeiconified`, `windowActivated` und `windowDeactivated`.

Wenn Sie sich noch einmal die `MoneyFrame`-Objekte in den Abbildungen 14.4 und 14.5 anschauen, sehen Sie, dass jedes `MoneyFrame`-Objekt über eine Schaltfläche verfügt, mit der Sie das Fenster schließen können. In Microsoft Windows ist dies das kleine x in der oberen rechten Ecke des Frames. Wenn Sie auf diese Schaltfläche klicken, ruft der Thread für die Ereignisverarbeitung `windowClosing` und `windowClosed` auf.

  ✔ In Listing 14.2 ruft die `windowClosing`-Methode die `dispose`-Methode auf, die die gesamte `MoneyFrame`-Instanz beseitigt. (Die Fenster werden geschlossen.)

  ✔ In Listing 14.2 ruft die `windowClosed`-Methode `System.exit` auf, um die Java Virtual Machine anzuhalten.

Listing 14.2 enthält zahlreiche Methoden, die gar nicht benutzt werden. Wenn Sie beispielsweise das `MouseListener`-Interface implementieren, muss Ihr Code eine `mouseReleased`-Methode enthalten. Sie benötigen die `mouseReleased`-Methode jedoch nicht, weil Sie keine spezielle Aktion ausführen wollen, wenn der Benutzer die Maustaste loslässt; und deshalb bleibt der Körper dieser Methode leer.

Java-Applets schreiben

In diesem Kapitel

▶ Ein einfaches Applet schreiben

▶ Applet-Animationen erstellen

▶ Schaltflächen (und andere Komponenten) in ein Applet einfügen

*N*achdem Java 1995 eingeführt wurde, erreichte die Sprache unter anderem deswegen so schnell eine hohe Popularität, weil sie das Erstellen von so genannten *Applets* ermöglichte. Ein *Applet* ist ein Java-Programm, das im Fenster eines Webbrowsers ausgeführt wird. Das Applet verfügt auf einer Webseite über einen eigenen, separaten rechteckigen Bereich. Das Applet kann eine Zeichnung, ein Bild, eine Animation, ein Eingabeformular und andere Dinge anzeigen und auf diese Weise eine Interaktion des Benutzers mit einer Webseite ermöglichen.

Eine Einführung in Applets

Listing 15.1 zeigt ein sehr einfaches Java-Applet. Das Applet zeigt die Wörter *Java 2 für Dummies* in einem rechteckigen Kasten an (siehe Abbildung 15.1).

```
import java.applet.Applet;
import java.awt.Graphics;
import java.awt.Font;

public class SimpleApplet extends Applet
{
   public void paint(Graphics g)
   {
      g.drawRect(50,60,250,75);
      g.setFont(new Font("Dialog",Font.BOLD,24));
      g.drawString("Java 2 für Dummies",55,100);
   }
}
```

Listing 15.1: Ein Applet

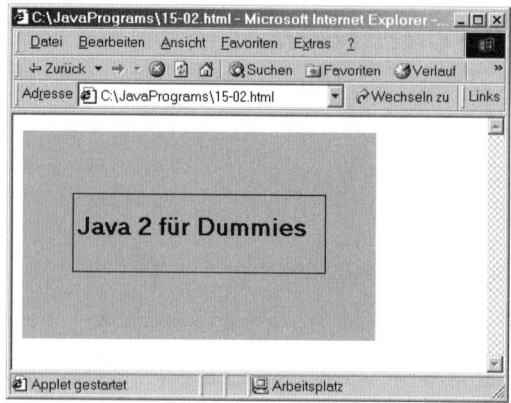

Abbildung 15.1: Ein erstes Applet

Der Code in Listing 15.1 wird nicht mit dem java-Befehl ausgeführt. Stattdessen müssen Sie die Schritte nachvollziehen, die in der zweiten Hälfte von Kapitel 2 beschrieben wurden. Sie benötigen eine .html-Datei, die ein applet-Tag enthält. Listing 15.2 zeigt eine minimale Datei:

```
<applet code=SimpleApplet width=350 height=200></applet>
```

Listing 15.2: Eine einzeilige Webseite

Um ein Applet auszuführen, benötigen Sie wenigstens zwei Dateien: eine .html-Datei und eine Java-.class-Datei. Wenn möglich, sollten Sie beide Dateien im selben Verzeichnis speichern. Andernfalls findet der Webbrowser möglicherweise eine der Dateien nicht. Um beispielsweise das Applet dieses Abschnitts auszuführen, sollten Sie sowohl die .html-Datei (in Listing 15.2) als auch die Datei SimpleApplet.class an derselben Stelle speichern. Dies kann ein Verzeichnis auf Ihrer Festplatte oder ein Verzeichnis auf einem Host-Computer im Web sein.

Auf den Aufruf warten

Wenn Sie sich den Code in Listing 15.1 anschauen, fällt Ihnen vielleicht auf, dass ein Applet keine main-Methode hat. Das liegt daran, dass ein Applet kein komplettes Programm ist. Ein Applet ist eine Klasse, die Methoden enthält, und der Webbrowser ruft diese Methoden auf. Die Liste der Applet-Methoden, die Ihr Webbrowser aufruft, finden Sie im Abschnitt *Die Methoden in einem Applet* weiter unten in diesem Kapitel.

Werfen Sie jetzt einen Blick auf die paint-Methode in Listing 15.1. Der Browser ruft die paint-Methode automatisch auf. Diese Methode sagt dem Browser, wie das Applet auf dem Bildschirm angezeigt werden soll. Die paint-Methode und ihre grafischen Parameter wurden in Kapitel 13 beschrieben.

Noch einmal: das Java-API

Der Code in Listing 15.1 enthält noch einige weitere Komponenten des Java-APIs:

✔ **drawRect:** Zeichnet ein ungefülltes Rechteck.

Der Aufruf von drawRect in Listing 15.1 legt fest, dass – gemessen an der oberen linken Ecke des gesamten Applets – die linke obere Ecke des Rechtecks an den x-y-Pixel-Koordinaten 50, 60 und seine untere rechte Ecke an den Koordinaten 250, 75 liegen soll.

Ich wollte die Wörter *Java 2 für Dummies* mit einem Rechteck umgeben. Um dessen Abmessungen zu ermitteln, habe ich mit Versuch und Irrtum gearbeitet. Sie können in einem Applet aber auch feststellen, wie viele Pixel die Wörter *Java 2 für Dummies* benötigen. Zu diesem Zweck benötigen Sie die FontMetrics-Klasse. (Informationen über diese Klasse finden Sie in der Java-API-Dokumentation.)

✔ **Die Font-Klasse:** Beschreibt eine Schriftart.

In Listing 15.1 wird eine fette Schrift namens Dialog mit der Größe 24 Punkt verwendet. Andere Schriftarten sind beispielsweise DialogInput, Monospaced, Serif oder SansSerif.

✔ **drawString:** Zeichnet einen String von Zeichen.

Listing 15.1 zeigt den String "Java 2 für Dummies" in dem Applet an. Die linke untere Ecke befindet sich an den x-y-Koordinaten 55, 100 (gemessen an der linken oberen Ecke des Applets).

Damit eine Klasse als Applet funktionieren kann, muss sie von der java.applet.Applet-Klasse abgeleitet sein, die im Java-API definiert ist.

Animationen programmieren

Das Applet in diesem Abschnitt zeigt einen Besucherzähler (engl. *odometer*), der auf dem Bildschirm animiert wird. Dieser Code ist etwas komplizierter, weil einiges passiert, wenn Sie mit Java eine Animation erstellen. Andererseits ist der Code für dieses Applet zum größten Teil schematisch. Wenn Sie eigene Animationen erstellen wollen, können Sie den größten Teil des Codes in diesem Abschnitt wiederverwenden (siehe Listing 15.3).

```
import java.awt.*;
import java.applet.Applet;

public class Odometer extends Applet
    implements Runnable
{
```

```java
   volatile Thread thread=null;
   long hitCount=239472938472L;

   public void init()
   {
      setBackground(Color.white);
   }

   public void start()
   {
      thread = new Thread(this);
      thread.start();
   }

   public void run()
   {
      while(thread != null)
      {
         try
         {
            Thread.sleep(250);
         }
         catch (InterruptedException e) {}
         repaint();
      }
   }

   public void paint(Graphics g)
   {
      g.setFont(new Font("Monospaced",Font.PLAIN,24));
      g.drawString("Sie sind Besucher " +
                   Long.toString(hitCount++),50,50);
   }

   public void stop()
   {
      thread = null;
   }
}
```

Listing 15.3: Ein Besucherzähler-Applet

Abbildung 15.2 zeigt einen Schnappschuss des `Odometer`-Applets in Aktion. Beachten Sie, dass sich die Zahl in der Abbildung von dem Anfangswert der `hitCount`-Variablen unterscheidet, weil das Applet den Wert von `hitCount` alle 250 Millisekunden um eins erhöht und den neuen Wert anzeigt. Natürlich ist diese Zahl nur eine Wunschvorstellung ...

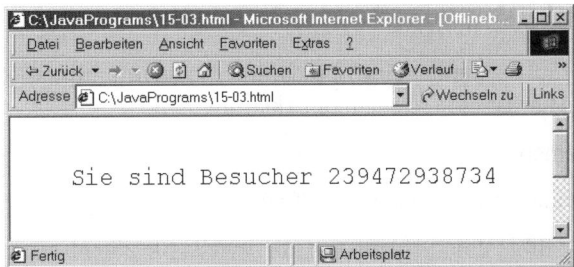

Abbildung 15.2: Eine populäre Website

Die Methoden in einem Applet

Die meisten Methodennamen in Listing 15.3 werden in Applets standardmäßig verwendet. Die Applet-Klasse des Java-APIs enthält Standarddeklarationen für diese Methoden, sodass Sie diese Methoden nicht selbst deklarieren müssen. Die einzigen Methoden, die Sie in Ihren Code einfügen müssen, sind die Methoden, die Sie anpassen wollen.

Die folgende Liste zeigt die Applet-Methoden, die Ihr Webbrowser automatisch aufruft:

✔ init: Der Browser ruft init auf, wenn Sie die Seite, die das Applet enthält, zum ersten Mal aufrufen. Stellen Sie sich vor, dass Sie den Webbrowser schließen. Später rufen Sie den Browser noch einmal auf und besuchen die Seite, die das Applet enthält, erneut. Dann ruft der Browser die init-Methode des Applets noch einmal auf.

✔ start: Der Browser ruft start direkt nach init auf. Wenn Ihr Applet irgendwelche Aktionen ausführen soll, können Sie den entsprechenden Code in die start-Methode des Applets einfügen. Wenn das Applet beispielsweise eine Animation ausführen soll, sollten Sie den Code, der die Animation anstößt, in die start-Methode einfügen.

✔ paint: Der Browser ruft paint direkt nach dem Aufruf von start auf. Die paint-Methode enthält Anweisungen, um das Applet auf dem Bildschirm anzuzeigen. Eine Erklärung finden Sie in Kapitel 13.

Der Browser kann paint mehrfach aufrufen. Stellen Sie sich beispielsweise vor, dass Sie einen Teil des Browsers mit einem anderen Fenster bedecken oder dass Sie das Browser-Fenster verkleinern, sodass nur ein Teil des Applets angezeigt wird. Wenn Sie später das Applet wieder anzeigen oder das Browser-Fenster wieder vergrößern, ruft der Browser die paint-Methode des Applets auf.

✔ stop: Wenn die Aktion des Applets beendet werden soll, ruft der Browser die stop-Methode auf. Nehmen wir beispielsweise an, dass Sie auf einen Link klicken, der Sie von der Seite fortbringt, die das Applet enthält. Dann ruft der Browser die stop-Methode des Applets auf. Wenn Sie später die Seite mit dem Applet noch einmal besuchen, ruft der Browser die start-Methode des Applets erneut auf.

Was diese Methoden machen

Der Code in Listing 15.3 verwendet eine Standardmethode, um Animationen innerhalb eines Applets zu erstellen. Hier ist eine *sehr kurze* Erklärung:

- ✔ Das Applet implementiert das Runnable-Interface.
- ✔ Die start-Methode erstellt einen neuen Thread.
- ✔ Die run-Methode führt eine Schleife aus, die jeweils für 250 Millisekunden pausiert und dann die repaint-Methode aufruft (die ihrerseits die paint-Methode aufruft).
- ✔ Die stop-Methode beendet den Thread.

Wenn es sich nicht um ein Standardverfahren handeln würde, würde ich wegen dieser allzu kurzen Erklärung ein schlechtes Gewissen haben. Doch um Bewegung in eigene Applets zu bringen, brauchen Sie nur Listing 15.3 zu kopieren und die init- und paint-Methoden durch Ihren eigenen Code zu ersetzen.

Und was müssen Sie in die init- und paint-Methoden einfügen?

- ✔ **Wenn Sie eine init-Methode deklarieren, sollte die Methode den Code enthalten, der nur einmal beim Laden des Applets ausgeführt werden muss, um Applet-Komponenten zu initialisieren.**

    In Listing 15.3 muss nur setBackground bei der Initialisierung aufgerufen werden. Ich wollte sicherstellen, dass sich das Rechteck, in dem das Applet ausgeführt wird, nahtlos in die Seite einpasst.

- ✔ **Die paint-Methode beschreibt einen einzelnen Schnappschuss der Bewegung des Applets.**

    In Listing 15.3 legt die paint-Methode die Schriftart des Grafikpuffers fest, zeigt den Wert von hitCount auf dem Bildschirm an und erhöht diesen Wert dann um 1.

    Der Wert der hitCount-Variablen beginnt mit einem sehr hohen Wert und wird dann laufend weiter erhöht. Um derartig große Zahlen speichern zu können, hat hitCount den Typ long. Mit der toString-Methode der Long-Klasse wird hitCount in eine Zeichenkette umgewandelt. Diese toString-Methode ist mit der parseInt-Methode der Integer-Klasse vergleichbar (siehe Kapitel 11).

Wenn Sie ein Applet testen wollen, können Sie Aufrufe von System.out.println in den Code des Applets einfügen. Wenn Sie eine 5.x-Version des Internet Explorers ausführen, wird der Output von println in der so genannten *Java-Konsole* angezeigt. Sie können die Konsole aktivieren, indem Sie Extras|Internetoptionen|Erweitert|Java-Konsole aktiviert wählen. Dann können Sie, nachdem Sie den Internet Explorer neu gestartet haben, die Java-Konsole anzeigen, indem Sie Ansicht|Java-Befehlszeile wählen.

Auf die Ereignisse in einem Applet reagieren

Das Applet in diesem Abschnitt ermöglicht eine Interaktion. Es greift das Ratespielbeispiel von Kapitel 14 auf. Tatsächlich basiert Listing 15.4 auf dem Code von Listing 14.1. Applets haben viel mit Java-Frames gemeinsam. Normalerweise können Sie den Code für ein Frame zurechtstutzen, um ein brauchbares Applet zu erstellen.

```java
import java.awt.*;
import java.awt.event.*;
import java.applet.Applet;

public class GameApplet extends Applet
                        implements ActionListener
{
   int randomNumber = DummiesRandom.getInt();
   String guessWord;
   int numGuesses = 0;

   TextField textField = new TextField(5);
   Button Button = new Button("Raten");
   Label label = new Label(numGuesses + " Versuche");

   public void init()
   {
      add(textField);
      add(Button);
      add(label);
      Button.addActionListener(this);
   }

   public void actionPerformed (ActionEvent e)
   {
      String textFieldText = textField.getText();
      if (Integer.parseInt(textFieldText)==randomNumber)
      {
         Button.setEnabled(false);
         textField.setText(textField.getText() + " Ja!");
         textField.setEnabled(false);
      }
      else
         textField.setText("");
      numGuesses++;
      guessWord = (numGuesses==1) ? " Versuch" : " Versuche";
      label.setText(numGuesses + guessWord);
   }
}
```

Listing 15.4: Ein Ratespiel-Applet

Um den Code in Listing 15.4 auszuführen, benötigen Sie drei Dateien. (Um die Sache zu vereinfachen, sollten Sie alle drei Dateien in demselben Verzeichnis speichern.)

✔ **Sie benötigen eine .html-Datei.**

```
<applet code="GameApplet" width=225 height=50>
</applet>
```

✔ **Sie benötigen die kompilierte Version des Codes in Listing 15.4.**

Die kompilierte Datei hat den Namen `GameApplet.class`.

✔ **Sie benötigen die Datei DUMMIESRANDOM.CLASS.**

Sie können diese Datei von der beiliegenden CD kopieren.

Die Abbildungen 15.3 und 15.4 zeigen Ihnen, was passiert, wenn Sie das Applet in Listing 15.4 ausführen. Das Resultat ist im Wesentlichen dasselbe wie bei der Ausführung des Programms 14.1. Der Hauptunterschied besteht darin, dass das Applet als Teil einer Webseite in einem Browser-Fenster ausgeführt wird.

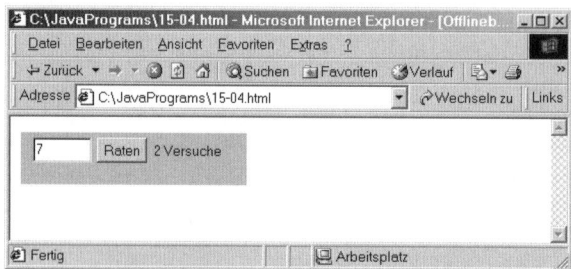

Abbildung 15.3: Einige falsche Versuche

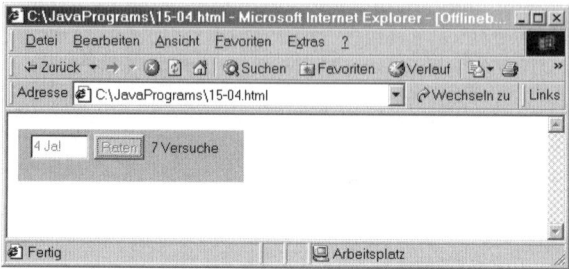

Abbildung 15.4: Der korrekte Versuch

Achten Sie hier nicht darauf, welcher Code in Listing 15.4 enthalten ist, sondern welcher Code *nicht* in ihm enthalten ist. Um Listing 15.4 aus Listing 14.1 abzuleiten, musste ich mehrere Zeilen entfernen:

✔ **Ich verzichte auf den Aufruf von setLayout.**

Das Standard-Layout für Applets ist das `FlowLayout`, das auch mein Programm haben soll. (Wenn Sie sich nicht daran erinnern, wie das `FlowLayout` funktioniert, sollten Sie noch einmal Kapitel 9 lesen.)

✔ **Ich rufe die pack-Methode nicht auf.**

Die `width`- und `height`-Felder in dem HTML-Tag `<applet>` legen die Größe des Applets fest. (Weitere Information finden Sie in Kapitel 2.)

✔ **Ich rufe die show-Methode nicht auf.**

Eine Applet ist standardmäßig sichtbar.

✔ **Es gibt keine main-Methode.**

In Listing 14.1 musste die `main`-Methode die Funktion `new GameFrame()` aufrufen, um eine neue Instanz der `GameFrame`-Klasse zu erstellen; aber bei Applets ist dies nicht erforderlich.

Betrachten Sie noch einmal den Punkt »Sie benötigen eine `.html`-Datei« in der Aufzählung weiter oben. Der Punkt enthält ein kleines `<applet>`-Tag. Wenn Ihr Browser auf dieses Tag stößt, reserviert er einen 225 x 50 Pixel großen, rechteckigen Bereich für die Anzeige des `GameApplet`-Applets. Dann ruft der Browser seine eigene Version der Java Virtual Machine auf. (In gewisser Weise führt er seine eigene Version des `java`-Befehls aus.) Eine der ersten Aufgaben dieser Java Virtual Machine besteht darin, eine Instanz der `GameApplet`-Klasse zu erstellen. Sie benötigen keine `main`-Methode, weil Sie in Ihrem gesamten Code nicht den Befehl `new GameApplet()` ausführen müssen. Dies erledigt der Webbrowser für Sie.

✔ **Anstelle eines Konstruktors enthält das Programm eine init-Methode.**

Nachdem der Webbrowser eine Instanz der `GameFrame`-Klasse erstellt hat, ruft er die `init`-Methode der Instanz auf. Innerhalb der `init`-Methode werden alle Befehle ausgeführt, die normalerweise in einen Konstruktor gehören. In Listing 15.4 werden ein Textfeld, eine Schaltfläche und ein Label zu dem Applet hinzugefügt. Außerdem wird der Code initialisiert, der die Schaltflächenklicks überwacht.

Mit der Java Database Connectivity arbeiten   16

In diesem Kapitel
- Verbindung zu einer Datenbank herstellen
- Werte in eine Datenbank einfügen
- Eine Datenbank abfragen

*W*enn ich Java-Seminare für professionelle Programmierer abhalte, höre ich immer wieder dasselbe: »Wir brauchen keine hübschen Zeichen, die über den Bildschirm fliegen und keine blinkenden Schaltflächen. Wir brauchen Zugriff auf Datenbanken. Zeigen Sie uns, wie wir mit Java-Programmen auf Datenbanken zugreifen können.«

Deshalb befasst sich dieses Kapitel mit der JDBC, der Java Database Connectivity.

Dem System Informationen über eine Datenbank geben

Als ich anfing, mit Datenbanken zu arbeiten, bestand mein schwierigstes Problem darin, Verbindung zu einer Datenbank herzustellen. Ich hatte den gesamten Java-Code geschrieben. (Nun ja – ich hatte den gesamten Java-Code aus einem Buch abgeschrieben.) Der Java-Teil war einfach. Die Schwierigkeit bestand darin, meinen Code dazu zu bringen, die Datenbank auf dem System zu finden.

Ein Teil des Problems besteht darin, dass die Methode, wie der Code mit einer Datenbank kommuniziert, von Ihrem System und von der Art der Datenbank abhängt, die Sie auf Ihrem System ausführen. Die Bücher, die ich benutzte, konnten nicht zu sehr in die Details gehen, weil diese Details nichts mit Java zu tun hatten und sich von einem Computer zum nächsten unterschieden.

Nun ja – in diesem Kapitel mache ich mutig einige Annahmen und versuche, Ihnen einige konkrete Ratschläge zu geben. Ich nehme an, dass Sie unter Windows arbeiten und dass Microsoft Access auf Ihrem Computer installiert ist. Falls meine Annahmen nicht auf Ihr System zutreffen, sind Sie – was die Datenbank angeht – auf sich allein gestellt. (Der gesamte Java-Code in diesem Kapitel funktioniert immer noch, aber Sie müssen das Verbindungsproblem selbst lösen.)

Wie dem auch sei – führen Sie einfach die folgenden Schritte aus, um eine Access-Datenbank auf einem Windows-Computer zu erstellen:

1. **Wählen Sie** START|EINSTELLUNGEN|SYSTEMSTEUERUNG. **Doppelklicken Sie in der** SYSTEMSTEUERUNG **auf** ODBC-DATENQUELLE.

   Damit wird der ODBC-DATENQUELLEN-ADMINISTRATOR geöffnet (siehe Abbildung 16.1).

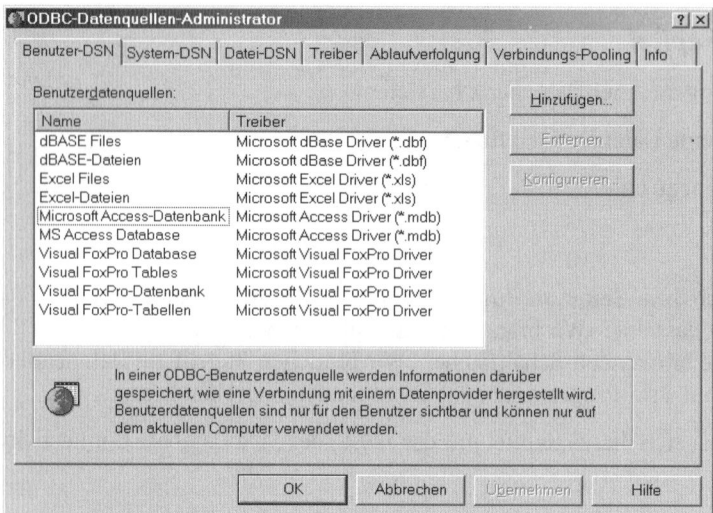

Abbildung 16.1: Der ODBC-DATENQUELLEN-ADMINISTRATOR

2. **Wählen Sie in dem** ODBC-DATENQUELLEN-ADMINISTRATOR **die Registerkarte** BENUTZER-DSN **aus. Klicken Sie dann auf die Schaltfläche** HINZUFÜGEN.

   Damit wird das Fenster NEUE DATENQUELLE ERSTELLEN geöffnet (siehe Abbildung 16.2).

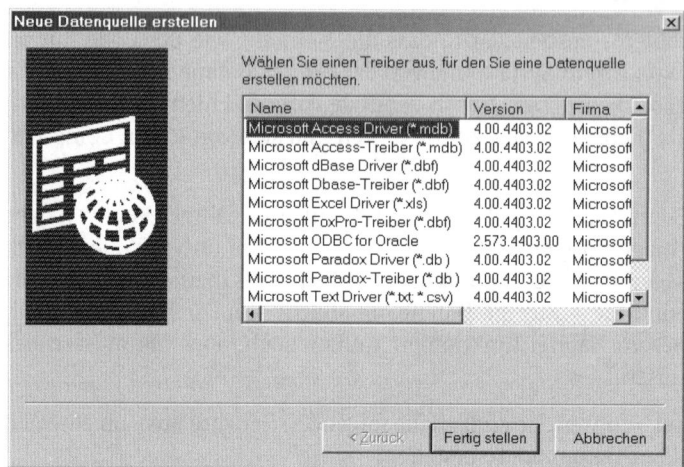

Abbildung 16.2: Das Fenster NEUE DATENQUELLE ERSTELLEN

3. **Wählen Sie in dem Fenster** NEUE DATENQUELLE ERSTELLEN **den Eintrag** MICROSOFT ACCESS DRIVER (*.MDB) **aus. Klicken Sie dann auf die Schaltfläche** FERTIG STELLEN.

Damit wird das Fenster ODBC MICROSOFT ACCESS SETUP geöffnet (siehe Abbildung 16.3).

Abbildung 16.3: Das Fenster ODBC MICROSOFT ACCESS SETUP

4. **Geben Sie in das Textfeld** DATENQUELLENNAME **einen Namen für die Datenquelle und in das Feld** BESCHREIBUNG **eine kurze Beschreibung der Datenquelle ein.**

Wenn Sie die Beispiele in diesem Kapitel nachvollziehen wollen, sollten Sie in das Textfeld DATENQUELLENNAME den Namen **KontenDatenbank** eingeben. Den Text in dem Beschreibungsfeld können Sie frei wählen. (Er spielt im Code dieses Kapitels keine Rolle.)

5. **Klicken Sie auf die Schaltfläche** ERSTELLEN.

Damit wird das Fenster NEUE DATENBANK geöffnet (siehe Abbildung 16.4).

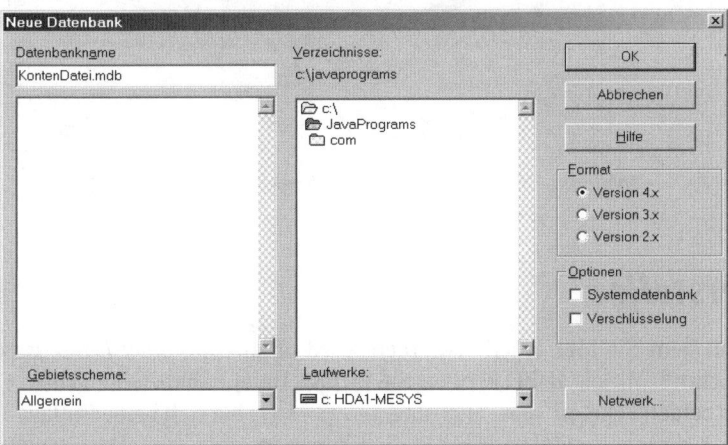

Abbildung 16.4: Das Fenster NEUE DATENBANK

6. Geben Sie in das Feld DATENBANKNAME einen Dateinamen für Ihre Datenbank ein, und wählen Sie rechts das Verzeichnis aus, in dem Ihre Datenbankdatei gespeichert werden soll.

Noch einmal: Der Java-Code kümmert sich nicht darum, was Sie hier tun. Um die bisherige Ordnung zu wahren, wird die Datei im Verzeichnis c:\JavaPrograms gespeichert, aber dies ist nicht entscheidend. Wichtig ist nur, dass Sie die Dateierweiterung .mdb beibehalten. (Andernfalls hat das System Schwierigkeiten zu erkennen, dass dies eine Microsoft-Access-Datenbank ist.)

7. Klicken Sie auf OK. Wenn Sie ein Meldungsfenster sehen, das Ihnen mitteilt, dass die .mdb- Datenbankdatei erfolgreich erstellt worden ist, klicken Sie auf OK. Klicken Sie dann in dem Fenster ODBC MICROSOFT ACCESS SETUP ebenfalls auf OK.

Im ODBC-DATENQUELLEN-ADMINISTRATOR sehen Sie schließlich, dass Ihre neue KONTENDATENBANK erstellt worden ist (siehe Abbildung 16.5). Klicken Sie auf OK.

Das ist großartig. Jetzt können Sie Java-Datenbank-Code ausführen.

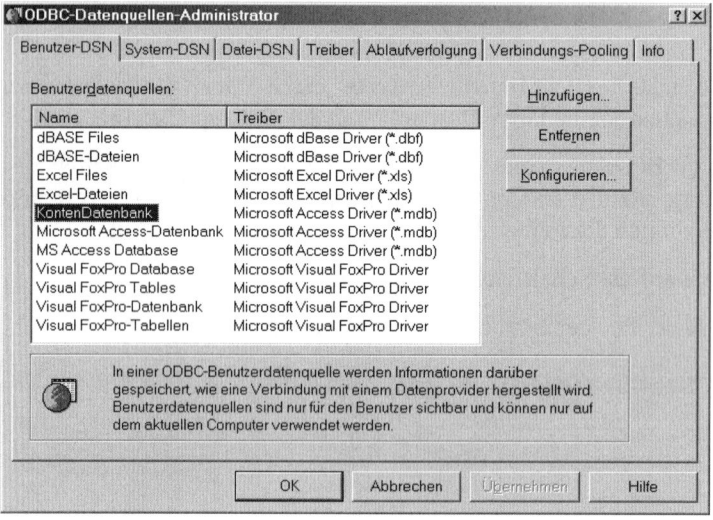

Abbildung 16.5: Die KontenDatenbank ist erstellt worden.

Daten erstellen

Der Code, mit dem Sie hier arbeiten werden, wird offiziell als *Java Database Connectivity* (*JDBC*) bezeichnet. Mittels JDBC können Sie in Java Datenbankbefehle geben. Das JDBC besteht aus den beiden Paketen java.sql und javax.sql, die sich beide im Java-API befinden. Die Beispiele in diesem Kapitel verwenden die Klassen in java.sql. Das erste Beispiel finden Sie in Listing 16.1.

```java
import java.sql.*;

public class CreateTable
{
   public static void main(String args[])
       throws SQLException, ClassNotFoundException
   {
      Connection connection;
      Statement statement;

      Class.forName("sun.jdbc.odbc.JdbcOdbcDriver");
      connection = DriverManager.getConnection
         ("jdbc:odbc:KontenDatenbank");
      statement = connection.createStatement();

      statement.executeUpdate
      (
         "create table KONTEN                              " +
         "   (NAME VARCHAR(32) NOT NULL PRIMARY KEY, " +
         "    ADRESSE VARCHAR(32),                    " +
         "    SALDO FLOAT)                            "
      );

      statement.executeUpdate
      (
         "insert into KONTEN values                        " +
         "   ('Barry Burd', '222 Cyberspace Lane', 24.02)"
      );
      statement.executeUpdate
      (
         "insert into KONTEN values                        " +
         "   ('Jane Public', '111 Consumer Street', 55.63)"
      );

      statement.close();
      connection.close();
   }
}
```

Listing 16.1: Eine Tabelle erstellen und Daten einfügen

Wenn Sie das Programm 16.1 ausführen, scheint nichts zu passieren. Das Programm beginnt mit der Ausführung und beendet dann die Ausführung. Das ist alles. Der Code erzeugt keinen sichtbaren Output, weil der gesamte Output in einer Datenbank gespeichert wird. Wenn Sie das Ergebnis der Ausführung und den Output des Programms 16.1 sehen wollen, können Sie sich die Änderungen in der Datenbank selbst anschauen.

Wenn Sie die Anweisungen im ersten Abschnitt dieses Kapitels nachvollzogen und eine Microsoft-Access-Datenbank erstellt haben, können Sie die Datenbank mit Access betrachten (siehe Abbildung 16.6).

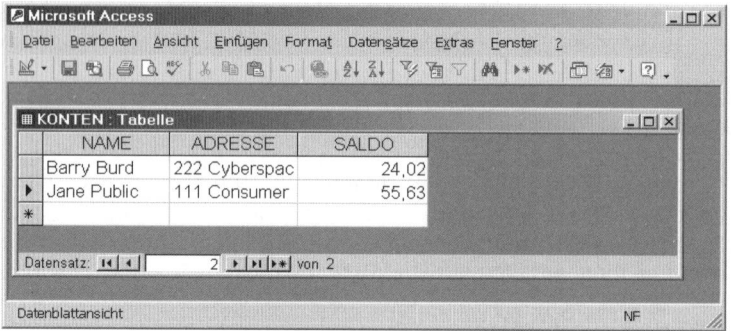

Abbildung 16.6: Die Änderungen in der KontenDatenbank anzeigen

SQL-Befehle verwenden

Der Kern des Programms 16.1 besteht aus drei Aufrufen von `executeUpdate`. Jeder `executeUpdate`-Aufruf enthält einen String – einen normalen Java-String in doppelten Anführungszeichen. Um den Code lesbarer zu gestalten, habe ich die Strings in Teile zerlegt und die Teile durch Pluszeichen (den Stringverkettungsoperator von Java) getrennt.

Ein String, der in doppelte Anführungszeichen eingeschlossen ist, kann beliebig lang sein. Wenn Sie an den rechten Rand des Bildschirms kommen, können Sie einfach weitertippen. Wenn Sie den gesamten String sehen wollen, ohne dass der Fensterinhalt verschoben wird, können Sie den String – wie in Listing 16.1 geschehen – in Teile zerlegen. Die Teile werden dann durch Pluszeichen getrennt.

Sie können einen Java-String nicht einfach dadurch zerlegen, dass Sie auf die ↵-Taste drücken und zur nächsten Zeile gehen. Wenn Sie einen String mit einem doppelten Anführungszeichen (") beginnen, muss sich das schließende doppelte Anführungszeichen in derselben Zeile des Codes befinden.

Wenn Sie mit SQL (*Structured Query Language*) vertraut sind, dann verstehen Sie die Argumente der `executeUpdate`-Aufrufe. Andernfalls empfehle ich Ihnen das Buch *SQL für Dummies* von Allen G. Taylor (aus dem mitp-Verlag). Sie sollten nicht versuchen, in diesem Kapitel Erklärungen von `create table` und `insert into` zu finden. Diese Ausdrücke werden hier nicht erklärt, weil es sich um SQL-Befehle, nicht um Java-Befehle handelt. Was Sie hier wissen müssen: Die Argumente, die der `executeUpdate`-Methode übergeben werden, sind Zeichenketten, die SQL-Befehle enthalten, um eine neue Datenbanktabelle zu erstellen und Datenzeilen in die Tabelle einzufügen. Auf diese Weise kommunizieren Sie in Java mit Datenbanken: Sie bilden Strings mit gewöhnlichen SQL-Befehlen und übergeben diese Strings als Argumente an vordefinierte Java-Methoden.

Der Code in diesem Kapitel folgt streng den Verfahren, die in der JDBC-Version 1.0 definiert sind. Spätere Versionen der JDBC-Klassen unterstützen so genannte *scrollbare Ergebnismengen* (engl. *scrollable result sets*). Bei einer solchen Ergebnismenge können Sie Methoden wie `insertRow` verwenden, die Ihnen den Aufwand ersparen, komplette SQL-Befehle zu schreiben.

Die beiliegende CD-ROM enthält *JDataConnect*. Mit JDataConnect können Sie die JDBC, Version 2.0, verwenden und scrollable Ergebnismengen aufrufen.

Verbinden und trennen

Abgesehen von der Methode `executeUpdate` können Sie die anderen Teile des Codes in Listing 16.1 ausschneiden und wiederverwenden. Die Teile haben die folgende Bedeutung:

- `Class.forName`: Einen Datenbanktreiber finden.

  Um mit einer Datenbank kommunizieren zu können, benötigen Sie eine Softwarekomponente, die als *Datenbanktreiber* bezeichnet wird. Treiber werden in allen möglichen Formen – manchmal zu hohen Preisen – bereitgestellt. Java enthält jedoch einen kleinen, kostenlosen Treiber namens *JDBC-ODBC Bridge*, der Java-Datenbankbefehle in ODBC-Befehle umwandelt (ODBC = *Open Database Connectivity*). Weil ODBC recht verbreitet ist, kann Ihr Computer diese übersetzten ODBC-Befehle wahrscheinlich verstehen.

  Der Code für die JDBC-ODBC Bridge befindet sich in der `JdbcOdbcDriver`-Klasse (die eine Java-Klasse ist). Diese Klasse befindet sich in dem `sun.jdbc.odbc`-Paket.

  Um diese `JdbcOdbcDriver`-Klasse zu benutzen, wird die `Class.forName`-Methode aufgerufen. Ob Sie es glauben oder nicht: Das Java-API enthält eine Klasse namens *Class*. Die `Class`-Klasse enthält Informationen über Klassen, die der Java Virtual Machine zur Verfügung stehen. In Listing 16.1 sucht der Aufruf von `Class.forName` nach der `sun.jdbc.odbc.JdbcOdbcDriver`-Klasse. Nachdem eine `JdbcOdbcDriver`-Instanz geladen wurde, können Sie die Verbindung zu einer Datenbank herstellen.

- `DriverManager.getConnection`: Eine Sitzung mit einer speziellen Datenbank einrichten.

  Wenn Sie mit Windows und Microsoft Access arbeiten, haben Sie möglicherweise die Anweisungen im ersten Abschnitt dieses Kapitels nachvollzogen und dabei die KONTENDATENBANK eingerichtet. An dieser Stelle des Java-Codes stellen Sie eine Verbindung zu der KONTENDATENBANK her und benutzen dabei die DRIVERMANAGER-Klasse.

  Achten Sie in dem Parameter von `getConnection` (siehe Listing 16.1) auf die Doppelpunkte. Der Code gibt nicht nur den Namen der KONTENDATENBANK an, sondern teilt der `DriverManager`-Klasse auch mit, welche Protokolle zur Verbindung mit der Datenbank verwendet werden sollen. Der Code `jdbc:odbc:` entspricht dem `http:` in einer Webadresse; er sagt dem Programm, dass es das JDBC-Protokoll verwenden soll, um mit dem ODBC-Protokoll zu kommunizieren, das seinerseits direkt mit Ihrer KONTENDATENBANK redet.

✔ `connection.createStatement`: Einen Befehl erstellen.

Es mag seltsam erscheinen, aber bei der Java Database Connectivity erstellen Sie ein einzelnes Befehlsobjekt, das Sie dann mehrfach mit diversen SQL-Strings verwenden können, um der Datenbank verschiedene Befehle zu geben. Bevor Sie die `statement.executeUpdate`-Methode aufrufen, müssen Sie deshalb ein Befehlsobjekt erstellen. Der Aufruf von `connection.createStatement` erstellt dieses Befehlsobjekt für Sie.

✔ `SQLException` und `ClassNotFoundException`: Ausnahmen abfangen, die in dem Code generiert werden können.

Wenn Sie Kapitel 12 gelesen haben, wissen Sie, dass einige Methodenaufrufe Ausnahmen generieren können, die abgefangen werden können. Eine *Checked-Ausnahme* ist eine Ausnahme, die irgendwo in dem aufrufenden Code abgefangen wird. Nun ja – ein Aufruf von `Class.forName` kann eine `ClassNotFoundException` generieren, und die meisten anderen Befehle in Listing 16.1 können eine `SQLException` generieren. Um diese Ausnahmen abzufangen, enthält die `main`-Methode eine `throws`-Klausel.

✔ `close`: Ressourcen freigeben.

Alle Verbindungen und Datenbankbefehle belegen Systemressourcen. Wenn Sie diese Ressourcen nicht mehr benötigen, sollten Sie sie wieder freigeben. Falls Sie dies nicht ausdrücklich mit dem Aufruf der `close`-Methode erledigen, muss das System selbst herausfinden, welche Ressourcen Sie nicht mehr benötigen. Da dieser Vorgang des Systems eher unzuverlässig funktioniert, ist es besser, wenn Sie `close`-Aufrufe in Ihren Code einfügen.

Daten wiedergewinnen

Welchen Nutzen hat eine Datenbank, wenn Sie keine Daten aus ihr wiedergewinnen können? In diesem Abschnitt fragen Sie die Datenbank ab, die Sie in Listing 16.1 erstellt haben. Listing 16.2 enthält den Code, der die Abfrage generiert.

```
import java.sql.*;
import java.text.NumberFormat;

public class GetData
{
   public static void main(String args[])
      throws SQLException, ClassNotFoundException
   {
      Connection connection;
      Statement statement;
      ResultSet resultset;
```

```
    NumberFormat geldbetrag =
       NumberFormat.getCurrencyInstance();

    Class.forName("sun.jdbc.odbc.JdbcOdbcDriver");
    connection = DriverManager.getConnection
       ("jdbc:odbc:KontenDatenbank");
    statement = connection.createStatement();

    resultset =
       statement.executeQuery("select * from KONTEN");

    while (resultset.next())
    {
       System.out.print(resultset.getString("NAME"));
       System.out.print("\t");
       System.out.print(resultset.getString("ADRESSE"));
       System.out.print("\t");
       System.out.println
          (geldbetrag.format(resultset.getFloat("SALDO")));
    }

    resultset.close();
    statement.close();
    connection.close();
  }
}
```

Listing 16.2: Eine Abfrage generieren

Abbildung 16.7 zeigt eine Ausführung des Codes in Listing 16.2. Der Code fragt die Datenbank ab und zeigt dann die Daten der Datenbank zeilenweise an.

```
C:\JavaPrograms>java GetData
Barry Burd      222 Cyberspace Lane    24,02 DM
Jane Public     111 Consumer Street    55,63 DM

C:\JavaPrograms>
```

Abbildung 16.7: Daten aus der Datenbank abfragen

Listing 16.2 beginnt mit den üblichen Aufrufen von forName, getConnection und createStatement. Dann ruft der Code executeQuery auf und übergibt dem Aufruf einen SQL-Befehl. Dieser SQL-Befehl fragt alle Daten der KONTEN-Tabelle ab (die Sie in Listing 16.1 erstellt haben).

Die Methode executeQuery gibt eine so genannte Ergebnismenge zurück, die den Typ java.sql.ResultSet hat. (Im Gegensatz zu executeUpdate gibt executeQuery eine Ergebnismenge zurück.) Diese Ergebnismenge hat sehr viel mit einer Datenbanktabelle gemeinsam. Die Ergebnismenge ist wie die ursprüngliche Tabelle in Zeilen und Spalten gegliedert. Jede Zeile enthält die Daten eines Kontos. Jede Zeile enthält einen Namen, eine Adresse und einen Saldo.

Nachdem Sie `executeQuery` aufgerufen und die Ergebnismenge erhalten haben, können Sie die Ergebnismenge zeilenweise bearbeiten. Zu diesem Zweck führen Sie eine kleine Schleife aus und testen die Bedingung `resultset.next()` zu Beginn jeder Schleifeniteration. Bei jedem Durchlauf führt `resultset.next()` zwei Aktionen aus:

- ✔ Die Funktion geht zur nächsten Zeile der Ergebnismenge (dem nächsten Konto) weiter, falls eine solche Zeile existiert.
- ✔ Die Funktion teilt Ihnen mit, ob eine weitere Zeile existiert, indem Sie einen `boolean`-Wert – true oder false – zurückgibt.

Falls die Bedingung von `resultset.next()` wahr ist, enthält die Ergebnismenge eine weitere Zeile. Das Programm ist zu dieser Zeile weitergegangen, sodass Sie im Körper der Schleife die Daten dieser Zeile verarbeiten können. Falls die Bedingung dagegen falsch ist, enthält die Ergebnismenge keine weiteren Zeilen. Die Schleife wird beendet, und Sie beginnen damit, alles zu schließen.

Nehmen wir jetzt an, dass das Programm auf eine Zeile der Ergebnismenge zeigt und sich in der Schleife in Listing 16.2 befindet. Dort fragen Sie die Daten der Ergebnismengenzeilen ab, indem Sie die Methoden `getString` und `getFloat` der Ergebnismenge aufrufen. In Listing 16.1 wurde die `KONTEN`-Tabelle mit den Spalten `NAME`, `ADRESSE` und `SALDO` eingerichtet. Hier in Listing 16.2 gewinnen Sie die Daten dieser Spalten wieder, indem Sie eine der get*EinTyp*-Methoden aufrufen und dabei den ursprünglichen Spaltennamen als Argument übergeben. Dann zeigen Sie die zurückgegebenen Daten auf dem Bildschirm an, wobei die einzelnen Datenelemente durch Tabulatorzeichen getrennt werden. (Näheres über das Tabulatorzeichen, \t, finden Sie in Kapitel 11.)

Teil V

Der Top-Ten-Teil

In diesem Teil ...

Sie sind fast am Ende des Buches angekommen, und es ist Zeit für eine Zusammenfassung. Dieser Teil des Buches gibt Ihnen im Schnelldurchgang einen Überblick über den Umgang mit häufigen Fehlern bei der Java-Programmierung sowie Hinweise auf Java-Ressourcen, die Ihnen helfen sollen, Ihre Java-Kenntnisse zu vertiefen.

Zehn Möglichkeiten, Fehler zu vermeiden

In diesem Kapitel

- Ein aktualisiertes Applet auf dem Bildschirm anzeigen
- Die Groß- und Kleinschreibung und Wertvergleiche prüfen
- Auf das »Durchfallen« achten
- Methoden, Listener und Konstruktoren an der richtigen Stelle unterbringen
- Statische und nichtstatische Referenzen verwenden
- Array-Begrenzungen prüfen
- Den CLASSPATH prüfen

---

*E*ine alte, oft kolportierte Erkenntnis sagt: »Die einzigen Menschen, die nie Fehler machen, sind die Menschen, die überhaupt nichts tun.«

Ein Applet erneut laden

Sie haben ein Applet erstellt und mit Ihrem Webbrowser getestet. Alles funktioniert einwandfrei, aber Sie wollen die Beschriftung auf einer Schaltfläche ändern. Deshalb ändern Sie die Java-Programmdatei in Ihrem Editor und kompilieren das Programm dann mit `javac`.

Doch wenn Sie danach auf die Schaltfläche AKTUALISIEREN des Webbrowsers klicken, wird die Änderung nicht angezeigt, sondern die Schaltfläche zeigt immer noch die alte Beschriftung. Was ist schief gegangen?

Der Grund ist in der Java Virtual Machine zu suchen. Nachdem Sie ein Applet in ein Fenster des Webbrowsers geladen haben, müssen Sie größere Anstrengungen unternehmen, um eine andere Version desselben Applets zu laden. Um sicherzustellen, dass das aktualisierte Applet angezeigt wird, können Sie drei Dinge ausprobieren:

- ✔ Halten Sie die ⇧-Taste gedrückt, während Sie auf AKTUALISIEREN klicken.
- ✔ Halten Sie die `Strg`-Taste gedrückt, während Sie auf AKTUALISIEREN klicken.
- ✔ Schließen Sie Ihren Webbrowser, und öffnen Sie ihn dann erneut.

In Kapitel 2 finden Sie weitere Informationen über die Ausführung von Java-Applets.

Die korrekte Groß- und Kleinschreibung

Java ist eine Sprache, in der Groß- und Kleinbuchstaben unterschieden werden, sodass Sie genau auf die Schreibweise achten müssen. Beachten Sie die folgenden Hinweise, wenn Sie Java-Programme schreiben:

- ✔ Java-Schlüsselwörter werden komplett kleingeschrieben. Beispielsweise darf das Wort if in einem Java-if-Befehl nicht If oder IF geschrieben werden.
- ✔ Wenn Sie Namen des Java-APIs verwenden, müssen Sie die Namen so schreiben, wie sie in dem API gespeichert sind.
- ✔ Achten Sie auch darauf, dass Namen, die Sie selbst definieren, überall in dem Programm auf die gleiche Weise geschrieben werden. Wenn Sie eine meinKonto-Variable deklarieren, dürfen Sie sie nicht mit MeinKonto, meinkonto oder MeinKonto referenzieren. Wenn Sie den Variablennamen auf zwei verschiedene Arten schreiben, behandelt Java die beiden Varianten als zwei verschiedene Variablen.

In Kapitel 3 können Sie Näheres über dieses Thema erfahren.

Aus einem switch-Befehl ausbrechen

Wenn Sie einen case eines switch-Befehls nicht mit einem break-Befehl beenden, fällt der Programmablauf durch. Wenn verse beispielsweise den Wert 3 hat, druckt der folgende Code alle drei Zeilen Last refrain, He's a pain und Has no brain.

```
switch (verse)
{
   case 3: System.out.print   ("Last refrain, ");
           System.out.println("last refrain,");
   case 2: System.out.print   ("He's a pain, ");
           System.out.println("he's a pain,");
   case 1: System.out.print   ("Has no brain, ");
           System.out.println("has no brain,");
}
```

In Kapitel 5 können Sie Näheres über dieses Thema erfahren.

Werte mit einem doppelten Gleichheitszeichen vergleichen

Wenn Sie Werte vergleichen wollen, müssen Sie ein doppeltes Gleichheitszeichen verwenden:

```
if(inputNumber==randomNumber)
```

ist korrekt, aber die Zeile

```
if(inputNumber=randomNumber)
```

ist nicht korrekt.

In Kapitel 5 können Sie Näheres über dieses Thema erfahren.

Komponenten zu einem GUI hinzufügen

Der folgende Code zeigt einen Konstruktor für ein Java-Frame:

```
public SimpleFrame()
{
   Button b = new Button("Danke...");
   setTitle("...Jill Byus Schorr");
   setLayout(new FlowLayout());
   add(b);
   b.addActionListener(this);
   setSize(300,100);
   show();
}
```

Sie dürfen bei einem solchen Konstruktor auf keinen Fall vergessen, die add-Methode aufzurufen. Ohne diesen Aufruf wird die Taste nicht in dem Frame angezeigt.

In Kapitel 9 können Sie Näheres über dieses Thema erfahren.

Listener hinzufügen, um Ereignisse zu verarbeiten

Betrachten Sie noch einmal den Code im vorangegangenen Abschnitt, der ein SimpleFrame konstruiert. Wenn Sie vergessen, addActionListener aufzurufen, passiert nichts, wenn Sie auf die Schaltfläche klicken.

Listener werden in Kapitel 14 behandelt.

Benötigte Konstruktoren definieren

Nehmen wir an, dass Sie einen Konstruktor mit Parametern definieren:

```
public Temperatur(double number)
```

In diesem Fall erstellt das Programm keinen parameterlosen Standardkonstruktor mehr. Anders ausgedrückt: Der Aufruf

```
Temperatur roomTemp = new Temperatur();
```

funktioniert erst dann wieder, wenn Sie Ihren eigenen parameterlosen Temperatur-Konstruktor definieren.

Details dazu finden Sie in Kapitel 9.

Nichtstatische Referenzen korrigieren

Wenn Sie versuchen, den folgenden Code zu kompilieren, erhalten Sie eine Fehlermeldung:

```
public class FunktioniertNicht
{
    String gruss = "Hallo";

    public static void main(String args[])
    {
        System.out.println(gruss);
    }
}
```

Die Fehlermeldung wird dadurch verursacht, dass die main-Methdoe static ist, gruss dagegen nicht.

Eine komplette Beschreibung dieses Problems finden Sie in Kapitel 10.

Array-Grenzen beachten

Wenn Sie ein Array mit zehn Elementen deklarieren, haben die Elemente die Indizes 0 bis 9. Anders ausgedrückt: Wenn Sie

```
int gaeste[] = new int[10];
```

deklarieren, können Sie mit gaeste[0], gaeste[1] usw. bis gaeste[9] auf die Elemente des gaeste-Arrays zugreifen. Dagegen führt gaeste[10] zu einem Fehler, weil das Array kein Element mit dem Index 10 enthält.

Arrays werden in Kapitel 11 ausführlich behandelt.

Mit dem CLASSPATH arbeiten

Wenn beim Kompilieren eines Programms der Fehler NoClassDefFoundError gemeldet wird, kann es verschiedene Ursachen geben. Doch ein wahrscheinlicher Grund besteht darin, dass das Programm Ihre .class-Datei nicht finden kann. Um das Problem zu lösen, müssen Sie dafür sorgen, dass die CLASSPATH-Umgebungsvariable auf das richtige Verzeichnis zeigt und sich Ihre .class-Datei relativ zu diesem Verzeichnis an der richtigen Stelle befindet.

Spezielle Hinweise zu diesem Thema finden Sie in den Kapiteln 2 und 13.

Zehn Gruppen von Webressourcen für Java

In diesem Kapitel

▶ Ressourcen von Sun Microsystems finden

▶ Beispiel-Code bekommen

▶ Die neuesten Java-Nachrichten lesen

▶ Hilfe für Java-Anfänger

▶ Jobs, Zertifizierungen und mehr für erfahrene Programmierer

▶ Andere nützliche Sprachen kennen lernen – HTML und XML

Kein Wunder, dass das Web so beliebt ist. Es ist nützlich und macht Spaß. Dieses Kapitel beschreibt zehn Gruppen von Ressourcen. Jede Gruppe nennt Websites, die Sie besuchen können. Jede Website enthält Ressourcen, die Ihnen helfen können, Java effizienter zu nutzen.

Die Quelle von Java

Die offizielle Website von Sun für Java ist java.sun.com (auch unter dem Namen www.javasoft.com bekannt). Diese Site enthält die neuesten Entwicklungs-Kits – viele dieser Kits sind kostenlos. Die Site enthält auch einen großartigen Bereich mit Online-Tutorials und Minikursen (developer.java.sun.com/developer/onlineTraining/).

Nachrichten, Besprechungen und Beispiel-Code finden

Im Web gibt es viele Sites, die sich exklusiv mit Java befassen. Viele dieser Sites bieten Besprechungen, Links zu anderen Sites und – was am besten ist – große Mengen von Java-Code-Beispielen an. Außerdem können Sie auf einigen Sites kostenlose Mailing-Listen abonnieren, die Sie über Java auf dem Laufenden halten. Zu diesen Sites zählen:

✔ **EarthWeb:** softwaredev.earthweb.com/java

✔ **JavaFile.com:** www.javafile.com

✔ **The Giant Java Tree:** www.gjt.org

- ✔ **The Java Boutique:** javaboutique.internet.com
- ✔ **Digital Cat's Java Resource Center:** www.javacats.com
- ✔ **FreewareJava.com:** www.freewarejava.com
- ✔ **JavaPowered:** www.javapowered.com
- ✔ **The JavaRanch:** www.javaranch.com
- ✔ **JavaToys:** www.nikos.com/javatoys
- ✔ **Java Shareware:** www.javashareware.com

Code mit Tutorials verbessern

Wenn Sie mehr über Java lernen wollen, können Sie die Online-Schulungsseiten von Sun besuchen. Einige andere brauchbare Tutorials sind auf folgenden Websites verfügbar:

- ✔ **Richard Baldwin's Website:** www.phrantic.com/scoop/tocadv.htm
- ✔ **1001 tutorials:** www.1001tutorials.com/java
- ✔ **IBM developerWorks:** www-105.ibm.com/developerworks/education.nsf/dw/java-onlinecourse-bytitle
- ✔ **ProgrammierungTutorials.com:** www.programmingtutorials.com

Hilfe in News-Gruppen finden

Kommen Sie beim Programmieren an einer Stelle nicht weiter? Versuchen Sie, Ihre Frage in einer Internet-News-Gruppe zu stellen. Fast immer wird Ihnen ein freundlicher Experte genau die richtige Antwort geben.

Sie sollten auf jeden Fall – ob mit oder ohne Java – damit anfangen, News-Gruppen zu erforschen. Es gibt Tausende von News-Gruppen zu fast jedem denkbaren Thema. (Unglaublich: Es gibt sogar mehr News-Gruppen als *Für-Dummies*-Titel!) Einen Einstieg in die News-Gruppen finden Sie unter groups.google.com. Java-spezifische Nachrichten finden Sie in den Gruppen, deren Namen mit comp.lang.java beginnen. Für einen Neuling sind wahrscheinlich die folgenden drei Gruppen am nützlichsten:

- ✔ comp.lang.java.programmer
- ✔ comp.lang.java.help
- ✔ comp.lang.java.api

Die FAQs nach nützlichen Informationen durchforschen

FAQ ist eine Abkürzung für *Frequently Asked Question* (dt. *häufig gestellte Fragen*). Die Listen mit den FAQs enthalten Antworten auf Fragen, die so häufig gestellt werden, dass niemand mehr Lust hat, sie zum tausendsten Mal zu beantworten.

Die offizielle Sun-Website enthält mehrere FAQs. Auch die `comp.lang.java`-News-Gruppen, die im vorangegangenen Abschnitt erwähnt wurden, bieten häufig FAQs an. Besuchen Sie `www.afu.com/javafaq.html`, um diese umfangreichen Informationen zu nutzen.

Märkte und Meinungen

Es gibt nicht nur technische Informationen über Java. Es gibt einen ganzen Markt, in dem vielen Themen und Meinungen aller Art zirkulieren. Wenn Sie mehr darüber wissen wollen, besuchen Sie `www.javalobby.org`. Nachdem Sie eine Weile hineingelauscht und die Etikette gelernt haben, können Sie selbst an den Diskussionen teilnehmen.

Java-Jobs suchen

Suchen Sie Arbeit? Möchten Sie eine aufregende, lukrative Karriere als Java-Programmierer machen? Dann sollten Sie eine Website besuchen, die speziell für Personen wie Sie gedacht ist (`www.javajobs.com` oder `java.computerwork.com`). Alternativ können Sie in Google nach »Java Jobs« suchen. Wenn Sie sich mit anderen Java-Professionellen austauschen wollen, besuchen Sie `www.teamjava.com`. Diese Site hat es sich zur Aufgabe gemacht, Java zu fördern und Java-Berater auf der ganzen Welt dabei zu unterstützen, Java-Projekte zu finden und zu erledigen. Hört sich gut an.

Java-Zertifikate erwerben

Heutzutage versucht jeder, ein Zertifikat zu erwerben. Wenn Sie zu diesen Menschen gehören, können Sie im Web zahlreiche Ressourcen über die Java-Zertifizierung finden. Einen Einstieg finden Sie unter `www.jcert.org` und `www.javacert.com`. Auf beiden Sites finden Sie Links zu anderen interessanten Sites – auch zu Sites, auf denen Sie Zertifizierungsexamina praktisch üben können.

Servlets entwickeln

Dieses Buch enthält alle Werkzeuge, die Sie benötigen, um mit Java anzufangen. Wenn Sie danach weitermachen wollen, stoßen Sie wahrscheinlich auch auf die Aufgabe, Java-Servlets zu schreiben.

Ein *Servlet* ist ein Programm, das Webanfragen beantwortet. Beispielsweise klickt ein Benutzer, der in Ong's Hat, New Jersey, an seinem Computer sitzt, auf einen Link. Dieser Link-Klick wird an einen Host-Computer in Chicken, Alaska, übertragen. Dieser Host-Computer ist intelligent programmiert worden und kann ad hoc eine komplette Webseite erstellen. Der Host-Computer sendet die neu erstellte Seite zurück an den Computer des Besuchers in Ong's Hat, New Jersey.

Zur Ad-hoc-Erstellung einer Webseite kann ein Java-Servlet verwendet werden. Sie benötigen dazu nur noch einen kooperativen Host-Computer. Glücklicherweise gibt es einige Host-Computer, die Sie kostenlos verwenden können. Eine Liste von kostenlosen servlet-fähigen Hosts finden Sie unter `www.jspin.com/home/Sites/jsphosts/freejsph`.

Verwandte Sprachen und Verfahren

Die Welt von Java wächst immer weiter. Anfänglich haben Java-Programmierer sehr viele Applets erstellt und umfangreichen HTML-Code geschrieben. Heutzutage ist das Zusammenarbeiten von Java und XML ein heißes Thema. (Die Abkürzung XML steht für *Extensible Markup Language*.)

Umfangreiche Informationen über HTML und XML finden Sie auf den offiziellen Sites dieser Sprachen. Die offizielle HTML-Website ist `www.w3.org/MarkUp`. Die offizielle XML-Site ist `www.xml.org`.

Teil VI

Anhang

In diesem Teil ...

Der Anhang beschreibt, wie Sie die beiliegende CD-ROM verwenden können. Wenn Sie es bis jetzt noch nicht getan haben, sollten Sie auf jeden Fall einen Blick in die CD-ROM werfen. (Natürlich sollten Sie das Buch zuvor bezahlen.) Die CD-ROM enthält einige wundervolle Dinge – unter anderem den gesamten Code des Buches sowie meine Lieblings-Shareware-Programme. Worauf warten Sie noch? Legen Sie die CD ein und amüsieren Sie sich ein wenig.

Die CD-ROM verwenden

In diesem Anhang

▶ Systemanforderungen

▶ Die CD unter Windows und mit dem Mac verwenden

▶ Den Code der Listings in diesem Buch kopieren und ausführen

▶ Die Software auf dieser CD-ROM ausprobieren

▶ Probleme beheben

Sicher – Sie können so lange lesen, bis Ihnen die Augen aus dem Kopf fallen; aber Java lernen Sie erst, wenn Sie damit beginnen, selbst Code zu schreiben und auszuführen. Außerdem macht es keinen Spaß, über das Programmieren nur zu lesen. Sie müssen experimentieren, Verfahren ausprobieren, einige Fehler machen und das eine oder andere selbst entdecken.

Deshalb finden Sie auf der beiliegenden CD-ROM alles, was Sie benötigen, um interaktiv programmieren zu können. Lesen Sie zunächst die kleine Warnung über die rechtlichen Folgen einer unbefugten Nutzung der CD. Öffnen Sie dann den Umschlag der CD, legen Sie sie in Ihr CD-Laufwerk ein, und fangen Sie an.

Systemanforderungen

Die CD-ROM enthält zwei Arten von Dateien:

- **Dateien, die ich (der Autor) erstellt habe:** Diese Dateien enthalten hauptsächlich die Listings dieses Buches (beispielsweise Listing 3.1 in Kapitel 3). Die meisten Listings sind Java-Programmdateien.

- **Diverse Freeware-, Shareware- und andere Produkte:** Im Allgemeinen bezeichne ich diese Produkte etwas nachlässig zusammenfassend als *Shareware*, aber die Rechtsabteilung rät mir, sorgfältiger zu sein.

Jedenfalls stellen diese beiden Arten von Dateien unterschiedliche Anforderungen an Ihr System. Die Dateien, die ich erstellt habe, können auf fast jedem Computer verwendet werden. Sicher – ein Pentium mit Windows 95/98/2000/ME ist etwas Schönes; und wenn Sie das aktuelle Java Software Development Kit von Sun verwenden wollen, benötigen Sie wahrscheinlich wenigstens 32 MB RAM. Doch weil Java auf so viele verschiedene Plattformen portiert worden ist, können Sie die Beispiele dieses Buches wahrscheinlich auch auf dem alten Victrola Ihres Großvaters ausführen. Es gibt definitiv einen Java-Compiler, der unter Windows 3.1 läuft.

Einige Listen diverser Java-Compiler (Versionen für Computer, die von Sun Microsystems nicht offziell unterstützt werden) finden Sie unter den folgenden Webadressen:

- www.javasoft.com/cgi-bin/java-ports.cgi
- www-105.ibm.com/developerworks/tools.nsf/dw/java-devkits-byname?OpenDocument&Count=100

Natürlich handelt es sich bei der Shareware auf dieser CD-ROM um etwas ganz anderes. Um die Shareware ausführen zu können, benötigen Sie ein System mit den folgenden Mindestanforderungen:

- Ein PC mit einem Pentium- oder einem schnelleren Prozessor oder ein Mac-OS-Computer mit einem 68040- oder einem schnelleren Prozessor
- Microsoft Windows 95 oder neuer oder Mac-OS-System-Software 7.6.1 oder neuer
- Wenigstens 32 MB RAM-Speicher. Die beste Leistung erzielen Sie mit wenigstens 64 MB.
- Sie benötigen auf jeden Fall ein CD-ROM-Laufwerk; andernfalls können Sie die Software dieses Buches nicht von der CD-ROM einlesen.
- Ein Monitor, der wenigstens 256 Farben oder Graustufen anzeigen kann

Wenn Ihr System diese Anforderungen nicht erfüllt, können Sie die Shareware auf der CD möglicherweise nicht nutzen. Die aktuellsten Informationen finden Sie in der ReadMe-Datei im Stammverzeichnis der CD-ROM.

Weitere Grundlageninformationen finden Sie in den folgenden Büchern von mitp: *PCs für Dummies* von Dan Gookin; *Mac für Dummies* von David Pogue; *iMac für Dummies* von David Pogue und *Windows 95 für Dummies, Windows 98 für Dummies, Windows 2000 Professional für Dummies, Microsoft Windows ME Millennium Edition für Dummies,* die alle von Andy Rathbone geschrieben wurden.

Die CD unter Microsoft Windows verwenden

Um die Komponenten von der CD auf Ihrer Festplatte zu installieren, führen Sie die folgenden Schritte aus:

1. **Legen Sie die CD in das CD-ROM-Laufwerk Ihres Computers ein.**
2. **Lesen Sie die Lizenzvereinbarung durch und nicken Sie mit dem Kopf.**
3. **Klicken Sie auf ein Thema, für das Sie sich interessieren.**
4. **Um Software von der CD zu installieren, wählen Sie im Software-Ordner das gewünschte Programm und klicken auf die Setup-Datei der Software.**

Die CD mit dem Mac OS verwenden

Um die Komponenten von der CD auf Ihrer Festplatte zu installieren, führen Sie die folgenden Schritte aus:

1. **Legen Sie die CD in das CD-ROM-Laufwerk Ihres Computers ein.**

   Kurz darauf wird auf Ihrem Mac-Desktop ein Symbol angezeigt, das die CD repräsentiert, die Sie gerade eingelegt haben. Das Symbol sieht wie eine CD-ROM aus.

2. **Doppelklicken Sie auf das CD-Symbol, um den Inhalt der CD anzuzeigen.**
3. **Lesen Sie die Lizenzvereinbarung durch und nicken Sie mit dem Kopf.**
4. **Klicken Sie auf ein Thema, für das Sie sich interessieren.**
5. **Um Software von der CD zu installieren, wählen Sie im Software-Ordner das gewünschte Programm und klicken auf die Setup-Datei der Software.**

Den Java-Code ausführen, der sich in diesem Buch befindet

Die CD-ROM enthält den gesamten Code aller Listings in diesem Buch. Außerdem enthält sie einige Hilfedateien, Datendateien und andere Dinge, die Sie benötigen, um die Listings bestmöglich zu nutzen. Ich habe versucht, den Code so zu ordnen, dass Sie ihn möglichst reibungslos kopieren können. Danach können Sie den Code direkt ausführen. Nach längerem Nachdenken habe ich mich für die folgende Organisation entschieden:

✔ Der gesamte Code des Buches befindet sich in dem Author-Verzeichnis.

✔ Innerhalb des Author-Verzeichnisses verfügt jedes Kapitel über ein eigenes Unterverzeichnis. Beispielsweise hat das dritte Kapitel ein Unterverzeichnis namens Kapitel03.

✔ Im Unterverzeichnis jedes Kapitels verfügt jedes Listing über ein eigenes Unter-Unterverzeichnis. Beispielsweise hat der Code von Listing 3.1 ein eigenes kleines Verzeichnis namens Listing0301.

✔ Bei der Namensgebung gilt die folgende Faustregel: Wenn der Code eines Listings mit class *SomeName* (oder public class *SomeName*) beginnt, befindet sich der Code in einer Datei namens *SomeName*.java.

Als Windows-Benutzer können Sie alle Listings mit dem Explorer von der CD-ROM auf die Festplatte Ihres Computers kopieren. Wenn Sie danach eine Dateien auf Ihrer Festplatte bearbeiten wollen, müssen Sie das SCHREIBGESCHÜTZT-Attribut der Datei deaktivieren: Klicken Sie mit der rechten Maustaste auf den Dateinamen, wählen Sie EIGENSCHAFTEN und deaktivieren Sie dann das betreffende Kontrollkästchen.

Beim Arbeiten mit diesen Dateien und Verzeichnissen sollten Sie die folgenden Anmerkungen beachten:

- **Einige Listings sind keine Java-Programme. Sie sollten nicht kopiert und ausgeführt werden.**

   Es schadet nicht, wenn Sie Listing 3.2 auf Ihre Festplatte kopieren. Aber der Code in Listing 3.2 ist kein echter Java-Code, sondern eine Fälschung. (In Kapitel 3 erscheint direkt nach dem Listing ein Warnungssymbol.) Deshalb müssen Sie keine größeren Anstrengungen unternehmen, um nur echte Listings zu kopieren und derartigen »falschen Code« zu vermeiden.

- **Viele Verzeichnisse enthalten Hilfedateien.**

   Beispielsweise wird in Listing 5.1 die `GuessingGame`-Klasse definiert. Diese Klasse ruft eine Methode der separaten `DummiesIO`-Klasse auf. Um die Dinge zu vereinfachen, befinden sich beide Dateien (`GuessingGame.java` und `DummiesIO.java`) in dem `Listing0501`-Verzeichnis auf der CD-ROM. Kopieren Sie einfach beide Dateien auf Ihre Festplatte.

Da dieselbe `DummiesIO`-Klasse in vielen Beispielen dieses Buches verwendet wird, befinden sich auch viele (identische) Kopien von `DummiesIO.java` auf der CD-ROM. Wenn Sie `DummiesIO.java` einmal kopiert haben, können Sie dieselbe Kopie in allen betreffenden Beispielen verwenden.

- **Manche Verzeichnisse enthalten Code von mehreren Listings.**

   Manche Listings gehören zusammen. So bilden beispielsweise die Listings 8.1 bis 8. zusammen ein großes Beispiel. Der zugehörige Verzeichnisname auf der CD-ROM lautet `Listing0801-03`; das heißt, der Verzeichnisname gibt wieder, welche Dateien in dem betreffenden Verzeichnis enthalten sind.

Freeware, Shareware und einfach nur Ware

In den folgen Unterabschnitten werden die Software und andere Produkte auf der CD beschrieben. Informationen über die Installation der Produkte finden Sie in den Installationsanweisungen im vorangegangenen Unterabschnitt.

Shareware-Programme sind voll funktionsfähige, kostenlose Testversionen von Programmen, die dem Copyright unterliegen. Wenn Sie ein bestimmtes Programm einsetzen wollen, können Sie sich gegen eine geringe Gebühr bei dem Autor des Programms registrieren. Sie erhalten dann eine Lizenz, möglicherweise eine umfangreichere Version sowie technische Unterstützung. *Freeware-Programme* sind kostenlose Spiele, Anwendungen und Utilities, die dem Copyright unterliegen. Sie können derartige Programme so oft kopieren, wie Sie wollen, erhalten aber keine technische Unterstützung. *GNU-Software* unterliegt einer eigenen Lizenz, die in dem Ordner der GNU-Software enthalten ist. Die Verbreitung von GNU-Software ist nicht eingeschränkt. Nähere Informationen finden Sie in der GNU-Lizenz im Stammverzeichnis der CD. *Test-* oder *Demoversionen* von Software sind normalerweise zeitlich oder in ihrem Funktionsumfang beschränkt (indem sie beispielsweise keine Möglichkeit bieten, Projekte zu speichern).

Adobe Acrobat Reader (dt.)

Kommerzielle Version

Für Windows und den Mac. Mit diesem Programm können Sie `pdf`-Dateien anzeigen.

Näheres erfahren Sie unter `www.adobe.com/acrobat`.

JBuilder 5

Testversion

Für Windows. Um aus *JBuilder Für Dummies* zu zitieren: »JBuilder ist eine visuelle Entwicklungsumgebung für Java. Soll der Benutzer eine Liste sehen und eine Schaltfläche anklicken können? Ziehen Sie diese Komponenten einfach in ein Designer-Fenster. JBuilder erstellt dann das Programm automatisch für Sie.«

Näheres erfahren Sie unter `www.borland.com/jbuilder`.

Kawa

Testversion

Für Windows. Kawa ist eine schicke Entwicklungsumgebung für Java. Zunächst fassen Sie Ihre Java-Dateien zu Projekten zusammen. Dann klicken Sie auf die BUILD-Schaltfläche von Kawa, um alle Dateien zu kompilieren. Java-API-Klassen können Sie mithilfe eines visuellen Hierarchiebaums suchen. Alternativ können Sie einen Teil eines Klassennamens eingeben und Kawa die Klasse suchen lassen. Kawa verfügt sogar über einen eingebauten Debugger, der über eine Einzelschrittausführung, Breakpoints und die anderen üblichen Debugging-Funktionen verfügt.

Näheres erfahren Sie unter `www.macromedia.com/software/kawa/trial/`.

IBM WebSphere Studio Entry Edition

Testversion

Für Windows. WebSphere ist eine leistungsstarke Entwicklungsumgebung, die speziell für Java für Webserver geschaffen wurde. Projekte, die mit WebSphere erstellt werden, werden typischerweise auf einem Host gespeichert, sodass sie öffentlich genutzt werden können.

Näheres erfahren Sie unter `www-4.ibm.com/software/webservers/appserv`.

CSE HTML Validator

Freeware-Version

Für Windows. Ich habe dieses Kleinod entdeckt, als ich Kapitel 2 schrieb. Stellen Sie sich vor, dass Sie eine Webseite erstellen, die umfangreichen HTML-Code enthält und die außerdem ein Java-Applet ausführen soll. Mit dem *CSE HTML Validator* können Sie prüfen, ob der HTML-Code fehlerfrei ist. Der Validator scannt Ihren Code und prüft, ob der Code den strengen HTML-Standards entspricht.

Näheres erfahren Sie unter `www.htmlvalidator.com`.

DJ Java Decompiler

Freeware-Version

Für Windows. Ein tolles Programm! Jemand gibt Ihnen eine Datei namens `Mystery.class`. Diese Datei besteht wie alle `.class`-Dateien aus einer unverständlichen Folge von Nullen und Einsen. Da Sie nicht über die Datei `Mystery.java` verfügen, können Sie nicht anhand der `.java`-Datei herausfinden, was sich in der `Mystery.class` befindet. Was tun? Ganz einfach: Lassen Sie die `.class`-Datei durch den *DJ Java Decompiler* laufen. Der Decompiler führt die entgegengesetzte Operation des `javac`-Befehls aus. Der Decompiler rekonstruiert aus der `.class`-Datei eine `.java`-Datei. Diese neue `Mystery.java`-Datei entspricht möglicherweise nicht genau der Originaldatei, kommt ihr aber nahe genug. Sie können diese `.java`-Datei wie jeden anderen Java-Code lesen und editieren.

Näheres erfahren Sie unter `members.fortunecity.com/neshkov/dj.html`.

FileQuest

Shareware-Version

Für Windows. Jahre nach der Freigabe von Windows 95 hat die Schnittstelle des Windows Explorer immer noch dieselbe Form. Es ist immer noch umständlich, mit mehreren Ordnern gleichzeitig zu arbeiten. Es gibt Dutzende von Shareware-Ersatzprogrammen für den Windows Explorer. Jedoch haben die meisten selbst Schnittstellenmängel, und viele Programme laufen nicht fehlerfrei. Von allen Programmen, die ich ausprobiert habe, gefiel mir *FileQuest* am besten. Es läuft stabil und zuverlässig, und es lässt sich intuitiv bedienen. Außerdem verfügt es über viele Funktionen, die im Windows Explorer nicht enthalten sind. FileQuest arbeitet mit mehreren Fenstern, was das Kopieren von Dateien von Ordner zu Ordner erleichtert.

Näheres erfahren Sie unter `www.piquest.com/filequest.htm`.

HTMLib

Freeware-Version

Für Windows. Wenn Sie mit Java-Applets arbeiten, mischen Sie Java-Quellcode und HTML-Tags. Dafür benötigen Sie eine vollständige und zuverlässige Referenz. Die *HTML Reference Library* (auch unter dem Namen HTMLib bekannt) enthält alles, was Sie über die HyperText Markup Language wissen müssen. Die Navigationswerkzeuge dieses Werkzeugs arbeiten nach dem Point-and-click-Verfahren (zeigen und klicken), sodass Sie gesuchte Informationen schnell und einfach finden können.

Näheres erfahren Sie unter www.htmlib.com.

Internet Explorer (dt.)

Commercial version

Für Windows und Mac. Entwickeln Sie Java-Applets? Die meisten Besucher Ihrer Website benutzen den Internet Explorer. Wenn Sie wissen wollen, wie die Besucher Ihre Website sehen, sollten Sie diesen Browser auf Ihrem Computer installieren. Sie finden den Internet Explorer auf der beiliegenden CD.

Näheres erfahren Sie unter www.microsoft.com/ie.

JDataConnect Standard Edition

Testversion

Für Windows. Als dieses Buch gedruckt wurde, waren drei verschiedene Versionen des *Java Database Connectivity API* von Sun im Einsatz. Viele Datenbankanbieter haben immer noch nur die alte Version 1 implementiert. Die neuere Version 2 unterstützt verschiebbare Ergebnismengen und andere nützliche Komponenten. Die allerneueste Version 3 befindet sich noch im Anfangsstadium der Verbreitung.

Um die Version 1 auszuführen, können Sie die *JDBC-ODBC Bridge* benutzen, die mit dem Java Development Kit von Sun geliefert wird. Aber die JDBC-ODBC Bridge ist nicht mehr auf dem neuesten Stand. Wenn Sie die JDBC-Version 2 ausführen wollen, müssen Sie nach Software suchen, die diesen Standard implementiert. An dieser Stelle kommt *JDataConnect* ins Spiel. Mit JDataConnect können Sie Funktionen der älteren Version 1 und Funktionen benutzen, die nur in der neueren JDBC-Version 2 implementiert sind.

Näheres erfahren Sie unter www.j-netdirect.com/JDataFeatures.htm.

PasteLister

Shareware-Version

Für Windows. Bevor ich dieses Kleinod fand, hatte ich überall nach einem brauchbaren Ersatz für die Zwischenablage gesucht. Um Code-Abschnitte auszuschneiden und einzufügen, ist die Standardzwischenablage des Betriebssystems viel zu eingeschränkt. Shareware-Websites bieten Dutzende von Ersatzprogrammen für die Zwischenablage an, aber die Bedienung der meisten ist so kompliziert, dass es besser ist, den Text manuell neu einzugeben. Mit dem *PasteLister* können Sie mehrere Kategorien von Clips verwalten; und die Bedienung des Programms ist so einfach, dass es sich lohnt, Code-Abschnitte zu kopieren und einzufügen.

Näheres erfahren Sie unter www.progency.com/pastelister.html.

MasterSplitter

Shareware-Version

Für Windows. Heutzutage gibt es viele schnelle, einfache Methoden, um Dateien von Computer zu Computer zu übertragen. Aber ab und zu müssen Sie noch Dateien auf alten Disketten weitergeben. Wenn eine Datei größer als 1,4 MB ist, müssen Sie die Datei in Teile zerlegen. Sie sind bereits schlecht gelaunt, weil Sie nicht mit der alten Diskettenmethode arbeiten wollen. Deshalb sollte Ihnen wenigstens das Programm zur Dateizerlegung das Leben erleichtern. Aus diesem Grund sollten Sie *MasterSplitter* verwenden.

Näheres erfahren Sie unter www.tomasoft.com.

MetaPad LE (dt. u. engl.)

Freeware-Version

Für Windows. Selbst um schnell ein oder zwei Sätze zu notieren, ist das Windows Notepad viel zu primitiv. Unter Windows *9x* verfügt Notepad nicht über eine Funktion zum Ersetzen von Text. Es hat keine Liste der zuletzt verwendeten Dokumente und bietet keine Möglichkeit, den Drucker zu wechseln. Die Liste der Unzulänglichkeiten ließe sich noch erheblich verlängern.

Dagegen ist *MetaPad* ein echtes Arbeitspferd. MetaPad unterstützt alle Funktionen, die Sie in Notepad vermissen, und einige mehr. Darüber hinaus ist MetaPad ein »leichtgewichtiges« Programm: Es belegt nicht mehrere Megabyte auf Ihrer Festplatte, und es dauert nicht mehrere Dezisekunden, um das Programm zu öffnen. Wenn ich schnell und einfach einen Text editieren will, benutze ich MetaPad.

Näheres erfahren Sie unter www.liquidninja.com/metapad.

NetCaptor

Freeware-Version

Für Windows. Suchen Sie eine wirklich nützliche Software? Wenn ich den Computer eines Bekannten benutze und dabei ohne *NetCaptor* surfen muss, fühle ich mich sehr behindert. NetCaptor verwaltet mehrere geöffnete Webseiten mit Hilfe von Registern. Deswegen ist es nicht erforderlich, mehrere Browser-Fenster zu öffnen. Auf diese Weise kann ich, wenn ich eine Suchmaschine verwende, gleichzeitig die Seite mit den Suchergebnissen und mehrere gefundene Seiten parallel geöffnet halten. Wenn ich Java-Programme entwickle, zeige ich auf einer Seite die API-Dokumentation an, während ich eines oder mehrere meiner Dokumente auf anderen Seiten bearbeite. Ohne NetCaptor könnte ich mehrere Browser-Fenster öffnen. Doch würde diese Schnittstelle nicht so nahtlos arbeiten, und der Arbeitsspeicher und die CPU des Arbeitsplatzrechners würden höher belastet werden. Im Internet finden Sie Netcaptor 6 mit deutscher Sprachdatei.

Näheres erfahren Sie unter www.netcaptor.com und www.netcaptor.de.

TextPad

Shareware-Version

Für Windows. Als Java-Programmierer müssen Sie sehr viel Text editieren. Zu diesem Zweck sind jedoch Textverarbeitungsprogramme, die Ihre Dokumente gut aussehen lassen, weniger geeignet. Stattdessen benötigen Sie einen soliden Editor, mit dem Sie schnell und leicht durch einfachen Text navigieren können.

Um Programme zu schreiben und größere Programmierprojekte zu bearbeiten, ziehe ich *TextPad* als Editor vor. Dieses Programm leistet alles, was ich von einem Editor erwarte. Zu meinen Lieblingsfunktionen gehört die Möglichkeit, die Schlüsselwörter von Programmiersprachen farblich hervorzuheben. (Wie diese Funktion für Java aktiviert werden kann, erfahren Sie unter www.textpad.com/add-ons/. Von dort können Sie eine der vielen angebotenen .syn-Dateien herunterladen.) TextPad verfügt sogar über Hotkeys zum Kompilieren und Ausführen von Java-Programmen.

Andere nützliche Funktionen sind ein Dokument-Selektor, die Möglichkeit, Workspaces (Arbeitsbereiche) zu definieren, eine Option, um Zeilennummern anzuzeigen, und Suchfunktionen, die ein komplettes Dokument durchsuchen.

Näheres erfahren Sie unter www.textpad.com.

ZipMagic

Testversion

Für Windows. Stadtverwaltungen sollten dieses Programm über die Wasserleitungen an alle Haushalte verteilen. Wenn Sie *ZipMagic* installieren, müssen Sie sich nie wieder Gedanken darüber machen, wie Sie eine Datei entpacken. Das Programm arbeitet absolut nahtlos. ZipMagic behandelt eine Zip-Datei wie einen weiteren Ordner auf der Festplatte Ihres Computers. Wenn Sie auf den Ordner doppelklicken, wird dieser wie jeder andere Ordner im Windows Explorer geöffnet. Sie können Dateien hinzufügen, kopieren, verschieben oder sonstwie manipulieren, ohne sich darum kümmern zu müssen, dass der Ordner eigentlich eine Zip-Datei ist. Wenn ich Shareware herunterlade, mache ich mir gar nicht die Mühe, sie zu entpacken, sondern installiere sie direkt aus dem Zip-Ordner. Das ist das Schöne an der Arbeit mit ZipMagic.

Näheres erfahren Sie unter `www.ontrack.com/zipmagic`.

Und wenn Sie Probleme haben ...

Ich habe mich bemüht, Shareware-Programme zu finden, die auf den meisten Computern mit den geringsten Systemanforderungen laufen. Dennoch kann es passieren, dass Ihr Computer und/oder einige Programme aus irgendeinem Grund nicht richtig funktionieren.

Wenn Sie Probleme mit der Shareware auf dieser CD-ROM haben, liegt wahrscheinlich eines der beiden folgenden Probleme vor: Entweder reicht der Arbeitsspeicher (RAM) nicht aus, oder es laufen andere Programme, die die Installation und/oder Ausführung eines Programms beeinflussen. Wenn Sie eine Fehlermeldung wie `Not enough memory` (Nicht genügend Speicher) oder `Setup cannot continue` (Installation kann nicht fortgesetzt werden) sehen, sollten Sie einen oder mehrere der folgenden Ratschläge befolgen und dann die Software noch einmal ausprobieren:

- ✔ **Schalten Sie alle Antivirus-Software ab, die auf Ihrem Computer läuft.** Manche Installationsprogramme ahmen das Verhalten von Viren nach und werden deshalb von Ihrem Computer als Virus eingestuft und abgeblockt.

- ✔ **Schließen Sie alle laufenden Programme.** Je mehr Programme laufen, desto weniger Speicher steht für andere Programme zur Verfügung. Typischerweise aktualisieren Installationsprogramme Dateien und Programme; deshalb kann eine Installation, wenn andere Programme ausgeführt werden, möglicherweise nicht korrekt funktionieren.

- ✔ **Erweitern Sie den Arbeitsspeicher (RAM) Ihres Computers.** Zugegeben – dies ist ein drastischer und etwas kostspieliger Schritt. Doch wenn Sie über einen Windows-PC oder einen Mac-OS-Computer mit einem PowerPC-Chip verfügen, können Sie durch eine Speichererweiterung die Arbeit Ihres Computers erheblich beschleunigen und mehrere Programme gleichzeitig ausführen.

Wenn Sie immer noch Probleme haben, Programme von der CD zu installieren, können Sie den mitp-Verlag anrufen (0228/970240) oder eine E-Mail an den Verlag schicken (`mitp@mitp.de`).

Stichwortverzeichnis

Symbole

! 117
!= 113
% 91
&& 117
&&-Verknüpfung 240
* 90
*/ 71
+ 89
- 90
-- 92
.html-Dateien 52
/ 90
/* 71
// 71
< 113
<= 114
== 113
> 113
>= 114
{} 69
|| 117, 118
||-Verknüpfung 240

A

Abstract Windowing Toolkit 201
Abstrakte Methoden 299
ActionListener-Interface 299
actionPerformed-Methode 299, 301
addclasspath-Option 42
Aktualisierung 132
Allaire 29
Animationen 309
API 60
API-Dokumentation 60, 97
Applets 45, 307, 336
   animieren 309
   Ereignisse verarbeiten 313
   laden 329
   Methoden 312
   testen 312

Arbeitsverzeichnis 282
Argumente 152
Array-Grenzen 332
Array-Initialisierer 236
Arrays 231
   durchsuchen 237
   erstellen 233
   Objekte 240
   String-Array 245
   Werte zuweisen 234
   zweidimensionale 250
ASCII 84
Ausdruck 86, 107, 132
Ausnahmebehandlung 255, 256
Ausnahmen
   nicht überprüfte 271
   überprüfte 271
Ausnahmetypen 259, 260, 271
awt 201

B

Bedingung 107
Bedingungen
   abgekürzt auswerten 239
Bedingungsoperator 301
Befehle 53, 67
   Blöcke 112
   verschachteln 118
   Zuweisungsbefehle 76
Befehlszeilenargumente 247
Betriebssystem konfigurieren 33
Bezeichner 61, 62
Bit 77
Blöcke 112
boolean-Typ 85
Borland 29
Borland JBuilder 30
break-Befehl 124, 125, 139, 330
Button 62
byte 81
Bytecode 42, 43
Bytecode-Datei 43

C

C 28, 54
C++ 28, 43, 54
catch-Klausel 257, 258
CD-ROM 21
CD-ROM, beiliegende 339
char-Typ 83
Class-Klasse 323
CLASSPATH 282, 332
CLASSPATH-Variable 36
COBOL 28, 43
Code 26
   wiederverwenden 165
codebase 50
comp.lang.java 334
Compiler 42
CSE HTML Validator 344
CSE HTML Validator Lite 51

D

Daten 53
Daten abfragen 324
Datenbanken 317
   abfragen 324
   Microsoft Access 317
Datenbanktreiber 323
Datentyp 76
Decompiler 344
Dekrement-Operatoren 92
Division 90
DJ Java Decompiler 344
do-Befehl 135
double 79
Durchfallen 125

E

Einfachheit 159
Eingabeaufforderungsfenster 37
Element 232
else-Zweig 108
Eltern-Klasse 57, 174

End-Tag 50
Entwicklungsumgebung 343
equals-Methode 116
erben 57, 174
Ereignisse 297
   in Applets 313
   Mausklicks verarbeiten 295
   verarbeiten 295, 297
Ergebnismengen 323
Escape-Sequenz 236
Event 297
Event-handling-Code 297
exception handling 256
exit-Methode 246
Extensible Markup
   Language 336

F

FAQ 335
Feld 50
FileQuest 344
finally-Klausel 275
float 79
for-Befehl 131
   Aktualisierung 132
   Ausdruck 132
   Initialisierung 132
FORTRAN 27, 54
Frame 87, 88, 208
Freeware 30, 342
Frequently Asked Question 335
Funktionen 53

G

Ganzzahlen 80
Get-Methoden 162
GNU-Software 342
Gosling, James 54
Grafische Benutzer-
   schnittstelle 297
Graphical User
   Interface 43, 297
GridLayout 207
GUI 43, 297
GUI-Elemente 207

H

Host-Computer 336
HTML 336
HTML Reference Library 345
HTML-Code 50
HTMLib 50, 345
HyperText Markup Language
   46, 345

I

IBM WebSphere 30, 343
if-Befehl 105, 107
   Bedingung 107
   Bedingungen auswerten 239
   Einrückung 108
   else-Zweig 108
   Klammern 113
Import-Deklaration 168, 280
Index 232
Initialisierung 132
Inkrement-Operatoren 92
innere Klassen 294
Installationsverzeichnis SDK 33
Instanz 59
Instanzvariablen 218, 278
int 81
int-Typ 249
Integer-Klasse 249
Interface 298
Internet Explorer 345
InterruptedException 271
ItemListener 305
Iteration 129

J

J2SE 31
Java 28, 54
   API 60
   API-Dokumentation 97
   Entwicklungsumgebungen 343
   Geschichte 45
   herunterladen 29
   Interfaces 298
   lernen 29
   Sprachspezifikation 60
   Zugriff auf Datenbanken 317

Java 2 Software Development
   Kit 29
Java 2 Standard Edition 29
Java Database Connectivity
   317, 320
Java Development Kit 29, 345
Java Software Development
   Kit 30, 339
Java Virtual Machine 36, 42, 329
Java-API 89, 168
Java-Applets 307
Java-Befehle 36
   Semikolon 69
Java-Beispiel-Code 333
Java-bin-Verzeichnis 33
Java-Code 43
Java-Compiler 36, 42
Java-Jobs 335
Java-Konsole 312
Java-Markt 335
Java-News-Gruppen 334
Java-Programme 36
   auszuführen 38
   Fehler 329
   schreiben 51
   Struktur 70
Java-Servlet 336
Java-Swing-Klassen 283
Java-Tutorials 334
Java-Zertifizierung 335
java.awt 284
java.awt.Component 208
java.awt.Frame 201
java.sun.com 333
javac 148
javac-Befehl 42, 344
javac-Programm 36
javadoc 104
JavaPrograms-Verzeichnis 37
javax.swing 201, 284
Jbinder-Symbol 38
JBuilder 29, 343
JDataConnect 323
JDataConnect Standard
   Edition 345
JDBC 317, 320, 323
JDBC-ODBC Bridge 323, 345
JdbcOdbcDriver-Klasse 323
JDK 29, 31

Stichwortverzeichnis

K

Kawa 29, 343
Kind-Klasse 57, 174
Klammern
   geschweifte 69
   if-Befehl 112
Klassen 55, 56, 58
   compilieren 147
   definieren 143, 165, 203
   Eltern-Klasse 174
   innere 294
   Instanzen 59
   Kind-Klasse 174
   kompletter qualifizierter
      Name 168
   Namen 291
   nichtöffentliche 293
   Oberklasse 174
   öffentliche 292
   übergeordnete Klasse 57, 174
   Unterklasse 174
   voll qualifizierter Name 292
   Zugriffsmodifizierer 292
Kommentare 71
Komponenten 208, 232
   bevorzugte Größe 208
Konkatenation 90
Konstruktoren 146, 187, 189, 331
   definieren 187
   Standardkonstruktor 197
   Unterklassen 195
   Vererbung 195

L

Label 207
lightweight 284
Listener 331
Literale 76
long 81

M

Macintosh Runtime for Java 38
main-Methode 66
MasterSplitter 346
Mausklicks 295
members 278
MetaPad LE 346
Methoden 65, 66
   abstrakte 299
   definieren 149
   Get-Methoden 162
   main 66
   Set-Methoden 162
   statische 213
Methodenaufruf 66
Methodendeklaration 66
Methodenkopf 66
Methodenkörper 66
Methodenlokale Variablen 219, 278
Microsoft Access 317
Minuszeichen 90
Mitglieder 278, 287
mitp-Verlag 348
MouseListener 305
MRJ 38
MS-DOS-Fenster 37, 282
Multiplikation 90
multithreaded 299

N

Nachkommastellen 79
NetCaptor 31, 347
News-Gruppen 334
Nicht überprüfte
   Ausnahmen 271
nonstatic 214
Notepad 51

O

Oberklasse 174
Objekt-Arrays 240, 252
Objekte 55, 56
   erstellen 146
   vergleichen 114
Objektorientierte
   Programmiersprachen 53
Objektorientierte
   Programmierung
   Erfolg 165
Objektorientiertes
   Programmieren 28
ODBC 323
Ontrack Software 32
Open Datenbase
   Connectivity 323
Operatoren 89
   Bedingungsoperator 301
override 184

P

pack-Methode 207
Packages 168
paint-Methode 280
Pakete 168
   deklarieren 280
   erweitern 288
Parameter 152
   als Wert übergeben 223
   per Referenz übergeben 224
   übergeben 222
Parameterliste 152, 155
PasteLister 346
PATH 33
Pfadvariable 33
Pluszeichen 89
Portabilität 43
Postdekrement 94
Postinkrement-Operator 93
Prädekrement 94
Priming 138, 139
private 277
Programm 26
   textbasiertes 37
Programmablauf 105, 330
Programmfehler 256
Programmieren 53
Programmiersprachen 26, 53
   objektorientierte 53
   prozedurale 53
protected 288
prozedurale Programmiersprachen 53
Prozeduren 53
public 148, 277
   Klassen 292

R

Referenztyp 86
Rest-Operator 91
Rückgabetyp 152
Rückgabewerte 152, 157, 224
Runnable-Interface 312

S

Schaltflächen
    Klicks verarbeiten 295
Schleifen 127
Schlüsselwörter 61, 62
    static 209
    super 195
    this 192
Schnittstelle 298
Scrollable Ergebnismengen 323
SDK 31
    herunterladen 30
    Installationsverzeichnis 33
    installieren 32
Servlet 336
Set-Methoden 162
Shareware 339, 342
short 81
SIMULA 54
Smalltalk 54
Software 26
Sprachspezifikation 60
SQL 322
Standardkonstruktor 197
Standardzugriff 277, 286, 287
Start-Tag 50
static 82
static (Schlüsselwort) 209
Statische Initialisierung 215
Statische Methoden 213
Statische Variablen 208
String 87
String-Array 245
Stroustrup, Bjarne 54
Structured Query Language 322
Sun 339
Sun Microsystems 30, 54, 333
super (Schlüsselwort) 195
switch-Befehl 121, 123, 330
Symbole 21

T

Tags 50
Textbasiertes Programm 37
TextField-Klasse 297
TextListener 305
TextPad 52, 347
this (Schlüsselwort) 192, 300
Threads 299
throw 256
throws-Klausel 257, 273, 274
try-Befehl 258
try-catch-Befehl 258
try-Klausel 257, 258
Typen 76, 77
    einfache 83
    primitive 83

U

übergeordnete Klasse 57, 174
Überprüfte Ausnahmen 271
Überschreiben 184
überschreiben 58
Umgebungsvariable 33
Unicode 84
Unterklasse 174
Unterklassen 57, 193
    definieren 171
    Konstruktoren 195

V

Variablen 75, 76
    deklarieren 82, 145
    einkapseln 162
    initialisieren 82, 147
    Instanzvariablen 218, 278
    methodenlokale 219, 278
    Reichweite 216
    statisch initialisieren 216
    statische 208
    verwenden 147
Variablendeklaration 78
Variablennamen 76
Vererbung 174
Vergleichsoperatoren 113, 114
Verkettung 90
Verschachtelung 118
Verzeichnisstruktur 281
Visual Café 30

W

WebSphere 30
Wert 75
Werte vergleichen 330
while-Befehl 127
Wiederverwendung von
    Code 165
Window 62
Window-Listener 296, 306
Windows 317

X

XML 336

Z

Zahlen formatieren 157
ZIP-Format 32
ZipMagic 32, 347
Zugriffsmethoden 160, 162
Zugriffsmodifizierer 152, 277
    für Klassen 292
Zuweisungsbefehle 76
Zuweisungsoperatoren 95
Zweidimensionale Arrays 250